Knaur

Von Jo-Anne Richards ist außerdem erschienen:

Eine afrikanische Freundschaft

Über die Autorin:

Jo-Anne Richards kommt aus der östlichen Kapprovinz und lebt zur Zeit in Johannesburg. Sie ist als Journalistin tätig. *Ich war ein Kind in Afrika* war ein riesiger Erfolg in Südafrika und befand sich 15 Monate lang auf den Seller-Listen.

JO-ANNE RICHARDS

Ich war ein Kind in Afrika

Roman

Aus dem Englischen
von Gabriele Fröba

Knaur

Die englische Originalausgabe erschien unter dem
Titel *The Innocence of Roast Chicken*
bei Headline Book Publishing, London

Besuchen Sie uns im Internet:
www.droemer-knaur.de

Vollständige Taschenbuchausgabe September 1999
Droemersche Verlagsanstalt Th. Knaur Nachf., München
Dieser Titel erschien bereits unter der Bandnummer 65134.

Redaktion: Ilse Wagner
Umschlaggestaltung: Agentur Zero, München
Umschlagabbildung: Pictor Uniphoto, München
Druck und Bindung: Clausen & Bosse, Leck
Printed in Germany
ISBN 3-426-61434-0

2 4 5 3 1

Jeder sollte seine Kindheit auf so einer Farm verbringen – eine Idylle, wie sie eigentlich nur in der leuchtenden Fantasiewelt eines Kindes existiert. Und sie war wirklich so, die Farm: der ideale Ort für eine verzauberte, unberührte Kindheit, fern von allem Häßlichen und Unerfreulichen, von Armut und politischen Ereignissen. Jedenfalls kam es mir so vor. Bis zu jenem Jahr, in dem die Idylle zerbrach. In dem alles zerbrach.

Jahre später, als gefühlsbetonter Teenager, der voller Ängste steckte und zu übertriebener Empfindsamkeit neigte, schrieb ich ein Gedicht über meine Kindheit. Es erzählte von einem weißen Laken, das in der leichten Sommerbrise auf der Wäscheleine weht und flattert und in der Hitze eines wolkenlosen Tages trocknet. Plötzlich liegt es zusammengeknüllt auf dem Boden, auf einem unbewachsenen Stück Land, beschmutzt von Fußabdrücken. Die Flecken sind häßlich – eingetrockneter Schlamm, der an Blut erinnert.

Denk jetzt bitte nicht schlecht von mir. Mit vierzehn verzehrt sich jeder vor Selbstmitleid. Viele Jahre lang fühlte ich mich schuldig wegen der Ereignisse in diesem Jahr und schleppte die schwere, unsichtbare Bürde mit mir herum, für alles verantwortlich zu sein. Ich war überzeugt, etwas Böses getan zu haben, zumindest hatte ich das Böse nicht verhindert, indem ich uns und meine Farm davon fernhielt oder sie verteidigte. Mein Vertrauen in den Lauf der Dinge und die heile Welt, in der ich immer gelebt hatte, war einfach zu groß gewesen.

Als ich älter wurde, begriff ich, daß ich damals nur ein Kind war, unfähig, das Grauen abzuwenden, und viel zu schwach, um für die ganze Welt die Torhüterin zu spielen. Ich badete in Selbstmitleid, bis ich älter wurde und eine neue Art von Schuld empfand: eine kollektive Schuld. Von da an verkroch ich mich vor der bestürzenden Grausamkeit des Lebens und wollte nichts mehr wissen von Schmerz und Gewalt.

Aber ich wollte nicht von 1966 erzählen. Ich hatte mir geschworen, für mich zu behalten, was in diesem Jahr passierte. Wie's wirklich war, wollte ich erzählen, in der Zeit davor – vor der Gewalt. In meinen friedlichen, glücklichen Ferien auf der Farm.

Und so war es wirklich. Jeden Morgen um fünf wachten wir, meine beiden Brüder und ich, von denselben Geräuschen auf – das verschlafene Gackern der Hühner, ab und zu übertönt vom durchdringenden Krähen der hellwachen Gockel. Wenn ich reglos im Bett lag, konnte ich das knarrende Rattern des riemengetriebenen Generators hören. Vom Schlafzimmer nebenan drangen die Frühnachrichten auf dem Afrikaans-Sender zu uns, und schon bald die weiche Stimme meiner Großmutter mit dem Afrikaans-Akzent. Sie las aus der Bibel vor, bis mein Großvater in seinem tiefen, englischen Baß in das Vaterunser einstimmte.

Das *quietsch-päng* der Fliegengittertür in der Küche war zu hören, im Wohnzimmer wurde saubergemacht, obwohl es nie so aussah. Wenn uns schließlich der Duft von Speck und Buschhafer in die Nase stieg, sprangen wir geräuschvoll aus unseren drei Betten, gerade rechtzeitig, um mit unserem Vater – wie jeden Morgen – eine Runde schwimmen zu gehen.

Bevor die Sonne den staubigen Pfad durch den Obstgarten glühend heiß werden ließ, schlenderte ich barfuß neben meinem Vater den Weg hinunter, während meine Brüder geradewegs zum Becken jagten. Mein Vater blieb immer erst am Feigenbaum stehen, bis wir uns an den noch kühlen

Früchten satt gegessen hatten, und jeden Morgen sagte mein Vater dasselbe: »So schmecken Feigen am besten – direkt vom Baum, bevor die Sonne draufknallt.«

Der Pool war riesig und ziemlich alt – ein Lagerbecken aus den Kriegsjahren, das jetzt nur noch als Schwimmbecken genutzt wurde. Wenn man sich frühmorgens am Beckenrand entlanghangelte, stieß man immer auf ein, zwei Ochsenfrösche in den viereckigen Vertiefungen knapp über der Wasseroberfläche.

Zitternd und durchgefroren sahen wir zu, daß wir schleunigst in die warme Küche kamen, wo wir uns vor dem großen Kohleofen trocknen ließen und ein paar von den *soatkoekies* mit Zimtgeschmack aus dem chinesischen Krug stibitzten, der auf der Küchenanrichte stand. Dafür handelten wir uns grundsätzlich eine Rüge von der unglaublich dicken Dora ein, die das Kommando in der Küche hatte. Aber ihr polterndes Lachen, bei dem die Brust bebte und ein fast zahnloser Mund zum Vorschein kam, konnte sie nie unterdrücken.

Das Frühstück war üppig, der Lunch nur eine hübsche Unterbrechung in endlos langen Tagen, an denen wir tun und lassen konnten, was wir wollten. Die Erwachsenen funkten uns nie dazwischen, wenn wir die Gegend erkundeten, was wir ihnen hoch anrechneten, gaben uns aber das beruhigende Gefühl, in der Nähe zu sein. Immer war jemand da, zu dem ich mit meinen Klein-Mädchen-Nöten kommen konnte. Ouma, eine bodenständige, praktische Frau, machte grundsätzlich ein Gesicht, als dulde sie keinerlei Albernheiten, aber wenn sie uns Kinder ansah, wurden ihre Züge mild und nachsichtig. Mit meinem freundlichen, gebildeten Oupa dagegen, der alles andere als praktisch war und es verstand, sich gewählt auszudrücken, redete sie im gebieterischen Ton. Oupa tat unterwürfig, vergaß aber nie, mir schelmisch zuzuzwinkern. Als ich mal auf seinen Knien saß und er mir vorlas, ich glaube aus *A Child's Garden of Verses,* erklärte er mir, daß das Oumas Art sei, uns – den verträumten Weltfremden – ihre Liebe zu zeigen. Sie wolle uns eben mit aller Macht darauf vorbereiten, daß es im Leben auch hart auf hart kommen könne.

Es ist ihr nie gelungen. Ich war immer ihr *pieperig,* und Oupa saß eigentlich immer in seiner Bibliothek und las oder schrieb irgendwas, eingehüllt in die Rauchwolke, die aus seiner Pfeife stieg. Sein hartnäckiges, leises Husten verriet uns, wo wir ihn finden konnten. Ouma, die ich nie mit einem anderen Buch als der Bibel sah, war draußen auf der Farm und beaufsichtigte die Fütterung der neuen Küken. Sie kümmerte sich darum, daß vor einem drohenden Hagel Sackleinen über die *hoks* gespannt wurden, und überwachte das Schlachten der Tiere, von dem ich nie etwas mitbekam. Ich war nicht neugierig darauf, ganz anders als meine Brüder. Als es schließlich wirklich hart auf hart kam, war ich überhaupt nicht vorbereitet und viel zu schwach, um damit fertig zu werden. Die Versuche meiner Großmutter, mich an die ernste Seite des Lebens zu gewöhnen, konnten mich nicht schützen vor den Ereignissen, die schließlich mein Leben zerstörten und meiner Kindheit ein jähes Ende bereiteten – so jedenfalls empfand ich es damals. Ich finde keine anderen Worte dafür, auch wenn du vielleicht mit dem nötigen Abstand, als vernünftiger Erwachsener, nur ein zynisches Lächeln für mich übrig haben und mich sogar für übertrieben dramatisch halten wirst. Wie dem auch sei, von dieser Zeit wollte ich sowieso nicht erzählen.

Oumas Boys darf ich nicht vergessen – William, ihre rechte Hand, Petrus und die anderen, die immer ein Lächeln für uns hatten, uns liebten und mich über den staubigen Boden trugen, wenn meine kleinen Füße den heißen Sand nicht ertragen konnten. Sie erlaubten mir, die Hände in das Faß mit Federn zu tauchen, und hoben vorsichtig die winzigen gelben Küken aus der neuen Lieferung, ein quirliger Haufen, der einen ohrenbetäubenden Lärm veranstaltete.

Jeden Morgen nach dem Frühstück saß ich mit William und Petrus in der Boysbaracke und trank, obwohl's mir eigentlich verboten war, Kaffee aus einem Blechbecher, den ich mit ihrer Ration Kondensmilch süßen durfte. Aus einer großen Kanne auf dem Ofenrost wurde nachgeschenkt.

Ich darf auch nicht die traumhafte Wiese vor dem Haus vergessen, eine wahre Pracht und Oumas ganzer Stolz – die Blumen waren so wunderschön, daß Reisende auf der Durchfahrt anhielten und fragten, ob sie ihr einen Armvoll abkaufen dürften. Ouma pflückte großzügig einen dicken Strauß und verlangte nie Geld dafür. Das Blütenmeer schien danach genauso üppig wie zuvor. Der weit ausladende, wilde Feigenbaum im unteren Teil des Gartens spendete Schatten für die langen Sommerabende, an denen mein Vater für uns eine Wassermelone in Stücke schnitt. Wir stopften uns mit dem süßen, klebrigen Fruchtfleisch voll, bis uns der Saft in kleinen Rinnsalen am Kinn und an den Armen herunterlief, bis zu den Ellbogen.

An dieser Stelle sollte ich erst mal aufhören, damit sich das Bild langer, abenteuerreicher und staubiger Tage bei dir einprägen kann, Tage, an denen wir schwimmen gingen, die Gegend erkundeten und auf Bäume kletterten. Tage, an denen wir mit einem Kribbeln im Bauch auf dem Boden der Bibliothek lagen, ein Buch lasen und uns einbildeten, in unbekannte Gedankenwelten vorzudringen. Tage, die erfüllt waren von dem wilden Buschland und den geheimnisvollen Menschen, die dort lebten. Ich sollte lieber nicht von den Ferien erzählen, die ich jahrelang totgeschwiegen habe.

Was bringt es schon, wenn ich die Erinnerung heraufbeschwöre?
Es war 1966. Ich war sechs Jahre alt und ging in Port Elizabeth in die erste Stufe. Port Elizabeth ist eine kleine Küstenstadt am östlichen Kap, in der jeder meine Familie kannte. Als Nesthäkchen und einzige Tochter wuchs ich mit dem Gefühl auf, eine Prinzessin zu sein. Ich besuchte eine Mädchenschule, auf der alle Panamahüte und Einheitspumphosen trugen. Man legte dort Wert darauf, »junge Damen« mit gutem Benehmen aus uns zu machen, Mädchen, die später mal zu den gehobenen Kreisen gehörten. Von den politischen Umwälzungen im Jahre 1960 hatte ich kaum etwas mitbekommen. Aber ich wußte, daß die Schwarzen schlecht behandelt wurden und in Armut lebten. Meine Eltern, aufgeschlossene Leute, die sich nur auf englisch unterhielten, schärften mir ein, Schwarze grundsätzlich »Afrikaner« zu nennen – »Sag nicht Eingeborene zu ihnen, Schätzchen, das mögen sie nicht.«
Ich wußte aber, daß wir auf der Seite des Rechts standen, weil meine Eltern die Afrikaner gut behandelten. Sie gehörten zu den ersten »Progs« und scheuten sich nicht vor Diskussionen mit ihren Freunden, von denen sich nicht alle so sicher waren, ob Afrikaner überhaupt in der Lage wären, an Wahlen teilzunehmen – wobei es nur um die Höherstehenden ging, versteht sich. »Dein Argument ist nicht haltbar, das muß dir doch klar sein«, gab mein Vater bei solchen Gesprächen zu bedenken. »Nach der Politik der Progs hätte der alte Joseph, euer Gartenboy, kein Wahlrecht, aber der gebildete Afrikaner schon, und der versteht bestimmt mehr von Politik als die armen Weißen, die jetzt bereits wählen dürfen.«
Ich war mir sicher, daß alles in Ordnung kam, wenn wir's endlich schafften und den verdammten Afrikaandern die

Macht abnahmen. Und vielleicht gewannen sogar eines Tages die Progs. Ich träumte davon, ein heruntergekommenes, kleines Mädchen von der Straße zu holen und ihm hübsche Kleider, Bücher und das Geld für die Schule zu schenken. Damals war der fanatische Dr. Hendrik Verwoerd Ministerpräsident, und wir nahmen es als selbstverständlich hin, daß wir eine gute, kostenlose Ausbildung erhielten, während die Schwarzen dafür zahlen mußten.

Ich wußte aber kaum etwas darüber, wie die übliche Bantu-Ausbildung tatsächlich aussah. Allerdings erinnere ich mich noch, daß meine Mutter mich streng zur Ordnung rief, als ich mich beschwerte, jeden Tag zur Schule zu müssen. »Du weißt deine Ausbildung nur deshalb nicht zu schätzen, weil sie für dich selbstverständlich ist«, erklärte sie mir damals. »Es gibt viele afrikanische Kinder, die alles dafür geben würden, wenn sie wie du zur Schule gehen könnten.« Also überlegte ich mir, ob ich nicht einem von diesen armen Kindern eine Chance geben und auf meine Ausbildung verzichten sollte. Ich sah die Szene schon vor meinem geistigen Auge: Das Mädchen weint vor Dankbarkeit, die Eltern schütteln mir mit Tränen in den Augen die Hände, und ich fühle mich edel und gut.

Wir hatten natürlich – wie alle Leute, die wir kannten – eine Hausangestellte. Sie liebte uns wie ihre eigenen Kinder, nahm uns in die Arme, las uns vor, zog uns jeden Morgen an und trug uns alle drei auf dem Rücken, bis wir irgendwann wirklich zu groß dafür waren. Margaret kochte und sorgte für uns, ich hätte mir ein Leben ohne ihre beruhigende Gegenwart und Liebe nicht vorstellen können.

Ich kann mich allerdings noch dunkel daran erinnern, daß ich ihr in diesem Jahr weh tat. Vor allem erinnere ich mich an die Leichtfertigkeit, mit der ich es tat. Eine unangenehme Geschichte, bei der ich nicht gerade gut wegkomme.

Aber ich habe mich entschieden, über das Jahr und dieses Leben zu erzählen, und wenn ich schon die volle Wahrheit aufdecken will, darf ich nichts auslassen, egal, ob es ein schlechtes Licht auf mich wirft. Vielleicht hilft es mir, zu verstehen, was später geschah.

Soweit ich mich entsinnen kann, habe ich nie »Eingeborener« zu einem Schwarzen gesagt. Bei mir zu Hause und in der Schule war das nicht üblich. Aber als man mir einschärfte, das Wort nicht in den Mund zu nehmen, wurde es plötzlich ein »verbotenes« Wort, eine Boshaftigkeit, die etwas Verlockendes hatte.

»Eingeborene«, warf ich Margaret an den Kopf und flitzte – schon mit einem schlechten Gewissen – durch die Küche.

»Nicht doch«, sagte sie, senkte den Kopf und machte ein trauriges Gesicht, das mir Angst einjagte. Natürlich nahm sie's mir nicht übel und erwähnte den Vorfall nie wieder. Aber ich bereute es noch jahrelang, die Schuldgefühle nagten an mir, bis mir der Schweiß aus den Poren brach und ich mich fragte, ob sie mich überhaupt noch lieben konnte.

Tja, und dann war da noch die andere Sache, mit der ich sie verletzte. Eine viel schlimmere Geschichte, denn damals stieß ich sie regelrecht von mir.

Weil ich immer herumbummelte und vor mich hin träumte, verpaßte ich ziemlich regelmäßig die Linie acht, die uns Mädchen vom Mill Park nach Hause brachte. Also mußte ich durch das Donkin Reserve zum Büro meines Vaters gehen und genoß dabei das kribbelnde Gefühl, ein Abenteuer zu erleben. Den Weg durch das hügelige gemeinnützige Gelände säumten imposante Gebäude, die mich in Fantasien schwelgen ließen.

Ein kleiner Umweg führte mich hinter einem schmiedeeisernen, filigran gearbeiteten, alten Tor vorbei, das in früheren Zeiten, wenn farbenfroh herausgeputzte Damen in Pferdekutschen hindurchfahren wollten, anmutig aufgeschwungen wurde. Wenn ich einen Blick durch die Torflügel auf das Hotel mit Schiebefenstern warf und mit dem Finger über die Verzierungen fuhr, konnte ich mir mühelos vorstellen, wie es sein mochte, in der Pracht der Vergangenheit zu leben.

Im Zickzackkurs schlenderte ich dem zweiten ausgedehnten Ritual entgegen: Ich rannte über das Gras zum Leuchtturm mit der roten Spitze und genoß den Ausblick über die Dächer von »Downtown«. Hinter der Stadt, die friedlich am Fuße des steil abfallenden Hügels kauerte, sah ich die windgepeitschten, weißen Kronen der Wellen – ein unwirkliches blaues Funkeln im Sonnenschein, das sich in schmutziges Grün verwandelte, sobald Wolken darüber zogen. Unerbittlich zogen die Schiffe an mir vorbei und steuerten die Hafenmauer an.

Direkt hinter den Häusern mit Terrasse, die sich – scheinbar ungeordnet – an die sanft geschwungenen Wölbungen des Hügels schmiegten, lag das Büro meines Vaters. Hier durfte ich mit Gummistempeln spielen und mich von den vielen emsig herumhuschenden Sekretärinnen verwöhnen lassen, Frauen, die sich alle so ähnlich sahen, daß ich sie nicht auseinanderhalten konnte. »Nehmen Sie mich noch mal im Aufzug mit?« fragte ich irgendeine, um sofort festzustellen, daß ich die falsche Brünette mit künstlichen, klimpernden Wimpern erwischt hatte, es mußte doch eine andere gewesen sein, die mit mir in dem Metallkäfig auf und ab gefahren war.

Zehn Minuten nachdem ich angerufen hatte, kam meine Mutter gewöhnlich ins Büro. In ihrem Minikleid und mit der Brille, die seitlich spitz nach oben zulief, rauschte sie herein und nahm mich in ihrem Wagen mit nach Hause. Aber an diesem besonderen Tag, irgendwann im Jahre

1966, war meine Mutter nicht zu Hause, als ich anrief. Margaret kam sofort, nachdem sie die Busfahrkarte in die Stadt von ihrem eigenen Geld bezahlt und sich mühsam den Berg hinaufgequält hatte. Als sie mich an die Hand nahm, um mit mir zusammen zurück in die Stadt zu gehen, war es mir peinlich, daß die Leute mich für ein Baby halten konnten, das noch eine Nanny braucht. Ungeduldig riß ich mich von ihr los und warf ihr an den Kopf, ich wolle nicht, daß mich die Leute mit ihr sehen. Sie machte mir nicht mal einen Vorwurf, hielt mich aber fest an der Hand und erklärte mir, daß die Straßen gefährlich seien.

1966. Ich haßte die Schule in diesem Jahr. Wir hatten die einführenden Klassen hinter uns, und ich besuchte jetzt den richtigen Unterricht. Die Zeiten, in denen man uns nachsichtig wie Kinder behandelte, waren vorbei. Aber die Schule machte nur einen winzigen Teil meines Lebens aus, außerdem war ich eine hoffnungslose Tagträumerin und konnte jederzeit in meine Fantasiewelt fliehen, wenn ich Lust dazu hatte. Jedesmal, wenn mir der Sinn danach stand, die niederträchtige Boshaftigkeit meiner Lehrerin, Miss Harper, auszuschalten und diese Frau mit verkniffenem Mund, die nie Make-up hinter den ovalen Brillengläsern trug, verschwinden zu lassen, stellte ich mir einfach vor, wie Margaret in der Küche hantierte oder wie meine Mutter ihren Mittagsschlaf hielt. Meine Gedanken wanderten zu den Nachmittagen, die – bei Tee mit Salzgebäck – vom lärmenden Kinderprogramm und *Woman's World* erfüllt waren.

Es war das Jahr, in dem der Ministerpräsident Verwoerd ermordet wurde. Keiner in unserer Familie schien zu trauern, ich erinnere mich eigentlich nur an zwei Dinge an diesem Tag. Miss Harper, die das *crissy* Haar streng nach hinten gebunden hatte, damit es glatter wirkte, ließ uns wissen, daß unser Staatsführer, Dr. Verwoerd, von einem Verrückten ermordet worden sei. Sie machte einen feierlichen Akt daraus, dem ein jähes Ende gesetzt wurde, als sie uns wissen ließ, daß wir einen halben Tag schulfrei bekamen, um zu trauern. Ein besonderer Glücksfall, wenn man bedenkt, daß Freitag war.

Die andere Sache ist mir noch lebendiger im Gedächtnis. Meine Freundin Jackie und ich fuhren auf unseren Rädern zum Zeitungshändler in der Gegend, um *June* und *Schoolfriend* abzuholen, die beiden Comics, die man dort für uns zurücklegte. Es waren natürlich britische Hefte, die wöchentlich erschienen. Amerikanische Comics wie *Caspar* und *Richie Rich* durften wir nicht lesen, was uns unglaublich ärgerte. Mit unseren Comics und einem verfrühten Lunchpicknick machten wir es uns in einem Zelt in unserem Garten so richtig gemütlich und schmökerten in den Seiten. Nur deshalb erinnere ich mich überhaupt an das Attentat. Doch am Montag ging ich wieder zur Schule, ohne einen weiteren Gedanken an Verwoerd oder seinen eventuellen Nachfolger zu verschwenden. Jeden Tag hängten wir unsere Hüte auf und bildeten eine Reihe vor dem Schulgebäude. Zu den ersten Tönen der Marschmusik, die unsere bezaubernde, dick gepuderte Lehrerin auf dem Klavier hämmerte, zog die Parade ein. Im Gebäude angekommen, fiel unser Blick auf ihren kerzengeraden Rücken und das auftoupierte Haar. Nach der Hymne, dem Psalm und gemeinsamen Gebeten kontrollierten die Aufseherinnen unsere Pumphosen, Fingernägel und Hymnenbücher und achteten darauf, daß wir – wenn wir schließlich in einer Reihe abmarschierten – nicht zwei Stufen auf einmal nahmen.

Aber mein Leben spielte sich ganz woanders ab. Jeden Morgen um halb sechs kam mein Vater an mein Bett und sah mich schweigend an. Im Sommer schlenderten wir

in den frühen, warmen Sonnenstrahlen über den kühlen Sandstrand. Im ersten Moment schnürte uns das eisige Wasser den Atem ab, aber schon bald fühlten wir uns berauscht von der salzigen Frische und dem einzigartigen Glück, die ersten Menschen auf der Welt zu sein – so jedenfalls kam es uns vor. Blinzelnd blickten wir über die Wellen, die wie Gold funkelten, und malten uns aus, wohin die Schiffe fuhren und was sie geladen hatten. Bei Ebbe gingen wir den Strand entlang und fanden unglaubliche Schätze – Gebisse oder Münzen zum Beispiel, oder auch ganz wundersame Dinge – Schilder, Kisten oder Flaschen aus fernen Ländern, die von exotischen Schiffen angeschwemmt waren. Manchmal hatten wir sogar Zeit, zu der Stelle zu fahren, an dem der aloegespickte Hügel steil abfiel, und in dem atemberaubenden Ausblick über die goldfarben funkelnde, geschwungene Bucht zu schwelgen. Oder wir fuhren zum Hafen, wo sich mein Vater mit den Seeleuten unterhielt. Ab und zu kam es sogar vor, daß uns die Männer erlaubten, auf eines der Schiffe zu gehen und uns umzusehen. Wie hätten mir nach so einem Morgen die vielen Verbote in der Schule noch etwas ausmachen können?
Nach der Schule lockte das Abenteuer. Unsere Vorstadtsiedlungen lagen auf Hügelketten links und rechts des Tales, die dicht besiedelten Viertel zogen sich bis hinunter ins struppige Buschland. Der kleine Fluß und die nackten, jäh abfallenden Felswände luden immer wieder zu aufregenden Spielen und Erkundungstouren ein. Wir gingen die kleinen Pfade entlang, was uns strikt verboten war, kämpften uns zwischen knorrigen, korkenzieherartig gekrümmten Buschästen hindurch – ein Tummelplatz für kleine Affen – und tauchten wie die Bantus in die mannshohen Schilfgräser ein, die den Fluß säumten. Erschrocken zuckten wir zusammen, wenn Perlhühner mit wildem Flü-

gelschlag ein überraschtes *tuk-tuk* ausstießen oder ein verstecktes Hadeda aufschrie. Wir scheuchten sie auf, indem wir das durchdringende *Ah Ah* eines Pfaus imitierten, und schon waren ihr nervöses Flattern und ihre empörten Rufe zu hören.

»Geht nie, niemals in das Tal«, wurden wir immer wieder ermahnt, ich ein bißchen strenger als meine Brüder, die schließlich Jungs waren und eher mit gefährlichen Situationen zurechtkommen konnten. »Da unten leben Buschmenschen.«

Das hielt uns nicht davon ab, über die wenig genutzten Pfade zu schleichen, wenn wir von einem Vorstadtviertel zum anderen gelangen wollten, um Freunde zu besuchen oder einfach nur ein Abenteuer zu erleben. Daß es verboten war, im Tal zu spielen, war der entscheidende Kick bei der Sache. Wir haben nie einen Buschmenschen zu Gesicht bekommen, und doch sorgte diese prickelnde, ängstliche Ungewißheit, ob uns nicht vielleicht doch jemand beobachtete, für die *grillies*. Was sie mit zwei, drei kleinen Mädchen auf Entdeckungsreise anstellten, konnten wir uns eigentlich nie so recht vorstellen. Aber als wir mal auf eine halb verfallene, verlassene Buschhütte stießen, die mit gebogenen jungen Trieben gedeckt war, krochen und rannten wir, so schnell uns die Beine trugen, den dicht bewachsenen, mit Nasturium gesprenkelten Hügel hinauf und schrien und kicherten ausgelassen, während wir in die Sicherheit der Häuser und Straßen flohen.

Ich erinnere mich noch genau, welche Songs meine Brüder in diesem Jahr hörten: »Eleanor Rigby«, »Nowhere Man« und »Yesterday«. Sie ließen die Lieder immer wieder auf dem tragbaren Grammophon laufen, eines nach dem anderen, und jedesmal, wenn eine der aufgestapelten Platten auf den Teller fiel, hörte man ein lautes Klick. Ich folgte dem

Beispiel meiner Mutter und haßte die Beatles – »Ach, diese Jungs schreien so furchtbar«, fand sie, »und sie sehen richtig gefährlich aus mit den langen Haaren.« Meine Brüder machten sich deswegen natürlich furchtbar lustig über mich. Mein kleinerer Bruder verpaßte mir manchmal eine ordentliche Abreibung, und wenn sich mein älterer Bruder von seinem hohen Roß herabließ und sich trotz seines fortgeschrittenen Alters mit uns abgab, jagten sie mich gemeinsam, stürzten sich auf mich und preßten mich an den Boden. Einer von beiden kitzelte mich so lange, bis ich mir in die Hose machte, und der andere hielt meinen Kopf, um mich zu zwingen, mir den dumpfen Baß von »Please Please Me« anzuhören, der aus dem Radio drang. Ich schrie meist wie am Spieß, auch wenn's nichts nutzte, und hielt mir die Ohren zu.

Meine Lieblings-Maxisingle war »Telstar«, ich spielte sie so lange, bis sie voller Kratzer war. Aber am allerliebsten hörte ich die *kwela*-Musik, die mein Vater vor dem Abendessen auf der Mundharmonika spielte, während er dazu mit dem Fuß den Takt klopfte. Er besaß alle Spokes-Mashiyane-Platten, aber meine Mutter verbot ihm strikt, sie aufzulegen. »Diese afrikanische Musik ist so monoton, sie macht mich wahnsinnig«, sagte sie meist, trotzdem ließ sie zu, daß er sie auf der Mundharmonika spielte, die er immer falsch herum hielt, wie er's sich als Kind – weit weg im Buschland – selbst beigebracht hatte.

Wenn ich mir das Jahr vor Augen führe, erinnere ich mich am lebhaftesten an Snowball, das Kratzekätzchen. »Ouma sagt, wenn du ohne Geheule und Gejammer zur Schule gehst, bekommst du von ihr ein Kätzchen von der Farm«, ließ Mutter mich wissen. Oh, dieses quälende Warten, bis das Kätzchen endlich kam, die freudige Spannung, die ab und zu in Verzweiflung umschlug, wenn ich doch mal weinte

und meine Eltern mir sagten, jetzt bekäme ich kein Kätzchen mehr.
Aber irgendwann kam es doch – ein schönes, sauberes, vollkommen weißes Etwas von der Farm. Jeden Tag nach der Schule konnte ich mein Gesicht in das Fell wühlen. Ich liebte den kleinen Kater und spielte mit ihm, aber er ließ sich nicht so leicht bändigen, ein bißchen wild blieb er immer.
Das Ende des Jahres rückte näher. Meine ersten Schulprüfungen standen bevor, der Duft von Jasmin erfüllte mein Zimmer, weckte in mir die Vorfreude auf die Ferien. Immer öfter dachte ich mit wachsender Aufregung an Weihnachten auf der Farm. Meine Freundinnen konnten nie verstehen, warum ich mich darauf freute, die Ferien weit weg vom Strand zu verbringen – und ich wußte nie, wie ich's ihnen erklären sollte. Mir fehlten die Worte, um ihnen begreiflich zu machen, daß ich mich nach dem Anblick, dem typischen Geschmack und den Gerüchen der Farm sehnte: nach dem Geruch von Kohlerauch, der mich heute noch gegen meinen Willen in frühere Zeiten und an die Orte meiner Kindheit zurückversetzt, nach dem lärmenden Gackern des Federviehs, nach dem Geschmack dieser unglaublich riesigen Freilandhühner, von denen fast jeden Tag eines für uns gebraten wurde, und nach dem *quietsch-päng* der Fliegengittertür. Deshalb erzählte ich den anderen Kids nur von den Abenteuern, die man dort erleben konnte, von dem riesigen Schwimmbecken und dem aufregenden Buschland, das es zu erkunden galt.
Am letzten Schultag in diesem Jahr schenkte die Schule allen Mädchen Freikarten für den Zirkus, der gerade erst in die Stadt gezogen war – vielleicht waren's auch nur Gutscheine, mit denen wir nur den halben Preis bezahlen mußten, das weiß ich nicht mehr genau. Im Schulbus, der

vollgestopft war mit aufgeregten, schnatternden kleinen Mädchen in Schuluniformen und mit Panamahüten, gab es kein anderes Gesprächsthema mehr. Alle platzten fast vor Freude. Ich wußte, daß ich nicht mehr in der Stadt sein würde, wenn die anderen in den Zirkus gingen, und malte mir aus, wie ich meine Karte an ein armes afrikanisches Kind verschenkte und wie es vor Dankbarkeit und Aufregung weinte. Als wir aus dem Bus stiegen, glaubte ich, die richtige Gelegenheit gefunden zu haben.

Der Müllwagen stand in unserer Straße, die Boys auf den Trittbrettern sprangen geschmeidig mit langen Beinen in unseren Garten, um die Mülltonnen in große Körbe zu leeren, die sie über der Schulter trugen. Wir hielten uns normalerweise etwas ängstlich fern von ihnen, weil sie – immer in Eile – ständig rannten, um im letzten Moment auf den Müllwagen aufzuspringen. Sie lächelten uns nie zu und blieben auch nie stehen, um – wie die Nannys und Gartenboys – mit einem »Hallo, kleines Fräulein« und einer unterwürfigen Verbeugung ein Gespräch anzufangen. Außerdem rochen sie ziemlich unangenehm nach dem offenen Müllcontainer, auf dem sie mitfahren mußten.

Diesmal hatte sich einer der Männer kurz unter den *kaffirplums* auf dem breiten Rasenstreifen gesetzt und schnitt mit einem Taschenmesser die Kuppe seiner *takkies* ab. »Hier«, sagte ich und hielt ihm das Ticket hin. »Damit kann dein Kind in den Zirkus gehen.« Der Mann starrte mich an, und seine Augen zeigten nicht das geringste Anzeichen eines dankbaren Funkelns – keine Spur von der geduldigen Nachsicht, die ich bei den Afrikanern zu Hause und auf der Farm kennengelernt hatte. Er sagte kein Wort und rannte dem Lastwagen hinterher, der sich langsam in Bewegung setzte. »Ärger dich nicht«, tröstete mich eine von meinen Freundinnen, »der Kerl war bestimmt verrückt. Du hast doch gesehen – er hatte sich Löcher in die Schuhe geschnitten.« Ich fühlte mich zwar gedemütigt und zurückgewiesen, begriff aber, daß mehr hinter der Sache stecken mußte.

Die übliche Aufregung am Ende des Jahres und die Freude, die mich erschaudern ließ, waren wie weggeblasen, auch wenn ich nicht verstand, warum. Vielleicht hat der Mann kein Englisch verstanden, überlegte ich mir. Als ich meine Brüder zu Rate zog, brachen sie natürlich in schallendes Gelächter aus. Sie machten sich über mein kindisches Verhalten lustig und sagten, ich sei ziemlich dämlich, wenn ich nicht wüßte, daß Afrikanern nicht erlaubt sei, in den Zirkus zu gehen.

Das mit den Schuhen behielt ich lieber für mich. Aber ich konnte das Bild nicht vergessen, immer wieder drängte sich die Erinnerung auf. Erst Jahre später verstand ich, was ich gesehen hatte – der Mann hatte die Schuhe wahrscheinlich gerade erst im Müll gefunden und konnte nur dann den ganzen Tag in den zu engen *takkies* herumlaufen, wenn er die Kuppe aufschnitt. Seine leeren, kalten Augen verfolgten mich noch lange. Später deutete ich sie als ein böses Omen. Dumm von mir, ich weiß.

Mit den Ferien fing alles an. Die Zeit auf der Farm veränderte mein ganzes Leben – Farben und Gerüche schienen neu, alles schien einen neuen Geschmack zu haben. Aber, bitte, vergiß nicht, das war die große Ausnahme. Sonst war's immer ganz anders auf der Farm gewesen, nicht wie in diesen Ferien, die mich in das Glashaus der Isolation trieben, in dem ich heute noch, als erwachsene Frau, lebe. Warum konnte ich nichts dagegen tun? Warum konnte ich die unerbittlichen Ereignisse, die uns alle in Unglück und Verzweiflung stürzten, nicht abwenden?

1989 …
15. Oktober

Gestern abend haben wir uns mal wieder gestritten. Ich bin wie immer seelenruhig geblieben, während er explodierte wie ein plötzliches Unwetter. Es ging mal wieder um das alte Thema Hoffnung – na ja, genauer gesagt, um meine Hoffnungslosigkeit.
Ich habe einen geduldigen Mann geheiratet, großzügig und gütig in seiner Selbstsicherheit, ein Mensch, der mir das Gefühl von Geborgenheit gibt. Ich bin wahrscheinlich die einzige, die ihn so sehr aus der Fassung bringen kann, daß er sich zu Wutausbrüchen wie gestern abend hinreißen läßt. Meine ständige Gelassenheit reizt ihn bis aufs Blut. Trotzdem kann ich mich nie zurückhalten. In der sicheren Abgeschiedenheit meines Glashauses lasse ich mich von dem bitteren Gift der Genugtuung durchrieseln. Siehst du, ich bin fest davon überzeugt, daß die menschliche Kreatur von Natur aus gewalttätig, pervers und grausam ist. Fern von der Welt, hinter sicheren Glaswänden, mache ich mir ein Vergnügen daraus, diese Überzeugung anschaulich an der gutmütigsten Person zu demonstrieren, die ich kenne.
Tja, die Hoffnung! Du weißt ja, daß ich unfähig bin, auf irgend etwas zu hoffen. Völlig sinnlos in meinen Augen. Nein, ich sollte wohl lieber ehrlich sein, wenigstens in diesem Punkt, es ist eigentlich keine Unfähigkeit – sobald ich Hoffnung schöpfe, legt sich augenblicklich ein Gefühl der Beklemmung um meine Kehle, es scheint mir den Atem abzuschnüren. Nie könnte ich mich, ausgerüstet mit einer Waffe dieser Art, in Gottes Hand begeben – in die Hand dieses boshaften Geistes, der sich in seinem kranken Hirn den Menschen erdacht hat.

Ich empfinde es als eine makabere Ironie des Schicksals, daß ausgerechnet ich, die ich keinerlei Hoffnung empfinden kann, in eine Zeit hineingeboren wurde, in der die Zuversicht Hochkonjunktur hat. Wir haben jetzt Ende 1989, ich bin Anfang Dreißig, verheiratet und kinderlos – gewollt kinderlos, soweit es mich betrifft jedenfalls. Ich lebe in einer hübschen Vorstadt von Johannesburg mit vielen alten Häusern im dunklen Schatten prächtiger Bäume. Hier, im Städtchen, wie das Viertel mit kleinem Geschäftscenter im Slang der affektierten nördlichen Vorstädter heißt, wohnen hauptsächlich leitende Angestellte. Hochmoderne Leute – in uniformen Polo-Shirts, mit Babytragesäcken auf dem Rücken und Ehefrauen, die darauf achten, daß die Kleidung nicht ihren Wohlstand verrät. Die älteren Bewohner, Frauen in braunen Röcken, mit grauer Kurzhaarfrisur – die rissigen Fersen eine einzige Hornschicht – fahren auf Rädern herum oder führen ihre Labradors, Retriever oder Collies spazieren und demonstrieren nach außen hin unbeugsamen Liberalismus.
Aber nun ist die Ära der großen, strahlenden Euphorie angebrochen, eine Euphorie, die noch etwas wackelig auf dem schmalen Rand der Veränderungen balanciert. Für die meisten dieser reizenden, höhergestellten Familien scheint nach einem Schwätzchen vor dem Spar-Shop vollkommen klar zu sein, daß die gesetzlich verankerte Glückseligkeit und der nicht-radikale Himmel auf Erden bereits zum Greifen nahe sind. Einige von ihnen wagen sogar, mit ANC-T-Shirts herumzulaufen, obwohl es immer noch verboten ist. Natürlich riskieren sie in diesen Tagen der glorreichen Hoffnung gern ein paar Tage Arrest. Und dieselben grauhaarigen Damen mit Hund, die immer für die Prog-Partei gestimmt haben (auch noch, als sie demokratisch wurde), überlegen jetzt, ob sie sich dem ANC anschließen, sobald

die Partei zugelassen wird – »Es kann jeden Moment soweit sein, meine Liebe« –, oder aus Loyalität weiterhin die Progs wählen. Die große glorreiche Aufhebung des Parteiverbots scheint unausweichlich. Und nach dem, was heute passiert ist, werde ich zweifellos noch öfter unter diesen Es-kann-jeden-Moment-soweit-sein-Gesprächen mit ernsten, glühenden Gesichtern zu leiden haben.

Heute sind acht inhaftierte Helden der Kämpfe entlassen worden, wie wohl jedermann mitbekommen hat, nachdem die Zeitungen schon eine ganze Woche von der »jubelnden Menge« berichtet haben. Mein Gott! Anscheinend war die »jubelnde Menge« eine Woche lang ständig in Aktion – die jubelnde Menge marschiert, die jubelnde Menge singt, die jubelnde Menge tanzt ... Genau das hat den letzten Sturm in dem sonst so ruhigen Wasserglas unserer Beziehung ausgelöst. Mein Mann wünscht sich nichts sehnlicher, als auch aus uns eine kleine jubelnde Menge zu machen.

Auch er hat sich also von der allgemeinen Euphorie, die schon an Hysterie grenzt, anstecken lassen. Man ist nirgendwo sicher vor ihr! Nirgendwo! Mitten beim Abendessen platzte er damit heraus. Vollkommen ernst erklärte er, daß wir – falls es zu einer Kundgebung in Johannesburg käme, bei der wir den Oppositionsführern mit einem *toyi toyi* unsere Unterstützung zusichern können – seiner Meinung nach auf jeden Fall dabeisein müßten. Wenn man den Gerüchten glauben dürfe, die – in den richtigen Kreisen jedenfalls – nicht mehr zu überhören seien, finde innerhalb der nächsten Wochen sicherlich so eine Kundgebung statt.

Ich warf ihm diesen Blick zu, der typisch für mich ist, ein Blick, den ich inzwischen wirklich gut beherrsche – eine Mischung aus Verwunderung und Belustigung.

»Was ist nur los mit dir?« Plötzlich explodierte er, als habe

ihm die Bombe schon lange in der Kehle gesteckt und gnadenlos getickt.
Ich blieb gelassen. Darin bin ich seit einigen Jahren Expertin. Wahrscheinlich die einzige Fähigkeit, die ich jemals perfektioniert habe. Seine Hände zitterten, er ließ geräuschvoll die Gabel fallen. Es war seine Idee, daß wir jeden Abend gemeinsam an unserem schönen Gelbholztisch im Wohnzimmer essen. Es ist schon etliche Jahre her, daß er den Tisch bei einem Streifzug durch Graaff Reinet »entdeckt« und triumphierend auf seinem Dachgepäckträger bis nach Hause ins Transvaal transportiert hat. Ich starrte auf seine zitternden Hände und erinnerte mich, wie er liebevoll die vielen uralten Farbschichten abgekratzt und sich dabei die Haut mit Lösungsmittel verätzt und mit Stahlwolle aufgerissen hat. Ich schob mir noch einen Bissen in den Mund und ließ ihn bewußt genüßlich auf der Zunge zergehen. Wirklich gut, das Brathähnchen von Woolworth's. Schon komisch, in wie vielen Augenblicken, die mein Leben nachhaltig verändert haben, Brathähnchen irgendwie eine Rolle spielten.
»Kannst du mir nicht, wenigstens dieses eine Mal, eine Antwort geben? Kannst du nicht rausschreien, was du denkst, oder toben oder einfach nur mit mir reden? Ich glaube nicht, daß ich dein verdammtes überhebliches Lächeln und deinen absolut leeren Gesichtsausdruck länger ertragen kann.«
Das traf mich natürlich. Daß ich angeblich überheblich wirke, macht mir nichts aus. Genau das ist es ja, was ich perfektioniert habe. Aber leer? Ich erwiderte nichts darauf. Wie immer. Ich aß meinen Teller bis zum allerletzten Reiskorn leer – eine Art Fluch aus der Kindheit, ich bin unfähig, auch nur das kleinste Krümelchen liegen zu lassen – und schob den zierlichen *riempie*-Stuhl unsanft zurück,

um mich daran zu weiden, wie mein Mann zusammenzuckte. Schließlich antwortete ich. Meine bissigsten Kommentare hebe ich mir oftmals für den Abgang auf, ein letzter schmerzlicher Hieb, bevor ich mich in Sicherheit bringe.
»Schon komisch, wie die Zeiten, in denen wir leben, euch ›aufgeweckten jungen Männern‹ den Verstand aussaugen. Leider trifft mich das Los, mit einem hirnlosen Zombie weiterzuleben. Okay, du warst vielleicht nie eine übermäßig große Leuchte, aber anscheinend ist jetzt nur noch dieser Glaube an die Zukunft und deine glorreiche Hoffnung übriggeblieben. Und dieses idiotische Lächeln.«
Ich rannte ins Bad, mein Lieblingsrückzugsort, und glaubte schon, er habe sich geschlagen gegeben – er ließ sich ziemlich lange nicht blicken. Wir vertragen uns meistens ziemlich schnell wieder. Mein kleines Glashaus kann nichts wirklich erschüttern, eine uneinnehmbare Festung, die nicht mal seine eisige Wut erreichen kann. Es ist eine stillschweigende Abmachung zwischen uns, daß ich so tue, als sei nichts gewesen, wenn ich aus der Badewanne zurückkomme, in die ich mich eine Zeitlang verkrieche. Okay, er braucht etwas länger, bis er sich wieder gefangen hat, eine Weile ist er tieftraurig. Aber das, weshalb wir uns gestritten haben, erwähnt er nie wieder. Warum auch?
Diesmal war's anders. Das mit der Hoffnung machte ihm offensichtlich ernsthaft zu schaffen. Diesmal schien es sogar an die Substanz unsere Ehe zu gehen, was wiederum mich aus der Fassung brachte. Unsere Beziehung funktioniert ziemlich gut, wie ich finde, ich fühle mich wohl mit meinem Mann und will nicht, daß diese dumme Sache zwischen uns steht.
Ich hörte, wie er an die Tür klopfte, mußte aber erst die Hähne zudrehen, bevor ich ihn verstehen konnte.
»Wieso bist du so verbittert?« Seine Stimme klang belegt, er

schien den Tränen nahe. Eine Herausforderung an meinen Stolz – ich wollte mich völlig unberührt zeigen, während er offensichtlich so tief getroffen war, daß er kaum ein gequältes Schluchzen unterdrücken konnte. Ich hatte ihn bis aufs Blut gereizt und ihm richtig weh getan. Wenn ich ehrlich sein soll – im Grunde meines Herzens schämte ich mich.
»Was, um alles in der Welt, gibt dir dieses Gefühl, so wertlos zu sein, daß du dich abgrundtief haßt? Warum tust du immer so, als hättest du nicht mal das kleinste Glück verdient?«
»Muß ja furchtbar sein, als verkannter Seelenklempner durch die Weltgeschichte zu laufen«, erwiderte ich.
»Zur Hölle mit dir, verdammt!«
Endlich zog er sich zurück. War es Triumph, den ich empfand? Ich weiß es nicht. Manchmal denke ich, daß ich so gut wie gar nichts fühle. Ich lag einfach nur da und starrte auf die Seifenschale. Das nasse, halb aufgeweichte Stück Seife lag in einer kleinen Wasserlache, die sich anscheinend immer wieder von selbst bildet. Mein Blick wanderte zu der absolut sicheren, modernen Rasierklinge mit doppeltem Schneideblatt.
Ich denke oft über Selbstmord nach, allerdings nur theoretisch. Kein Grund, mich für melodramatisch oder überdreht zu halten. Ich sehe mir einfach nur die Rasierklinge an und überlege, wie furchtbar es sein muß, damit Selbstmord zu begehen. Ich sehe vor meinem geistigen Auge die vielen scharfen Messer in der Küche und male mir aus, wieviel Kraft es kosten mag, die Klinge in unnachgiebiges Fleisch zu stoßen. Nur ein Gedankenspiel, nie ein konkreter Plan. Ich gehe im Geiste alle Möglichkeiten durch, sich das Leben zu nehmen. Ich könnte zum Beispiel den Kopf in die Wanne, meinen sicheren Zufluchtsort, tauchen und ein letztes Mal tief Luft holen, oder wenigstens so tun als ob. Ich

glaube, es beruhigt mich schon, wenn ich alle Arten, für immer zu verschwinden, in meiner Fantasie durchspiele. Ich muß mir ja nicht das Leben nehmen, aber ich habe immer die Möglichkeit. Mit dieser Gewißheit fällt es mir leichter, die nächste Hürde im Leben zu nehmen.
Wie ein unsichtbares Gespenst huschte ich in Pyjama und Schlafrock ins Schlafzimmer – warm eingepackt, so schlafe ich am liebsten. Er zieht es vor, nackt ins Bett zu gehen. Natürlich! Nur die ganz vertrauensvollen Tölpel, die Unschuldigen und Leichtgläubigen können es wagen, sich vollkommen schutzlos dem Schlaf preiszugeben.
»Du machst immer eine Riesensache daraus, daß ich ein verdammtes Jahr auf der Uni nicht geschafft hab.« Komplett angezogen rollte er sich auf den Rücken, um mich abzufangen. Die tiefblauen Augen, leuchtend wie Scheinwerfer, waren auf mich gerichtet, und plötzlich fühlte ich mich alles andere als unsichtbar, ich hatte das unangenehme Gefühl, durchschaubar zu sein.
»Aber ich laß dich nicht länger auf mir herumhacken. Du hast vielleicht deinen lausigen M.A. *cum laude* gemacht, mag ja sein, und was kommt dabei raus? Was hättest du alles erreichen können – aber du warst ja nichts weiter als eine verbissene Streberin, die nie ein provokantes Wort verloren hat. Während deiner ganzen Zeit an der Uni hast du nicht einmal den Fuß vor die Bibliothek gesetzt.«
Vorsichtig ließ ich mich auf der Bettkante nieder und starrte auf den Boden, um seinem Blick auszuweichen, der mich festzunageln schien. Meine Hände zitterten.
»Und – was hast du seitdem erreicht?«
Ich zuckte die Schultern. Er wußte, daß ich meinen Job haßte und doch nichts unternehmen konnte oder wollte, um meine Situation zu ändern.
»Nichts. Aber wer von uns bringt schon wirklich was zustan-

de? Ein Job ist ein Job, mehr nicht. Die meisten Menschen müssen zusehen, wie sie ihre Arbeit Tag für Tag durchstehen. Ich bin nicht eingebildet genug, um mir vorzumachen, ich könnte irgendwie bedeutend sein in dieser Welt. Außerdem – was hätte ich schon davon? Man stirbt ja doch eines Tages, egal, was man tut, und dann vergessen einen die Leute.«

»Aber ich habe wenigstens Spaß an dem, was ich tue, und ich bin überzeugt, daß es einen Sinn hat. Es ist ein befriedigendes Gefühl, wenn ich versuche, das beste für meine Klienten herauszuholen, und – egal, was du darüber denkst – ich glaube wirklich an die Gerechtigkeit.«

»O Gott, ich kann nicht glauben, daß ich mir diesen Blödsinn anhören muß. Kein Mensch glaubt wirklich daran, so ist es doch, oder? Nicht im wirklichen Leben. Und ganz sicher nicht bei Wasp, deiner großkotzigen Anwaltskanzlei. Die glauben doch nur an eines – Geld.«

»Ach, sei endlich mal still und hör mir einfach nur zu. Ich will dir was begreiflich machen. Kannst du dir die schnippischen Bemerkungen ausnahmsweise mal sparen? Endlich tut sich was in diesem Land. Und mir ist es endlich gelungen, mich bei den Gewerkschaften einzuklinken. Wenn wir die Verbindung als Klienten gewinnen und während des Streiks beraten, dann bin ich, na ja, dann habe ich auch meinen Teil zu den Umwälzungen beigetragen, die hier im Gange sind.«

»Ja, natürlich, du hast deine High-Society-Firma überzeugt, sich für das ›öffentliche Interesse‹ einzusetzen. Jetzt kommst du dir wohl vor wie der weiße Ritter, was? Du bildest dir wirklich ein, du tust was Großes – als ob du irgend etwas zu sagen hättest. Aber in Wirklichkeit bist du nur ein Handlanger für sie – unbedeutend, aber ganz nützlich. Wenn deine hochnäsigen Vorgesetzten dir nicht die Arbeiterschaft, sondern die Fabrikleitung als Klienten anvertraut hätten, wärst du denen genauso nützlich. Erwarte nur nicht, daß sich die Arbeiter in deine naive, liberale Schublade vom ›edlen Halbwilden‹ pressen lassen.«

Er stieß einen langen Seufzer aus, der sich fast wie ein Schluchzen anhörte, wandte sich von mir ab und starrte in den dunklen Garten. Die hohe, weiße Mauer war sogar in der Dunkelheit noch zu erkennen, den Pool hatte die Nacht längst verschluckt. Deutlich war das röchelnde Gurgeln der Wasserpumpe zu hören, die weit aufgerissenen Fenster glichen ausgebreiteten Armen, die großzügig das Brummen und Rasseln der selbstmörderischen Rosenkäfer und den intensiven süßen Jasminduft in unser Zimmer einluden.

Nach und nach beruhigte ich mich, zog das Federbett zurück und fing mit dem üblichen abendlichen Ritual an, pedantisch die Kissen zurechtzuklopfen. Ich war überzeugt, daß er aufgegeben hatte. Wie sehr ich mich doch irrte, denn das Schlimmste kam noch.

»Ich will Weihnachten diesmal an der Küste verbringen.« Er meinte die Küste am Ostkap, wir waren beide dort aufgewachsen.

»Du weißt genau, daß ich nie wieder zum Ostkap fahre.«

»Was stimmt nicht mit der Gegend? Hast du schlechte Erinnerungen?«

»Blödsinn!« fuhr ich ihn an, gefangen unter der straff gezogenen Decke, die er mit seinem Gewicht festhielt. »Es war alles perfekt da unten, genau wie meine Kindheit. Die Farm ist traumhaft, unübertroffen schön. Trotzdem hab ich keine Lust, noch mal hinzufahren. Man kann die Vergangenheit nicht zurückholen. Warum können wir nicht einfach hierbleiben?«

Als er endlich aufgab und die Badezimmertür hinter sich zuschlug, ging mir durch den Kopf, daß *wirklich* alles perfekt gewesen war auf der Farm. Der ideale Ort für eine wunderschöne Kindheit.

Der Duft von Jasmin, der kindliche Vorbote der Weihnachtszeit und der Ferien am Ende des Jahres – das alles schien mir plötzlich, auf unerklärliche Weise, die Luft abzuschnüren.

1966 …
siebzehn Tage bis Weihnachten

Ich hatte mich zusammengerollt und schlief fest. Träume hielten mich gefangen, auch noch, als man mich in die Dunkelheit trug. Im Halbschlaf hörte ich die Begrüßungen und spürte die Umarmungen. Die Wange an den Pullover meines Vaters gepreßt, sog ich die Kraft seines Körpers ein – beruhigender, süßlicher Schweiß. Bis plötzlich, als die kühle Brise mein Haar streifte und sich darin verfing, die Essenz der Farm übermächtig wurde, eine übelriechende Mischung aus schwerer Erde, Kohlerauch, Hühnern und Schweinen.

Mein Vater ging auf Zehenspitzen über den glatten Stein der Veranda und betrat das alte Haus. Wärme umfing mich, als ich hörte, wie das Holz unter seinen Schritten knarrte. Der modrige Geruch von alten Büchern, der augenblicklich ein Kribbeln bei mir auslöste, ließ mich wissen, daß wir durch Oupas Bibliothek gingen. Dann kam der Flur – es duftete nach aufgewärmtem Brot und Gemüsesuppe. Ja, sicher, es muß Suppe gewesen sein – dieser deftige, schwere Geruch. Es gab immer Suppe. Es roch nach herzlicher Begrüßung, freudigen Gesprächen im Flüsterton und schläfriger Dunkelheit.

Glatte, saubere Leinenlaken und Wolldecken hüllten mich ein – der Geruch von Schlaf. Schon bald staute sich die Wärme in dem Zimmer, das ich mit meinen Brüdern teilte, und ich strampelte mich vom Bettzeug frei.

Ich wachte früh auf, das klare, lebhafte Licht der ersten Sonnenstrahlen weckte mich. Lautlos setzte ich mich im Bett auf, freute mich an dem lärmenden *kip kips* und dem durchdringenden, kunstvollen Krähen der Hähne und spürte das aufgeregte Flattern im Bauch. Die anderen Tiere, die wenigen Kühe und Schweine, waren weit weg in ihren Ställen und kaum zu hören. Aber ich strengte mich an, lauschte und bildete mir ein, die grunzende Begrüßung der rosafarbenen Ferkel wahrzunehmen, die kurz vor unserem letzten Besuch geboren waren. Ich wußte natürlich, daß sie inzwischen viel größer sein mußten, aber sicher noch nicht feist und abstoßend wie die derben, ausgewachsenen Tiere mit ihrer borstigen Haut.

Wenn ich mich aufs Bett stellte, konnte ich durchs Fenster auf den knarrenden Riemen des Generators sehen, der sich mit unerschütterlichem Gleichmut auf dem festgetretenen Staub im Hof drehte. In unserer Familie zog man nie die Vorhänge zu – mein Vater war überzeugt davon, daß es besser war, sich vom ersten Morgenlicht wecken zu lassen. Hier auf der Farm wachten wir Kinder allerdings vor ihm auf, was ihn ziemlich wurmte. Unser Zimmer war erst vor ungefähr sechzehn Jahren für das erste Enkelkind angebaut worden, es hatte das größte Fenster im Haus, unter dem inzwischen drei schmale Sprungfederbetten standen. In dem Zimmer, in dem mein Vater schlief, gab es nur ein schmales, holzgerahmtes Fenster, und er wurde erst aus dem Schlaf gerissen, wenn die Morgensonne bereits hoch stand und sich zu seinem Bett durchmogeln konnte. Bei uns dagegen drang das Licht ungehindert durch den breiten, modernen Metallrahmen, Oumas ganzer Stolz.

Als die Sprungfedern in meinem Bett quietschten, richtete sich mein Bruder, Michael, sofort auf. »Wir sind da, wir sind da«, rief er, hopste herum und warf ein Kissen nach mir. Genauso plötzlich ließ er sich wieder in die Kissen sinken, seufzte gelangweilt und warf einen Blick zum anderen Bett. Mein älterer Bruder, Neil, der uns als fast sechzehnjähriger Teenager weit überlegen war, stöhnte demonstrativ, schüttelte den Kopf und setzte seine typische Miene auf: bestürzter Erwachsener beim Anblick seiner herumalbernden Geschwister. Michael schwankte mit seinen zwölf Jahren zwischen unbekümmerter Kindlichkeit und dem Versuch, seinem reiferen Bruder nachzueifern, womit er sich nicht gerade beliebt bei ihm machte.

»Mein Gott, könnt ihr *piks* nicht draußen rumlaufen, wenn ihr so einen Lärm machen müßt?« Neil stöhnte schon wieder, seine Stimme, die für einen kurzen Augenblick in ein schrilles Piepsen umgeschlagen war, schien ein verblaßtes Erinnerungsstück aus Kindertagen.

»Ach, sei still, so erwachsen bist du nun auch wieder nicht, du *vrot*-Hintern.« Wütend, daß sein Bruder es wagte, ihn zurechtzuweisen, sprang Michael wie von der Tarantel gestochen auf, schnappte sich eines von den Badetüchern, die Ouma für uns bereitgelegt hatte, und rannte aus dem Zimmer.

Ich erinnere mich genau, wie es auf einmal still wurde im Zimmer und von unten das *quietsch-päng* der Fliegengittertür zu uns hinaufdrang. Seltsam, jedes Gefühl und jeder Geruch aus diesen Ferien ist mir heute noch gegenwärtig. Jede Minute kann ich mir deutlich ins Gedächtnis rufen, als hätte ich sie in einem Glashaus aufbewahrt. Manchmal kommen mir die Erinnerungen vor wie diese schneegefüllten halbrunden Zierkugeln, in denen weiße Flocken auf ein Schloß oder eine Kirche in Miniatur rieseln. Bis heute hätte ich es nie für möglich gehalten, daß ich jemals einen Menschen in diese Halbkugeln vordringen lasse, um die Bitterkeit zu kosten, die hinter schweren Riegeln, verborgen im Schloß liegt. Aber nachdem der erste Schritt getan ist, muß ich durchziehen, wogegen ich mich so lange gesträubt habe, und mich endlich den Dämonen stellen.

Ich habe mich schon oft gefragt, wann das Schreckliche

begann. Am Anfang war alles wie immer, so wie es sein sollte. Ich möchte, daß du das spüren kannst, du mußt wissen, wie es wirklich war. Allerdings: Heute, nachdem ich weiß, was passiert ist, glaube ich nicht mehr, daß die Gewalt mit einem einzigen, alles zerstörenden Schlag in meine friedliche Welt einbrach. Von dem Augenblick an, als wir auf der Farm angekommen waren, schien sie sich heimtückisch in die Freude am Alltäglichen einzuschleichen – in die heile Welt von Brathühnchen und die Glückseligkeit winziger Küken. Vielleicht kommt es mir nur in der Erinnerung so vor, als habe schon die ganze Zeit eine unheilvolle Macht im Verborgenen gegärt, schließlich weiß ich heute, was noch kommen sollte. Wenn ich mir die Ferien jetzt vor Augen führe, drängt sich mir das Bild einer Made auf, die sich im Kerngehäuse einer makellosen Birne eingenistet hat. Vielleicht, weil meine Erinnerungen davon erfüllt sind, wie sich das unbeschriebene, wirklichkeitsfremde Kind in ein hoffnungsloses junges Mädchen verwandelte, das zurückgezogen in einem Schneckenhaus lebt.

An diesem Morgen, dem ersten Morgen, wollte ich nur eines: die Farm in mich aufsaugen, alles mit Blicken abtasten und mein Gesicht in die Gerüche tauchen. Ich stellte mich aufs Bett und schob den Kopf – auf der Höhe des Fensterriegels – durch das kleine rechteckige Loch in dem Maschengitter, das zum Schutz gegen Einbrecher angebracht war. Mein Bett stand als einziges direkt unter dem Fenster, und jedes Jahr warf ich durch dieses Loch einen ersten Blick auf die Farm. In diesem Jahr freute ich mich diebisch, daß ich nicht mehr, wie früher, auf dem Fensterbrett knien mußte, um den Kopf durch die Lücke im Gitter zu zwängen. Ein kleines Ritual – jedesmal versuchte ich, hinter den Generator zu spähen und ein paar der Hühner-*hoks* auszumachen. Tatsächlich, da stand Petrus, umflutet vom hellen Licht der frühen Morgensonne, und erledigte irgendeine Arbeit in einem der *hoks.* Was er genau tat, konnte ich nicht erkennen. Ich drehte den Kopf ein Stück, aber in diesem Augenblick ging Petrus bereits weiter und verschwand aus meinem Blickfeld. Also gut, dachte ich, geb ich's eben auf. Ich zog den Kopf zurück.

Ich weiß noch genau, wie sich das träge Glücksgefühl schlagartig in Panik verwandelte, als ich begriff, daß ich feststeckte. Klamme, namenlose Angst packte mich, augenblicklich hatte ich den Geschmack von Erbrochenem auf der Zunge, und auf einmal kam es mir so vor, als zöge sich das Metall, das meine Kehle umklammerte und mir die Luft abschnürte, immer fester um meinen Hals wie ein würgendes Monster. Ich war noch ein richtiges Kind, für mich existierte in diesem panischen Augenblick nur noch der Wunsch, den Kopf aus der erdrückenden Schlinge zu ziehen. Ob ich geschrien habe, weiß ich nicht mehr, aber ich erinnere mich genau, daß ich mich mit Händen und Füßen wehrte, kratzte, trat und alles versuchte, um mich aus der Falle zu befreien. Und dann plötzlich: das besänftigende Gefühl, fest in Arme geschlossen und ruhig gehalten zu werden. Meine Welt, die für einen Moment aus den Fugen geraten war, setzte sich wieder zu dem vertrauten, übersichtlichen Bild zusammen.

»Was bist du doch für ein verdammter, hitziger Dummkopf«, sagte Neil, aber seine Finger waren sanft, als er meinen Kopf schob und drückte und aus dem Loch herauszog. Meine struppigen Haare – ich trug sie kurz wie ein Junge – standen in alle Himmelsrichtungen ab. »Hast du denn nicht gesehen, daß du viel zu groß für das Loch geworden bist?« fragte er und lachte wie ein Erwachsener, der über ein dummes Mädchen nur den Kopf schütteln kann. Aber als er merkte, daß ich immer heftiger vom

Schluchzen geschüttelt wurde, nahm er mich fest in die Arme. Im nächsten Moment war ihm dieser Gefühlsausbruch schon wieder peinlich, und er gab mir einen sanften Klaps auf die Wange. »Du bist wirklich ein richtiger kleiner Dummkopf«, sagte er schließlich, seufzte und machte es sich wieder mit einem Buch im Bett bequem.

Ich wischte mir das Gesicht und die Nase mit dem Ärmel des Pyjamas ab und ließ mich aufs Bett plumpsen. Irgendwas war anders. Plötzlich schwelgte ich nicht mehr in diesem Erster-Morgen-auf-der-Farm-Gefühl. Meine Beine zitterten immer noch, ich schämte mich vor meinem älteren Bruder, zu dem ich ehrfürchtig aufsah. Das allein war's aber nicht. Während alles um mich herum wieder zu seinen altvertrauten Dimensionen zusammenschrumpfte, ließ das panische Gefühl, plötzlich in der Falle zu sitzen, einfach nicht nach. In solchen Augenblicken konnte mich nur einer trösten: mein Oupa. Ich schlich aus dem Zimmer, blieb vor der verschlossenen Tür nebenan stehen und lauschte bei Ouma und Oupa, die gerade aufgewacht waren.

»Komm schnell rein«, sagte Ouma, als ich die Klinke vorsichtig heruntergedrückt und zögernd durch den Türspalt spähte. Ein Lächeln huschte über ihr Gesicht, dieses Lächeln, das keine Albernheiten duldet. Oupa hielt auf seiner Seite des Bettes die Decke hoch, ich rannte los, um in die Geborgenheit einzutauchen, die mich unter seinem Blick und seinem Lächeln umfing.

»Hast du mich in deine Träume eingeschlossen, Oupa?« fragte ich, wie es unser festes Willkommens- und Abschiedszeremoniell vorsah. In vielerlei Hinsicht fügten erst die grundlegenden kleinen Rituale, die ich mit Ernsthaftigkeit und Eifer vollzog, die Facetten meiner kindlichen Realität zu einem Ganzen.

»Mit jedem Traum hab ich dich eingefangen und in mei-

nem Herzen bewahrt«, erwiderte er mit der träumerischen Stimme eines Dichters.
»Ja, aber ihr beiden habt jetzt genug rumgealbert«, fuhr Ouma dazwischen. Ihr Ton klang harsch, ihre Augen schimmerten herzlich. »Jetzt ist es Zeit für die Worte des Herrn. Und kein Geflüster und Gezappel von euch beiden, hört ihr? Wenn du hierbleiben willst«, sagte sie an mich gewandt, wie immer mit energischem Gesicht, »zeigst du Respekt und verhältst dich ruhig. Und du, Johnnie«, fuhr sie fort und setzte das typische wütende Stirnrunzeln auf, hinter dem sie ihre Zuneigung verbarg, »vergiß bitte nicht, daß du ein alter Mann bist und kein *mos'n kind.*« Ich glaube, sie fürchtete nichts so sehr wie Rührseligkeit.
»Ja, mein Schatz.« Oupas Standardantwort, demütig und schuldbewußt. Aber Ouma schaffte es wohl nie, dieses Funkeln in Oupas Augen auszulöschen, die Andeutung eines Lächelns, das sie mit einem düsteren, mißtrauischen Blick erwiderte. Sie war immer auf der Hut vor seinem zärtlichen Spott.
Ich mochte den beruhigenden Klang ihrer rauhen Afrikaans-Stimme, wenn sie die Psalmen aus der Bibel vorlas. Als Ausdruck ihrer Liebe zu Oupa, die sie nie in Worte fassen konnte, zitierte sie immer die englische Bibel, obwohl er Afrikaans sehr gut verstand.
»Der Gerechte gedeiht wie ein Palmbaum, wie eine Libanonzeder wächst er empor. Eingepflanzt im Hause des Herrn, sprossen sie in den Vorhöfen unseres Gottes. Noch im Alter blühen sie auf, bleiben üppig und frisch. So verkünden sie laut, wie gerecht der Herr ist, mein Fels, an dem kein Unrecht haftet.«
Ich bin mir fast sicher, daß sie zum Abschluß diese Zeilen las. Ich kann mich gut an die Worte erinnern, und später habe ich die Psalmen durchgeblättert, um sie wiederzufin-

den – es war Psalm 91. Die Worte des Herrn – damals erfüllten sie mich noch mit einer Freude und Zuversicht, wie sie ein Mensch nur empfinden kann, wenn er fest daran glaubt, sein Schicksal in der Hand zu haben. Denn ich wußte – mit der Gewißheit des Gläubigen –, daß mir nichts wirklich Böses passieren konnte, solange ich gut war und Gott liebte.

»Lasset uns beten«, hob meine Ouma an. Ich stimmte leidenschaftlich ein und fühlte mich sicher und unerschütterlich in meiner Rolle als mächtige Torhüterin für alle, die ich liebte. »Vater unser im Himmel ...«

An diesem Tag verpaßte ich die morgendliche Schwimmrunde, setzte mich aber später zu Michael und Daddy in die Küche. Der Kohleofen strahlte eine drückende Hitze aus, und ich sah zu, wie sie sich trockenrieben. Michael ließ es sich nicht nehmen, Dora zu ärgern, schlich sich zur dänischen Anrichte und stibitzte ein paar *soatkoekies* aus dem Krug, was vor dem Frühstück strengstens verboten war. Doras massiger Körper wogte und zitterte. Sie wurde nie wirklich wütend, lächelte und zeigte ein paar übriggebliebene gelbliche Zahnstümpfe. Das heisere Glucksen aus ihrer Kehle rollte wie eine bebende Lawine über die gewaltigen Wölbungen ihres Körpers.

»Paß auf, ich verpaß dir einen Klaps auf den Hintern«, neckte Michael sie und schoß auf ihren breiten Hintern zu, der nicht zu verfehlen war. »Na, Dora, kriegst du mich nicht? Kriegst du mich nicht?«

Ihre runden Massen bebten und wackelten vor Fröhlichkeit, während sie schwerfällig auf Michael zuwankte. Behende wie ein Fohlen jagte mein Bruder um den geschrubbten Küchentisch. In seinem blauen Schulbadeanzug erinnerte er mich an die länglichen Insekten, die ich so gern sammelte. Die Knie waren das einzig Runde an seinem eckigen,

knochigen Körper, und obwohl er ziemlich linkisch wirkte, bewegte er sich erstaunlich flink.
»Wart's nur ab, *klein* Master. Du!« brachte Dora kurzatmig hervor und stützte sich erschöpft auf den Tisch.
»Kinder, werdet ihr Dora wohl nicht ärgern«, sagte mein Vater, der schließlich, wenn auch mit nachsichtiger Stimme, dazwischenfunkte. »Sie muß sich ums Frühstück kümmern. Dora, wie geht's dir überhaupt?« fragte er, wie üblich, wenn er mit Afrikanern redete, etwas lauter als gewöhnlich und in einem jovialen Tonfall. »Du siehst wie immer gut aus, noch etwas mehr *mafuta* als letztes Mal. Dein Mann ist bestimmt stolz auf seine schöne Frau.«
Dora brach wieder in bebende Fröhlichkeit aus. Mit einer Hand stützte sie sich immer noch auf dem Tisch ab, die andere legte sie schützend vor den verlegen gesenkten Blick. »Danke, Master«, erwiderte sie schließlich. »Aber mein Mann ist schon lange tot, schon seit drei Jahren.«
»Ach ja, tut mir leid, Dora. Hab ich vergessen. Aber meinst du nicht, so ein hübsches *mafuta*-Mädchen wie du hätte längst einen anderen finden müssen? Schäm dich.« Mein Vater ging aus der Küche, während sie – immer noch mit bebender Brust – den Kopf schüttelte und sich mit dem Zipfel der sauberen Schürze die Tränen abwischte. Lachtränen, davon war ich fest überzeugt.
Nach dem Frühstück saßen wir alle zusammen im Eßzimmer, wo es bis auf einen breiten Lichtstreifen noch dunkel war. Die wenigen Sonnenstrahlen ließen tanzende Staubkörner und winzige Partikel in der Luft funkeln. Über dem weißen, gestärkten Tischtuch, auf dem mein Frühstück seine Spuren hinterlassen hatte, schwebte der Geruch von frischem Bohnerwachs, heißem Haferbrei und Speck.
»Hast du Lust, mit mir über die Farm zu gehen? Dann kannst du dir mal ansehen, was sich alles geändert hat«,

schlug Ouma vor. »*Ja,* bitte, Ouma«, antwortete ich sofort voller Ungeduld. »Kann ich bitte noch Mülch haben?«

»Sag nicht dieses barsche Afrikaans-*ja,* sag klar und deutlich ja-ha«, rief meine Mutter ungeduldig und hielt den Milchkrug knapp vor meine ausgestreckte Hand. »Und sag, um Himmels willen, Milch und nicht Mülch«, fuhr sie fort, während sie meinen Becher auffüllte.

»Gegen das Afrikaans-*ja* ist überhaupt nichts einzuwenden«, erwiderte Ouma und warf meiner Mutter einen strengen Blick zu. »Es ist immer noch deine Sprache. Denk bloß nicht, du bist zu gut für diese Sprache, es ist immerhin die erste, die du gelernt hast.«

»O Ma, nicht wieder diese Diskussion.«

Meine Mutter preßte wütend die Lippen aufeinander, aber als ich sie genau ansah, merkte ich, daß sie blinzelte und in ihre Augen ein verräterisches Schimmern trat. Ich habe meine Mutter nie weinen sehen – ich dachte damals, Mütter tun so etwas nicht. Und ich habe nie erlebt, daß meine Mutter und Ouma wirklich wütend aufeinander waren. Aber dann brach Oupa das unangenehme Schweigen, das sich ausbreitete, mit einem dummen Witz – irgendwas von einem Schaf, glaube ich –, und alle lachten.

»Was soll das heißen – was sich geändert hat?« wollte ich auf einmal wissen.

»Na ja, *my kind,* wir werden langsam alt, das weißt du ja. Wir können diese riesige alte Farm nicht mehr allein führen. Mit den Hühnern und den paar Schweinen haben wir genug zu tun. Vielleicht noch ein, zwei Milchkühe. All die Schafe können wir wirklich nicht auch noch gebrauchen.«

»Welchen Teil habt ihr denn jetzt verkauft, Ma?« fragte mein Vater.

»Ihr habt unsere Farm verkauft?« Erst jetzt begriff ich, was sie gesagt hatte. Ungläubig starrte ich sie an. »Das hat mir niemand gesagt.«

»Das muß dich auch gar nicht interessieren, *my kind.* Es war unsere Entscheidung«, sagte Ouma mit zärtlicher Stimme.

»Ag, es ist dieses harte Stück Land, der Teil, der ins Zuurveld übergeht«, fuhr sie, an meinen Vater gewandt, fort. »Es hat sich eigentlich nie bezahlt gemacht für uns, dafür haben wir nie genug Schafe gehalten. Ein Mann namens Van Rensburg hat es gekauft – ein Viehzüchter. Er hat schon angefangen, ein paar von den Büschen und Bäumen auszureißen. Er glaubt, daß er's für Rinder und Schafe ganz gut nutzen kann. Scheint ein guter Farmer zu sein, sehr erfahren. Und, *dankie God,* er hat auch die Boys übernommen, die wir uns nicht mehr leisten konnten.«

»En nou, kind?« fragte sie, als sie merkte, daß ich lautlos vor mich hinweinte und mir die Tränen vom Kinn tropften.

»Wie konntest du das tun, Ouma? Es war doch unser Stück Land – unser Lieblingsplatz. Du hast mir nicht mal was davon gesagt.«

Ich wußte nicht, wie ich es ihr erklären sollte. Ich fand nicht die richtigen Worte, um ihr begreiflich zu machen, daß wir das staubige Land mit den Schafherden liebten, mein Geheimplatz, an dem wir manchmal bei Einbruch der Nacht, wenn die Konturen der Welt scharf hervortraten, eine kleine Antilope entdecken oder sogar mit ausgelegten Hühnchenstücken ein Perlhuhn anlocken konnten.

»Magtig, du bist schon ein komisches Kind. Das muß man sich mal vorstellen, du fängst tatsächlich an zu weinen, nur wegen diesem ausgetrockneten Stück Land.« Sie seufzte tief und preßte wütend die Lippen zusammen. Nur ihr Blick verriet sanfte Zärtlichkeit. »Weißt du, du kannst immer noch da hingehen. Sag Mr. Van Rensburg einfach, wer du

bist. Bestimmt hat er nichts dagegen, wenn du dich ab und zu mal auf seinem Land blicken läßt.«
»Aber es wird trotzdem nicht mehr dasselbe sein.«
Der erste rauschhafte Schmerz war vergangen, aber ich hatte immer noch das Gefühl, daß eine unbezähmbare Traurigkeit mein Herz umklammerte. Ich hätte nicht in Worte fassen können, warum ich so traurig war, ich bin mir nicht mal sicher, ob ich heute dazu in der Lage bin. Verstehst du, es hatte nichts mit Habsucht oder Gefühlen wie »unsere Farm ist aber größer als eure« zu tun. Es war diese unbändige Weite – sie rührte die verborgene ungezähmte Seite in mir an, ließ meine geheimen Tiefen sanft erklingen und gab mir – wie einem kleinen Tier – das Gefühl, so weit galoppieren zu können, wie's mir gerade in den Sinn kam. Ein Gefühl der grenzenlosen Freiheit, das mich alle Sorgen vergessen ließ, Balsam für alle Wunden, die mir das Leben in der Stadt zugefügt hatte. Hier, auf der Farm, verlor alles an Bedeutung – plötzlich interessierte mich nicht mehr, ob eines der Mädchen nicht neben mir sitzen oder meine beste Freundin sein wollte. Neben dem Glück, über Gras- und Buschland zu jagen, eingehüllt in eine bauschige Staubwolke, während Hadedas am Himmel klagende und schaurig schöne Schreie ausstießen, war all das nichtig.
»Komm jetzt, ich zeig dir, daß wir immer noch mehr als genug Land haben«, sagte Ouma nüchtern und hielt mir ihre Hand hin.
Nach diesen Ferien hatte ich lange Zeit das Gefühl, ich sei böse gewesen und dürfe nun niemandem mehr vertrauen, denn die Leute mochten mich sicherlich nicht mehr, wenn sie erst mal erfuhren, wie gemein ich in Wirklichkeit war. Es war ja unglaublich niederträchtig und schlecht von mir, so egoistisch zu sein und eine so krankhafte Wut auf sie zu empfinden. Es ist schlecht und verwerflich, so wütend auf

einen Menschen zu sein – diese Wut grenzte an Haß und wirkte wie eine zerstörende Macht. Warum kann ich mich – selbst heute – noch nicht von dem Gedanken freimachen, daß ich in meiner ungezügelten Wut alles, was noch kommen sollte, ausgelöst hatte?

»Kati, Mickey«, rief Ouma, bevor wir die Veranda hinuntergingen, wo sich sogar im Schatten des frühen Morgens schon die Hitze staute. Eine leichte Brise fegte über die Veranda und zerzauste mir das kurze Haar. Auf Oumas Ruf hin sprangen zwei Hunde hinter dem Haus hervor, die ein bißchen aussahen wie Ponys und uns sofort entgegenstürmten. Ich lachte, als sie mich umwarfen, tollte mit ihnen herum und ließ gerne zu, daß sie mich ableckten und besabberten. Noch vor zwei Jahren waren die Ridgeback *Boerbuls* verspielte Welpen gewesen, faltig und pummelig, und Ouma hatte sie in einem Anflug von Sentimentalität – eigentlich untypisch für sie – nach meinem Bruder und mir benannt. Während wir über das Farmgelände gingen, trotteten sie links und rechts neben mir her, und ich mußte die Arme waagerecht ausstrecken, wenn ich eine Hand auf jeden Rücken legen wollte.

Als erstes führte mich Ouma über die Wiese und zeigte mir die üppige Pracht ihrer Blumen. Typisch für meine Ouma, daß sie den Garten nach praktischen Gesichtspunkten angelegt hatte: Die kleinsten, zierlichsten Blüten standen ganz vorne, während die größten würdevoll am Ende aufragten. Als wir bei den unteren Blumenbeeten ankamen, warfen wir einen Blick zurück aufs Farmhaus und blieben noch eine Weile stehen, bevor wir wieder zurückgingen. Über meinem Kopf lauerte der gutmütige Riese – der wilde Feigenbaum mit dem gespaltenen, kräftigen Stamm, den dicken, ausladenden Ästen und dem großzügigen Schatten.

Nur hier, auf dieser bepflanzten Wiese, schmiegte sich das

Gras wie eine weiche Decke auf den hügeligen Boden. Blumenübersät erstreckte sie sich bis zur Veranda, auf der Oupa mit seiner Pfeife saß, eingehüllt in eine dichte Wolke. Wie immer hatte er sich's auf der sonnenbesprenkelten, hölzernen *bankie* bequem gemacht. Keiner verstand, warum er diesen Platz den gepolsterten Stühlen vorzog, die aufgereiht an der Wand standen und scheinbar jedes Jahr ein bißchen mehr in sich zusammensackten.

Das Farmhaus lag eingezwängt in eine Erdfalte zwischen zwei kleinen Hügeln, zärtlich umschmeichelt von der Landschaft. Die schützenden, sanft geschwungenen, wellenförmigen Hügel hinter dem Haus bildeten eine wogende Kette. Grün umhüllte sie wie weicher Flaum, zwischen dem immer wieder Aloe hervorstach.

An einer Seite des Hauses grenzte der staubige Hof mit dem Generator an. Dort gingen wir als nächstes hin. Die Hunde trotteten hinter uns her, während wir den Hof überquerten. Ich patschte und hüpfte durch den Staub und freute mich am Trappeln meiner Füße, bis wir zu den *hoks* kamen, eine Reihe lang gestreckter, vergitterter Betonbaracken, die mit ihren dicken, vertikalen Stangen wie Zeichentrick-Gefängnisse aussahen. Himmlische, altvertraute Gerüche schlugen uns entgegen – eine Mischung aus Mais und Federvieh.

»Hau, das ist ja die *klein* Missie«, sagte William, zog die Mütze ab und hielt sie mit beiden Händen über der Gürtelschnalle. *»Môre,* Miesies«, sagte er dann an Ouma gewandt und senkte den Kopf. *»Môre,* William. Na, was meinst du – ist die *klein* Missie nicht groß geworden?«

»Hau, sie ist wirklich richtig groß geworden«, sagte er, grinste kurz, wie so oft, und blieb reglos stehen, um Oumas Anweisungen für den Tag abzuwarten. Wenn Ouma dabei war, nahm er mich nie auf den Arm und warf mich in die Luft. Er und Ouma unterhielten sich in Afrikaans über die

Hühner, redeten dabei aber so schnell, daß ich sie mit meinen drei Jahren Schul-Afrikaans nicht verstehen konnte, und viele Wörter kannte ich gar nicht. Ich lief von *hok* zu *hok*, sog den Geruch in mich ein und beobachtete, wie die Hennen ausgelassen hin und her flitzten und ständig pickten. Das *kip kips* aus den vielen Kehlen war fast schon ohrenbetäubend. Während ich die Gebäudereihe entlangschlenderte, entdeckte ich immer kleineres Federvieh, bis ich schließlich bei den »Teenagern« ankam – magere halbausgewachsene Hühner mit langen Hälsen, rührend in ihrer Häßlichkeit.

»In den nächsten Tagen kommt wahrscheinlich eine neue Kükenlieferung«, sagte Ouma, die mir nachgegangen war. »Ich weiß doch, wie verrückt du nach den Kleinen bist. Du kannst helfen, wenn wir sie aus den Kisten holen. *Kom nou,* lauf los und laß dir von Dora den Topf Suppe geben, der auf dem Herd steht, und Aspirin aus dem Schrank. Williams Frau ist mal wieder krank. *Ag,* überhaupt nicht robust, diese Frau. Ständig hat sie was.«

Ich rannte hinters Haus, meine nackten Füße klatschten auf dem Staub und wirbelten kleine Wolken auf. Die Hunde jagten mir mit hechelnder Zunge nach, sie gierten nach den großen Wassernäpfen im Küchenhof. Das *quietsch-päng* der Fliegengittertür ließ schlagartig den vertrauten Geruch von Kohlerauch verschwinden, der schwer über dem Hof lag, und ich tauchte ein in Duftschwaden von Haferbrei und Suppe, die durch die Küche zogen. Es war unerträglich heiß in dem Zimmer, ich schwitzte, während ich wartete, bis Dora die Suppe vom letzten Abend umgefüllt und auf dem Herd aufgewärmt hatte. Erleichtert ging ich wieder nach draußen. Damit die Suppe nicht überschwappte, ging ich ausnahmsweise langsam über den Hof. Die Hunde saßen hechelnd im Schatten des Hauses und hatten anscheinend keine Lust, mir hinterherzutrotten.

Ich schlenderte am Feigenbaum vorbei, durch den Obstgarten, in dem jede Menge Pfirsich-, Aprikosen-, Pflaumen- und Loquatbäume standen, und schlug den Weg zum Boys-Viertel ein, den Ouma auch immer ging. Unter den Bäumen war es angenehm kühl, und bevor ich wieder in die Sonne trat, blieb ich stehen, pflückte ein paar Maulbeeren und stopfte mir die reifen Früchte in den Mund, bis sich meine Hände und Füße dunkelrot verfärbt hatten. Ein Spritzer lief am T-Shirt hinunter bis zum Hemd, das wie immer über den Shorts hing. Damit war Ärger vorprogrammiert.

Vor ein paar Jahren, als mein älterer Bruder noch nicht so geringschätzig auf seine kleinen Geschwister herabsah, hatten er und Michael mir mal Gesicht, Hals und Beine mit dem Saft der Beeren eingeschmiert, mich nach Hause getragen und »Hilfe, sie ist hingefallen« geschrien. Meine Mutter ist sofort kreidebleich geworden, vom Stuhl aufgesprungen und hat dabei das Transistorradio fallen lassen, das sie auf den Knien hielt. Wenn ich mich recht erinnere, hat mein Vater den Jungs eine ordentliche Tracht Prügel verpaßt, während ich ungestraft davonkam. Wahrscheinlich sind sie davon ausgegangen, daß mich meine Brüder zu dem makaberen Scherz gezwungen haben.

Hinter dem Obstgarten und der Reihe gedrungener Zitrusbäume erstreckte sich das offene Land. Hier und da waren einige Flecke mit üppig wuchernden, struppigen Büschen bewachsen, nur selten reckten sich Bäume nach oben – Gummibäume zum Beispiel, ein paar wilde Feigen und etliche Bäume, deren Namen ich nicht kannte. Ein Stück weiter weg, neben einer dieser Buschgruppen, entdeckte ich eine Menschentraube, Frauen, die aufgeregt schnatterten und schnalzten, und Männer, die spitze Schreie ausstießen – nur gedämpft drangen die Stimmen zu mir. Ein merkwürdiges Spektakel, aber ich vermutete, daß sie eine arglose Schlange erschlugen, die töricht genug gewesen war, sich blicken zu lassen.

Als ich durch ein ähnliches Buschwäldchen kam, stellte ich vorsichtig den Suppentopf aus Emaille ab, wühlte in den Taschen meiner Shorts und holte ein paar zerdrückte Stücke Ei und Toastkrümel hervor, die ich vom Frühstückstisch stibitzt hatte. Bedächtig legte ich meinen Köder am Rande des Unterholzes aus, in der Hoffnung, eine neugierige Meerkatze anzulocken. Vielleicht hatte ich Glück, und sie blieb so lange stehen, daß ich sie fangen und mitnehmen konnte. Aber irgendwann quälte mich das schlechte Gewissen immer mehr und überwog die Hoffnung, doch noch eine zu fangen, also nahm ich den Topf und ging weiter.

Der Weg führte einen aloebewachsenen Abhang bis zum Schwimmbecken hinunter. Michael tauchte gerade wie eine Rakete ins Wasser und spritzte Neil naß, der es sich am Beckenrand bequem gemacht hatte und in einem Buch schmökerte. Als ich am Pool und der Reihe raschelnder Gummibäume vorbeiging, sah ich, wie sich Neil – glänzend und geschmeidig wie ein Otter – ins Wasser gleiten ließ und Michael so lange untertauchte, bis er um Gnade winselte.

Hinter dem Becken, auf einer Anhöhe, lagen die Boys-Hütten. Kleine Kinder spielten zwischen den dicht gedrängten, verschiedenfarbigen Hütten aus Flechtwerk, das mit Lehm beworfen war. Von den Kochstellen stieg Rauch auf, alle weit geöffneten Türen führten zu einem Platz in der Mitte, auf dem die harte Erde längst festgetreten war. Auf dem Boden kauerten ein paar Frauen und wuschen und schrubbten die Wäsche in Kübeln, während sie sich unterhielten, lachten und zusammen sangen. Babys schrien und verstummten wieder, wenn die Frauen sie – in eine Tragedecke gehüllt – auf ihrem Rücken in den Schlaf wiegten. Ab und zu banden die Mütter die Decken wieder ab, setzten sich in den Schatten der Hütten und steckten ausgezehrte Brüste in hungrige Münder, die gierig saugten. Sechs Kinder mit schwieligen schmutzigen Knien, aufgereiht wie die Orgelpfeifen, spielten auf dem Boden mit einem Auto, das sie sich aus Draht zurechtgebogen hatten. Ein Knirps mit rotzverschmiertem Gesicht schob einen alten Reifen auf die beieinandersitzenden Frauen zu und ahmte dabei quietschende Bremsgeräusche und das monotone *brumm-brumm brumm-brumm-brumm* eines Autos nach. Zwei andere Kinder patschten im Matsch und formten, schweigend in ihr Spiel vertieft, feuchte Schlammkuchen.

Als ich den Platz betrat, hörten die Kinder sofort auf zu spielen, verstummten und sahen mich aufmerksam an. *»Molo«*, sagte ich zu Williams kleinem Sohn, der auf dem Treppenabsatz zu seiner Hütte saß. Er war ungefähr in meinem Alter. *»Molo,* Miesies«, erwiderte er und rannte hastig zu den anderen Kindern. Die Kinder waren uns gegenüber immer argwöhnisch. Ich nahm an, daß wir nie lange genug auf der Farm blieben, um sie besser kennenzulernen, außerdem war es schwierig, ein Gespräch mit ihnen anzufangen – wir sprachen gerade mal ein paar Brocken Xhosa, während sie kaum Afrikaans und Englisch konnten.

Ich trat aus dem grellen Licht, das von hellblauen Hüttenwänden zurückgeworfen wurde, in die dunkle Hütte. Es dauerte eine Weile, bis ich den Küchentisch mit Metallbeinen und das Zeitungspapier an den Wänden erkennen konnte. Der Hüttenboden aus festgetretener Erde war frisch gekehrt und mit ein paar ausgefransten, roten Teppichresten ausgelegt. Holzrauch erfüllte die Hütte, ein Geruch, der immer in den Kleidern der Boys und ihrer Frauen hing. Neben dem Bett saß meine Ouma auf einem Küchenstuhl und redete in ihrem schnellen, harten Afrikaans auf Williams Frau, Mary, ein.

»*Ag*, da ist sie ja. Danke, Kati«, sagte Ouma. »Das päppelt dich ein bißchen auf, Mary. Aber du solltest wirklich langsam wieder zu Kräften kommen, Mädchen. Zu viele Kinder, das ist das Problem. Und das letzte ist so schwach, daß es kaum durchkommen wird!« Ouma klang besorgt.

Ein Schatten fiel in die Hütte, und als wir uns umwandten, sahen wir einen jungen Mann, der sich bücken mußte, um nicht gegen den niedrigen Türrahmen zu stoßen.

Die dunklen Umrisse seiner Gestalt nahmen uns unvermittelt das letzte Licht, das einen silberfarbenen Schimmer auf Marys Gesicht gezaubert hatte. Auf einmal sah Oumas leuchtend weißes Haar nicht mehr aus wie ein Heiligenschein. Die breiten Schultern im Türrahmen ließen den Raum kalt und unbehaglich wirken.

Ich glaubte, den Mann zu kennen, und während ich neben Oumas Stuhl auf dem staubigen Boden kauerte, blinzelte ich zu ihm hinauf. Doch diese Wut war mir fremd. Nie zuvor hatte ich so eine grenzenlose Wut gesehen. Sie hüllte ihn und sein trübsinniges Schweigen wie eine Wolke ein.

»*Is dit jy*, John?« Ouma hatte sich ihm halb zugewandt und schirmte die Augen mit einer Hand ab. »*Kom nou*«, sagte sie in diesem ungeduldigen Tonfall, den ich nur zu gut kannte. »*Staan waar ek jou kan sien. Is jy nou klaar met die skool?*«

Es war also Williams Sohn, der Junge, der mich mal vom Dach des Hühner-*hoks* heruntergeholt hatte. Damals war ich mutig hinaufgeklettert, aber dann, bei der Vorstellung, irgendwie von da oben wieder herunterzukommen, plötzlich kleinlaut und weinerlich geworden. Nun, da er schweigend und mit grimmigem Stolz in der Tür stand, war er ein Fremder für mich.

»Ich bin zwar wieder zurück, aber ich bin noch nicht fertig mit der Schule«, erwiderte er in Englisch, sah meiner Ouma in die Augen und ging zum Bett. Offensichtlich hatte Ouma mich vergessen, ich fühlte ein Kribbeln im Nacken und zupfte unruhig an meinen nackten Zehen. Er verhielt sich anders als die anderen Boys, senkte nicht den Kopf und gluckste nicht hinter vorgehaltener Hand. Außerdem hatte er Ouma nicht mit ›Miesies‹ angeredet. Ich fürchtete, er könne Ouma wütend machen. Obwohl ich Ouma nie richtig wütend erlebt hatte, wußte ich, daß sie sehr wohl explodieren konnte. Wenn er sie verärgerte, bekam ihm das sicherlich schlecht, das war mir klar.

»Dein Vater hat mir aber gesagt, daß du jetzt fertig bist«, fuhr sie in barschem Tonfall auf englisch fort. »Du bist jetzt neunzehn – ein Mann. Also solltest du auch richtige Männerarbeit tun. Deine Mutter liegt hier schon wieder krank im Bett und hat noch fünf Kinder außer dir.«

»Ich hab längst begriffen, daß man mich nur einen Mann nennt, wenn ich zur Schule gehe«, sagte er. Sein Blick war unverändert, aber er verzog den Mund. »Wenn ich arbeite, bin ich ein Boy.«

Zum ersten Mal mischte sich seine Mutter ein. Ihre Stimme klang ruhig. »Hai, *sonalwam.«* Was sie danach sagte, konnte ich nicht verstehen, aber sie runzelte die Stirn und schüttelte den Kopf.

»Molo, Mama«, sagte er, ohne zu lächeln, beugte dabei aber leicht den Kopf, um sie endlich zu begrüßen. *»Uvuka njani«* Wie geht's dir?

»Andilalanga kakuhle.« Immer noch nicht besser.

»Ja, du siehst doch, daß deine Mutter dich jetzt zu Hause braucht«, fuhr Ouma in ihrem barschen, aber nicht unfreundlichen Tonfall fort. »Welche Klasse hast du jetzt gemacht – die sechste Stufe?«

Als er nicht antwortete, redete sie weiter. »Was willst du noch mehr? Du wirst nur unzufrieden und aufgebracht über das, was dir das Leben zu bieten hat. Und du bist es ja schon. Du solltest lieber zum neuen Master auf der Nachbarfarm gehen. Ich hab mit ihm über dich geredet, er hat gesagt, er kann immer einen guten Boy gebrauchen.«

Ich betrachtete seine Hände, er hatte die Daumen – knapp über meinem Kopf – lässig in den Hosenbund geschoben. Während er redete, umklammerten die Finger krampfhaft den Gürtel. Schließlich zog er die Daumen heraus und kreuzte die Arme vor der Brust.

»Hau, Miesies.« Er hatte diesen Ausdruck zum ersten Mal verwendet und schüttelte den Kopf. »Für diese Art von Arbeit bin ich nicht geschaffen.«

»*Magtig*, was soll das? Bist du dir etwa zu schade für die Arbeit auf der Farm – die Arbeit, die dein Vater und dein Großvater schon getan haben? Oder bist du nicht Manns genug, so harte Arbeit zu erledigen?«

»Ich bin Manns genug, um zu arbeiten«, erwiderte er mit funkelnden Augen. »Aber wer sagt mir, daß ich nicht – wie Alberts Sohn – geschlagen werde, wenn ich für jemanden wie den neuen Master arbeite?« Er ließ die Arme herunterhängen, ballte die Fäuste und preßte die Lippen fest zusammen.

»Alberts Sohn ist geschlagen worden?« hakte Ouma nach. Ich saß mit gebeugtem Kopf auf der Höhe ihres Schoßes und war wahrscheinlich die einzige, die bemerkt hatte, wie sie – kaum wahrnehmbar – erschrocken zusammenfuhr. »Was hat er denn gemacht, daß sein Master so wütend auf ihn war?«

»Der neue Master sagt, Alberts Sohn hat die *ou Miesies* auf eine Art angesehen, die sich nicht gehört. Außerdem sagt er, daß der Junge keinen Respekt zeigt. Sie haben Ihren Boys keinen guten Master gegeben.«

»Es tut mir leid für Alberts Sohn«, sagte Ouma leise. »Aber es ist nun mal so, daß neue Master manchmal neue Methoden einführen. Ich darf mich nicht einmischen, wenn er die Boys bestraft, er ist jetzt der Master. Aber ich bin mir sicher, daß er sie nicht grundlos schlägt. Wenn du hart für ihn arbeitest und Respekt zeigst, wird er dich gut behandeln. Er wird *mos* nie aus heiterem Himmel verprügeln.«

Ich gab mir Mühe, mich dort unten bei Oumas Stuhl so unauffällig wie möglich zu verhalten, zupfte immer noch verängstigt an der Hornhaut, die sich auf der gelben Fußsohle gebildet hatte, und warf den beiden verstohlene Blicke zu. Ich hörte ein heiseres Keuchen von John, vielleicht, weil er einen tiefen Atemzug machen mußte, nachdem er vor Wut die Luft angehalten hatte. Als meine ängstlichen Augen sein Gesicht suchten, um darin zu lesen, was in ihm vorging, traf mich sein Blick und hielt mich fest. Traurigkeit stand darin, sonst nichts.

»Es war ein Fehler, daß Sie Ihre Sklaven-Boys dem bösen Master gegeben haben.« Die Worte brachen zwischen seinen zusammengepreßten Lippen hervor. John sah nun Ouma an, nachdem ich nur widerwillig seinem schmerzerfüllten Blick standgehalten hatte.

»Wag es nur nicht, mich oder das, was ich tue, in Frage zu stellen, John, sonst wird es ein schlechtes Ende mit dir nehmen.« Sie redete immer noch leise, aber ihre schwarzen Augen funkelten. An diesen Blick und an die Wut in ihrer Stimme konnte ich mich noch lange Zeit gut erinnern. Ich glaube, in diesem Augenblick brach – in den glühenden dunklen Augen und dem angespannten Gesicht mit den hohen Wangenknochen – zum ersten Mal das Erbe ihrer

französischen Vorfahren durch, die hier als Kleinbauern gelebt hatten.
»Meine Boys waren niemals Sklaven, das weißt du genau. Dein Vater hat für mich treu ergeben gearbeitet, schon als kleiner Junge, das ist der einzige Grund, warum ich mir diesen Blödsinn anhöre. Meine Leute sind fair und gerecht behandelt worden, du kannst deine Eltern gern fragen. Aber ich hatte in dieser Sache keine Wahl. Wir sind alt geworden, viel zu alt, um die ganze Farm allein zu führen. Wo sollen die Leute denn sonst hingehen? Ich danke Gott, daß er sich bereit erklärt hat, sie zu übernehmen. Du weißt selbst, daß ihre Familien schon seit Generationen auf dieser Farm leben.«
Abrupt wandte Williams Sohn sich ab, senkte den Kopf und verließ die Hütte, ohne ein weiteres Wort an Ouma oder seine Mutter zu verlieren und ohne mir zuzunicken.
Eisige Stille blieb zurück, die Ouma mit einem Seufzen durchbrach. »Miesies«, sagte Mary. Ihre Augen schimmerten angsterfüllt. »Er ist wirklich ein guter Junge, Miesies. Er will einfach zuviel.«
»Hm. Tja, Mary, es kann gefährlich werden, wenn man einen Jungen hat, der zuviel will. Das Leben ist für uns alle nicht einfach ... *Magtig, hind*«, sagte sie, als sie merkte, daß ich immer noch mit angezogenen Beinen neben ihr kauerte. »Bist du immer noch hier? *Kom nou,* Petrus' Frau hat mir gesagt, in ihrer Hütte sind ein paar Kätzchen zur Welt gekommen.«
Sie preßte die Hände in den Rücken, stand von dem harten Stuhl auf und ging auf die Tür zu.
»Trink jetzt die Suppe, Mary, und sieh zu, daß du zu Kräften kommst. Deinen Kindern zuliebe.«
Ich klammerte mich an Oumas Hand, als uns das grelle Sonnenlicht traf und uns zwang, die Augen zu Schlitzen zu

verengen. Einen Moment standen wir wie versteinert in der Hitze, dann machten wir uns auf den Weg zu der anderen Hütte, deren Tür ebenfalls weit offen stand.
Ein paar Frauen – ungefähr vier, glaube ich – ließen die Schüsseln mit Waschwasser und Teig stehen und folgten uns in Petrus' Hütte. Petrus' Frau begrüßte uns mit einem kurzen Nicken und führte mich lächelnd zu dem Haufen aus Stoffetzen unter dem Tisch. Eine dürre, gestreifte Katze lag darin, ihr Blick immer wachsam, und säugte die zusammengerollten Kätzchen, die die Augen noch geschlossen hatten. Zwei davon waren schneeweiß.
»Es ist derselbe Vater, den Snowball hat, weißt du – er ist der Vater von allen Katzen hier. Hoffentlich siehst du ihn mal, solange du noch hier bist. Er ist aber wild und kommt selten in die Nähe vom Haus. *Ag,* ein richtiger Quälgeist.« Sie kicherte. »Wir haben die vielen Kätzchen am Hals und können zusehen, wie wir damit klarkommen.«
Meine Gedanken überschlugen sich. »Oh, ich würd ja so gern mal saugen ... ich mein, eines auf den Arm nehmen.« Daß ich mich sofort verbessert hatte, ging in dem fröhlichen Glucksen der Frauen unter, die sich bogen vor Lachen und in die schwieligen Hände klatschten. Schamesröte stieg mir ins Gesicht, ich versuchte, sie zu übertönen, aber die Frauen konnten sich gar nicht mehr beruhigen.
»Ich hab gemeint, ich will so gern mal eines halten«, sagte ich zu Ouma. Es war mir furchtbar peinlich, Tränen traten mir in die Augen, denn mir war klar, daß sie denken mußten, ich sei noch ein Baby.
»Ich weiß doch, *kind«,* sagte sie, die Arme verschränkt, unfähig, ihre Zärtlichkeit zu zeigen. »Macht doch nichts. Du kannst sie sowieso noch nicht auf den Arm nehmen, sie sind noch zu klein. Morgen suchen wir mal nach den größeren

Kätzchen, die ich beim Schweinestall gesehen hab. Es ist auch eine Weiße dabei, so wie dein Snowball.«

Als wir uns der Tür zuwandten, wichen die Frauen zurück, immer noch geschüttelt vom Lachen, das sie taktvoll unterdrückten. Es klang wie ein Zischeln, ähnlich dem Wispern im Schilf am Damm, wenn der Wind darüber streicht. Mein Gesicht glühte, ich wischte mir mit schmutzigen Händen über die Nase und vermied es, die anderen anzusehen, während wir wieder ins grelle Sonnenlicht traten.

Ouma schlug zielstrebig den Weg zur Farm ein. Regenwasser hatte sich durch den Staub gefressen und die Straße ausgehöhlt wie ein trockenes Wasserbett. Wenn es überhaupt regnete, prasselten die Tropfen mit unglaublicher Wucht auf den staubigen Boden.

»Morgen kommt die Verwandtschaft zum Tee«, sagte sie, während ich neben ihr her rannte oder hüpfte. »Onkel Frans bringt einen Weihnachtsbaum mit. Du hast bestimmt Lust, ihn zu schmücken, so wie letztes Jahr.«

Alle Sorgen waren verflogen, ich lächelte sie an. Plötzlich fiel mir wieder ein, warum wir Ferien auf der Farm machten, alles war so aufregend hier, daß ich es tatsächlich vergessen hatte. Der Countdown bis Weihnachten lief, diese aufregende Zeit mit dem kribbelnden Gefühl im Bauch. Jeder Tag wurde mit kleinen Ritualen ausgezählt, zum Beispiel indem ich jeden Morgen, wenn ich aufwachte, ein kleines, glitzerndes Fenster an meinem Adventskalender öffnete oder letzte Vorbereitungen traf, wie Geschenke einpacken. Ich hatte sie selbst von meinem Taschengeld gekauft. All diese festgefügten Familienbräuche, mit denen wir uns jedes Jahr auf Weihnachten vorbereiteten, machten meine heile Welt unerschütterlich.

Ich roch und hörte die Schweine schon lange, bevor wir den Schweinestall erreicht hatten. Ich lachte über das ärgerliche

Grunzen, das sie von sich gaben, lief schnell hin und kletterte die klebrigen Kleosotplanken hoch, hinter denen sie eingepfercht waren.

»Wo sind denn die Kleinen, Ouma? Die beim letzten Mal noch ganz winzig waren?«

»Na, die haben wir doch längst zum Markt gebracht«, erwiderte sie und sah mich überrascht an, als sie am Zaun angekommen war. Als sie merkte, wie ich das Gesicht verzog, fügte sie hinzu: »Aber die alte Nellie ist wieder trächtig. Die Kleinen müssen jeden Tag zur Welt kommen. Ich sag dir Bescheid, wenn sie da sind.«

»Ach, danke, Ouma, ist nicht nötig.« Ich kletterte wieder herunter, wandte mich ab und grub die Zehen wütend in die weiche Erde. »Ich will sie nicht sehen.«

»Magtig, du bist schon ein komisches *pieperige* Kind«, hörte ich sie aufgebracht sagen.

1989 …
22. Oktober

Träge schleicht sich der Geruch von Erbrochenem in mein Bewußtsein, im nächsten Moment, als ich vorsichtig den Kopf bewege, tobt hämmernder Schmerz in meinen Schläfen.

Ich blinzle durch halb geschlossene Augenlider und sehe, daß Joe sich aus seiner Betthälfte auf der Fensterseite gleiten läßt. Er ist blaß, sein Gesichtsausdruck verrät Ekel. Nur wenn es um mich geht, setzt er diese Grimasse auf, jedenfalls habe ich nie erlebt, daß er bei einem anderen Menschen so das Gesicht verzieht. Muß noch früh sein, stelle ich fest, das Licht, das zuckend durch meine geschlossenen Augenlider dringt, scheint noch ziemlich schwach. Außerdem ist Sonntag – es gibt eigentlich keinen Grund, jetzt schon aufzustehen, außer, mir um jeden Preis aus dem Weg zu gehen.

Er bewegt sich erstaunlich lautlos für so einen großen Mann, geht ins Bad und zieht sich an, ohne sich noch mal im Schlafzimmer blicken zu lassen. Wahrscheinlich ist er – genau wie ich – ängstlich bemüht, den Schein aufrechtzuerhalten, daß ich schlafe. Der unruhige, traumerfüllte Schlaf hat mich mürbe gemacht, ich fühle mich wie eine Schnecke, die loskriechen will: Ich muß mich entsprechend für das Kommende wappnen und meinen Schutzpanzer zurechtrücken. Vorher darf ich auf keinen Fall ein Gespräch anfangen.

Ich halte die Augen geschlossen, damit das Licht nicht so schmerzhaft ist, wehre mich nicht mehr gegen die Gedanken und lasse die schlingenden, schleimigen Ranken der letzten Nacht langsam in mein Bewußtsein vordringen.

»Na, was glaubt ihr, wann wird FW Mandela freilassen?« Ein ehemaliger Student hatte das Wort ergriffen, einer der »aufgeweckten jungen Männer«, ein Linksorientierter, der jetzt für Anglo arbeitet und pinkfarbene T-Shirts trägt. Wir kamen mal wieder zu spät, und als wir das Zimmer betraten, hörten wir gerade noch die Frage. Ein hoch aufgeschossenes Kind hatte uns die Tür geöffnet und war sofort wieder mit flatterndem Flanellhemd davongerannt. Unser Gastgeber lauschte gebannt dem Typen in Pink, winkte uns nur kurz zu und zeigte auf die Couch, während sich eine Frau ganz in Schwarz über Joes Schoß beugte und uns eine Flasche Chardonnay reichte.

»Hallo, Leute«, sagte Mark, unser Gastgeber, als der Typ in Pink fertig war. Die andern im Zimmer lächelten oder sagten *howzit.* Die Frau ganz in Schwarz hob grüßend den langen Arm. Keiner machte sich die Mühe, mich vorzustellen.

»Na ja«, sagte Mark, »im *Star* heißt es, daß tatsächlich schon Gespräche laufen sollen. Offensichtlich verhandelt Mandela über seine eigene Freilassung. Erstaunlich, find ich – vor fünf Jahren sah's noch so aus, als wären echte Veränderungen nur nach einer blutigen, umfassenden Revolution möglich. Wer hätte schon für möglich gehalten, daß Mandela jemals seine eigene Freilassung aushandelt?«

Seine Freundin, ein dümmliches Mädchen, das sich anscheinend sehr ernst nahm, warf die kunstvoll wilden Locken zurück und senkte den Blick auf die rosafarbenen Fingernägel. »Also ehrlich, Leute, ich kann euch gar nicht sagen, wie glücklich ich bin, seit sie Ahmed Kathrada und die anderen letzte Woche freigelassen haben. Wo man hinsieht: *layk.* Die Menschen sind voller Zuversicht, daß *layk* kommen wird. Und dann die vielen Leute, die sich *layk* in den Straßen zusammenfinden.«

»Reden Sie von der ›jubelnde Menge‹?« Ich hatte zum ersten Mal das Wort ergriffen. Augenblicklich verstummten die Gespräche, alle sahen mich an.
»Ich rede von *layk*. Oder was wollen Sie damit sagen?« fragte die Rosalackierte.
»Na ja, wenn man Leuten wie Ihnen und der Zeitung Glauben schenken will, ist das ganze Land von jubelnden Menschenmengen erfüllt. Soweit ich mitbekommen habe, sind diese Woche ein paar jubelnde Menschen in Natal ermordet worden.«
Die andern rutschten unruhig auf ihren Plätzen hin und her. Die Frau ganz in Schwarz warf Joe einen mitleidigen Blick von der Seite zu (Ob die sich wohl von der Arbeit kennen?) und erwiderte in ziemlich verächtlichem Tonfall: »Sicher, *Gewalt* wird's wohl immer noch geben. Klar, das ist eine traurige Sache, aber daran ist nun mal die Apartheid schuld.«
»O nein, kommen Sie mir jetzt nicht mit diesem hohlen ›Kampf‹-Geschwätz«, sagte ich, lachte kurz auf und versuchte, mich so geringschätzig wie möglich zu geben, um ihr den mitleidigen Blick heimzuzahlen. Ich trank den letzten Schluck Chardonnay und griff nach der Flasche – sie war leer. »Ich mach noch eine auf«, sagte Mark sofort.
Während er gekonnt mit einer Hand die beiden Flügel des Korkenziehers herunterdrückte, schnitt er ein neues Thema an – er schien seine Gastgeberrolle ziemlich ernst zu nehmen. »Wie läuft's mit dem Streik, Joe? Ist schon eine Einigung in Sicht?«
»Bis jetzt noch nicht«, sagte Joe. Sein eben noch versteinerter Gesichtsausdruck wirkte auf einmal lebhaft. »Die Firmenleitung rückt keinen Zentimeter von ihrem Standpunkt ab. Aber die Jungs von der Gewerkschaft haben mir ganz schön imponiert. Die haben einen Wahnsinnsstreik auf die

Beine gestellt, achttausend Mann haben die Arbeit niedergelegt.«
Der Typ in Lederjacke, an dessen Knie seine Frau oder seine Freundin lehnte, runzelte die Stirn, senkte den Blick auf das Glas, das er in einer Hand schwenkte, und setzte ein weltkundiges Gesicht auf, als er sagte: »Ja, aber, sagen Sie mal, Joe, ich hab Gerüchte gehört, nach denen es bei dem Streik gar nicht mal so sehr um die Löhne geht. Angeblich hat die Aktion 'ne Menge mit dem politischen Klima zu tun und damit, daß die Gewerkschaft sich nur politisch profilieren will.«
»Ach, das ist Blödsinn – Propaganda von der Unternehmensleitung.« Joe beugte sich vor, er war endlich in seinem Element. »Wir reden hier von einer großen Firma, die gewaltigen Profit macht. Verglichen mit einigen kleineren Firmen ist das, was sie ihren Leuten bieten, vielleicht gar nicht schlecht, aber Sie müssen das im Gesamtzusammenhang sehen. Die könnten es sich *leisten,* bessere Löhne zu zahlen.« Nach einer kurzen Pause fuhr er fort: »Bei dem Streitfall geht's ums tägliche Brot.« Um seinen Worten Nachdruck zu verleihen, setzte er geräuschvoll das leere Glas ab.
»Oh, hier kommt wieder Genosse Joe und legt die übliche Dinner-Party-Platte auf«, sagte ich gehässig und verdrehte die Augen.
»Du kannst ein richtiges Miststück sein«, brachte Joe schwer atmend hervor.
Der Typ im pinkfarbenen T-Shirt beeilte sich, das unangenehme Schweigen zu brechen. »Also, ehrlich gesagt, bin ich mir nicht ganz sicher, ob diese Analyse die Sache nicht allzusehr vereinfacht«, gab er, an Joe gewandt, zu bedenken. Diese linksgerichteten, aufgeweckten jungen Typen kapierten wirklich schnell. Anglo war klug vorgegangen; die Firmensprüche klangen soviel einleuchtender, wenn sie –

layk – von einem alten Linken vorgetragen wurden. »Ich glaub nicht, daß Sie das Ganze nur als Streitigkeiten ums tägliche Brot abtun können. Die Standpunkte und die Tagesordnungen der Gewerkschaften stehen sicherlich im Schatten der ANC-Freilassungen. Aber was mir eigentlich ein bißchen zu denken gibt, sind die Gerüchte über die Einschüchterungsversuche. Was sagen Ihre Klienten dazu?«

»Tja, ich sehe das so, daß die Unternehmensleitung eine Riesensache aus den paar Streikposten macht, die knallhart vorgehen«, sagte Joe, lehnte sich zurück und schlug die Beine übereinander. »Die Firma ist dafür bekannt, müssen Sie wissen. Aber die Jungs haben mir erklärt, daß es vollkommen unmöglich ist, achttausend Arbeiter im Griff zu haben. Ich glaube denen, wenn sie sagen, sie tun ihr Möglichstes, um Einschüchterungsversuche zu unterbinden.«

Als uns die Rosalackierte mit den inzwischen ebenfalls rosafarbenen Wangen aus der Küche schüchtern ein Zeichen gab, gingen wir geschlossen ins Eßzimmer hinüber. Sie schien sich jeden Augenblick ihrer Rolle als gerade erst eingezogene Freundin und frischgebackene Stiefmutter bewußt zu sein. Als sie durch den Flur ging, schickte sie das Kind mit einem liebevollen Klaps ins Bett, und zwar so, daß es jeder sehen konnte.

Wir setzten uns an den Tisch, der erste Gang – eine Pastete – wurde serviert. Plötzlich knöpfte die Rosalackierte ihr Leinenjackett auf, für das sie wahrscheinlich einiges hingeblättert hatte, und fragte uns kichernd, wie uns das ANC-Shirt gefiele, das sie in Newtown aufgetrieben hatte. Alle bestätigten ihr, daß sie's ziemlich cool fänden, auch wenn manche sicherlich nur höflich sein wollten.

»Also«, sagte sie und ließ den Blick unter maskarabeladenen Wimpern über die Runde schweifen, »was meint ihr – wann wird der Notstand aufgehoben?«

»Und – wären wir nicht alle bestürzt, wenn's wirklich soweit ist?« Ich hätte besser den Mund halten sollen, aber ich wünschte mir nichts sehnlicher, als diese verzerrte Grimasse des Entsetzens auf ihrem vorwitzigen Gesicht zu sehen.
»Was wollen Sie damit sagen?« fragte sie und stellte zerkleinertes, hart geröstetes Toastbrot zur Schau, nicht gerade appetitlich. Das nächste Stück Toastbrot schwebte wie erstarrt zwischen Teller und Mund.
»Na ja, ich meine, jetzt, wo's nicht mehr gefährlich werden kann, ist es für jedermann ein leichtes, sich am ›Kampf‹ zu beteiligen. Sogar für Sie. Warum haben Sie vor fünf Jahren noch kein ANC-T-Shirt getragen?«
»Na ja, früher gab's eben noch keine«, stotterte sie. Wieder verzog sie das Gesicht zu einer häßlichen Grimasse und wurde tiefrot.
»Immer noch gibt's nur schwarz oder weiß, wenn Sie mir das kleine Wortspiel erlauben, ist doch am bequemsten so«, fuhr ich fort. Erbarmungslos kratzte ich an jeder heiligen Kuh, die mir gerade in den Sinn kam. »Wirklich angenehm, daß es noch Dinge gibt, gegen die man kämpfen kann: Das alte Regime ist bis heute an der Macht, die Apartheidsgesetze sind noch in Kraft. Was für ein Glück, es bleibt Ihnen noch genügend Zeit, sich als Heldin des Kampfes zu fühlen – schließlich werden jetzt mehr politische Gefangene freigelassen als inhaftiert.«
»Mein Gott, was sind Sie zynisch«, sagte der Typ in der Lederjacke, während die Rosalackierte mühsam beherrscht aus dem Zimmer stürmte und erklärte: »Ich muß mal kurz nach dem Hauptgang sehen.«
Mehr ist, glaube ich, nicht passiert, außer daß Joe kein Wort mehr sagte und mich keines Blickes mehr würdigte. Wenn's dich interessiert: Auch die anderen haben so getan, als sei ich Luft. Also konzentrierte ich mich auf den einzigen

Kumpel, der mir noch blieb, den Chardonnay. Anscheinend etwas zu intensiv, denn ich erinnere mich vage, daß ich mich, als wir endlich fahren wollten, in der Nähe des Tors über ein paar Setzlingen erbrach. Joe stützte mich nicht, er blieb einfach im Wagen sitzen, trommelte mit den Handflächen aufs Lenkrad und sah zu, wie der Mercedes und der schwarze BMW (vielleicht ist die Frau ganz in Schwarz tatsächlich Rechtsanwältin) in der Dunkelheit verschwanden.

O Gott, ich fühle mich mies! Aber ich muß mich für den Kampf rüsten und das verletzliche Fleisch, das sich nach vorn drängen will, hinter samuraischer Härte verschanzen. Meine Kleidung ist Teil meiner Rüstung, ich versuche, mich unter grauen unscheinbaren Röcken und braunen Hemdblusen unsichtbar zu machen, Kleidungsstücke, die ich – obwohl's nicht so aussieht – mit äußerster Sorgfalt wähle. Mit der Brille ist es genauso – hinter dicken Gläsern verstecke ich meine großen, dunklen Augen, die mich manchmal, wenn mein kurzsichtiger Blick in den Spiegel fällt, an einen anderen Menschen erinnern.
»Weißt du ...«, sagt Joe so unvermutet, daß ich einen Satz zur Seite mache. Ich wollte gerade den Fön aufs Bett legen. »... als ich dich kennengelernt hab, fand ich dich witzig. Ich hab gedacht, du bist geistreich. Für mich warst du wie ein getretenes Hündchen, das ich hochpäppeln wollte. Ich hab mir wirklich eingebildet, daß du dich irgendwann öffnest und wieder vertrauen kannst, wenn ich dir Verständnis und Liebe entgegenbringe.«
Er holt tief Luft und setzt zum entscheidenden Schlag an. »Irgendwas muß mit dir am Ostkap passiert sein, ich weiß nicht, was. Du streitest ja alles ab, nach all den Jahren noch. Aber jetzt tut sich einiges, im ganzen Land, und bei meiner

Arbeit auch. Ich habe das Gefühl, daß wirklich, ernsthaft, eine Periode der Veränderungen anbricht. Ich will, daß du mit mir kommst … aber, wenn ich ganz ehrlich bin, weiß ich nicht, ob …«

Er bricht ab, holt tief Luft und schüttelt den Kopf. »Ich weiß nicht, ob du überhaupt noch tief in deinem Innersten irgendwas empfindest, das du zeigen könntest. Langsam kommen mir Zweifel, ob wirklich ein fühlendes ›Wesen‹ in dir steckt, das es zu retten gilt … oh, mein Gott, Kate«, fügt er hinzu, während er mein ausdrucksloses Gesicht betrachtet.

»Ich liebe dich tatsächlich immer noch, obwohl du ein unberechenbares Luder bist und mich in aller Öffentlichkeit blamierst. Ich bitte dich nun, verdammt noch mal, ich flehe dich an: Laß uns zurückgehen, ansonsten wirst du nie geheilt. Egal, was es ist, ich werd das mit dir zusammen durchstehen. Und außerdem …« Er hebt die großen Hände an die schmerzenden Augen. »Ich will endlich nach Hause fahren. Ich war kein einziges Mal zu Hause, seit wir verheiratet sind – ich hab dir deinen Willen gelassen, in der Hoffnung, daß du's dir irgendwann anders überlegst.«

»Ach, um Himmels willen, werd bloß nicht dramatisch«, fahre ich ihn bissig an und bürste mir seelenruhig das Haar. »Ich lauf vor gar nichts weg, es ist einfach nur ein erbärmlicher Ort voller Kriechtiere. Wir sind von da weggegangen und in die große Stadt gezogen. Ich halte nichts davon, einen Schritt zurück zu machen.«

»Wenn's so unglaublich idyllisch an der Küste war, wie du immer steif und fest behauptest, dann laß uns hinfahren … an Weihnachten.«

»Selbst wenn es ein furchtbares Erlebnis in meiner Kindheit gegeben hätte, wie kannst du behaupten, wir würden uns dem zusammen stellen? Du wirst ja nicht mal mit den

Seitenhieben fertig, die ich dir verpasse. Du, mit deinem hoffnungsvollen Gesicht, du kannst dir einfach nicht vorstellen, daß in Menschen oder irgendwelchen Orten der Teufel steckt – dafür bist du viel zu sehr der idealistische Liberale.«

Während ich ihn im Spiegel ansehe, bleibt mir das leise Lachen in der Kehle stecken, ich höre auf, mir das Haar zu kämmen. »Du bist wie ein Lamm im Frühling, das freudig herumhüpft. Warte nur, du wirst noch früh genug zum Schlachter geführt. Warum soll ich das unbedingt erledigen?«

Er öffnet den Mund, als wolle er etwas erwidern, aber ich sorge dafür, daß es ihm endgültig die Sprache verschlägt. Das seien natürlich rein hypothetische Dinge, über die wir da reden, erkläre ich ihm, in meinem Keller läge absolut nichts, was auch nur im entferntesten an eine Leiche erinnert. »Du willst nur an die Küste fahren, damit du endlich den großen, männlichen Retter spielen kannst – die Rolle gefällt dir doch so gut.«

»Ich habe dir jetzt gesagt, worum ich dich bitte, und ich wiederhol's nicht noch einmal. Du hast anderthalb Monate Zeit, dich zu entscheiden. Für mich werden in der Zeit auch ein paar Entscheidungen fällig.«

Er geht zur Tür, hält einen Moment lang inne und sagt dann über die Schulter: »Langsam fängst du nämlich an, mich anzuwidern.« Er seufzt kurz und fährt fort: »Das ertrage ich nicht – lieber trenne ich mich von dir.«

1966 …
sechzehn Tage bis Weihnachten

Ich streckte alle viere von mir und ließ mich tiefer gleiten, bis das sanft plätschernde Badewasser meine Ohren halb bedeckte. Jemand rief, aber ich konnte nur gedämpftes Nuscheln hören, rutschte noch ein Stück tiefer und wagte mich unter die Oberfläche, in die Stille sensorischer Luftblasen vor. Eine Halbwirklichkeit, in der ich mich treiben ließ und mit gesenkten Lidern aalte, bis ich so plötzlich in die reale Welt des Badezimmers zurückgerissen wurde, daß mir der Schreck eiskalt in die Glieder fuhr. Das Wasser lief mir noch aus den Ohren, während aus dem Mund meines Vaters Worte drangen, die ich nicht hören konnte. Er warf mir ein Handtuch über den Kopf, legte mich – zu einem Bündel gepackt – über die Schulter und rannte los.

»Was?« stotterte ich. »Was hast du gesagt?« Meine Stimme hüpfte mit jedem federnden Schritt, während er durchs Haus jagte. Als wir endlich auf der Veranda angekommen waren, hielt er mich hoch und zeigte auf einen Punkt in der Ferne. Vom Tag war nur noch milde Dämmerung übrig, der gedämpfte Lichtschein umschmeichelte den schroffen Horizont, der von finsterer Schönheit war.

Und dann sah ich ihn, in all seinem wilden Stolz und in seinem reinen, weißen Glanz. Snowballs Vater! Das Glühen der letzten rosigen Sonnenstrahlen fing sich in seinem Fell. Ich sog scharf die Luft ein, ein kurzes Schaudern huschte über meine Schulterblätter und machte mir eine Gänsehaut. Nichts Sanftmütiges oder Bezähmbares war an diesem Tier, das exakt auf der messerscharfen Kante des Horizonts stand. Dieser unbändige Kater verkörperte all das Wilde und Ursprüngliche, das Teil dieser Farm war. Und dann

wandte er uns den Kopf zu, vielleicht, weil die sanft beleuchtete Szene seine Aufmerksamkeit geweckt hatte: Erwachsene und Kinder standen schweigend und mit einem Getränk in der Hand an der Brüstung der Veranda. Nur eine Sekunde lang begegneten sich unsere Blicke und versenkten sich ineinander, eine Verschmelzung, die fast greifbar schien – doch schon im nächsten Moment war er verschwunden. Wie ein weißer Blitz schoß er übers Land, von Natur aus schön, unerreichbar und unbezähmbar.
Der Horizont im Dämmerlicht blieb leer und öde zurück. Aber ich war erfüllt von dem, was ich erlebt hatte, eine brodelnde, wilde Freude durchrieselte meine Glieder, bis sie aus mir herausbrach und ich durch die Dunkelheit über die Wiese rannte. Mein Handtuch flatterte und wehte, ich stieß einem jubelnden Freudenschrei aus. Alles war gut. Gott hatte mir ein Zeichen gesandt, ein Omen für ein Wunder, ich durfte endlich gewiß sein, daß nichts die Farm mit ihren flüchtigen Einblicken in das ewige Rätsel des Lebens verändern könne.
Die anderen auf der Veranda lachten ausgelassen beim nüchternen Klirren von Gläsern und fröhlichen Unterhaltungen. Inzwischen hatten sie Licht gemacht und sich gesetzt. Meine Mutter schob den Fuß vor und holte schon mal zum Schlag aus, um die nächste Mücke, die sich von ihrem Fußgelenk ködern ließ, sofort zu zerquetschen. Ein Rosenkäfer klopfte mit seinem harten, kleinen Rückenschild sein typisches abgehacktes, monotones Stakkato und schwang sich selbstmörderisch in den Lichtkegel der Verandabeleuchtung.

Ich sah zu, wie sich mein Vater Pantene ins Haar schmierte und mit gewölbter Hand immer wieder über den Kopf strich. Dann klatschte er die einzelnen Strähnen mit einem

Kamm glatt nach hinten, bis sich in dem lichten Haar zackige, gestochen scharfe Furchen gebildet hatten.

An diesem Tag waren wir schon früh schwimmen gegangen. Als die ersten Lichtstrahlen durch mein breites Fenster gedrungen waren, hatte ich Daddy mit einer sanften Berührung geweckt. Verschwörerisch schlichen wir aus der dämmrigen Stille seines Zimmers und traten – begleitet vom vertrauten *quietsch-päng* – hinaus in die milde, kühle Morgenluft. Während wir, wie es das Ritual verlangte, ein paar Feigen frisch vom Baum aßen, stieg uns Kohlerauch in die Nase, der sich mit den Hühnerstallgerüchen zu einem zähen Mief vermischte. Dann sprangen wir ins eiskalte Wasser.

Inzwischen war ich längst angezogen. Wie immer hatte ich mir achtlos Shorts und T-Shirt übergestreift, ein Zipfel des Unterhemds hing unordentlich über dem Hosenbund. Mein Vater trug ebenfalls Shorts, knielange allerdings, mit Reißverschluß und Gürtel, und dazu lange weiße Socken und Slipper.

»Die Familie deiner Mutter kommt heute zum Lunch.« Er stockte, und ich sah, daß er – ein Mann, der Kraft und Wärme allein durch Körpersprache zum Ausdruck brachte – um die richtigen Worte rang. Auf seine Art konnte er alles sagen – wenn er mit mir spielte, mich kitzelte oder die starken, beschützenden Arme für mich ausbreitete, aber seine Stimme klang immer ein bißchen belegt, als sei er's nicht gewöhnt, viele Worte zu machen.

Ich saß auf dem Badewannenrand und beobachtete, wie er – völlig unnötig – immer wieder den bereits kerzengeraden Scheitel nachzog, der verblüffend rosafarben durch das dunkle Haar schimmerte.

»Sie kommen extra von überall aus dem Distrikt ...« Wieder hielt er inne, vermied es aber, mich anzusehen. Endlich

hörte er auf, den Scheitel nachzuziehen, und spülte umständlich die Zacken unter laufendem Wasser aus.
»Äh … hm-hm.« Er räusperte sich, trotzdem hörte sich seine Stimme rauh an, wie nach einem jahrelangen Schweigegelübde. »Sie kommen, weil sie *dich* sehen wollen«, platzte er schließlich heraus. »Bitte gib dir Mühe – um deiner Ma und deiner Ouma eine Freude zu machen …«
Ich verdrehte die Augen, was er wahrscheinlich im Spiegel gesehen hatte, denn seine Stimme klang plötzlich eine Spur schärfer. »Um des lieben Friedens willen – benutz bitte ein paar von den Afrikaans-Brocken, die du in der Schule gelernt hast. Immerhin haben wir dich extra auf diese Schule geschickt. Ab und zu ein hübsches ›*Goeie môre Tannie Marie*‹ wird dich schon nicht umbringen.«
Ich hob zu einem völlig übertriebenen Jammern an, warf mich auf dem Boden und verzog das Gesicht in gespieltem Schmerz und Widerwillen. »Ich ha-asse es, Afrikaans zu reden. Die Mädchen in der Schule sagen, ich hör mich an wie eine *plaasjapie,* wenn ich's versuche. Und hier machen sie immer dumme Bemerkungen darüber, wie *Engels* ich klinge.«
»Ist mir egal, was die Kinder in der Schule erzählen. Jetzt ist schließlich eine gute Gelegenheit, ein bißchen zu üben damit du's in Zukunft richtig aussprichst.«
»Und überhaupt, wie kannst du von mir verlangen, daß ich artig bin und in Afrikaans mit denen rede. Du haßt die Afrikaander doch. Das hast du immer wieder gesagt.«
»Ich mein die Regierung, wenn ich das sage – das weißt du ganz genau. Diesmal geht's um die Familie. Bei der Familie ist das was anderes.«
Er drehte das Wasser ab, schließlich sah er mich an. Ich saß jetzt im Schneidersitz auf dem Boden, den Rücken kerzengerade aufgerichtet. Den schmalen schwarzen Kamm auf

mich gerichtet, sagte er mit brüchiger Stimme: »Du siehst einfach zu, daß du dich ordentlich benimmst. Wenn du deine Mutter oder deine Ouma wütend machst, versohl ich dir den Hintern. Dasselbe gilt für Michael. Das kannst du ihm am besten gleich mal ausrichten.«

Plötzlich fühlte ich mich elend bei dem Gedanken, daß die Familie zu Besuch kam. Eigentlich hatte ich's gar nicht erwarten können, Großtante Marie wiederzusehen, aber ich hatte nie eine Afrikaanderin in ihr gesehen. Sie redete genau wie Ouma nur Englisch und machte nie Theater darum, ob ich nun gut Afrikaans konnte oder nicht. Oom Frans und seine Tant Anna waren dagegen ganz anders – irgendwie viel steifer. Sogar ihr Akzent klang härter, richtig scharf, fand ich. Die beiden hatten mir nie besonders nahegestanden, von einem innigen Verhältnis konnte nicht die Rede sein.

Ich zwängte mich an meinem Vater vorbei und schlich aus dem Haus. Im staubigen Hof heizte die Sonne den Boden auf, Dora wärmte sich auf einer umgedrehten Kiste. *»Molo,* Missie«, erwiderte sie auf mein genuscheltes »H'lo Dora« und schüttelte sich unter lautlosem, bebendem Lachen. Ich schlenderte an ihr vorbei und stahl mich in den kühlen Schatten des Betons, der mich plötzlich mit Dunkelheit umfing.

»Molo, klein Missie.« Ich erkannte Williams Stimme, konnte aber sein dunkles Gesicht vor der feuchten Mauer nicht ausmachen. Die typischen Gerüche der Boys-Baracke schlugen mir entgegen – es roch nach dem Rauch, der sich in blauen Overalls festsetzte, nach Kaffee und nach der flachen Kohlenpfanne.

Nach und nach erkannte ich im Dämmerlicht das breite, strahlende Grinsen von William, Petrus und Albert. Auch Williams Sohn saß bei den Boys, aber er lächelte nicht so breit wie die anderen. Aus der Blechkanne auf dem Kohleofen schenkte er – die Hände mit Stoffetzen umwickelt – Kaffee in einen Emaillebecher, gab großzügig etwas von der Boys-Ration Kondensmilch dazu und hielt mir die süße, milchige Mischung hin. Ich rührte den Kaffee nie um, damit ich ganz am Schluß, wenn ich den Becher – wie die Boys – zwischen zwei Händen leergeschlürft hatte, mit schmutzigen Fingern am Becherrand entlangfahren und die herunterlaufende Kondensmilch ablecken konnte. Die Boys unterhielten sich nie mit mir, duldeten aber gern, daß ich bei ihnen saß, und murmelten und schnalzten in ihrem schnellen Xhosa.

»Will-i-am.« Oumas Stimme drang vom Hof herein, ihre Schritte auf dem staubigen Boden kamen näher. »William? *Is jy daar?*« Vor dem türlosen Eingang blieb sie stehen.

William hatte seine Tasse bereits vorsichtig auf dem Betonboden abgestellt und war aufgestanden. Während er sich duckte und hinausging, riß er sich den Hut vom Kopf und hielt ihn mit beiden Händen fest.

»Ja, Miesies.«

Oumas Gesichtszüge wirkten verzerrt – das Sonnenlicht, das sich in der getünchten Außenwand spiegelte, blendete sie. »Wie geht's Mary heute morgen?«

»Schon besser, Miesies. Sie hat sich sehr gefreut über die Suppe und das *muti.*«

»Schön. Aber eigentlich wollte ich mich mit dir über John unterhalten. Was hast du jetzt mit dem Jungen vor?«

Im Schutz des Dämmerlichtes beobachtete ich, wie Williams Sohn langsam einen Schluck Kaffee trank. Als er hörte, was William antwortete, wurde der Ausdruck auf seinem Gesicht härter.

»*Ag*, Miesies, was können wir schon tun? Die jungen Leute heutzutage – sie wollen einfach nicht arbeiten.«

William bohrte die Spitze seines Gummistiefels in den Staub, Ouma wartete, was er noch zu sagen hatte. »Er war immer ein guter Junge ... ein kräftiger Junge ... aber jetzt macht er seiner Mutter Kummer. Hau.« Er schüttelte mit gesenktem Blick den Kopf. »Er ist mein erstgeborener Sohn, aber er macht mir eine Menge Sorgen.«
Ich hörte, wie Williams Erstgeborener schnaubte, vielleicht hatte er auch nur geräuschvoll den letzten Rest Kaffee hinuntergeschluckt, bevor er die Tasse etwas zu heftig auf dem Boden absetzte. Die andern Boys nippten weiterhin leise schlürfend an ihrem Kaffee. Schließlich stand John auf und ging vor die Baracke. Er wirkte hochgewachsen neben der gebückten Gestalt seines Vaters.
»Ag, da bist du ja«, sagte Ouma barsch. »Wozu hast du dich entschieden? Willst du deinem Vater Kummer machen, *jy weet?«*
»Ich werde tun, was ich für richtig halte«, erwiderte er, mal wieder ohne das übliche ›Miesies‹ hinzuzufügen. Als er sich abrupt dem dunklen Zimmer zuwandte, sah ich, daß sich seine Züge, auf die nun grelles Sonnenlicht fiel, verhärtet hatten. »Aber warum fragen Sie nicht Ihren Boy Albert ...«, fuhr er fort, wobei er »Boy« so seltsam betonte, daß Ouma zusammenzuckte und blinzelte. William, der immer noch auf den staubigen Boden starrte, schüttelte leicht den Kopf und murmelte: *»Hai, hai,* mein Sohn.«
»Ja, warum fragen Sie Ihren Boy Albert nicht, wie sie seinem Sohn das Hemd runterreißen mußten, weil es fest an den blutverkrusteten Wunden geklebt hat?«
»Dein Vater arbeitet schon lange für mich, seit er ein junger Mann war, so wie du heute. Aber diesen Ton lasse ich mir von niemandem gefallen«, sagte Ouma mit gedämpfter Stimme. »Und versuch nicht, irgendwelche Dinge durcheinanderzuwerfen. Ich hab den Jungen nicht geschlagen.«

Sie hielt kurz inne und fuhr dann fort: »Du mußt tun, was von dir verlangt wird. Warum solltest du was Besseres sein? Du hast fünf kleine Geschwister – wer soll für sie aufkommen, wenn du nicht arbeitest? Dein armer Vater? *Ag!*«

Sie holte tief Luft und atmete langsam aus. Ihre Stimme war lauter und energischer, als sie weiterredete: »Du warst schon länger in der Schule, als es gut für dich ist. Es gefällt mir nicht, wie du redest. Du hörst dich schon an wie diese Eingeborenen da oben im Transvaal, die auf einmal Politik machen wollen. Aber komm mir nicht mit so was – nicht auf meiner Farm. Entweder arbeitest du, oder du verschwindest aus diesem Distrikt. Faulenzer, die meine Boys aufwiegeln, kann ich hier nicht gebrauchen. Und du weißt ganz genau, John, daß ich meine Boys immer gut behandelt habe.«

Wie versteinert saß ich da, erschrocken über ihren Ton und ihre Wut, gefangen in meiner dunklen Ecke. Doch es waren Johns Augen, die mir die furchtbare Angst einjagten, meine Welt könne zerbröckeln und mein sicherer Hafen zerstört werden. Für einen kurzen Moment wanderte sein Blick in meine Richtung. Auf unerklärliche Weise ließ die Kälte und die leere Finsternis in seinen Augen das alte Schreckgespenst in dem halbdunklen Raum erscheinen: den Müllboy aus Port Elizabeth.

Von meinem Platz in der Ecke beobachtete ich, wie sich John abwandte, mit großen Schritten durch das grelle Sonnenlicht ging und unter abgetretenen Schuhen Staub aufwirbelte.

»Albert? *Is jy ook daar?*« rief Ouma. Sie blinzelte in die Dunkelheit.

»Tut mir leid, was ich von deinem Sohn gehört habe«, sagte sie. Albert war nach draußen gegangen und stand nun, mit dem Hut in den Händen, neben William.

»Ja, Miesies.«

»Tut mir leid, wie der neue Farmer mit seinen Boys umgeht. Ich bin nie so mit euch umgegangen, das weißt du. Aber ich bin mir sicher, daß er nicht grundlos schlägt. Du mußt deinem Jungen sagen, er soll hart arbeiten und seine freche Zunge hüten. *Aai* ...«
Sie seufzte. »Diese jungen Leute – immer so frech zu ihren Mastern, und sie hören überhaupt nicht mehr auf ihre Väter. Was soll man nur mit ihnen machen?«
»Ja, Miesies«, sagte Albert wieder. Er schien fertig zu sein, eigentlich machte er nie viele Worte, aber dann fuhr er fort: »Es ist nicht leicht für ihn, für diesen Master zu arbeiten. Er ist ein guter Junge, Miesies, aber ... so viel Ärger. Sein Herz ist voller Wut, und sein Master macht Haß daraus.«
»Wut und Haß bringen ihn bei diesem Master nicht weiter ... Kati, warum drückst du dich immer irgendwo rum, wo du nichts zu suchen hast? Komm jetzt da raus, ich will nach den Kätzchen suchen. *Kom, kind.*«
Als ich aus der Dunkelheit ins grelle Sonnenlicht trat, verschwand die Gänsehaut, die mich in den feuchtkalten Wänden überzogen hatte. Auf unerklärliche Weise war mir diese Eiseskälte in die Knochen gefahren, doch die Sonne wärmte mich ein wenig. Ouma ließ mich allein zurück, schweigend und immer noch zitternd, marschierte los und sorgte mit kräftiger Stimme dafür, daß Michael augenblicklich hinter dem Haus hervorschoß. Kurz bevor er bei ihr angekommen war, machte er die Beine steif, rutschte das letzte Stück über den trockenen Kiesboden und ahmte mit einem jubelnden *ee-ee-ee-ee* die Vollbremsung eines Rennwagens nach. Ich hockte auf flachen Füßen, malte mit dem Finger im Staub und untersuchte kleine Steine. Unmöglich, Michael zu erzählen, was ich gehört hatte, ich hätte nicht mal gewußt, wo ich anfangen soll. Ich begriff überhaupt nicht, was sich eben vor meinen Augen abgespielt hatte.

Niemals hätte ich mein Unbehagen oder die Gründe dafür in Worte fassen können.
»Kommt jetzt, Kinder. Wir gehen.«
Ich sprang sofort auf, und im nächsten Augenblick stießen und schubsten mich die beiden Hunde mit nassen Lefzen. Michael schoß in kurzen Stößen nach vorn, ruderte mit ausgestreckten Armen und machte das *schook-schook-schook* eines Hubschraubers nach. Ich lief neben Ouma her, fiel zurück, als ihre kraftvollen Schritte immer größer wurden, und legte die seitlich ausgestreckten Arme auf die warmen Flanken der Hunde. Die Haut auf den hellen, gelbbraunen Körpern saß locker, warf Falten und fühlte sich angenehm unter dem festen Griff meiner kleinen Hände an.
Auf dem ausgewaschenen Weg zur Hütte, in der Ouma die Kätzchen gesehen hatte – ganz in der Nähe des Schweinepferchs –, standen links und rechts immer wieder ein paar Feigenkakteen. Die Früchte der Kakteen lachten mich verlockend fruchtig und fleischig an, das saftige Grün versprach durstlöschenden Genuß. Doch die grausamen Dornen waren so scharf, daß sie einem das T-Shirt zerreißen oder sogar die Haut aufschlitzen konnten.
Mein Blick schweifte über die Landschaft, nur am Rande nahm ich den Weg wahr, der vor mir lag. Plötzlich aber stach mir ein grelles Orange ins Auge. Ich kniff den Hunden in die Schulter, damit sie stehenblieben, und sah mir voller Bewunderung diese unerschrocken leuchtenden Farben eines majestätischen Wiedehopfs an. Nur zwei Erwachsenenschritte von mir entfernt saß der Vogel auf dem Weg, nickte mit dem Kopf und ließ die Haube tanzen.
»Ag, kind, trödel nicht rum«, rief Ouma.
Orange-schwarze Schwingen leuchteten, als der Vogel davonflatterte. Ein paar Minuten später merkte ich, daß er mit schwirrenden Flügeln genau über meinem Kopf landete –

er wartete auf mich, und zwar so, daß Michael, der im wilden Zick-Zack-Kurs vorauseilte, und Ouma, die große Schritte machte, ihn nicht sehen konnten. Langsam ging ich weiter – wieder erhob er sich und ließ sich direkt über mir nieder. Triumphierend und in all seiner Pracht begleitete er mich die Landstraße entlang, ein euphorisches Emblem für die Farm – die sanfte, liebliche Farm.
Aus dem hohen Gras, das hier und da in dicken Büscheln am Straßenrand stand, drang wie aus singenden Halmen das laute Summen und Zirpen der Insekten. Als ich, wie meine Ouma, die Straße verließ und durch das Gras watete, sprangen aufgescheuchte Heuschrecken an meine nackten Beine.
Die zerfallene Hütte mit den rissigen Mauern hatte ein flaches Wellblechdach, das von großen Steinen gehalten wurde. Die Tür hing schief und lose in den Angeln und schleifte über den Betonboden, als wir sie öffneten. Einfallende Sonnenstrahlen enthüllten die rührende Szene in einem aufgeschlitzten Sack Hobelspäne: drei zusammengerollte Bündel schmiegten sich in ihr weiches Bett, erfaßt von einem hellen Lichtkegel inmitten der düsteren Hütte mit Werkzeugen und Holzstapeln.
Als Ouma einen Schritt zurückwich, damit Michael und ich hineingehen konnten, sah uns ein Augenpaar freundlich entgegen, der Blick verschleiert und träumerisch. Geblendet von der plötzlichen Helligkeit blinzelte das Kätzchen. Das Gesicht schimmerte makellos weiß, doch der weiße Körper war – als hübsche Abwechslung – mit gelblichen Sprenkeln übersät. Die drei weichen Bündel rekelten sich, rosafarbene Zungen leuchteten auf, als sie gähnten und ihre Münder aufsperrten. Seidig wie Daunenfedern waren sie, wie die zartesten Federn, die wir den Farmhühner ausrupften.

Langsam wachten die Kätzchen auf. Geschmeidig streckten sie die Pfoten, tasteten sich vorsichtig voran und fingen an, Radau zu machen. Neugierig reckten sie die langen Hälse, linkisch in der typischen Tapsigkeit nicht mehr neugeborener Kätzchen. Das weiße Kätzchen folgte mit großen Augen meiner Hand, als ich sie sehnsüchtig nach ihr ausstreckte. Plötzlich schlugen sich messerscharfe Zähne und Klauen in meine kleine Hand, mit der ich ungeduldig zugreifen wollte, und schlitzten mir die Haut auf. Das war kein Spiel mehr. Panik packte mich, stärker als der Schmerz. Wie versteinert stand ich da, unfähig, das wütende Raubtier abzuschütteln. Ich hörte einen Schrei, aber Ouma und Michael schienen unglaublich weit weg. Angst umfing mich wie ein klebriges Netz.

Endlich begriff ich, daß Michael – die dunklen Augen vor Schreck weit aufgerissen – das Kätzchen längst im Genick gepackt und weggeschleudert hatte. Ich hörte, wie ich wimmerte, als wir uns vor der Boshaftigkeit des weißen Fellknäuels in Sicherheit brachten. Schweigend blieben wir vor der Hütte stehen. Die furchtbare Verwandlung des weichen, flaumigen Schmusekätzchens in einen instinktgetriebenen Jäger war völlig unerwartet gekommen und hatte etwas Angsteinflößendes und Bedrohliches: tief verborgen in zärtlicher Wärme konnte rohe Grausamkeit stecken. Es war nichts Sanftes an diesen Kätzchen, die in der tröstenden Vertrautheit meiner freundlichen Farm aufwuchsen. Wild waren sie, vollkommen wild, und sie hatten die angeborene, erschreckende Grausamkeit ungezähmter Tiere an sich.

Michael war kreidebleich, seine dunklen Augen funkelten unter hochgezogenen Augenbrauen. Aus einem langen Kratzer an seinem Arm tröpfelte Blut. Meine betäubten Sinne wurden langsam wieder Teil meines Bewußtseins. Instinktiv griff ich an die verletzte Hand – sie fühlte sich klebrig und feucht an. Ich schrie, als ich das Blut sah, überwältigt von der verzweifelten Panik eines Kindes beim Anblick einer tiefen Wunde. Ich konnte gar nicht mehr aufhören zu schreien – ein schriller Angstschrei, der die Insekten und die sanft gurrenden Tauben verstummen ließ.

Erst als Ouma mich fest in die Arme nahm, beruhigte ich mich.

»*Kom nou, kind. Toe maar.* Ist schon gut. Du hast einen kleinen Kratzer abbekommen, aber das wird schon wieder. Wir gehen jetzt zurück und waschen die Wunde aus.«

Jetzt schniefte Michael. Mit hängendem Kopf streckte er den Arm der Länge nach aus und wischte sich mit dem Ärmel seines T-Shirts die Nase ab.

»William?« sagte Ouma, während sie ein Papiertuch aus dem Ärmel zog und um meine Hand wickelte. Ich warf einen Blick über die Schulter und sah William und zwei weitere Boys, die mich schreien gehört hatten, alle schweißgebadet und schwer atmend.

»William, sieh zu, daß wir diese kleinen *bliksems* loswerden. Wir haben einfach zu viele Katzen auf der Farm. Eine Plage. Der dicke weiße Kater ist schuld, keine Frage – wir hätten ihn schon lange erschießen sollen.«

»O nein«, flüsterte ich und flehte sie dann mit schriller Stimme an: »Bitte nicht den Kater, Ouma. Er ist was Besonderes. Tu ihm bitte nichts. Ich wär schuld, nur ich wär schuld, wenn du ihn umbringst. Bring ihn bitte nicht um, nicht wegen mir.«

Ouma und William tauschten Blicke, die ich nicht deuten konnte, dann sahen beide hastig zu Boden. Die Boys verabschiedeten sich murmelnd bei Ouma und schlenderten durchs struppige Gras zurück.

»*Toe maar, kind,* genug jetzt davon.« Sie gab mir einen Klaps, schubste mich ein Stück vorwärts und machte sich durch raschelndes Gras auf den Weg zurück zur Straße.

Michael und ich trotteten kleinlaut hinterher. Wir wagten nicht mehr, etwas zu sagen. Eigentlich gar nicht so sehr, weil uns die Kätzchen eingeschüchtert hatten, sondern weil wir so übertrieben reagiert hatten. Während wir durch hohes Gras und *khakibos* schlenderten, entdeckte ich auf einmal, daß Michaels kurze Hose gespickt war mit Katzengold. Plötzlich schien meine Welt wieder in Ordnung, und damit so schnell wie möglich alles seinen gewohnten Gang nahm, zupfte ich ein Plättchen von seinen Shorts und pikste ihn in die nackten Kniekehlen unter seiner knappen Schuluniform. Erleichtert ließen wir uns in den Alltag fallen, kitzelten und schubsten uns und kicherten ausgelassen. Er schlang die Füße um meine Beine, warf mich auf den rauhen, stacheligen Boden, setzte sich auf mich und zog an einer Lakritzensaft-Pflanze, die über meinem Kopf wogte. Schließlich schmierte er mir den Blütensaft, der tatsächlich stark nach Lakritze duftete, in Haare, Gesicht und Mund.

Meine Ouma beachtete uns nicht weiter und ging mit schnellen Schritten weiter. Während ihr Blick über die Farm schweifte, legte sie die Hand schützend über die Augen, die nach den vielen Jahren, die sie ins grelle Sonnenlicht geblinzelt hatte, in einem Nest kleiner Falten lagen. Kichernd und kreischend stolperten wir hinter ihr her, bis sie plötzlich stehenblieb und den Blick aufmerksam auf einen Punkt richtete. Sofort hörten wir auf herumzutollen.

Sie starrte auf das dichte Gestrüpp direkt neben uns. Ein Gewirr aus knorrigen Bäumen und Büschen schmiegte sich zu unserer Linken an eine kleine Anhöhe. Verschlungene Äste wanden sich so stark, daß sie jeden Moment zu brechen schienen – dicht an dicht standen die Sträucher und machten es den Ranken unmöglich, sich nach Lust zu entfalten.

»Was hast du da gesehen, Ouma?« fragte ich und schob meine Hand in ihre.
»Irgendwas hat sich bewegt. Ich hab gedacht, es ist vielleicht 'ne Schlange.«
Und dann erhaschte ich einen kurzen Blick auf das, was sie gesehen hatte – ein harter, ausgedorrter Panzer und lederne Haut. Schwerfällig und plump kämpfte sich das Tier durch die Hindernisse und hielt in seiner trübsinnigen Art inne, um ein Blatt zu kauen.
»Eine Bergschildkröte!« rief ich aus und rannte auf nackten Füßen zu dem Busch.
»Paß auf mit den Schlangen«, mahnte Ouma, aber Michael und ich krochen bereits zwischen den Ästen hindurch und kletterten übers Gestrüpp.
Die Schildkröte war nicht sonderlich groß, wir konnten sie zwischen uns nehmen und nach Hause tragen.
»Bitte, Ouma, können wir sie behalten?« rief ich ihr über die Schulter hinweg zu, während wir weiterstolperten und versuchten, uns mit den freien Händen vor dem Urinstrahl zu schützen.
»Ihr bringt es sogar fertig und sagt William, er soll der Schildkröte ihren Namen auf den Rücken malen. Setzt sie auf die Wiese, unter den wilden Feigenbaum. Aber wenn sie meine Blumen frißt, geht's ihr an den Kragen.«
Ihre Stimme verriet, daß sie lächelte.

1966 …
derselbe Tag

»Laat ons bid.«

Oom Frans stand vor dem Fenster, unbarmherzig leuchtete das Sonnenlicht die ernsten Furchen in seinem Gesicht aus. Er hatte die Stimme erhoben, die Hände vor der Brust gefaltet und wirkte fast schon grimmig in seiner gläubigen Inbrunst. Ich schielte an seiner aufrechten Gestalt vorbei, um einen Blick auf die leuchtende Blumenpracht des Gartens und die dunklen Umrisse des gewaltigen Feigenbaums zu erhaschen.

»Here ons dank Uu … «

Er redete nicht weiter. In Gedanken trieb ich ihn an, endlich mit dem trübsinnigen stillen Gebet aufzuhören, aber die Pause dehnte sich immer mehr in die Länge, bis ich mir ein Grinsen nicht mehr verkneifen konnte und fast losprusten mußte. Während mein Blick über die schweigende, andächtige Familie schweifte, begegnete ich den Augen meiner Mutter, die starr auf mich gerichtet waren und mich festzunageln schienen. Nach ungefähr einer Minute gab ich mich geschlagen und sah mit halb geschlossenen Augenlidern zu Boden.

»Dank U dat ons a'n familie weer bymekaar kan wees. Waar ons binnekort die geboortedag van U seun, Jesus Christus, sal vier …«

Wieder hielt er inne, nachdem er den Namen Jesu zärtlich gehaucht und in die Länge gezogen hatte. Ich schielte hoch und bemerkte, daß Michael mit den Beinen baumelte und dabei mit den Absätzen gegen die Couch hämmerte. Meine Mutter ließ die Hand hinunterschnellen, die sie eben noch zum Gebet gefaltet hatte, umklammerte sein Knie und grub die Fingernägel ins Fleisch. Schmerzlich verzog er das Gesicht, gab aber keinen Laut von sich.

»... ura ons dat U liefde en vergewensgesindheid ook in ons alger se harte sal woon. Amen.«

Amen, sagte Ouma. Amen, wiederholten auch Tant Anna und Tant Marie, die den massigen Körper in Hellblau an mich preßte. Sie roch nach Puder, besonders wenn sie mit dem Gesicht – auf dem eine dicke Talkumschicht und ein Pelz aus hellen Härchen lagen – ganz nah an mich herankam. Auf ihrer Oberlippe hatten sich jetzt kleine Schweißperlen gebildet, und in die süßliche Puderwolke, die sie umhüllte, mischte sich ein leichter Schweißgeruch.

Ouma räusperte sich, nahm Oom Frans' Platz ein, schlug die große, schwarz eingebundene Bibel auf und hielt sie mit schwieligen Händen. Doch dann warf sie Michael lächelnd einen Seitenblick zu und stellte sich auf eine Seite des Fensters. Sofort wanderten unsere sehnsüchtigen Blicke nach draußen. Sie las einen langen Text vor, während ich alles mögliche vor dem Fenster entdeckte. Meine Augen folgten spielerisch einer Libelle, die uns einen Moment lang die Ehre gab und genau vor unserem Fenster schwirrte, und stießen schließlich auf eine andächtige Gottesanbeterin, die sich mit einer winzigen Bewegung inmitten der sanft geschwungenen, grünen Decke verraten hatte. Ich erinnere mich kaum an die Kapitel, die Ouma zitierte, bis auf wenige Verse, die sich in mein Bewußtsein bohrten. Eine Botschaft, ein Omen, vielleicht auch ein Wink Gottes, so kam es mir damals vor. Egal, wie man es nennen will, die Worte schienen genau das zu sein, wonach ich immer gesucht hatte: ein winziges verborgenes Zeichen, nur für mich bestimmt. Die Bestätigung, daß meine Welt in Ordnung war. Oder auch eine Warnung, daß irgendwo immer Gefahr lauerte.

»Denn ihre Bosheit loderte auf wie ein Feuer, das Dornen

und Disteln verzehrt. Es entzündete das Dickicht des Waldes, so daß es in Rauchschwaden aufstieg. Der Zorn des Herrn der Heere versengte das Land; das Volk wurde ein Raub der Flammen. Keiner verschonte den anderen.«

Plötzlich bekam ich es mit der Angst zu tun, ich wagte kaum noch zu atmen, während Gottes warnende Worte in meiner Brust nachhallten. Erst ein paar Verse später, die ich nicht mehr gehört hatte, wurde ich von meiner Qual befreit – Gott hatte mir einen orange-schwarzen Boten geschickt. Plötzlich flatterte er am Fenster vorbei – mein Wiedehopf, den ich nur aus den Augenwinkeln flüchtig wahrnahm, das Zeichen, daß ich nichts zu befürchten hatte.

»Denn siehe, von seiner Stätte zieht aus der Herr; er straft der Erdenbewohner Schuld; dann wird die Erde ihr Blut aufdecken und die auf ihr Erschlagenen nicht länger verbergen.«

Ouma schloß kurz die Augen und schlug langsam das große Buch in dünnem Leder zu.

Etliche Jahre später suchte ich im Buch Jesaja nach den Worten, die meine Gedanken nicht mehr losließen und mich als letzte Mahnung Gottes verfolgten – er verlangte von mir, daß ich durch Güte und Rechtschaffenheit das Böse von meiner Farm und meiner Familie fernhielt, den Teufel, der uns leise knurrend umkreiste. Soweit ich mich erinnere, ging mir die volle Bedeutung der Worte ganz plötzlich auf, allerdings erst sehr viel später in diesen Ferien. Damals, als die Familie freudig um den Tisch beisammensaß, der sich unter der Last der Hähnchen zu biegen schien, wußte ich nur, daß mir Gott ein Zeichen gesandt hatte. Die bösen Vorzeichen, die sich in kleinen Dingen andeuteten, blieben mir zu diesem Zeitpunkt noch verborgen. Erst später begriff ich, wie früh sich die teuflischen Mächte eingeschlichen und uns offenbart hatten – längst gab es

Hinweise, daß bald schon Unheil über uns hereinbrechen sollte.

Lichtdurchfluteter Dampf stieg an diesem Tag über den Hähnchen in Bratensoße auf, ein Sonntagsessen auf gestärkter weißer Tischdecke. Und doch war das Böse unter uns – es verbarg sich in den Augen, dem Lächeln und dem leisen, versöhnlichen Gelächter unter vertrauten Familienmitgliedern.

»Jy praat vlot Afrikaans.« Oom Frans öffnete die Augen, nachdem ich, als die Jüngste, etwas holprig und viel zu schnell ein kurzes Dankgebet auf afrikaans aufgesagt hatte. Meine Mutter hatte es mir früher mal beigebracht.

Oom Frans' strenge Gesichtszüge schmolzen zu einem überraschend freundlichen Lächeln. »Aber, unserer *Engelse* Familie zuliebe – du bist damit natürlich nicht gemeint, Elaine …« fügte er mit einem polternden Glucksen hinzu, das seinem boshaften Nicken in Richtung meiner Mutter die Schärfe nahm, »… sollten wir jetzt lieber englisch reden.«

Mein Vater nickte mir über den Tisch hinweg anerkennend, wenn auch kaum wahrnehmbar zu, und ich spürte, wie stolz er auf mich war. Meine Mutter, die sich nervös auf die Unterlippe biß und hektisch von einem zum andern sah, entspannte sich ein wenig, als es mit dem rituellen Tranchieren losging. Meine Ouma war aufgestanden, sie mußte die kräftigen Arme anspannen, um einen der Vögel auf einem kleinen Beistelltisch abzusetzen. Diese Aufgabe bei Tisch – eine Zeremonie, die großer Sorgfalt bedarf – überließ sie keinem andern. Sie strich sich eine widerspenstige weiße Locke aus der Stirn, um sich auf das exakte Tranchieren zu konzentrieren.

»Das Tranchieren darf man nie einem *Engelsman* anvertrauen.«

Ich hatte darauf gewartet, daß sie diesen Satz sagte, und

vielleicht wußte sie, daß das kleine Ritual für mich dazugehörte, weil sie so prompt meine Erwartung erfüllte. Als Dora mit einer Soßenschüssel hereinkam, erfüllte das warme Gelächter einer innig verbundenen Familie das Zimmer, ein Lachen, das die innere Spannung nahm. Während Dora die Soße mit zitternden Händen auf dem Tisch abstellte, bebte in ihr – wie immer – dieses lautlose, unterwürfige Lachen, das nie echt wirkte. Wackelnd ging sie wieder hinaus.

»Und keiner von uns *Engelsmanne* würde es wagen, dir das Messer aus der Hand zu nehmen, mein Schatz«, sagte Oupa mit zärtlichem Lächeln. »Wir wissen schließlich, wie gefährlich eine Afrikaander *vrou* werden kann, wenn man ihr in die Quere kommt – vor allem, wenn sie ein Messer in der Hand hält, das so gefährlich aussieht wie das da.«

»*Ag*, Griet, ist das etwa unser alter Kartentisch, auf dem du tranchierst?« wollte Tant Marie plötzlich wissen. Ihr rundes, glänzendes Gesicht, das sie leicht zur Seite geneigt hatte, strahlte voller Begeisterung. Sie wartete gar nicht erst auf eine Antwort von Ouma, die sich mit gerunzelter Stirn voll und ganz aufs Hühnchen konzentrierte. Sofort blubberten die nächsten Worte aus ihr heraus. Ihre Stimme klang erschreckend piepsig wie bei einem kleinen Kind, und ab und zu kam in der massigen Frau, die nicht mehr ganz jung war, das Kind von damals zum Vorschein, das verhätschelte Nesthäkchen.

»*Ag, weet jy, Kati,* wir haben immer Whist an diesem Tisch gespielt – sogar sonntags«, erzählte sie, während das Kichern wie Seifenblasen in ihr aufstieg und ihr Gesicht tiefrot glühte. Ich hatte die Geschichte schon so oft gehört, aber die immer gleichen Sätze gefielen mir, ich liebte diesen festen Bestandteil unserer Familienrituale.

»Ja, Tant Marie?« ermunterte ich sie zum Weiterreden.

»Als Jüngste hatte ich die Aufgabe«, fuhr sie fort, streichelte dabei meine Finger und versuchte, verschwörerische Blicke mit mir auszutauschen, »nach dem Dominee Ausschau zu halten. Ich mußte mich auf den Platz setzen und durfte das Tor nie aus den Augen verlieren. Sobald ich ihn gesehen hab« – wieder kicherte sie – »mußte ich laut rufen, und schon sind sie aufgesprungen. Tja, der Tisch ist im Nu hinter der Couch verschwunden, und die Karten wanderten unter die Kissen …«

»Ja«, warf Oom Frans ein, und als er lachte, bebte sein Körper, »und wenn Mams dann an der Tür stand und ›*Môre,* Dominee du Preez‹ gesagt hat, haben sie alle schon mit den Händen im Schoß mucksmäuschenstill im Wohnzimmer gesessen.«

Ouma lachte jetzt auch, der energische, grimmige Ausdruck, der sich mit tiefen Falten in ihr Gesicht gegraben hatte, glättete sich zu rundlichen, blassen Zügen. Währenddessen ging sie um den Tisch herum und verteilte die Stücke, ohne zu fragen, was wir am liebsten wollten. Obwohl ich wußte, daß es aussichtslos war, hoffte ich innig, daß sie mir einen Flügel zuteilte, und versuchte, sie mit meinen Gedanken zu lenken. Es funktionierte tatsächlich, sie gab mir einen Flügel, ohne mich anzusehen. Und dann holte sie noch die Eifüllung, die so köstlich nach Hühnchen duftete, aus dem Fleisch und legte sie andächtig auf meinen Teller. Normalerweise stritten wir Kinder uns immer darum, bis wir um den Tisch jagten. Michael sah empört zu und wollte schon protestieren, aber Ouma kam ihm zuvor: »Kati hat das Dankgebet gesprochen, Kati kriegt auch das Ei.«

»Kannst du dich wirklich noch an diese alte Farm in Swellendam erinnern, Marie?« fragte Ouma, während sie Tant Marie mit der Gabel zarte Scheiben vom weißen Fleisch auflegte. »Du warst noch ziemlich klein, als wir da weggegangen sind.«

»Natürlich kann ich mich erinnern.« Sie war wirklich empört. »Ich erinnere mich genau an das große Holztor, das so laut gequietscht hat, direkt neben dem riesigen alten Eichenbaum, und ich erinnere mich an die Veranda, auf der Pappie gesessen und seine Pfeife geraucht hat.«

»Warum habt ihr diese Farm noch mal verloren, Ouma?« fragte ich nach. Man erwartete von mir, als der Jüngsten, daß ich den Griechischen Chor im zeremoniellen Familienstück spielte – ich mußte Fragen stellen und den Szenenablauf dirigieren.

»Pappie war ein freundlicher Mann«, erwiderte sie, »vielleicht ein bißchen zu freundlich, mehr, als gut für ihn war. Er hat eine Farm auf La Rochelle geführt – das hab ich dir schon mal erzählt, weißt du noch? Das war, bevor er die Tochter des Farmers geheiratet hat, das einzige Kind. Ein hübsches Mädchen, unsere Mams, viel jünger als er. *Nou ja*, wer hätte ihr schon widerstehen können? Als Oupa gestorben ist, hat die Farm natürlich uns gehört, und Pappie war sehr stolz auf das Land. Aber er war viel zu freundlich zu den Nachbarn, und weil er eine Menge Vermögen hatte, haben ihn die Leute oft gebeten, Bürgschaft für sie zu leisten. Na ja, jedenfalls hat er eines Tages eine Bürgschaft für seinen Nachbarn, Van Zyl, geleistet, der sich noch mehr Land kaufen wollte ...«

»*Ag*, komm schon, Grieta!« platzte Oom Frans mit einem Lachen heraus, das aus den Tiefen seiner bebenden Brust quoll. »Das war Pappies Version von der Geschichte ... er hat die Farm bei einer Wette verloren, beim Glücksspiel, nur, seine Töchter wollen das natürlich nicht wahrhaben.«

»*Ag, nonsens,* Frans«, fauchte Ouma zurück. »Pappie hat nie gespielt.« Sie neigte den Kopf leicht zu Seite und sah ihn eine Weile forschend an. Plötzlich spielte ein Lächeln um ihre Lippen, und sie sagte fast schon boshaft: »Aber es ist klar, daß dir der Gedanke gefällt. Wahrscheinlich bildest du dir ein, ein guter, rechtschaffener Mann zu sein, nur weil du keine Karte mehr angefaßt hast, seit du mit Anna verheiratet bist.«

»Ha«, brachte Tant Anna atemlos hervor. »Das will ich aber meinen, Griet, daß er nicht mehr spielt! *Onse Here* duldet kein Glücksspiel. Und red nicht so einen Unsinn, Frans, ich bin mir sicher, daß euer Vater nie gespielt hat. Du willst die Mädchen nur ärgern.«

Der schlichte Calvinismus seiner Frau schien Oom Frans ein wenig zu zügeln. Er setzte ein schiefes Grinsen auf, sah Ouma an und ließ sie weitererzählen.

»Also, wie ich schon gesagt hab, hat Pappie, nachdem wir die Farm verloren hatten, uns alle in einen Wagen gesetzt, und wir sind ganz langsam den Langkloof runtergezogen, bis zum östlichen Kap. Zwei Jahre haben wir gebraucht. *Magtig,* das waren harte Jahre!«

Sie starrte eine Weile mit leerem Blick vor sich hin, dann schüttelte sie den Kopf. Bevor sie Messer und Gabel nahm, drückte sie kurz Oupas Hand, eine zärtliche Geste, bei der sie ein strenges Gesicht machte.

Meiner Meinung nach hätte eigentlich sie – als unangefochtenes Familienoberhaupt – am Kopf des Tisches mit dem gestärkten weißen Leinen sitzen müssen, aber sie ließ Oupa diese Auszeichnung zukommen. Jetzt saß er da mit einem Gesichtsausdruck, der unendliche Zärtlichkeit für Ouma verriet.

Auf seinem Beistellteller lag ein Buch in Ledereinband, und während des Essens, das er kaum anrührte, blätterte er immer wieder darin und vertiefte sich eine Weile in diese und jene Passage.

Wieder war es Tant Marie, die die Stille brach. Sie hielt die fleischige Hand vor den Mund und versuchte, den kichernden Singsang zu dämpfen. »Ach, Grieta, es war überhaupt nicht hart. Es war ein Riesenspaß.«

An mich gewandt, fuhr sie fort: »Diese Reise mit dem Wagen hätte dir bestimmt gefallen, Kati. Ochsen sind ja immer so langsam, die kamen nur *stomp* vorwärts, und wir – also Frans und ich – sind dann runtergesprungen vom Wagen und einfach losgelaufen, immer der Nase nach ins Grasland. Ich kann mich noch genau erinnern, wie frei ich mich gefühlt hab – so frei wie nie zuvor im Leben. Ich mußte mich immer wie eine Lady benehmen, bevor wir losgezogen sind, aber wenn man mit dem Wagen unterwegs ist, kann man gutes Benehmen vergessen.«

»Ja, natürlich«, sagte Ouma und nagelte Tant Marie mit ihrem verächtlichen Blick fest, »für dich war's wunderschön. Du warst ja auch die Jüngste. Hast du gar nicht mitbekommen, wie wir die ganze Zeit geschuftet haben, während Frans und du herumgetollt habt? Jeden Morgen mußten wir den Wagen beladen, bevor wir losgefahren sind, und jeden Nachmittag mußte alles wieder abgeladen werden, damit wir die Ochsen ausspannen konnten. Jeden Tag hat Mama von mir verlangt, daß ich eine Kleidergarnitur von euch durchwasche, damit die Leute sehen können, daß wir wer sind. Niemals hätte sie zugelassen, daß wir in schmutzigen Kleidern rumlaufen. Du weißt ja, wir hatten jeder von jedem Kleidungsstück nur zwei Teile. Aber sie hat gesagt, wir sind schließlich keine *bywoners* und sollen auch nicht so rumlaufen. Jeden Abend haben wir vier Mädchen uns dicht an unsere Mams gedrängt, damit wir alle in den Wagen paßten. Die Jungs haben mit Pappie unterm Wagen geschlafen. Und wir waren so arm, daß wir völlig aus dem Häuschen waren, wenn es mal Obst gab. Wir haben das Obst aber nicht geschält – wie ihr verwöhnten Kinder.« Stirnrunzelnd sah sie Michael und mich bei diesen Worten an.

»Was? Ihr habt die Bananenschale mitgegessen?« wollte Michael wissen. Er brach in wildes Gelächter aus und ließ sich – begeistert von seiner schlauen Frage – voller Ausgelassenheit halb vom Stuhl rutschen.
Meine Mutter griff über den Tisch und gab ihm einen Klaps – augenblicklich saß er wieder aufrecht. Ein leises Kichern konnte er allerdings nicht unterdrücken.
»Nein, natürlich nicht«, erwiderte Ouma grimmig, aber aus ihrer Kehle drang ein halb unterdrücktes Glucksen. »Ich hab natürlich Äpfel, Birnen und Pfirsiche gemeint. Das weißt du ganz genau.«
»Und wie seid ihr dann an die Farm am östlichen Kap gekommen?« fragte ich, immer ängstlich darum bemüht, daß das Ritual seinen Gang nahm.
»Ja, my kind, das war so«, fuhr Ouma fort, strich sich eine feuchte Locke aus der Stirn und griff nach den leeren Tellern. »Pappie hat immer wieder auf Farmen gearbeitet, bei denen wir vorbeikamen. Manchmal sind wir lange stehengeblieben, während er alle möglichen Arbeiten für Farmer verrichtet hat – er hat sogar Wagen beladen und schwere Säcke geschleppt. Niedrige Arbeiten, die ihn körperlich völlig überfordert haben. Aber er hat trotzdem geschuftet und während der Reise immer wieder Geld für uns verdient.«
Oom Frans lächelte schelmisch. »Ja, Griet? War's wirklich so?«
Einen Moment lang starrte sie ihn sprachlos an. Ihr Blick wanderte zu Tant Anna, deren Gesicht verbissene Frömmigkeit zeigte, und als Ouma fortfuhr, lag in ihrer Stimme ein leichtes Beben, eine Spur von Heiterkeit. »Was ist los, Frans? Was willst du damit sagen? Sag offen heraus, was du denkst.«
»Ag, nee, gar nichts eigentlich, Grieta. Nur, daß wir Jungs, wenn wir unterm Wagen geschlafen haben, nicht immer die

ganze Nacht liegengeblieben sind. Pappie hatte noch andere Methoden, Geld zu verdienen, außer auf Farmen zu arbeiten. Er hatte 'ne Menge Glück auf der Reise. *Magtig*, ich weiß noch genau, was für ein unglaubliches Glück er hatte.«

»Frans, *watter nonsens praat jy nou?*« fauchte Tant Anna, die so aufgebracht war, daß es ihr die englische Sprache verschlagen hatte. *»Moenie dit sê nie. Ek wil dit nie hoor nie.«* Sie preßte sich die großen plumpen Hände auf die Ohren. Ihre Fingernägel waren gerade geschnitten, wie's am praktischsten war, und sie trug nur ein einziges Schmuckstück – einen schlichten goldenen Ehering.

Ich merkte, daß alle um den Tisch herum schmunzelten, sogar bei meiner Mutter hatte die Spannung, die ich mir nicht erklären konnte, ein wenig nachgelassen. Ouma und Oupa senkten den Blick, um ihr Lachen zu verbergen, während Tant Marie hinter schmalen, weißen Händen bebte und zitterte. Michael und Neil grinsten, ohne sich dafür zu schämen.

Das ist wirklich alles, was ich von dem Essen noch weiß, der heilige Akt einer durch Brathühnchen und Liebe verbundenen Gemeinschaft. Ich glaube, es gab noch einen warmen Nachtisch, den mein Vater nicht essen wollte. »Warmer Nachtisch erinnert mich an die Grundschule«, hatte er schon oft erzählt. Michael und ich schlangen die selbstgemachte Eiercreme nur so in uns hinein. So muß es gewesen sein – so war es immer.

»Ich bin verrückt nach Eiercreme«, sagte ich zu Ouma – glaube ich jedenfalls, ich weiß es nicht mehr genau. Normalerweise war das mein Standardsatz, wenn ich mir eine ordentliche Portion aus dem Krug nachgoß. »Bei uns zu Hause gibt's nie Eiercreme – nur Milchpudding.«

Meine Ouma wandte sich daraufhin immer an ein unsicht-

bares Publikum und erwiderte: »*Magtig*, das Kind beschwert sich, daß es zu Hause Milchpudding gibt.«
Ich weiß noch genau, wie wir dann satt und träge nach draußen gingen. Oupa klopfte sich auf die Taschen, um nach seiner Pfeife zu suchen, und schlug wieder das Buch auf. Dann tastete er neben der schweren Couch auf der Veranda nach der Brille, die wohl heruntergefallen war, und machte es sich dort bequem. Wir anderen schlenderten in zäher, von Zirpen erfüllter Hitze hinunter zum Feigenbaum und blieben hin und wieder stehen, um Oumas Blumen zu betrachten und unsere Bewunderung zu äußern. Mein Bruder Neil mußte – unter schallendem Gelächter – meine Tant Marie retten, die schrie und mit den Armen um sich schlug, als sie in eine Wolke aus *miggies* tauchte, die ihr ins Haar und übers Gesicht krabbelten.
Wie durch Zauberhand standen nun ein paar Stühle mit hoher Rückenlehne unter dem Baum, außerdem lag eine Decke ausgebreitet, auf die wir uns wie besinnungslos fallen ließen. Michael und ich hatten alle viere von uns gestreckt, zupften müßig am Gras und saugten an Halmen. Plötzlich rollte er sich – in einem Anfall völlig ungewohnter Kameradschaftlichkeit – zu mir herüber, öffnete seine schmuddelige feuchte Hand und schwenkte sie vor meinem Gesicht. Damit gab er mir zu verstehen, ich dürfe mir ruhig ein welkes Kleeblatt aus dem Büschel picken, das er in Oumas Blumenbeet ausgerupft hatte. Ich lächelte ihm zu, und wir kauten unsere Kleeblätter. Im schnellen Stakkato bissen wir die Halme in winzige Stückchen.
Nach einiger Zeit kam mein Vater mit einer Wassermelone hinter dem Haus hervor, die er sich wie einen Rugbyball unter den Arm geklemmt hatte. Als er an Neil vorbeikam, der träge auf der Wiese lag, sprintete er plötzlich los und nahm den Ball wie zum Paß in beide Hände. Daddy deutete

immer wieder einen Wurf an, bis Neil schließlich aufsprang und beide Seite an Seite die Wiese hinunterliefen, geradewegs auf uns zu. Als Daddy paßte, sprang Neil lachend zur Seite, landete auf den Ellbogen und umklammerte die Melone schützend vor seinem Bauch, damit sie nicht aufplatzte. Mein Vater schlug ihm kameradschaftlich auf die Schulter – die einzige Berührung, die er sich bei seinen Jungs erlaubte – und ließ die Hand dort liegen, während sie lachend auf uns zukamen, zwei Männer unter sich.

Daddy setzte sich in den dunklen, kühlen Schatten des Baumes, klopfte auf die Wassermelone und lauschte dem hohlen Klang. »Hört sich nach einer guten an, Jim«, sagte Ouma. Mom hatte die langen Beine untergeschlagen, zupfte an ihrem Minikleid, nickte und lächelte meinen Vater an. Wir lagen oder saßen herum, während der Nachmittag träge in die Dämmerung überging, und schlugen schläfrig nach Fliegen, die uns immer wieder umschwirrten und auf uns landeten. Tant Marie döste auf dem Stuhl mit der steifen Rückenlehne, das pummelige Kinn auf die Brust gestützt. Plötzlich schreckte sie hoch, sah sich um und behauptete frech, sie habe nie geschlafen.

Wir unterhielten uns über Kinofilme – Neil hatte *Khartoum* gesehen, Mom und Dad waren vor kurzem in Sophia Lorens neuestem Film gewesen, ich weiß nicht mehr, wie er hieß. Daddy erzählte, er habe irgendwo gelesen, sie erwarte ein Baby, und machte keinen Hehl aus seiner Enttäuschung. »Hübsches Mädchen, ehrlich, wirklich ein hübsches Mädchen!« fügte er bewundernd hinzu.

Tant Marie sagte, sie sei schon ewig nicht mehr im Kino gewesen, aber sie wolle sich unbedingt *Doktor Schiwago* ansehen. »Ach, wenn ich nur irgendwie nach Johannesburg kommen könnte«, sagte sie mit einem Seufzer. »Ich würde alles dafür geben, Maurice Chevalier zu sehen, solange der

Film noch läuft … Also, dieser Akzent von ihm – der hat was …«
Und dann ging' s natürlich über Kricket weiter. Eine heiße Diskussion darüber, was von welcher Mannschaft zu halten war und wer wohl das Spiel Australien gegen Springboks gewinnen würde, das demnächst in Port Elizabeth stattfand. Das nächste Thema war, wie die Briten mit Rhodesien umsprangen. Oom Frans wollte meinen Dad aus der Reserve locken: »Also, auf welcher *Engelse*-Seite stehst du diesmal? Bist du für Harold Wilsons Boykott oder für die Smithy-Jungs?« fragte er lächelnd in neckendem Tonfall.
Oom Frans wußte, daß meine Eltern gegen eine Republik in Südafrika gestimmt hatten und immer noch von der »Union« redeten – aber ich glaube, er vermutete darüber hinaus, daß sie auf der Seite der rhodesischen UDI standen. Mein Vater lächelte ebenfalls und hörte nicht auf, die Wassermelone in Stücke zu schneiden, während meine Mutter wieder unruhig von einem zum anderen sah. Oom Frans ließ nicht locker, ein Thema, bei dem er so gut sticheln konnte, wollte er ungern fallenlassen.
»Mit Sanktionen können die Rhodesien nicht stürzen, das weißt du selbst! Diese verdammten Briten bilden sich ein, sie könnten uns immer noch erzählen, was wir in Afrika tun sollen. Und jetzt mischen sich auch noch die Amerikaner ein.«
Mein Vater schwang das Messer wie ein Panga, ließ es auf die blutroten Scheiben hinunterschnellen und spaltete sie in zwei Stücke. Immer noch lächelte er und tat so, als habe er nichts gehört. Als meine Mutter sah, daß er gelassen blieb, wurde sie ein bißchen ruhiger und hielt ihm den Teller hin, damit er ihr noch ein Stück auflegen konnte.
»Diese Amerikaner«, sagte Oom Frans, seufzte und schüttelte den Kopf. Schließlich ließ er das Thema auf sich

beruhen, seine Worte schwebten in der schläfrigen Hitze des Nachmittags.
Tant Anna sah Neil ängstlich an. »*Ag*, mein Junge, deine Ouma hat mir erzählt, daß du vorhast, für ein Jahr nach Amerika zu gehen? Stimmt das?«
Michael wälzte sich herum, setzte sich auf und richtete den Blick auf die alten Leute.
»*Ja*, Tant Anna. Ich hab mich über einen Schüleraustausch nach Amerika beworben. Hoffentlich klappt's. Ich würd mir gern mal ansehen, wie die Leute da leben und wie das funktioniert mit der Demokratie. Und vor allem ...« Plötzlich war seine ernste Miene wie weggeblasen. Er sprang auf, lachte ausgelassen, beugte sich über eine imaginäre Gitarre und tat so, als spiele er schrille Töne. »Ich möcht unbedingt nach Kalifornien und die Beach Boys sehen. Außerdem hab ich gehört, daß man da wahnsinnig toll surfen kann.«
Schließlich ließ er sich, immer noch von Lachen geschüttelt, wieder auf die Decke plumpsen.
»Aber ich hoffe doch, du zeigst dich als würdiger Vertreter für unser Land«, fuhr Tant Anna fort. Sie wirkte irritiert und immer noch ängstlich.
»*Ja*, Tant Anna, ich werd denen erzählen, wie schrecklich das mit der Apartheid hier ist.«
Mein Vater stockte in seinen Bewegungen, das Panga-Messer ragte wie erstarrt in die Luft, bis sein Arm kraftlos herunterfiel. In der plötzlichen Stille sah ich, wie meine Mutter die Augen aufriß, hinter ihr erhaschte ich einen Blick auf schnelle Flügelschläge – mein Wiedehopf ließ sich auf einem Ast nieder. Es war das letzte Mal, danach sah ich ihn nie wieder. In diesen Ferien entdeckte ich keinen einzigen Wiedehopf mehr, jedenfalls, soweit ich mich entsinne.
Oom Frans bekam einen starren Blick, der mir angst machte, seine Augen erinnerten plötzlich an Glas. Seine schlanke

Gestalt versteifte sich auf dem harten Stuhl, sein Krawattenknoten saß immer noch fest auf dem Kragen.
»Wie zum *donder* kannst du's wagen, hier zu sitzen und Tant Anna zu erzählen, du würdest Südafrika würdig vertreten, wenn du solche Ansichten hast?« Seine Stimme war ein leises Zischen, doch seine Worte drangen in einer Klarheit zu uns, die an springendes Glas erinnerte.
»Tja, offensichtlich geht das, Oom Frans.« Neil versuchte, gelassen zu wirken, aber seine gestrafften, ein wenig hochgezogenen Schultern verrieten ihn. Nervös zupfte er an der Decke und ließ die Troddel durch die Finger gleiten. »Wie kann man Apartheid gutheißen? Frag doch meinen Dad. Das ist genauso, als würde man die Nazis gutheißen. Ich kann nur dann ein würdiger Vertreter für unser Land sein, wenn ich denen klarmache, daß nicht alle hier wie die *Hairy-Backs* denken.«
Meine Mutter schrie gequält auf, drückte die Augen zu und preßte die Hände im Schoß so fest ineinander, daß die Knöchel weiß hervortraten. Ihr ganzer Körper schien sich zu verkrampfen, bis zu den angezogenen Beinen. Schließlich ließ mein Vater das Messer fallen, rückte dichter an sie heran und legte den Arm um sie.
»*Ag*, tut mir leid, Ouma, dich hab ich natürlich nicht gemeint. Ich hab die Regierung gemeint, das weißt du«, sagte Neil, warf kurz einen ängstlichen Blick auf meine Mutter und sah dann flehentlich Ouma an. Meine Ouma starrte wie betäubt auf ihre Hände, die sie locker, mit den Handflächen nach oben, im Schoß liegen hatte, und würdigte Neil keines Blickes. Doch aus ihrer Kehle drang ein langer, bebender Seufzer.
»Ja, Neil, ich weiß schon, was du gemeint hast.« Ihre Traurigkeit verwischte die harten Züge auf ihrem Gesicht wie mit Aquarelltusche, zurück blieb eine weiche, leicht verfallene

Blässe. Tant Maries Blick wanderte zwischen ihrer Schwester und ihrem Bruder hin und her, und auf einmal kicherte sie, bis ihre Stimme in ein Piepsen umschlug.
Der schrille Ton war wie ein Startzeichen für Oom Frans – sein drahtiger Körper schnellte von dem harten Stuhl hoch. »Ich kann nicht länger hier sitzen und mir das anhören. Und das vor meiner Frau.« Seine Frau saß reglos da, den Mund leicht geöffnet.
»Griet, wir haben dich immer toleriert, genau wie deine verdammten – *ag,* entschuldige, Anna, aber ich bin wütend – Sap-Ansichten und deine Vorliebe für die *Engelse.* Aber warum, um Himmels willen, mußtest du dir ein englisches Mädchen heranziehen? Sieh dir an, was du angerichtet hast. Du hast ein Monster großgezogen.«
Er wandte sich an meine Mutter. Sie barg ihr Gesicht im offenen Hemd meines Vaters, der ihr sanft übers Haar strich. Mit schnarrender Stimme fuhr Oom Frans fort: »Du bist *volksvreemd,* mein Mädchen, das warst du immer und das wirst du wohl auch bleiben. Aber guck dir doch selbst an, was du zustande gebracht hast – eine Horde von *rooinek* Wilden, die eine Vorstellung von *volk,* Familie oder *nasie* wie die Hyänen haben.«
»Kom, Anna, laat ons nou gaan. Ons kan nie hier sit en luister na hierdie soort ding nie. En ons kan nie hier sit saam met hierdie soort mense nie.«
Gekränkt und rasend vor Wut stand er unter dem gewaltigen Baum, der – schaurig in seiner Lebensfreude – schützend die Arme über uns ausbreitete, und fällte sein vernichtendes Urteil über uns. Plötzlich schien er wieder jung in seinem Ärger und seiner felsenfesten Überzeugung – mit weit ausholenden Schritten ging die schlaksige Gestalt auf das Haus zu.

1989 …
28. Oktober

Der zerbrechlichste Teil meines Ich, tief verborgen im Innersten, zuckt unwillkürlich zusammen, als er dick und geschmeidig in mich eindringt. Seine fremden, lüsternen Züge, die mir angst machen, bewegen sich in einem primitiven Rhythmus auf und ab … hinter seinem Kopf kann ich gerade noch einen Blick auf das frühe Sonnenlicht erhaschen. Mit dem neuen Tag voller Vogelgezwitscher weht Jasmin ins Zimmer, der Duft vermischt sich mit schwüler Luft – es riecht nach Schweiß und nach Wein vom letzten Abend.

Er stützt den Körper auf sommersprossige, fast haarlose Arme und bäumt sich auf – der jubelnde Stolz erobernder Männlichkeit. Dann sieht er bewundernd hinab, nicht auf mich, sondern auf seine prallen, glänzenden Stöße.

Mein bebender Leib erschaudert widerwillig unter dem feuchten Drängen, dem ich nicht entkommen kann, doch das unbeirrbare Kreisen seiner Hüften – dieses langsame, gnadenlose Vor und Zurück, Vor und Zurück – attackiert und entweiht meine Gefühle, die in geheimen Tiefen kauern. Ich balle die Hände zu Fäusten und umklammere meine Seele. Hier ist sie in Sicherheit.

Sein Rhythmus wird schneller, mein teilnahmsloser Blick pickt Details seines Gesichtes heraus und hakt sich einen Moment lang an dem schlaff herunterhängenden Mund und den Augen fest, die er langsam verdreht. Sekundenlang scheine ich die Kontrolle über mich zu verlieren, als sich verächtliche Abscheu wie ein Schleier über meine Augen legt. Plötzlich packt er meine Fäuste, die den Schatz bewahren, eine bedrohliche Umklammerung, aus der es kein

Entkommen gibt. Panik steigt in mir auf, heiß und bellend, während er meine Hände wie mit brutalen Fesseln über meinem Kopf fixiert.

»Hör auf! Laß mich los!« Ich kann die schrille Panik in meiner Stimme hören.

Aber sein Tanz liegt inzwischen in den letzten, wilden Zügen. Ich glaube nicht mal, daß er mich in diesem Zustand – laut keuchend und unmenschlich – überhaupt hören kann. Er stößt noch zweimal ungestüm in mich hinein – Todesstöße, wenn's ein Schwert gewesen wäre – und sackt dann über mir zusammen. Sein schwerer, feuchter Körper hält mich unter sich gefangen.

»Hau ab! Runter von mir!« Ich packe ihn mit den endlich befreiten Händen an den Schultern und schiebe ihn von mir.

Langsam, völlig fassungslos stemmt er sich hoch, auf seinem Gesicht, in dem ich so leicht lesen kann, spiegelt sich Verletztheit, ein vertrauter Ausdruck. Wut umfängt mich wie eine warme Decke. Wieso begreift er das einfach nicht? Wieso kapiert er nie, daß er – wie alle Männer, kann man in dem Fall sogar sagen – beim Sex ins vollkommen Primitive, fast schon Bestialische abgleitet? Sogar bei den modernen Softies blättert der dünne Lack, wenn es um diesen Akt der Eroberung geht, der so viel Ähnlichkeit mit einem erbitterten Kampf auf Leben und Tod hat.

»Du weißt genau, daß ich das nicht mag.« Meine Stimme ist wie ein schriller Aufschrei. »Du weißt es ganz genau. Wir haben oft genug darüber geredet. Wie kannst du nur meine Hände festhalten? Das hast du absichtlich gemacht, du Mistkerl, du wolltest mir angst machen.«

Er rollt sich von mir herunter. Eben noch hatten wir Hände und Füße ineinander verschränkt, doch plötzlich zieht er sich von mir zurück, als hätte er soeben gemerkt, daß er eine Kobra umarmt, setzt sich auf die Bettkante und macht nicht mal Anstalten, seinen schweißnassen, nicht mehr jungen Körper zu verhüllen. So ist er immer – es scheint ihm nichts auszumachen, vollkommen nackt und ungeschützt mit mir zu streiten. Ohne jede Scham hebt er die Arme und reibt sich über Gesicht und Hals. Für ihn bedeutet es nicht, verletzlich zu sein, wenn er keine Kleidung trägt. Ich dagegen habe mich wie unter Zwang sofort in das zerwühlte Federbett gehüllt, sitze da und starre auf seinen Rücken.

Er erwidert nichts auf meine Anschuldigung, also schweige ich auch. Es fällt mir schwer zu atmen, jeder Atemzug ist fast ein Schluchzer. Mit ruhiger, aber schmerzvoll belegter Stimme bricht er das Schweigen. Dieser Schmerz ist mir allzu vertraut. »Ich weiß nicht, wie lang ich das noch ertragen kann. Kate, sag mir bitte ehrlich: Hat's dir jemals gefallen, wenn wir Liebe machen? Irgendwann mal? Wenigstens am Anfang?«

»Das hat nichts mit unserem Sex zu tun!« Meine Stimme überschlägt sich fast und ist viel lauter als seine. »Ich hab nicht gesagt, daß mir Sex keinen Spaß macht. Du Mistkerl, du weißt doch, daß ich's nicht mag, wenn du meine Hände so festhältst. Seit Ewigkeiten weißt du das. Ich find's widerlich.«

»Mein Gott, Kati, das hast du mir vor Jahren gesagt. Du hast so wütend reagiert, weil du mich kaum gekannt hast. Du hast gedacht, ich will dir weh tun. Aber wir sind jetzt seit Jahren verheiratet. Du mußt doch wissen, daß ich dir nie weh tun würde. Inzwischen mußt du doch Vertrauen in mich und unsere Beziehung haben.«

»So sehr würde ich nie jemandem vertrauen!«

Er zuckt zusammen, als ihn meine verletzenden Worte treffen.

»Was bleibt uns denn dann, Kati? Sag mir bitte, was uns nach all den Jahren wirklich bleibt?«
Er dreht sich um und sieht mir geradewegs in die Augen. Sein durchdringender Blick verrät wütende Verzweiflung. Ich weiche ihm aus und starre auf meine Hände, die unaufhörlich an den winzigen Fusseln zupfen, die sich auf dem Bettbezug gebildet haben.
Seine Stimme ist schon wieder sanft, wie immer hat er seine Gefühle schnell im Griff. »*Ag*, Kati, weißt du denn nicht, daß Sex meine Art ist, dir meine ganze Liebe zu zeigen? Es ist die einzige Gelegenheit, bei der ich mich überhaupt eng verbunden mit dir fühle – für mich bedeutet das Nähe.«
»Mit Nähe oder Liebe hat das überhaupt nichts zu tun. Ihr Männer – ihr verherrlicht diesen primitiven Trieb, zu erobern und zu beherrschen. Ich hab ›Hör auf!‹ gerufen, ganz am Ende, und du hast mich noch nicht mal gehört. Du hättest nicht mal aufhören können, wenn ich geheult hätte oder verblutet wäre. Ich will damit nicht sagen, daß ich nichts empfinde – glaub also nicht, du kannst mit dieser typischen Männerrechtfertigung von der frigiden Frau kommen. Ich kann nur dieses gewaltsame Besitzergreifen nicht leiden. Du benutzt mich, du benutzt mich wie eine Plastikpuppe. Und noch was: Du hast von Vertrauen geredet, auch eine Sache, die ich beim Sex nicht leiden kann. Vertrauen ist deshalb so wichtig, weil Sex fast schon Gewalt ist. Wenn man nicht jedesmal die zügellose Brutalität im Gesicht eines Mannes sehen müßte, während er wie von Sinnen in einen hineinstößt, wär Vertrauen nicht so wichtig.«
»O Kate, das ist so eine krankhafte Einstellung zu Liebe und Liebe machen. Ich wüßte wirklich gern, wie ich dir helfen kann. Ich wüßte wirklich gern, ob ich dir überhaupt noch helfen will.«
Er seufzt.

»Manchmal denk ich, es wäre einfacher, dich aufzugeben, obwohl ich immer noch ab und zu das verletzliche, geschundene Kind in dir spüren oder wenigstens erahnen kann. Es gibt immer noch Dinge an dir, die ich liebe. Aber es werden immer weniger, Kate, immer weniger. Wie's aussieht, wirst du immer abweisender – noch zugeknöpfter, noch verzweifelter bemüht, niemanden an dich heranzulassen ...«

Ich sitze einfach nur da, mit glühender Stirn, und bin wütend auf ihn und sein sanftes Gemüt. Die Tatsache, daß er eine Menge über mich weiß, egal, wie sehr ich versucht habe, mein Innerstes abzuschirmen und zu bewachen, macht mich rasend. Er kann Mitleid für mich empfinden. Genau das wollte ich immer vermeiden. Er kennt meine wunden Punkte, deshalb bin ich auch so wütend auf ihn, immer mehr, je besser er mich kennt. Immer häufiger ertappe ich mich dabei, daß ich ihn bestrafen will. Und doch werde ich immer abhängiger von ihm, denn um mich und mein verletzliches, tief in mir vergrabenes Ich zu schützen, muß er bei mir sein. Nur so kann meine Seele, verkrochen in einem Schneckenhaus, wirklich verborgen bleiben.

»Glaub bloß nicht, daß du mir allein die Schuld geben kannst. Bei dir würde auch keine andere in Fahrt kommen. Du meinst, du müßtest nur ein bißchen an meinen Nippeln herumspielen, als wolltest du einen Radiosender einstellen, und dann auf mich draufsteigen. Und dann führst du dich auf wie ein Half-Back – in Windeseile rein und raus.«

Er weiß, daß er jetzt seine Strafe erdulden muß. Er nimmt sie hin, ohne mit der Wimper zu zucken, und verzieht den Mund zu einem Lächeln.

»Weißt du, Kate, es ist wirklich traurig, daß es so weit gekommen ist. Ich hab dich so sehr geliebt, als wir noch zur Uni gegangen sind, ich hab mir eingebildet, ich könnte dich immer beschützen. Mein Gott, ich war ja so naiv, ich hab ernsthaft geglaubt, daß ich mit meiner Liebe deine bedauernswerte, geschundene Psyche knacken kann. Irgendwann mal, wenn ich rausfinde, warum du so geworden bist.«

Ich erinnere mich wieder, wie er mal war – ein großer, tapsiger Junge mit unschuldigem Gesicht, das ungeschont seine Gefühle widerspiegelt. Ich rufe mir ins Gedächtnis, wann er mir das erste Mal aufgefallen ist – damals hat er eine arme weiße Ratte aus dem Psychologiekurs geschmuggelt, um sie davor zu bewahren, von Biologiestudenten seziert zu werden.

Als ich ihn dabei ertappte, wie er das widerliche, wilde Tier unter sein Sweatshirt schob, wo es die Nase rümpfte und den nackten Schwanz wand, ist er sofort rot geworden. »Die kleinen Kerlchen hier mußten sich jetzt so viele Tricks ausdenken, um an ihr Fressen zu kommen – ich glaube, die hier hat sich eine kleine Pause verdient. Ich hab ihr soviel beigebracht, ich kann unmöglich zulassen, daß man sie aufschlitzt.«

Zu diesem Zeitpunkt hatte er allerdings schon seit Wochen ein Auge auf mich geworfen.

»Weißt du noch, wann du mir das erste Mal aufgefallen bist?« will er jetzt wissen. »Du hast den ganzen Haufen zum Lachen gebracht – vorher hast du nie den Mund aufgemacht. Du hast diesem hochgestochenen Kerl von einem Psychoprofessor gesagt, daß er in seiner ›Wissenschaft‹ fast so präzise ist wie ein Wünschelrutengänger. Er wär nicht mehr als ein ›fortschrittlicher Gläser-Rücker‹, hast du ihm erzählt.«

Ein Lächeln umspielt seinen Mund, aber er sieht mich nicht an. Ich nehme an, er durchdenkt unsere Beziehung noch mal aus seiner Sicht und versucht, die Entwicklung auf seine zuverlässige, exakte Art nachzuvollziehen.

»Mein Gott, du warst wirklich hübsch. Mir ist sofort aufgefallen, wie hübsch du warst – du bist es immer noch, auch wenn du dir alle Mühe gibst, es zu vertuschen.«
Er sieht mich kurz an, dann wandert sein Blick wieder zum Fenster und zu den ersten Sonnenstrahlen, die von summenden Insekten erfüllt sind.
»Und verdammt klug. Ich war immer stolz auf dich, weißt du das? Ich war stolz darauf, mit welcher Leichtigkeit du deine Abschlüsse hingelegt hast, während ich mich mit meinem BA rumgeschlagen hab, das erste Jahr sogar wiederholen mußte und den LBB nur mit Mühe und Not geschafft hab. Und als dieses hübsche Wesen tatsächlich mit auf meine Studentenbude kommen wollte, konnt ich's erst nicht fassen. Du hast die Brille abgesetzt, und deine wunderbaren kurzsichtigen Augen kamen zum Vorschein. Danach hast du deinen ganzen Körper enthüllt. Ich werd nie vergessen, wie ich das erste Mal deine Brüste und diese aufregenden Beine gesehen hab.«
Er verfällt in Schweigen, so lange, daß ich schon glaube, er hat den unbeholfenen Versuch aufgegeben, mit mir zu reden und mir verständlich zu machen, was er für mich empfindet. Vor meinem geistigen Auge sehe ich ihn, wie er damals war – der sanftmütigste Mensch, den ich jemals kennengelernt habe. Das war's, was ihn so anziehend für mich machte. Aber im Laufe der Jahre habe ich ein krankhaftes Vergnügen daran gefunden, ihn so lange zu reizen, bis er explodiert und außer sich gerät vor Wut. Es ist die zwanghafte Lust, mir immer wieder selbst zu beweisen, was sich schon in Kindertagen als unumstößliche Wahrheit in meinem Kopf festgesetzt hat – daß in allem und jedem Grausamkeit steckt.
Plötzlich durchbricht er die Stille. »Eigentlich unglaublich, aber du warst tatsächlich noch Jungfrau.«

Ich erinnere mich gut – natürlich. Das schäbige, kleine Hinterzimmer in dem heruntergekommenen Altbau ist mir noch lebhaft im Gedächtnis. Die zusammengestoppelten, abgetretenen Teppichstücke verdeckten die staubigen Dielenplanken nur spärlich. Auf dem Boden, mitten im Zimmer, lag eine breite Matratze. Von dort aus konnte ich nach oben zu dem Regal aus grob gezimmerten Brettern und Ziegelsteinen sehen und – wenn ich die Brille trug – die Titel seiner Bücher lesen. Ich weiß noch, daß ich mir ein Lächeln nicht verkneifen konnte, als ich seine private Lektüre entdeckte, die verstreut zwischen Uni-Büchern stand. Er hatte nämlich eine Vorliebe für Ernstes und Romantisches – ich entdeckte Bücher von D. H. Lawrence, Rod McKuen, E. M. Forster und L. P. Hartley und schließlich den unberührten Band östlicher Philosophie von Khalil Gibran, der lange Zeit in Mode war.

»Du warst ja noch Jungfrau!« sagte er damals, an diesem Tag, als es zum ersten Mal seit Jahren in Grahamstown geschneit hatte. Es klang fast wie eine Entschuldigung. Damals war es mir so leichtgefallen, durch die Stadt zu gehen, die unter einer weißen Decke lag, und in seiner Bude in African Street unterzutauchen. Ich fühlte mich wie in einer anderen Welt.

»Mann, verdammt, das ist kein Grund, in Ehrfurcht auszubrechen. Ich bin keine kostbare Antiquität, die du aufgestöbert hast. Wir sind lebendige Wesen, falls du's vergessen hast.« Ich war verwirrt und hatte das Gefühl, er wolle sich über mich lustig machen.

»Nein, ich find's toll. Ich hätte nur viel zärtlicher zu dir sein müssen. Tut mir leid. Irgendwie hast du von Anfang an so verschlossen auf mich gewirkt, schrecklich kompliziert irgendwie, und ich hab immer das Gefühl gehabt, daß ich besonders liebevoll zu dir sein muß – na ja, daß ich dich irgendwie beschützen muß. Aber ich dachte gerade, daß ich bestimmt bei dir verspielt habe, wenn ich nicht den heißen Lover mime. Ich werd's wieder gutmachen, ich versprech dir: es wird dir gefallen – ich werde zärtlicher sein, als du dir vorstellen kannst.«

Und manchmal, glaube ich, war er wirklich überzeugt davon, daß es ihm gelungen ist. Ich bin eine fantastische Schauspielerin. Nur in letzter Zeit, in diesen Tagen, wo jeder jubelt und voller Hoffnung ist, bin ich es leid geworden, irgend etwas zu heucheln.

Unsere Beziehung und unsere Ehe verliefen immer problemlos, und das – jedenfalls aus meiner Sicht – über Jahre hinweg. Ein angenehmes Zusammenleben, das nie so tief ging, daß es mir angst machte. Unser Verhältnis hatte immer etwas Ungezwungenes, meine Witze brachten ihn zum Lachen. Sicher, ich habe ihm ziemlich oft weh getan mit meinen gemeinen Sticheleien, und wir hatten eine Menge Streit, aber bis jetzt schien er immer gut damit klarzukommen.

»Weißt du, eigentlich hab ich mich in dich verliebt …« Seine Stimme erschreckt mich, ich sehe auf und blicke in sein grobgeschnittenes, sanftes Gesicht. »… weil du diese absolute, verborgene Verletzlichkeit hattest. Sie hat mir immer das Gefühl gegeben, ich muß dich, na ja, irgendwie beschützen. Ich wollte dich so gern umhegen und – verdammt, ich bin so ein Idiot! Ich hab mir tatsächlich eingebildet, meine Liebe könnte dich heilen. O ja, manchmal hab ich's auch aufgegeben – ich hab mir eingeredet, ich müßte dir einfach nur mehr Zeit lassen. Und daß ich schon irgendwie damit leben könnte. Schließlich hast du mich immer wieder zum Lachen gebracht. Aber jetzt, in diesen Zeiten, weiß ich nicht mehr, wie lange ich diesen quälenden Zustand noch aushalte – gerade jetzt, wo alles so voller Hoffnung und Optimismus ist, ziehst du dich immer mehr in dein Schneckenhaus zurück. Und du wirst immer schlimmer. So verbittert bist du früher nicht gewesen. Mein Gott, du verletzt mich, sobald du eine Gelegenheit dazu witterst.«

»Ach so, jetzt versteh ich dich. Du willst alles hübsch in Ordnung haben. Mit dem Land geht's aufwärts, für dich läuft beruflich alles bestens, und als letztes Puzzlestück in deinem perfekten Leben fehlt dir jetzt nur noch die problemlose Bilderbuchehe.«

Er seufzt, steht auf und geht, immer noch nackt, durchs Zimmer. Als er nach dem *Saturday Star* greift, fängt sich eine Brise in seinem Haar, das inzwischen getrocknet ist. Er ist heute schon früh nach draußen gegangen und hat die Zeitung hereingeholt, nur mit einem Handtuch um die Hüften. Dann hat er sich auf die Bettkante gesetzt und mir über das lange, offene Haar gestreichelt – in seinem Blick Verwirrung und Bewunderung.

Ich spüre einen Anflug von Mitleid mit ihm, obwohl ich mich dagegen wehre. »Sollen wir uns die Zeitung teilen?«

»Nein«, erwidert er barsch. »Ist schon in Ordnung. Du kannst sie lesen.«

Mürrisch und verletzt, wie er ist, will er offensichtlich nicht auf meinen kleinen Annäherungsversuch eingehen.

»Ich blättere noch mal in der *Weekly Mail«,* fügt er hinzu.

»O ja, sicher, das solltest du auch. Ein angehender Anwalt für die Arbeiterschaft muß die Zeitung auf jeden Fall unterm Arm geklemmt haben, wenn man ihn tot auffindet. Oh, und vergiß nicht, dir ein paar Passagen einzuprägen, du weißt nie, ob man nicht mal testen will, daß du sie tatsächlich gelesen hast.«

Er nimmt die Zeitung vom Nachttisch und lehnt sich – so weit am Bettrand wie möglich – in die Kissen, ohne auf meine Worte einzugehen. Mit der Bettdecke fest um meine

Brüste gewickelt, beuge ich mich vor und blättere meine Zeitung durch.
Ein Teil von mir, zurückgezogen in einem Schneckenhaus, sehnt sich danach, sich nackt und verletzlich an seinen schmerzerfüllten Körper zu schmiegen. Ich weiß aber, daß ich es niemals tun werde. Niemals könnte ich mich so sehr einem Menschen öffnen. Es gibt nur einen Weg für mich, ihn zu berühren: mit meiner verschlossenen Muschelschale auf seinen ungeschützten Körper einschlagen.
Ich streiche ordentlich eine Seite glatt. »Wie ich sehe, sind deine Klienten nicht die einzigen, die diese Woche mit einem Streik Schlagzeilen machen. Du mußt dir mal ansehen, in was für einer furchtbaren Krise das Land steckt, weil die Brauereien streiken: ›Aufregung in der Bevölkerung – Bier wird knapp über Weihnachten‹. Tja, eine schreckliche Aussicht für die südafrikanischen Männer!«
Er blättert um, ohne aufzusehen. O Gott, er kann wirklich hart bleiben, wenn er in dieser Verfassung ist – tief verletzt. Sein kantiger Kiefer mahlt, während er mit breiten Handgelenken und groben Fingern die Seiten umblättert. Vorsichtig streicht er jede Seite einzeln glatt, als wäre sie aus Reispapier.
Ich überfliege all die »Zeitalter der Wunder«-Artikel. Ich bin diesen zwanghaften Optimismus, der das Land überspült, wirklich leid. Mein Blick hakt sich an der feierlichen Ankündigung der »Welcome the Leaders«-Veranstaltung fest, die morgen stattfinden soll. Mal wieder ist man voller »Jubel« und der guten Hoffnung, daß alles friedlich verläuft. Joe hat die Kundgebung schon seit einer Woche nicht mehr erwähnt, und ich habe sie auch nicht mehr angesprochen. Auf keinen Fall wird er mich dazu bewegen können, mich mitten unter hunderttausend *toyi-toyi*-rufende, »erwartungsfrohe Menschen« zu mischen, die alle »jubeln« und

sich dem »friedvollen Geist« der Versammlung unterordnen. Fassungslos überfliege ich die Seiten.

»Wie ich sehe, mußten sich deine Klienten diese Woche etwas wirklich Aufsehenerregendes einfallen lassen, um mit der ›Welcome the Leaders‹-Kundgebung mitzuhalten. Deshalb haben sie wohl darauf zurückgegriffen, ein Kind mit einer Brandbombe hochgehen zu lassen. Hör dir das an: ›Das Kind eines Gelegenheitsarbeiters befindet sich in einem kritischen Zustand, nachdem im Haus der Familie eine Brandbombe explodierte.‹ Ich würde allerdings eher von einem ›Streikbrecher‹ als von einem Gelegenheitsarbeiter sprechen. Vielleicht bist du ja der Meinung, daß er's nicht besser verdient hat. Eine gefährliche Sache, einen Streikbrecher zum Vater zu haben.«

Ich beobachte, wie er einen Moment lang krampfhaft versucht, die »schweigende« Haltung aufrechtzuerhalten. Aber bei Joe siegt früher oder später immer das Mitteilungsbedürfnis.

»Kate! Was du sagst, ist wirklich widerlich. Natürlich ist das eine schreckliche Sache, die da passiert ist. Ich hab zwar noch nicht mit den Jungs von der Union geredet, aber ich bin mir sicher, daß sie erschüttert sind. Sie haben sich nie für Gewalt ausgesprochen. Aber du darfst nicht vergessen, daß alles zwei Seiten hat ...«

»Mein Gott, jetzt willst du mir bestimmt erzählen, daß im Kampf um Demokratie alles gerechtfertigt ist – ›man muß sich nur mal ansehen, was sie Biko angetan haben‹.«

»Meine Güte, tu doch bitte nicht so gottverdammt dämlich. Begreifst du denn nicht, daß unwillkürliche Eskalationen unvermeidbar sind, begreifst du das nicht? Die Lage hier ist im höchsten Maße emotionell aufgeladen.«

»Mir ist lediglich klar, daß sich die Arbeitgeber diese Woche ins Fäustchen lachen müssen. Die stehen mit weißen Gesichtern und blütenweißer Weste da, während deine Jungs die Bösewichte sind. Und sieh dir das mal an ...« Mein Finger sticht auf eine Textpassage. »Die Union wird langsam nervös und fürchtet um ihr Image – die Jungs haben den Firmenbossen vorgeworfen, sie hätten den Medien von dem Gewaltakt berichtet, um die Streikenden in ein schlechtes Licht zu setzen.«

Mit sarkastischer Befriedigung sehe ich, wie sehr ihn meine bissige Bemerkung trifft. Seine Haltung wird plötzlich verkrampft.

»Na ja, vielleicht wird der Unternehmensleitung endlich klar, daß es Ärger gibt, wenn sie sich weigert, von ihrem Standpunkt abzuweichen. Die können ja nicht ewig auf ihrem ursprünglichen Angebot beharren. Außerdem kann die Union nicht aufhören, für die richtige Sache zu kämpfen, nur weil einige Leute ...«

»O Gott«, unterbreche ich ihn, seufze und verdrehe die Augen. »Bitte nicht die Theorie von den Spänen, die fallen müssen.«

»Na ja, die Firmenchefs weigern sich standhaft, Vernunft anzunehmen. Wenn es noch lange dauert, bis die endlich einen Schritt auf uns zugehen, wird es Verletzte geben.«

»Genau, ergreif das Wort! Jetzt ist die Gelegenheit.« Ich richte mich an ein imaginäres Publikum, das sich neben der Schlafzimmertür versammelt hat. »Wir wollen hören, was Genosse Joe zu der wichtigen Rolle des Kindsmordes im Kampf für eine demokratische Zukunft zu sagen hat.«

»Ach, mach's dir doch selbst, Kate!«

»Tja, wenn ich das nur so gut könnte wie du ... mit dem begeisterten Einsatz, mit dem du dich neuerdings für die Linken ins Zeug legst.«

»Damit kannst du mich nicht treffen, Kate. Für mich ist Selbstbefriedigung was ganz Natürliches. Du hältst dich wohl für unglaublich clever, was? Du weißt genau, daß ich kein Stalinist bin. Du bringst mich so lange aus der Fassung mit deinen zynischen Sticheleien, bis ich Dinge sage, die ich überhaupt nicht meine. Und du findest es auch noch lustig, mich in eine bestimmte Richtung zu lenken. Aber ich hab auch Gefühle ...«

»Oh, ich hab auch Gefühle, Joe. Ich bin die Leute leid, die sich in Positur werfen und andere benutzen, um sich Macht und beruflichen Erfolg zu sichern.«

»Mein Gott, du bist tatsächlich reaktionär. Du stehst wirklich auf der Seite der Firmenbosse. Glaubst du ernsthaft, daß es der Union bei diesem Streik nur darum geht, die ›politischen Schwingen‹ zu entfalten? Alles Blödsinn, der nur erfunden wurde, damit die Schlagzeilen mit den politischen Reformen mithalten können.«

»Du verstehst mich falsch, wenn du meinst, daß ich auf der Seite der Arbeitgeber stehe, Joe. Ich muß das nur in diesem Haus nicht mehr erwähnen – du ziehst so lauthals über die Firmenbosse her, daß es für zwei reicht. Meiner Meinung nach versuchen beide Seiten, soviel Profit wie möglich rauszuschlagen. Völlig unnötig, sich auf die Seite der Gewerkschaft oder des Managements zu schlagen. Meiner Meinung nach ist das nur eine Einteilung in zwei Streitmächte, die sich gegenseitig einen Spiegel vorhalten. Ein Machtspiel mit den Arbeitern, die nichts weiter als Kanonenfutter für beide Seiten sind. Wenn alles vorbei ist, werden sich die Jungs von der Union in aller Ruhe mit den Industriekapitänen zusammensetzen – dann gehen alle zusammen auf die Jagd, ins Spielkasino, auf eine Angelpartie oder machen sonst irgendwas.«

»Mach dich nicht lächerlich. In meiner Position kann ich wirklich beurteilen, daß es bei dem Streik lediglich um das tägliche Brot geht. Die Firma ist profitgeil. Sie könnte es sich durchaus leisten, höhere Löhne zu zahlen, und die Firmenleitung muß sich an den Gedanken gewöhnen, in Zukunft ihren Arbeitern das Existenzminimum zu zahlen.«

»Ich versteh nur nicht, wozu höhere Löhne gut sein sollen, wenn die Jungs drei Monate im Jahr ohne Lohn damit verbringen, höhere Löhne fürs nächste Jahr zu erkämpfen – na ja, wahrscheinlich ist das in Ordnung, solange du von der Union engagiert und bezahlt wirst. Und es sieht ja nicht so aus, als würde die Union in nächster Zeit Erfolg haben.«

»Die Gewerkschaft braucht einfach ein stärkeres Druckmittel. Deshalb hat sie diese Woche auch zum landesweiten Boykott aufgerufen – um die Unternehmensführung in die Knie zu zwingen.«

»Oh, wirklich eine schlechte Neuigkeit für mich. Das heißt, daß ich nächste Woche weise vor mich hin nicken muß, während du versuchst, die Gewaltakte zu rechtfertigen, die folgen. Ich kann mir lebhaft vorstellen, wie du mir ernsthaft erklärst, warum arme kleine Ladenbesitzer bestraft werden müssen, weil sie sich nicht eurem Boykottaufruf beugen. Und ich könnte wetten, daß du dabei nicht einmal die Sorge der Ladenbesitzer ums ›tägliche Brot‹ erwähnst – die Familien, die sie ernähren müssen.«

»Typisch für dich, das Schlimmste vorauszusehen. Mensch, Kate, das sind gebildete Leute. Die Gewerkschaftler sind engagiert, intelligent ...«

»Und was ist mit den Streikposten, die das Geschäftsleben blockieren? Sie können einem armen Ladenbesitzer das ganze Geschäft kaputtmachen.«

»Okay, wenn so was wirklich passiert, tut's mir leid. Aber Streikposten aufzustellen ist vollkommen legitim, genauso wie der Aufruf zu einem landesweiten Boykott ein legitimes Druckmittel ist, wenn sich die Firmenleitung strikt weigert einzulenken.«

Joe ist aufgestanden, kein bißchen verlegen in seiner Nacktheit. Sein Haar steht unordentlich ab, nachdem er es immer wieder aufgebracht mit den langen Finger durchwühlt hat. Er atmet heftig und wirft mir einen herausfordernden Seitenblick zu. Zusammengekauert, fest in die Bettdecke gewickelt, sitze ich auf dem Bett. Mein zerzaustes Haar, das knapp bis auf die Zeitung reicht, ist der einzige dürftige Schutzschild, hinter dem ich mich verstecken kann.
Ich sehe ihn an: »Du nimmst die ganze Sache furchtbar ernst, oder? Ich meine diese Rolle als Anwalt für die breite Arbeiterschicht. Du identifizierst dich tatsächlich mit denen – ausgerechnet du. Du warst doch nie mehr als einer von diesen vagen, rückgratlosen Liberalen.«
»Ja, du hast recht.« Er schiebt die Unterlippe vor. »Es ist mir egal, ob du dich lustig über mich machst – für mich ist das die einmalige Chance genau zum richtigen Zeitpunkt. Wenn ich jetzt für die Arbeiterbewegung eintrete, hab ich das Gefühl, auch an dem Prozeß der Erneuerung teilzunehmen. Endlich kann ich einen klaren Standpunkt beziehen ... das ist die Gelegenheit, mich auf die Seite derjenigen zu schlagen, die für eine Veränderung kämpfen. Es tut sich eine Menge, Kate, falls du das noch nicht mitbekommen hast. Man darf jetzt einfach nicht mehr neutral bleiben.«
»Oh, bitte! Glaubst du wirklich, daß du und deine Vorstellungen von Gesetzestreue irgendwas bewirken können? Du bist im Moment ganz nützlich, mehr nicht. Arbeiteranwälte sind in diesem Kampf wie Windeln, die jederzeit gewechselt werden können – die benutzen dich nur, scheißen dich voll und schmeißen dich weg.«
»Ich hab dir gesagt, daß mich dein Spott völlig kalt läßt!« Er hält inne, ängstlich sucht er meinen Blick. Ist das ein Flehen in seinen Augen? Ich weiß es nicht genau.
»Das ist auch ein Grund, warum ich will, daß wir beide, ich

und du, morgen zu dieser Kundgebung gehen. Wir müssen Position beziehen – du auch. Das ist keine Bitte«, fügt er hastig hinzu, als er mein langsames Kopfschütteln bemerkt. »Das ist ein Ultimatum. Ich weiß, daß du auf krankhafte Art von mir abhängig bist. Ich weiß, daß du unsere Ehe nicht einfach wegwerfen kannst. Du hast dich daran gewöhnt, daß ich dich immer mit Samthandschuhen anfasse und dich nie zu etwas zwinge, weil ich immer der Meinung war, du brauchst Zeit.«

Ich weiß nicht, was ich darauf erwidern soll. Plötzlich packt er mich an den Schultern und fügt sehr ruhig hinzu: »Damit ist es jetzt vorbei! Und deshalb sage ich dir: Wenn du morgen nicht mit mir kommst, ist das das Ende unserer Ehe.«

1966 …
fünfzehn Tage bis Weihnachten

Ich legte die Fingerspitze auf das winzige Pappfenster – das glitzernde Geheimnis – und bewegte mich nicht mehr. Es galt, die Vorfreude noch ein wenig hinauszuzögern, dieses Rätseln, was sich wohl hinter dem goldbesprenkelten Törchen verbergen mochte, und dieses Kribbeln sanfter Federn in meinem Bauch.
Schließlich war die Spannung so groß, daß meine Finger zuckten. Ich zwang mich aber, erst einen Moment lang zärtlich über die Waldszenerie in Pastelltönen zu streichen, um den entscheidenden Augenblick noch etwas vor mir herzuschieben und das sanfte Gefühl freudiger Erwartung länger auszukosten. Langsam, unglaublich langsam, ertastete ich Eichen-, Eschen- und Ulmenäste. Natürlich wußte ich damals nicht, wie die Bäume heißen. In den freundlichen, schneebestäubten Baumstämmen versteckten sich glitzernde Tore und Fenster, und in den Wurzeln tummelten sich Eichhörnchen, Dachse und Igel und streckten neugierig ihre Köpfe hervor.
Diese friedliche Waldszene war so vertraut und schön. Sie gehörte dazu – zu meinem Weihnachten. Genauso wie die stauberfüllte Hitze, die geschälten indischen Feigen und die Wassermelone unter dem weit ausladenden wilden Feigenbaum.
Eine ruckartige Bewegung, und unter meinen sehnsüchtigen Blicken öffnete sich das Fenster. Plötzlich kam ein engelsgleiches Mädchen zum Vorschein, das – ganz für sich allein – ein Jahr lang hinter geschlossenen Toren gesungen hatte. Ein Vorbote, den ich noch gut in Erinnerung hatte, eine Prophetin, die uns, die wir in freudi-

ger Erwartung waren, das baldige Weihnachtsfest ankündigte.
Ich saß im Schneidersitz am Fußende von Oupas Bett, sah auf und lächelte. In seiner üblichen gelassenen Heiterkeit hatte Oupa schweigend mein Ritual verfolgt – zunächst die ausgedehnte Vorfreude und schließlich die Begeisterung über das, was ich enthüllt hatte. Jeden Morgen sah er mir zu, jedes Jahr, wenn der Adventskalender zusammen mit der Weihnachtsdekoration hervorgeholt worden war.
»*Ag*, sagt bloß, ihr beiden bummelt immer noch mit dem Adventskalender rum. *Magtig*, wie lange kann's denn dauern, bis so ein kleines Fenster geöffnet ist?« Ouma kam gerade aus dem Badezimmer, sie hörte sich wütend an, aber als sie sich umdrehte, sah ich ein Lächeln auf ihrem Gesicht. Sie trug ein schlichtes blaues Baumwollkleid, ihr Gesicht glänzte, wie immer ungeschminkt, und sie sah einfach frisch, straff und sehr sauber aus.
»Tja«, erwiderte Oupa ernst, »wenn man's richtig macht, dauert's sehr lange. Bei solchen Dingen darf man nicht hetzen, mußt du wissen.«
Oupa und ich lachten, zwei Gleichgesinnte, verbunden durch das Gefühl absoluten Verstehens, und das Weihnachtsglück durchrieselte mich warm. Ich bog den Kopf in den Nacken, ließ mich rücklings aufs Bett plumpsen und prustete los, bis nur noch ein heiseres Krächzen aus meiner Kehle drang. Alles war so wunderschön, und so viele tolle Dinge, die zu Weihnachten gehören, lagen noch vor mir – der Baum, das Backen, das Einpacken der Geschenke und das Dekorieren. Gab es irgend etwas, das mir diese Freude verderben konnte?
Immer wieder wurde ich während des Frühstücks ermahnt, mich zu beeilen. »Nun mach schon, Kind. Dora muß jetzt

langsam mal den Tisch sauber machen, damit sie alles fürs Backen vorbereiten kann«, drängte Ouma.

Ich schlüpfte hastig in Shorts und Hemd, rannte mit dem üblichen *quietsch-päng* aus dem Haus, schlenderte barfuß über den kühlen Staub und suchte nach meinen Brüdern. Die Hunde trotteten hinter mir her, träge Begleiter mit hängenden Zungen. Stille umfing mich. Der Tag war noch nicht erwacht, die Insekten schienen noch zu schlafen, doch schon bald sollten sie die wachsende Hitze mit ihrem Summen erfüllen.

Abrupt blieb ich vor einer noch reglosen Buschgruppe stehen, schlitterte ein Stück über den trockenen Boden und spürte, wie die Hunde mit schwingenden Ohren und Beinen gegen mich prallten. Ich drückte ihre Hinterteile herunter, zwang sie so, sich zu setzen, kramte in den schmuddeligen Taschen meiner Shorts und holte ein paar Stücke Eiweiß und Toast hervor, die ich auf meinem Weg durch die Küche aus einem Geschirrstapel herausgefischt hatte.

Nachdem ich mein Opfer in ein Nest aus staubigem Laub ganz am Rande der Buschgruppe gebettet hatte, kauerte ich mich so leise wie möglich zwischen die Hunde, die Füße gekreuzt, das Gesicht zwischen spitz aufragenden, verkratzten Knien, die längst eine Hornhaut gebildet hatten. Wie schon so oft zuvor lagen wir – die Hunde und ich – auf der Lauer und lauschten, immer darauf gefaßt, ein schnelles Tippeln aufzuschnappen. Wir hörten, wie die Insekten erwachten und in der wachsenden Hitze ihren monotonen Gesang aufnahmen. Die Sonne trieb mir den Schweiß in den Nacken, und schon bald klebte mein Haar auf der Stirn. Irgendwo über uns schwoll das *zee-ee* der Weihnachtskäfer zu einem ohrenbetäubenden Lärm an.

Plötzlich war ein winziges Rascheln zu hören – die Hunde erstarrten augenblicklich in angespannter Wachsamkeit, und das neu erwachte Zirpen der Insekten reduzierte sich auf das übliche, allgegenwärtige Brummen im Hintergrund. Ich beugte mich vor und schob die Füße über den staubigen Boden, der das Geräusch zu verschlucken schien, bis ich im Schneidersitz saß. Tatsächlich, da war sie und sammelte die Futterstücke auf – für ihre Jungen, nahm ich an, die sich irgendwo in einem Nest aneinanderschmiegten. Die schlanke Gestalt schimmerte in der Morgensonne, während sie anmutig die trockene Brotkante mit den Krallen umklammerte – dann huschte die kleine graue Meerkatze wieder in Sicherheit. Mit Nachdruck preßte ich die Hände auf die beiden gelbbraunen Flanken neben mir, in denen wachsame Anspannung zu spüren war. Die Hunde schnüffelten, ihre Nasen tanzten unruhig, und mit aufmerksamen Blicken verfolgten sie, wie das kleine Tier erneut zurückkehrte. Diesmal knabberte die Meerkatze ausgiebig an einem Stück Eiweiß, bevor sie mit einem größeren Brocken davonlief.

Ich war rundum zufrieden mit dem, was mein Opfer gebracht hatte, und ließ die Hunde schließlich los. Seite an Seite schossen sie in das dichte, dornige Buschwerk. Aufgeregt und unbeholfen umkreisten sie das verworrene Gestrüpp und stießen vergeblich gegen undurchdringliches Unterholz.

»Mikey, Kati«, rief ich, während ich weiterrannte, und schon bald hörte ich das Patschen ihrer Pfoten auf dem staubigen Boden hinter mir. Irgendwann brach dann die Freude aus mir heraus, ich sprang in die Luft und schlug in der Mitte des durchfurchten, ausgewaschenen Weges ein Rad nach dem anderen. Nachdem ich die stacheligen Grasbüschel überquert hatte, sah ich – ein Stück unterhalb – das Schwimmbecken vor mir liegen.

»Hha, *ja jonkie ja-a.*« Michaels Gesang schlug mir entgegen.

Er tanzte triumphierend im Staub und zeigte immer wieder auf seinen älteren Bruder, der wohl etwas Verbotenes tat. *»Ja jonkie ja-a.«*

Neil runzelte die Stirn und verzog den Mund, als wolle er seinem Bruder eine gebührende Antwort verpassen. Zwischen seinen Fingern stieg eine kleine Rauchfahne in die windstille Hitze, die über ihm lag. Als er mich entdeckte, blieben ihm die Worte im Hals stecken. Hastig vernichtete er die Quelle der tanzenden blauen Wolke und fuchtelte wild mit den Armen, um den Dunst zu vertreiben, der ihn umnebelte.

»Wird man euch verdammte kleinen *piks* eigentlich nie los? Warum rennt ihr mir ständig hinterher?«

Ich hatte noch kein Wort darüber verloren, daß er sich offensichtlich über Verbote hinwegsetzte, auch wenn mir so was angst machte – trotzdem richtete sich sein grimmiger Unmut auch gegen mich. Ich war verletzt. »Aber ich hab doch gar nichts gesagt ...«

»Okay, aber du hast auch nichts gesehen, kapiert?« knurrte er. »Schwirrt ab, alle beide. Laßt mich in Ruhe. Und Michael ...« Mit einem flinken Satz stand er auf den langen Beinen, baute sich über seinem drahtigen kleinen Bruder auf, packte ihn grob an der Schulter und beugte sich tief zu seinem Ohr herunter. »Du kannst Mom ruhig erzählen, was du gesehen hast«, stieß er zwischen zusammengepreßten Zähnen hervor. »Versuch's einfach mal, dann wirst du schon sehen, was mit dir passiert.«

Michael und ich sahen zu, daß wir schleunigst wegkamen, und ließen unseren launisch-pubertären Bruder am Swimmingpool zurück. »Wir laufen um die Wette«, sagte mein kleiner Bruder, immer noch guter Dinge, spurtete los und jagte mit der makellosen Sprungkraft eines Arabers über das struppige Grasland.

Er gewann den Wettlauf, was sowieso nie in Frage stand, mit dem entscheidenden *quietsch-päng* der Fliegengittertür. Lachend taumelten wir zur Anrichte, versuchten uns immer wieder gegenseitig aufzuhalten, griffen schließlich in den blau-weißen Krug und angelten nach *soatkoekies.* Unsere Arme verhedderten sich, während wir darum kämpften, wer zuerst die Hand in die schmale Öffnung stecken durfte.

»Chi-i-ne!« sang Dora und schüttelte den Kopf. Während sie dastand und die schwitzenden Hände in die Hüften stemmte, bebte ihr massiger Körper unter dem unvermeidlichen Lachen. Auf dem geschrubbten Tisch standen Schüsseln und Krüge mit kandierten Früchten und eine Mehltüte neben einem großen Klumpen Marzipan.

»Seid ihr das, Kinder?« rief meine Mutter von drinnen, während ich mir gerade ein Stück Marzipan von dem gelben Batzen abzwickte.

»Ja-a«, rief Michael mit abfallender Betonung, die ihn nicht gerade begeistert klingen ließ. Langsam schlenderten wir durchs Haus zum Wohnzimmer, wobei Michael angewidert das Gesicht verzog, als er das Klümpchen Marzipan sah. Seiner Meinung nach hätte der Weihnachtskuchen nicht diese dicke Kruste aus süßem Mandelteig haben dürfen. Jedesmal vor dem Essen machte er ein Riesentheater darum, den Marzipanmantel abzuziehen und so lange am Kuchen herumzukratzen, bis nicht mal mehr ein winziger Rest Mandelkruste daran klebte.

Noch ungeschmückt, aber prächtig stand der Weihnachtsbaum im Zimmer, seine Spitze reichte bis an die Decke. Um den Baum herum standen jede Menge Schachteln – seit ich mich erinnern kann, wurden darin die Weihnachtsdekoration und die Adventskalender aufbewahrt. Längst überholte, altmodische Aufschriften mit Schnörkeln verrieten, daß früher mal Schuhe oder Hemden in den Kartons verpackt waren.

»Wolltest du dieses Jahr nicht den Baum schmücken, Kati?« fragte Mom. Sie saß mit angezogenen Beinen auf dem Boden, öffnete die Schachteln und holte verhedderte Lamettastreifen hervor.

»Ja, eigentlich schon. Kann ich's denn nicht ein andermal machen?«

»Nein, wenn, muß es jetzt sein! Deine Ouma will nicht den ganzen Tag über Schachteln stolpern. Außerdem würde ich dir gern helfen. Und ich hab nur jetzt Zeit, nachher muß ich Ouma beim Backen zur Hand gehen.«

Mein Vater, der irgendwo draußen herumhantierte, wurde gerufen und setzte sich gehorsam mit einer langen Lichterkette auf dem Schoß in einen Sessel. In der Hand hielt er das silberne Taschenmesser, das er immer bei sich trug. Er schloß die Lichterkette in der Steckdose neben seinem Sessel an und schnalzte, als keine einzige Lampe aufleuchtete. Also zog er den Stecker wieder heraus, schraubte systematisch jedes kleine Licht ab und drehte die Fassung wieder fest ins Gewinde. Die Glühbirnen im fein gearbeiteten altmodischen Stil hatten verschiedene Formen: funkelnde Miniatur-Weihnachtsbäume, Weihnachtsmänner und eingepackte Geschenke. Michael ließ sich vor Daddys Füßen nieder und half ihm bei seiner langwierigen Detektivarbeit: ein- und ausdrehen, ein- und ausschalten.

Ouma hatte irgendwelche Schreibarbeiten für die Farm zu erledigen, in der Hand hielt sie einen Bleistift, und auf ihren Knien ruhte ein großes, gebundenes Notizbuch in Schwarz. Oupa saß in seinem Sessel, an dem auch sein Stock lehnte, hielt sich ein Buch dicht vor die Brille und las.

Licht flutete durch das Schiebefenster mit Fliegengitter, ließ ein paar Staubkörner funkeln und umfing meine lächelnde Mutter, die sich gläsernen Baumschmuck in die offenen Handflächen legte. Auch Ouma, die hinter ihr saß, wurde vom goldfarbenen Lichtkegel erfaßt, und so umschmeichelten die sanften Strahlen beide und tauchten sie in einen Heiligenschein. Sie schienen auf seltsame Weise verbunden. Niemand machte ein grimmiges Gesicht, keiner kaute verkrampft auf der Lippe oder verengte wütend die Augen zu Schlitzen. In meinem Aberglauben blieb ich einen Moment lang völlig reglos und bewahrte den angehaltenen Atem als Talisman in mir, der mich davor schützen sollte, daß sich die häßlichen Ereignisse von gestern jemals wiederholten. Als ich mich zaghaft wieder bewegte, wurde mir bewußt, daß die Szenerie um mich herum nichts mit dem Schrecklichen zu tun hatte – in diesem Zimmer, das erfüllt war von Weihnachtsdüften, hatte nicht mal der Gedanke daran Platz. Die Schatten schienen wie weggeblasen – wie dumm von mir, an ein böses Omen zu glauben.

Eben noch hatte ich zwischen Sorge und Hoffnung geschwankt, doch das Weihnachtsfest – nein, schon die leiseste Ankündigung, daß es bevorstand – vertrieb alles Bedrohliche von dieser Farm. So jedenfalls kam es mir vor. Die Freude an den Weihnachtsvorbereitungen, die uns alle verband, hatte die Farm wieder zu dem gemacht, was sie immer gewesen war. Das Lächeln, das in unserem Bastelzimmer über die Gesichter huschte, schien jeden von uns in ein Reich des Vergessens zu zaubern.

Nur Neil schloß sich aus. In seiner uneingestandenen Schuld und seiner reizbaren, pubertären Empfindsamkeit weigerte er sich, dem Kreis stillschweigenden Vergebens beizuwohnen. An diesem Morgen war er nicht bei den Weihnachtsvorbereitungen dabei, seine Zustimmung zu dem zaghaften vorläufigen Frieden, der ins Haus eingekehrt war, fehlte also noch.

»Wie spät ist es, Dad? Hat Kricket schon angefangen?« Ich erinnere mich gut an Michaels scharfgeschnittenes Gesicht mit dem erwartungsvollen Ausdruck. Er stellte genau die Frage, von der ich wußte, daß sie in diesem Moment sein Talisman war, Teil einer feierlichen Zeremonie, die das Böse verbannen und die Geborgenheit in diesem Zimmer für immer festhalten sollte.

»Dauert nicht mehr lange, mein Sohn. Geh schon mal los und hol Oumas Radio.«

Beim Kricket fielen eigentlich immer dieselben Kommentare – trotzdem hielt ich mich im vollen Bewußtsein der Zauberkraft der rituellen Formeln dieses eine Mal mit dem üblichen »o nein«, »bloß nicht« und »wie ätzend« zurück und schwieg. Das Radio, das Michael inzwischen geholt hatte, wartete nur noch darauf, seinen Part in der altvertrauten Zeremonie zu übernehmen, während ich Netze aus gold- und silberfarbenem Lametta und ein magisches Geflecht aus grellbunten Kugeln spann. Funkelnde Vögel versilberten die Zweige im gedämpften Sonnenlicht, und mein Vater, der wie immer mit beiden Beinen fest auf dem Boden stand, verwob all dies mit seiner schillernden Lichterkette zu einer märchenhaften Szenerie.

Als letztes kam meine Fee – mein Liebling, meine Zauberin – zum Vorschein. Die verfilzte Stirnlocke schimmerte längst nicht mehr golden, das grüne Netzhemdchen klebte zusammen mit ein paar leimverschmierten Glitterklumpen an ihrem plumpen Plastikkörper, und die hauchdünnen Flügel waren nach den vielen Jahren, in denen die Figur immer wieder ein- und ausgepackt worden war, vollkommen verschlissen.

Und doch flogen die letzten Dämonen unserer Familienprobleme mit ihr davon, als ich sie – die glückbringende

Fee, das Zeichen für ein frohes Weihnachtsfest – auf der Spitze des Baumes feststeckte.
»Sollten wir nicht lieber einen Stern obendrauf setzen?« Meine Mutter balancierte auf einem Stuhl, verzog das Gesicht, während sie die plumpe Fee betrachtete, reckte sich und griff nach der Puppe.
»Die hat ihre besten Zeiten wirklich hinter sich. Ein häßliches Ding, wenn ihr mich fragt.«
Ein Schubs von ihr, und schon stürzte die Fee kopfüber zu Boden.
»Nein«, schrie ich hysterisch auf, und meine Stimme überschlug sich fast. »Mach das nicht. Sie gehört dazu. Ich häng an ihr, ehrlich.«
Alle lachten – ein herzliches, verbindendes Lachen. Sicher, sie lachten über mich, aber dieses eine Mal zog ich keinen Schmollmund, mimte nicht die Gekränkte und fühlte mich auch nicht gedemütigt. Das einzige, was ich empfand, war Erleichterung – Gott wollte die Familie wieder fest zusammenschweißen. Daß er mich dazu benutzte, störte mich nicht.
Und als meine Fee sich wieder aufschwang und – während sich alle betont ungezwungen gaben – mit einem Draht auf dem obersten Zweig befestigt wurde, spürte ich, daß uns nichts Häßliches oder Böses widerfahren konnte, jetzt, da die festen Weihnachtsriten ihren Lauf genommen hatten. Wir tauchten ein in die alljährlich gleiche, verwunschene Zeit der Vorbereitungen für das Fest Gottes. Hätte der Herr zugelassen, daß schreckliche Ereignisse sich dazwischen drängten, hätte er sich schließlich sein eigenes Fest kaputt gemacht. Ungefähr so, als hätte ich einen Tag vor meiner Geburtstagsfeier den Geburtstagskuchen zerstört.
Aber wir mußten vorsichtig sein. Alles mußte so sein wie immer. Ich spürte, daß ich es war, die den altvertrauten

Ablauf überwachen mußte, denn nur ich hatte begriffen, daß alles unbedingt seinen gewohnten Gang nehmen mußte. Ich mußte meine Sache gut machen. Gut genug, um Gottes Zorn fernzuhalten. Er wußte, wie wir jedes Jahr Weihnachten feierten, und freute sich darüber, denn Er hatte unsere Familie mit immerwährender, nie versagender Geborgenheit gesegnet. Und Er hatte uns dieses perfekte Heim geschenkt – die Farm. Weihnachten und die Farm gehörten für mich unzertrennlich zusammen – in gewisser Weise war ich sogar überzeugt, daß die Farm nur für unser Weihnachtsfest existierte. Ein unvergleichlich schöner Ort, ein Paradies, das der Herr einzig und allein geschaffen hatte, um sein höchstes Fest zu begehen.

»Es geht los, oder Dad? Geht's jetzt nicht langsam los?« Michael zappelte und trat unruhig von einem Bein aufs andere.

»*Ja*, jetzt kannst du das Radio einschalten, Michael.« Daddy lachte leise in sich hinein, ein fröhliches Glucksen, das wohltuende Vertrautheit zwischen ihm und seinem jüngeren Sohn schuf. Plötzlich, als ich aufsah, merkte ich, daß mein älterer Bruder ins Zimmer gekommen war und etwas abseits von uns in einem Sessel saß. Meine Mutter machte ihr typisches angespanntes, mißbilligendes Gesicht, holte Luft und wollte offensichtlich etwas sagen, doch mein Vater, der sich eigentlich selten einmischte, runzelte die Stirn. Ich verstand sofort, was er damit ausdrücken wollte, obwohl ich wetten möchte, daß er nicht in der Lage gewesen wäre, es in Worte zu fassen: Mach uns nicht das Kricket-Spiel kaputt, sollte die steile Stirnfalte bedeuten, dieses Spiel gehört zur Zeremonie, läßt uns alle ruhiger werden und schafft Verbundenheit. Laß uns erst mal ungestört das Spiel verfolgen. Mom fügte sich und atmete aus, als sei nichts gewesen.

»*Hy kom, en hy kom, en-hy-kom-en-hy-kom en hy BOUL.*«

Ouma hatte den Sender B eingestellt, ein Afrikaans-Programm.
»Dreh mal auf A. Mal hören, was Charles zu sagen hat«, meinte Oupa, lächelte und legte sich das aufgeschlagene Buch flach auf die Brust.
»Manchmal hör ich mir viel lieber die Kommentare in Afrikaans an«, sagte Neil plötzlich voller Eifer, und die Langeweile auf seinem Gesicht schien wie weggewischt. Genauso abrupt sah Ouma von ihrem Notizbuch auf und lächelte ihn an. Mir war klar, daß das Kricket-Spiel bereits sein magisches Netz gesponnen hatte, auch Neil in seinem Bann hielt und die Wunden von gestern heilte.
»Ich weiß ja nicht, wie's euch geht«, fuhr er fort und richtete den Blick auf Dad und Oupa, »aber mir gefällt's, wie sie irgendwie ein ganz anderes Spiel daraus machen. Überhaupt nicht wie das Kricket, das wir spielen, und doch ... ich finde, es ist viel aufregender – als würden Gladiatoren gegeneinander antreten.« Er lachte kurz auf, als wolle er sich entschuldigen für seine törichten Worte, aber niemand lachte ihn aus. Alle nickten und betrachteten aufmerksam das Radio.
Die Köpfe waren nach vorne gebeugt, zur Mitte des Zimmers hin, wo auf dem Beistelltisch das Radio stand. Daddy und Michael, die wie wild an den Knöpfen drehten, sahen sich plötzlich unglaublich ähnlich. Sie wirkten angespannt – ihre Züge fast schon schmerzverzerrt – und – jung. Außer Ouma starrten alle gebannt zum Radio, als könnten sie durch die Skala hindurch das Grüne des Mittelfelds sehen.
Und auf einmal durchdrang Charles Fortunes volltönende, honigsüße Stimme das Zimmer.
»Oh, was für ein wunderbarer Tag im St. George's Park! Dieser Tag heute! Ganze Heerscharen thronen über dem

grün-weißen Platz, der vor mir liegt. Dreißigtausend Menschen sind heute morgen gekommen, um mit eigenen Augen zu verfolgen, wie der majestätische Pollock die Keule schwingt, heute, am dritten Tag der ersten Begegnung mit den Australiern …«

»Mann, mach mal ein bißchen voran, Chawles«, äffte mein Vater den Reporter nach. »Sag uns endlich, was da passiert.«

»Sag uns den Spielstand, Chawles«, sagte Neil und fiel in das Gelächter meines Vaters ein. Doch ihre Fröhlichkeit war verräterisch. Selbst hinter Scherzen über die puddingweiche Aussprache des Reporters konnte sie sich nicht verstecken.

»McKenzie geht langsam zurück zum Duckpond-Ende. Er läßt sich Zeit. Ein langer, heißer Tag liegt vor uns. Ich erinnere mich an eine ähnliche Situation im Jahre dreiundfünfzig …«

Es funktionierte, ich sah genau, daß es funktionierte. Und das war es, was für mich zählte. Selbst meine Mutter, die im Schneidersitz auf dem Boden kauerte, lächelte und starrte auf das Radio, während Michael sich vorbeugte, auf ihr Bein einhämmerte und ihr Handgelenk im grausamen »Brennessel-Griff« packte.

»Wir gewinnen, Mom, unsere Jungs gewinnen.«

»Jetzt eine hübsche Partie zwischen Denis Lindsay auf Graeme Pollock.« Charles Fortunes Stimme schwebte endlos in dem heißen Zimmer, in dem sich kein Lufthauch bewegte. Alle wirkten wie gebannt. Nur Ouma nicht – in ihrem unverklärten Pragmatismus spürte sie nichts von der Verzauberung. Unbeirrt schwang sie die Fliegenklatsche aus Drahtgitter, um dem trägen Summen der einzigen Fliege ein Ende zu setzen. Irgendwie mußte sich das Tier durch die Fliegengittertür gemogelt haben.

»Diese wan-der-baren Schläge während der ersten Läufe werden Sie nicht vergessen …«

»Oh, wie wan-der-bar, Chawles«, äffte Neil den Reporter nach. Mein Vater warf den Kopf in den Nacken und lachte lauthals. Und doch liebten sie Charles. Er gehörte einfach dazu, das war mir klar.

Trotzdem schlich sich langsam schlechte Laune bei mir ein, ohne daß ich mich dagegen wehren konnte. Ich begriff, daß all dies so sein mußte, aber allein der Klang von Charles Fortunes volltönender, tiefer Stimme löste in mir einen trockenen, würgenden Brechreiz aus. Zu viele endlose Stunden hatte ich im Wagen verbracht, trotz elender Reisekrankheit gezwungen, eingequetscht auf dem Rücksitz sitzenzubleiben, während Charles' Stimme scheinbar nie endende Kricket-Spiele kommentierte. Irgendwann gehörten Charles' Stimme und Übelkeit für mich untrennbar zusammen.

Seine Stimme verfolgte mich noch eine Weile, als ich aus dem Zimmer schlich. »Ob wir wohl hoffen können, daß ihm das noch mal gelingt, jetzt, wo die Australier all ihre Kräfte darauf konzentrieren, die Zusammenarbeit der beiden zu stören? Oh! – Ein guter Ball! Die Chance auf einen Punkt womöglich? Wohl kaum. Der Ball. Der Ball geht ein gutes Stück vorm Gully herunter. Kein Lauf. Lindsay geht in der zweiten Laufrunde ohne Blot aus. Und ich wage die Vermutung, daß er an diesem wirklich hübschen Sommertag nicht mehr viel bieten wird …«

Kühle Stille. Ich war in Oupas Bibliothek angelangt, ließ mich in einen Ledersessel gleiten, in dem ich fast versank, und sog den Geruch in mich auf – eine etwas muffige Mischung aus altem Papier und zerfallenen ledernen Buchrücken. Nachdem ich zweimal trocken geschluckt hatte, war die Übelkeit verschwunden. Schon spürte ich – wie immer, wenn ich mir überlegte, welches Regal ich wohl zuerst erkunden sollte – kleine blubbernde Blasen im Bauch aufsteigen. Während der letzten Weihnachtsferien hatte ich *King Solomon's Mines* entdeckt. Eigentlich war ich mit meinen sieben Jahren noch etwas zu klein für dieses Erwachsenenbuch gewesen, aber ich bildete mir damals ein, daß ich – wenn ein Jahr und noch ein Jahr vergangen waren – bestimmt alt genug sein müßte, um es zu lesen. Ich wußte auch, daß Oupa auf dem untersten Regal, hinter der Bücherreihe versteckt, einen Stapel »Angelique«-Romane aufbewahrte, die für uns Kinder »ziemlich unschicklich« waren.

Und so schlich sich der Morgen durch die vielen Bücherseiten in Oupas Bibliothek, während ich der Länge nach ausgestreckt auf dem abgetretenen alten Läufer lag …

»Möchtest du ein bißchen Gesellschaft?« Ich schreckte auf, als ich Oupas Stimme hörte, und merkte plötzlich, daß ich halb verhungert war. »Das Mittagessen ist jeden Moment fertig«, sagte er, sank in seinen Ledersessel und stellte den Stock neben sich. »Sollen wir noch ein bißchen lesen, während wir warten? Ich muß nicht unbedingt beim Kricket Wurzeln schlagen wie die anderen. Mir reicht's, wenn ich ab und zu den Punktestand höre.«

Ich schmiegte mich an Oupas gebrechlichen Körper und zog die zappeligen Beine, die ständig wegrutschen wollten, mit dünnen Armen fest an die Brust. Er streckte die Hand aus und griff nach seinem Lieblingsbuch, das immer aufgeschlagen bereit lag.

»Nein (sagte Oom Schalk Lourens), Blumen wirst du in der Groot Marico nicht finden. Aber die Gegend ist nicht schlecht für Mais, und ich habe einst ziemlich gute Zwiebeln in einem kleinen Garten gezogen, der unmittelbar neben dem Damm lag. Aber das, was man sich unter Blumen vorstellt, findet man nur selten hier. Vielleicht wegen der Hitze. Oder wegen der Trockenheit ...«

Und dann war Lunchzeit. Es gab heiße Maiskolben, die wir in einem Stück Farmbutter wälzten, zwischen beiden Händen hielten und abnagten.

Ich glaube, daß wir an diesem langen, trägen Tag auf der Farm noch gebacken haben, nachdem wir mit dem Essen fertig waren. Ich kann mich noch genau ans Backen erinnern, ja, natürlich, es muß noch am selben Tag gewesen sein.

Es war drückend heiß in der Küche, die Wärme des Nachmittags staute sich, und aus dem Kohleofen stiegen Dunstschwaden. Ouma stand schweißgebadet am Tisch und maß die Zutaten rein nach Augenmaß ab. Sie war tüchtig und arbeitete schnell.

Dora hantierte in der anderen Ecke der Küche, direkt beim Herd. Schweigend rollte sie Marzipan aus. Auch sie spielte ihre Rolle im Weihnachtsritual, und doch gehörte sie nicht zu der Gemeinschaft der Frauen, die sich um den geschrubbten Tisch in der Mitte der Küche versammelt hatten.

»Warum hast du nicht wie Mom ein Rezept daneben liegen?« fragte ich Ouma, stützte die Ellbogen auf den Tisch und legte das Kinn in die Hände. Mom thronte auf einem Küchenstuhl und sah zu.

»Es gibt kein Rezept, deshalb. Meine Mutter hat es mir beigebracht, und eines Tages wird dir deine Mutter ...« Ihr strenger Blick, in dem ein fröhliches Funkeln lag, schnellte zu Mom. »... genauso beibringen, wie man den Weihnachtskuchen backt.«

»Vorher mußt du's mir aber erst mal zeigen, Ma«, sagte meine Mom, und ihre Augen schienen ernst, als sie Ouma ansah. »Du mußt die Zutaten abwiegen, damit ich weiß, wieviel man von allem braucht. Du kannst nicht von mir erwarten, daß ich das Rezept jemals lerne, wenn ich die Mengen nach Augenmaß abschätzen soll.«

»*Ag, my kind,* du mußt *maar* hinsehen. Am besten hättest du schon zugeguckt, als du noch ein kleiner Stöpsel warst. Aber du hast dich nie für die Traditionen oder die alten Sitten von deinem eigenen *volk* interessiert. Irgendwie warst du von Anfang an ein Stadtkind.«

Ich sah kurz auf und erhaschte gerade noch, wie Ouma meiner Mom mit mehliger Hand über die Wange streichelte, eine schnelle Bewegung, fast wie ein kleiner Klaps. Die beiden lächelten sich an. Noch war alles in Ordnung, aber ich mußte wachsam bleiben und durfte sie keine Sekunde aus den Augen lassen.

Ich hörte das *quietsch-päng* der Tür und das schnalzende Geschnatter von zwei Boys-Frauen, die nun auf dem neuen, metallgefaßten Tisch in der Spülküche ein Huhn rupften.

»Der Tee, Dora!« Dora setzte sich augenblicklich in Bewegung, als sie Oumas gebieterische Stimme hörte, und wankte in ihrem langsamen Watschelgang hinüber zum Kohleofen, wo eigentlich immer ein Topf Rooibos kochte (Buschtee, wie meine Mutter das Gebräu unter Schaudern nannte). Sie goß für Ouma und mich zwei Becher voll, und als sie gerade nach einer weiteren Tasse greifen wollte, kam ihr Ouma zuvor. »Nicht für Miesies Elaine, Dora. Sie will nicht. Sie ist zu *Engels* für unseren Tee«, sagte sie, streckte den Rücken und strich sich eine feuchte Locke aus der Stirn.

Dora brach in ihr gewaltiges, bebendes Lachen aus, Ouma hatte sie schließlich in einen Scherz einbezogen. Meine Mutter lächelte mit zusammengekniffenen Lippen, während sich ihr Blick an den lackierten Fingernägeln im Schoß festhakte.

Später, als sich kühle Luft über dem Land ausbreitete, lief ich die geschwungene Wiese hinunter, um zuzusehen, wie die nach Osten gewandte Seite funkelnder Felsbrocken, wilder Büsche und kleiner Hügel in finstere Schatten tauchte.

Ich schlug einen weiten Bogen und streifte durch die dufterfüllte Stille, die am späten Nachmittag über den Blumenbeeten lag, bis ich wieder hinter dem Haus ankam.

Als ich mich gerade dem Haus zuwandte, nahm ich aus den Augenwinkeln etwas vorbeihuschendes Weißes wahr. Ich drehte mich blitzschnell um, da war es bereits verschwunden, aber ich wußte, daß ich Snowballs Vater gesehen hatte – ich wußte es einfach. Daß ich an diesem Abend noch einen Blick auf Snowballs Vater erhaschte, fügte sich nahtlos in den Verlauf des wunderschönen Tages.

Ich schlenderte über den Hof und streifte hinter der Boys-Baracke herum, nur um noch ein bißchen die Zeit zu vertrödeln und mich vor den lästigen »Zeit-fürs-Bett«-Pflichten zu drücken. In den Abendstunden war die Boys-Baracke immer leer – ich lehnte mich an eine Wand und malte mit dem Zeh im Staub.

Als ich aufsah, entdeckte ich direkt vor mir einen großen Metallkübel. Die anderen Eimer und auch alle Harken und Spaten waren längst weggeräumt, nur noch der Kübel stand hinter der Hütte, abgedeckt mit einem schmutzigen Mutton-Fetzen.

Neugierig ging ich näher heran und hob eine Ecke der Abdeckung hoch. Ich erkannte nicht sofort, was in dem Kübel schwamm, und beugte mich tiefer hinunter.

Der dichte Flaum klebte verschmutzt an dürren, pinkfarbenen Körpern. Es waren drei. Drei leblose Kätzchen. Zwei davon waren verdeckt, ich konnte nur ihre Ohren und Köpfe sehen, aber das oberste Kätzchen erkannte ich so-

fort – es schimmerte weiß, fast makellos weiß, bis auf ein paar gelbliche Flecke auf dem Rücken.
Ungebändigtes Leben, gerade erst geboren – jetzt lag es begraben in einem Eimer Wasser. Die Kätzchen mußten sterben, weil ich – verrückt danach, meine Hände in ihr seidiges Fell zu graben – versuchte hatte, die wilden Kreaturen an mich zu drücken. Sie mußten sterben, wegen mir.

1966 …
vierzehn Tage bis Weihnachten

Schon früh schlich ich mich aus dem Haus – wie ein verlorenes, schattenhaftes Gespenst – und ging zum Federschuppen.

Ich wußte, daß ich dort, bei den drei Fässern mit Federn, die nach Größe sortiert waren, in den himmlischen Trost flauschiger Wolken eintauchen konnte. Eine weiche, stille Welt für sich. Wie jedesmal stürzte ich mich sofort auf die Trommel mit den ganz zarten Daunen. An diesem Morgen sehnte ich mich mehr als je zuvor nach dieser flockig weichen Berührung.

Ich versenkte die Arme in der kuscheligen Masse, die sofort – flüchtig wie ein Windhauch – nachgab und mich bis zu den Schultern umschmeichelte, ein Bad in weißen Wolkenfetzen. Als ich meine Wange an die Daunen schmiegte, ruhte mein Gesicht auf träge federnden Flocken.

Plötzlich sah ich hinter geschlossenen Lidern drei zusammengerollte Kätzchen, ein Bild, das mich jäh in seiner Sanftheit traf. Voller Panik tauchte ich aus dem Flaum auf, der die quälenden Erinnerungen in mir geweckt hatte, klammerte mich an die scharfe Metallkante und drückte die Augen zu, getrieben von der Angst, ich könne den Eimer mit Wasser entdecken.

Obwohl ich mich dagegen wehrte, riß ich die Augen doch wieder auf – der Eimer war verschwunden. Auf dem Scheunenboden aus festgestampfter Erde sah ich im sanften Dämmerlicht, das durch die Tür flutete, eine halbvolle Trommel mit Daunen, die man Dutzenden von Hühnern aus den verborgenen Unterseiten gerupft hatte.

Als die Geräusche um mich herum wieder in mein Bewußtsein drangen, hörte ich tiefes, polterndes Gelächter. Ich riß den Kopf herum und entdeckte die Boys, die mich – übermächtig in ihrer Gegenwart – mit greifbarer, lebendiger Wirklichkeit umgaben.

Ich glaube, es waren sechs. Sie wirkten massig in ihren schwarzen Gummistiefeln, pulsierende Körper voller Wärme. Sie standen mit dem Rücken zum fahlen Lichtkegel, und ihre Gesichter waren bis auf das breite Leuchten ihrer Zähne kaum zu erkennen. Sie strahlten eine Heiterkeit aus, die etwas Befreiendes hatte, und ich wußte, daß sie mich nicht auslachten. Wie ein warmer Fluß durchströmte ihre Freundlichkeit meine klammen Glieder, und ich ließ mich mitreißen von dem fröhlichen, wohlwollenden Gelächter, das mich herzlich umfing.

Ich mußte lächeln, hatte nur noch den Wunsch, mich von der Zuneigung und Liebe umfangen zu lassen, und warf mich in Williams Arme, dessen Umrisse ich nun im schwachen Dämmerlicht erkennen konnte.

»Chine!« Er lachte immer noch, als er mich hochhob und auf seinen starken Arm setzte. Ich nahm den Geruch von Holzrauch, klammen Overalls und Kaffee wahr – frisch aufgebrühter Kaffee, der wie jeden Tag in der Boys-Baracke in einer Blechkanne auf dem Herd warmstand. Während William mich sanft auf seinem Arm wippen ließ, sagte er: »Du gehst immer zu den kleinen Federn. Die sind nicht gut. Wenn du in den Federn wühlen willst, geb ich dir große Federn.«

Er beugte sich nach rechts, griff in die zweite Tonne und drückte mir zwei starre, weiße Schwanzfedern in die Hand. Wieder lachten die Boys ausgelassen, und als sich einer von ihnen auf den hohen Gummistiefel schlug, war ein lautes Klatschen zu hören.

»Komm mit zu den Kühen, Missie. Ist nicht gut für dich,

ganz allein im Dunkeln zu sitzen. Willst du mir beim Melken helfen?«

Ich rieb die Wange an dem rauhen, grob gewebten Leinen in Blau. »Mm«, sagte ich.

Während wir zur Milchscheune gingen, beobachtete ich, wie Williams große Stiefel ein Muster in den feuchten Schlamm gruben. Fahles Sonnenlicht fing sich funkelnd in winzigen Regentropfen.

»Bei den Affen ist eine Hochzeit, William.« Jetzt erst wagte ich es, mich von seinem massigen Körper zu lösen, der mich umfangen hielt, als seien wir miteinander verschmolzen. »Das bringt Glück, mußt du wissen. Dann kriegt die Farm nämlich Regen.«

»Chin«, erwiderte er, und aus seiner Kehle drang ein rauhes Glucksen.

Die Melkscheune war trocken, breite Fellflanken und sanfte Augen erfüllten den Schuppen mit Wärme. »Hallo, Klara«, begrüßte ich die schwarzweiße Kuh, die nur darauf wartete, gemolken zu werden. Ich wärmte Arme und Gesicht an ihrer unruhig tanzenden Schulter und tastete mit einer Hand nach der schnuppernden Nase, um sie sanft zu streicheln.

»Meinst du, daß sie sich an jemanden erinnern kann?« wollte ich von William wissen.

»Ja, Missie, sie erkennt jeden wieder. Und dich auch. Guck doch, sie begrüßt dich, wie's die Kühe tun.«

Ich hockte mich – genau wie William – auf flachen Füßen neben den Bauch der Kuh, der sich hob und senkte, und sah ihm zu, wie er die warme Milch in langen Strahlen in einen Blecheimer schießen ließ. Ich wollte nicht nach dem anderen Blecheimer fragen. Ich wollte nicht wissen, ob diese zärtlichen Hände mit den pinkfarbenen Innenflächen die verzweifelten Kätzchen unter Wasser gedrückt hatten, bis sie aufhörten, sich zu wehren. Niemand wußte, daß ich den Eimer entdeckt hatte. Und es war mir immer noch unmöglich, die Worte zu finden, um darüber zu reden.

»Willst du's mal probieren?« Er rieb meine Handflächen und Finger mit einer Fettcreme ein, legte seine Hände um meine, führte sie zu der glitschigen Zitze, drückte meine Finger zusammen und zog sie nach unten. Wir lachten, und ich sah triumphierend in sein Gesicht mit den vielen Falten um die Augen.

»Du kannst Milch aus ihr rausholen, siehst du? Jetzt darfst du auch mal davon trinken.«

Er schöpfte mit einem Blechbecher die schaumige Oberfläche ab und gab ihn mir. Nachdem ich die warme, blasige Milch in einem Zug ausgetrunken hatte, wischte ich mir mit dem nackten Arm den Milchbart ab.

»Danke, William. Ich werd jetzt mal gehen«, sagte ich. »Ich will gucken, ob die neuen Küken schon da sind.«

»Es sind noch keine Küken gekommen. Aber es kann nicht mehr lange dauern. Missie muß noch ein bißchen warten.«

Es hatte aufgehört zu tröpfeln, die Sonne schien wieder, blank geputzt vom Regen. Die Farm erstrahlte in neuem Glanz. Nichts regte sich im juwelenbesetzten Gebüsch, während ich mit nackten Füßen durch die Pfützen patschte. Als ich auf den ausgewaschenen Farmweg traf, quoll der dunkelbraune Schlamm in den Wasserkuhlen zwischen meinen Zehen hervor.

Winzige spiegelnde Perlen baumelten an den harten Grasbüscheln. Als ich unter zwei belaubten Pfefferbäumen hindurchging, entdeckte ich ein makelloses Spinngewebe, das sich zwischen zwei weit ausladenden Ästen spannte. An jedem kunstvollen, unberührten Faden funkelten Wassertropfen im Sonnenlicht. In einer Ecke des Netzes saß reglos die gelb-schwarze Spinne – ich kann mir nie merken, wie

diese Spinnen heißen. Es gibt sie überall, und wenn man achtlos in ein Spinngewebe im Buschwerk läuft, krabbeln sie einem übers Gesicht.
Ich stapfte wieder auf nackten Füßen zurück zur Farm und den Hühnern. Ich wußte zwar, daß die winzigen Küken noch nicht angekommen waren, aber ich wollte mir noch mal die »Halbstarken« ansehen.
Wahrscheinlich wollte ich mich durch diese Inspektion des Farmgeländes versichern, daß alles war wie immer und all die Dinge, die ich so sehr liebte, auf ihrem Platz standen. Die Erde roch frisch und lehmig, ich mußte nur noch die Gewißheit haben, daß der Regen alles Verdorbene und Häßliche aus dem letzten Winkel meiner Farm gewaschen und sie wie neu, berieselt vom Glück der Affenhochzeit, zurückgelassen hatte. Was die Vorzeichen betraf, war dieser Morgen genau nach meinen Wünschen verlaufen. Als ich in aller Frühe zum Federschuppen gegangen war, hatten zwei Krähen im Gummibaum hinterm Haus gekrächzt. Nachdem ich so viele Vormittage mit Dora im Küchenhof gekauert und hitzige Gespräche über Magie und Omen geführt hatte, wußte ich, daß es ein böses Omen war, wenn man auf eine Krähe traf. Aber zwei Krähen prophezeiten Gutes. Es sollte wieder Frieden einkehren. Die Farm war unverändert, und jedesmal, wenn ich auf Vertrautes, Beruhigendes stieß, kehrte ein Stück Zuversicht zurück und durchflutete mich wie ein Glücksrausch.
Als nächstes stellte ich mich auf die niedrige, weißgetünchte Mauer des Hühner-*hoks* und hielt mich an den dicken Eisenstäben fest, die – eingelassen ins Mauerwerk – bis zum überhängenden Dach reichten. Diese ausgelassenen Hühner mit den dürren Hälsen brachten mich immer wieder zum Lachen. Selbst in der Mittagshitze wirkten sie nie schläfrig wie die ausgewachsenen Hennen. Sie flatterten mit ihren

halbfertigen Flügeln, als wollten sie lauthals protestieren, hüpften von einer Seite des *hoks* auf die andere und rannten unmotiviert los, um sich gegenseitig zu jagen.
Ich vertrödelte noch eine Weile meine Zeit und sah zu, wie sie in ihrem unordentlichen Federkleid hin und her liefen. Plötzlich hatte ich die Idee, ein paar getrocknete Maiskörner in den Käfig zu werfen, und amüsierte mich darüber, was auf einmal für eine Aufregung hinter den Gitterstäben herrschte. Ich gab mir Mühe, die Hühner auseinanderzuhalten – einige von ihnen konnte ich an der Maserung und der Farbe der Federn unterscheiden, zum Beispiel den schwarzgesprenkelten Teenager, der immer wieder die Führung bei der Jagd durch den Käfig übernahm, wie ich nun beobachtete. Und das schneeweiße Hühnchen, für das ich zärtliches Mitleid empfand, weil es bei jeder Runde überrannt und niedergemacht wurde.
Mit einem warmen Gefühl und erfüllt von dem, was ich gesehen hatte, wandte ich mich von den Hühnern ab und rannte aus dem Hof, auf dem der Glücksregen seine Spuren hinterlassen hatte. Als ich durch den Obstgarten kam, rutschte ich unter voll beladenen, tief gebeugten Ästen auf Fallobst aus, das unter meinen Füßen zermatschte. Der Geruch der überreifen Früchte zog stechend durch die frisch gereinigte Morgenluft.
Schließlich ging ich zwischen den letzten Obstbäumen hindurch und hörte das laute Hecheln der Hunde, die in großen Sätzen auf mich zukamen. Seite an Seite schossen sie an mir vorbei, die Beine im Sprung gestreckt, nur um wie auf Befehl stehenzubleiben und zu warten, bis ich sie eingeholt hatte. Zusammen schlenderten wir am Schwimmbecken entlang. Plötzlich führte sich Kati, die vor mir lief, wie ein verspieltes, kleines Schoßhündchen auf, streckte die Vorderläufe und senkte abrupt den Kopf, so daß ihr die

Ohren ums Gesicht tanzten. Ich lief ihr nach, um zu sehen, was sie entdeckt hatte – inzwischen hüpften beide Hunde um einen großen Ochsenfrosch herum, der scheinbar empört auf dem Boden hockte und sich kampflustig aufgeblasen hatte.

Ich befahl den Hunden, mit dem hysterischen Bellen aufzuhören, lachte darüber, wie töricht sie doch waren, und schob sie vom Frosch weg, indem ich mich mit meinem ganzen Gewicht gegen die breiten Flanken lehnte.

»Ihr könnt da nicht reinbeißen, sonst schäumt euch das Maul«, sagte ich, atemlos nach der langen Strecke, die ich im schnellen Lauf zurückgelegt hatte, und immer noch keuchend vor Lachen. Schließlich lief ich einfach weiter und rief in melodischem Stakkato: »Hierher, Kati, hierher, Mikey.« Und tatsächlich, die Hunde ließen sich täuschen. Neugierig schossen die zerknautschten Köpfe hoch, als seien sie überzeugt, daß ich etwas Aufregenderes entdeckt hatte.

Sofort jagten sie hinter mir her, drängten sich an meinen Beinen vorbei und gerieten gleichzeitig ein wenig ins Schlittern, als sie abrupt stehenblieben und schnüffelten. Enttäuscht wollten sie wieder zum Frosch zurück, aber der war nun hinter der Einzäunung des Schwimmbeckens in Sicherheit. Mikey folgte der Fährte in geduckter Haltung bis zum Zaun, schnupperte dabei wie besessen, und gab nur widerwillig auf. Doch irgendwann sprang er wie ein verspieltes Hündchen in kraftvollen Sätzen zurück zu Kati und mir.

Während ich langsam weiterschlenderte, sah ich bereits auf dem Hügel direkt hinter der Boys-Baracke die Reihe dichtgedrängter Feigenkakteen, die einen verfallenen Zaun säumten. Ich hatte vor, ins Tal zu gehen, das zwischen den beiden sanften Hügeln unserer Farm lag – der Forest. Ein magischer Ort der Stille und Schönheit, ein Ort der Wun-

der, voller Abenteuer und Rätsel, ein Ort, an dem man an Affenseilen hochklettern oder einfach nur dösend im lichtbesprenkelten Schatten liegen konnte.
Als ich eine Bewegung auf dem Hügel bemerkte, legte ich schützend die Hand über die Augen. Eine der Boys-Frauen kam aus dem Hüttendorf, und in ihrem aufrechten, geschmeidigen Gang schien sie zu schweben. Während sie die Last mit einer Hand zurechtrückte, fing sich ein Lichtstrahl in der Blechwanne, die sie auf dem Kopf balancierte. Ich sah zu, wie sie hinüber zu der massiven Wand aus Feigenkakteen ging und die Wanne schwungvoll auf dem Boden absetzte.
Auf einmal hatte ich meinen Plan geändert und schwenkte in die andere Richtung. Zum Forest konnte ich immer noch gehen. Im Moment wollte ich nur eines: spüren, wie der grüne Saft der kernigen indischen Feige übers Kinn läuft. Sie war meine absolute Lieblingsfrucht mit ihrem frischen Fleisch voller Sommer – für mich war sie der Inbegriff dieser Farm und untrennbar mit dem Weihnachtsfest verbunden.
Die Hunde kamen mir nach, als ich den sanften Hügel hinaufstieg, jagten an mir vorbei und sprangen laut bellend die Frau an, die sofort stehenblieb und sich mit dem Rücken gegen den Zaun preßte. Ich beeilte mich, verpaßte den Hunden einen Klaps aufs Hinterteil und rief sie zur Ordnung.
»Ungezogene Hunde. Hört sofort auf damit. Wollt ihr wohl die Frau nicht anbellen. Schon gut«, sagte ich dann an die Frau gewandt. »Sie sind nur ein bißchen verspielt, aber sie beißen nicht.«
Die Frau starrte wortlos auf die Hunde, doch dann zogen Kati und Mikey endlich ab, stolperten den Hügel hinunter, bissen sich immer wieder in die Ohren, jagten einander und tollten miteinander. Erst jetzt wagte die Frau, einen Schritt

vorzugehen, und breitete immer noch schweigend das Sackleinen auf dem Boden aus.

Ich hockte mich neben sie und sah ihr zu. Anmutig, im vollen Bewußtsein der Gefahr, wählte sie selbstsicher dornige Früchte aus stachelgeschützten Trauben und pflückte sie mit einem kräftigen Ruck. Sie ließ die Feigen einfach auf das ausgebreitete Sackleinen fallen, und die stacheligen Früchte kullerten über den Boden. Ich nahm das kleine eiserne Messer, das auf der Decke lag, ließ eine Hand unschlüssig über den Früchten kreisen, bis ich mir schließlich eine herauspickte, spreizte die Hand, wie ich es schon so oft bei Erwachsenen beobachtet hatte, und klemmte das obere und untere Ende der Feige zwischen Daumen und Zeigefinger. Der Griff gelang mir eigentlich ganz gut, aber meine Hand war einfach noch zu klein, um die stachelige Schale zu umspannen.

Als ich merkte, daß meine Handfläche ein Dornenbüschel streifte, ließ ich die Frucht erschrocken fallen, rieb mir die schmutzige Handfläche und spürte, daß ein Stachel festsaß. Also saugte und biß ich an der Stelle herum, obwohl eigentlich kein Fremdkörper zu sehen war, und versuchte, das unangenehme Gefühl loszuwerden.

Erst als ich aufsah, fiel mir auf, daß die Frau mich unter ihrem roten Kopftuch mit großen Augen beobachtete. Behende hockte sie sich neben mich. Ihre langen Füße wirkten ausgetrocknet und schwielig, sie roch nach Feuer und Eukalyptus, und ich erinnerte mich wieder, daß die Frauen Eukalyptus oft als Arzneimittel oder Vorbeugung gegen Erkältungen verwandten. Ihre Finger schienen unglaublich lang, rauh und knochig, als sie sie wie Spinnenbeine ausstreckte, die Frucht in Sackleinen hüllte und die gefährlichsten Stellen der dornigen Schale abrieb und scheuerte. Dann holte sie die Frucht wieder aus dem Leinen hervor, hielt sie, wie ich es zuvor versucht hatte, und schlitzte die Schale – indem sie das Messer blitzschnell herunterschnellen ließ – an drei Seiten von oben bis unten auf. Nachdem sie die Schale von dem kleinen grünen Ding gezogen hatte, hielt sie mir die eiförmige Frucht hin und lächelte zum ersten Mal.

Das Fruchtfleisch fühlte sich glitschig und kühl an, und plötzlich war dieses Piksen in meiner Hand, das sich einfach nicht lokalisieren ließ, wie weggeblasen. Ich biß in das kernige Fleisch und saugte den frischen süßen Saft auf, der scheinbar das Sonnenlicht in sich gespeichert hatte.

Eine Weile blieb ich sitzen und schmeckte die Farm mit allen Sinnen. Die Sonne wärmte das Gras und entlockte den Fruchttrauben einen Duft, der an Heu erinnerte. Schon bald mischte sich der scharfe Geruch der *khabikos* darunter. Die Insekten nahmen ihren schrillen, durchdringenden Gesang auf, der den ganzen Tag nicht mehr verstummen sollte, während in dem niedrigen, ausladenden Dornenbaum über meinem Kopf die Weihnachtskäfer ihren *zee-ee*-Chor anstimmten. Die Vögel verkündeten das Ende des Regens, und mein absoluter Lieblingsvogel – die schlichte graue Taube – rundete das Bild des warmen, reingewaschenen Morgens mit ihrem sanften Gurren ab, das mich in die sichere Geborgenheit der Farm eintauchen ließ.

Schließlich hatte die Frau genügend Früchte gepflückt und abgerieben. Sie streckte die langen Beine aus, die sie untergeschlagen hatte, und balancierte die fast volle Wanne auf ihrem Kopf. Ohne ein einziges Wort zu verlieren, machte sie sich auf den Weg den Hügel hinunter und schlug dabei immer wieder einen Bogen um die aufragenden Aloes. Sie ging federnd und leichtfüßig, ihre Bewegungen waren voller Geschmeidigkeit. Die beiden weißen Schmetterlinge, die unmittelbar vor ihren Augen tanzten und sich baumelnd im Kreis drehten, schien sie nicht mal zu bemerken.

Das üppige, feuchte, lebenspendende Zentrum der Farm, der Forest, lag eingebettet zwischen den beiden sanft geschwungenen Hügeln, die wie Wächter links und rechts vom Farmhaus standen. Die Talspalte zwischen den Erhebungen durchdrang der düstere, moderige Geruch abgestorbener Pflanzen, die zu einem dicken, übelriechenden Waldboden zerfielen.

Ich schlenderte unter einem Blätterdach über den halbdunklen Weg, der sich durch eine verworrene Pflanzenwelt schlängelte, und hörte das heisere Krächzen des *knysna,* das einem finsteren Grollen glich. Obwohl der Ruf so nah klang, konnte ich die prächtige, etwas scheue Schönheit durch das dichte Buschwerk hindurch nicht entdecken.

Grünlich und nebelverhangen drangen ein paar spärliche Sonnenstrahlen zu mir vor. Meine Füße durchstreiften mit einem *schusch-schusch* das Laub, das – dicht und feucht – wie eine schwere braune Schneeschicht den Boden unter sich verbarg und etwas Bedrohliches für meine nackten Füße hatte. Sobald ich an Schlangen dachte, verkrampften sich meine Zehen zu Klauen. Über mir hing süßlich duftender Greisbart kraftlos herunter und wehte sanft in der leichten Brise. Akazien standen eingezwängt zwischen wilden Feigenbäumen, die sich mächtig ausbreiteten, und die fleischigen grünen Arme der Wolfsmilch türmten sich über knorrigen Büschen auf. Magere, verdrehte Stämme wanden sich im erstickenden Überfluß.

Der Pfad schlängelte sich durch die undurchdringliche grüne Wand, und ich folgte ihm unbeirrt. Hin und wieder mußte ich über umgestürzte Bäume klettern, die quer über dem Weg lagen. Spiralförmig gewundene Affenseile hingen dicht an dicht, wenn der Pfad schmaler wurde, und schwan-

gen weit hinunter durch gedämpftes Sonnenlicht und grüne Türme voller Vogelgezwitscher.
Ich schlenderte bis zu der Stelle, an der der Bach in einem sanften Tränenschleier ins Tal sickerte. Schwarz verfärbte Steine lagen auf dem Weg, feucht und moosbewachsen. Ich überlegte mir, daß man die Steine wahrscheinlich schon vor Ewigkeiten hergeschleppt hatte, damit niemand nasse Füße bekommt, wenn er den eisigen Bach überquert. Riesige flache Findlinge ragten einladend zu beiden Seiten des melodischen Plätscherns auf. Eine Welt für sich mit sanftem Rauschen, Vogelrufen und Insektengesang. Wenn ich mich ganz stark konzentrierte, bildete ich mir ein, das Quietschen des Generators zu hören, doch ansonsten drang kein Farmgeräusch bis hierher vor.
Während ich den engen Windungen des Weges nachging, um zu den Felsbrocken zu gelangen, entdeckte ich Neil, der dort in nachdenklicher Haltung auf dem größten Steinblock kauerte und – die Arme um die Beine geschlungen – vor sich hin dämmerte. Zwischen seinen Fingern klemmte eine Zigarette. Als er mich kommen hörte, schnellte sein Kopf hoch, aber er lächelte nicht.
»Du hast mich hier nie gesehen, kapiert?« Er machte gar nicht erst Anstalten, die Zigarette auszudrücken, und richtete den Blick aus glasigen Augen wieder auf den Wasserlauf, während er Asche auf den Weg schnippte.
»Schon in Ordnung«, sagte ich und kletterte auf einen kleineren Findling zu seinen Füßen. Das Schweigen war unangenehm – für mich jedenfalls. Ich bewunderte meinen einmaligen, gutaussehenden Bruder und wollte unbedingt, daß er mich mochte. So sehnlich wünschte ich mir seine Zuneigung, daß ich mich fast schon anbiederte. Aber ich hatte keine Möglichkeit, die Kluft der Jahre, die zwischen uns lag, mit Worten zu überwinden. Meistens beachtete er

mich gar nicht, während ich alles tat, um mit ihm zu reden, ohne eigentlich zu wissen, was ich ihm sagen sollte.

Wir saßen so lange auf den Felsbrocken, daß sich mein Hintern von der klammen Feuchtigkeit, die der Stein aufgesogen hatte, ganz taub anfühlte. Der Wald, seine Geräusche und Düfte existierten plötzlich nicht mehr für mich. Meine ganze Aufmerksamkeit richtete sich auf die schlaksige Gestalt, halb Junge, halb Mann, die mit zusammengekniffenen Augen Rauchkringel in die Luft stieß.

»Hast du schon die Farm von dem Neuen gesehen?« Seine Frage kam so plötzlich, daß ich zusammenschrak.

»Nein, ich will nicht … ich hab keine Ahnung, wie sie jetzt aussieht. Bestimmt ganz anders.«

»Natürlich hast du keine Ahnung, wie sie jetzt aussieht, wenn du nicht mal gucken warst, Dummerchen.«

Er sah mich mit diesem typischen verzerrten Gesichtsausdruck an, der seine Geringschätzung verriet.

»Komm schon, Dummkopf. Ich will mir mal ansehen, wie sie die Gegend kaputtgemacht haben. Wenn du Lust hast, kannst du mitkommen.«

Er schwang die Beine in den Bluejeans über den Felsrand und trat die *stompie* auf dem Weg aus. Dann ging er mit großen Schritten den gewundenen Pfad entlang, ohne sich auch nur einmal nach mir umzudrehen. Er war sich sowieso sicher, daß ich mich beeilte, ihn einzuholen, und natürlich rannte ich hinterher und legte immer wieder einen kurzen Sprint ein, um Neil – dem ich offensichtlich völlig gleichgültig war – nicht zu verlieren.

Als wir den Blätterbaldachin hinter uns gelassen hatten, brannte die Mittagssonne so erbarmungslos, daß der Himmel farblos schien und die Luft vor uns flimmerte. Plötzlich verlangsamte mein Bruder seinen Schritt und wartete, bis ich ihn eingeholt hatte.

»Weißt du irgendwas über die neuen Leute hier?« fragte er.
»Kaum was. Ich hab gehört, wie Williams Sohn gesagt hat, er ist grausam und behandelt seine Boys nicht gut. Aber Ouma sagt, sie können froh sein, wenn sie Arbeit haben.«
»Hmpf«, machte er, während er seinen Gang meinem anpaßte.
Das Gras vor uns war niedergetrampelt, es gab nur wenige Dornbäume, verkümmert, gebeugt und kleinwüchsig. Wir hatten das *Zuurveld* erreicht, früher mal ein wildes Randgebiet unserer Farm. Selbst nachdem der Regenschauer an diesem Morgen etwas Feuchtigkeit gebracht hatte, erstreckte sich die gelbbraune Landschaft staubig und karg vor uns – eine einsame Gegend mit wenigen, verstreut aufragenden Bäumen.
Ein neuer schiefer Zaun stach aus dem *veld* hervor. Dahinter erstreckte sich ödes Land.
Die sowieso schon spärlichen Bäume waren dort gefällt worden, grau und nackt lag das Land in der Hitze des Tages. Selbst die flüsternden alten Gummibäume hatten sie niedergemacht, und in dieser Einöde, mitten in staubiger Leere, stand ein Haus. Niedrig und flach kauerte es – scheinbar vollkommen fehl am Platz – im Nichts, ein schmuckloser Bau, der der unwirtlichen Gegend nichts Freundliches entgegensetzte.
»Mann, ist das häßlich«, platzte ich heraus, geschockt von der tristen Dürre und dem kastenähnlichen Bau. Das Haus bestand lediglich aus einem langgestreckten Komplex mit einer Fensterreihe, in der jedes Rechteck exakt gleich geschnitten war, bis auf ein großes Panoramafenster am Ende des Gebäudes. Was sich bräunlich dahinter abzeichnete, mußte wohl das Wohnzimmer sein.
»Ja, wie's aussieht, hat der Kerl eine Vorliebe fürs Schlichte.«
»Guck mal, Neil, die haben ja noch nicht mal 'ne Veranda.«

»Ach, das mit der Veranda geht ja noch. Aber die haben keine einzige Regenrinne, nicht mal 'ne Stufe vor der Haustür.«

Schweigend gingen wir den krummen Zaun entlang, vorbei an dösenden Schafen, die in Gruppen zusammenstanden. Als ich einen Stock fand, strich ich damit am Drahtzaun entlang, das blecherne *ting ting* begleitete unsere Schritte. Vor uns sahen wir auf der anderen Seite des Zaunes ein paar zusammengedrängte, quadratisch geschnittene Baracken. Tatsächlich – zwei geduckte alte Gummibäume hatten dort überlebt. Diese Gebäudegruppe – wahrscheinlich, wenn man von der Anordnung unserer Farm ausging, der Schuppen oder die Scheune und vielleicht auch eine Molkerei – hatte wenigstens noch eine Art schlichten Charme, der dem Farmhaus fehlte. Womöglich lag es an den tanzenden Schatten, die die Bäume warfen.

Wir starrten zu den tristen Kästen – ich, indem ich durch den Zaun lugte, er, indem er sich weit darüber beugte – und versuchten, jenseits der gewaltigen neuen Grenze Anzeichen von Leben auszumachen. Neben einer kleinen Umzäunung, die genauso aussah wie unser Schweinepferch, spielte ein *piccanin* im aufgewühlten Schlamm.

»Ob die da wohl ihre Schweine drin haben?« wollte ich wissen.

»Bestimmt. Riechst du das nicht?«

Der kleine Junge hatte aufgeschlagene Knie und trug ein zerrissenes khakifarbenes Hemd. Offensichtlich spielte er mit zwei runden Steinen. Ich wartete, bis er endlich aufsah, lächelte ihn an und winkte.

»*Molo*«, rief ich.

Das Kind stand auf, wischte sich mit dem Unterarm über das Gesicht mit eingetrockneten Rotzspuren, drehte sich um und lief weg. In einem weiten Bogen jagte er um die

Gebäude und verschwand dahinter. Schweigend warteten wir eine Weile, um zu sehen, ob noch irgend etwas passierte.
»Jo-han-nes!« Die Stimme klang schrill und betonte gebieterisch die letzte Silbe des Namens.
Aus dem Schweinepferch tauchte ein Mann mit zerfetztem T-Shirt und Khaki-Shorts auf. In einem seltsamen Gang, eine Art stoßweises Trotten, ging er auf das Gebäude zu, in dem wir die Molkerei vermuteten.
»Ja, ou Miesies«, sagte er. Er war barfuß, und ich versuchte die ganze Zeit herauszufinden, was an ihm so anders war als an unseren Boys.
»Dieser Geizkragen von einem Holländer kann seinen Boys nicht mal ordentliche Overalls kaufen«, brummelte Neil und beantwortete damit meine unausgesprochene Frage. Eigentlich hatte er gar nicht mit mir geredet, ich glaube, er wollte sich selbst erklären, warum ihm all dies so merkwürdig schien.
Jetzt sahen wir die Farmersfrau, in der Hand trug sie einen Eimer. Das graue, straff zurückgekämmte Haar saß mit einem enganliegenden Haarnetz fest am Kopf. Eine auffällig große Frau, die sich kerzengerade hielt – ihr Hals bildete eine straffe Linie bis zu den stolzen, fest zusammengepreßten Lippen.
»Hast du schon mal gesehen, daß jemand so stocksteif rumläuft?« flüsterte ich und zupfte an Neils Gürtelschlaufe, damit er sich an seine kleine Begleiterin erinnerte. Ich wollte daran teilhaben, wie er all dies mit den Augen des Erwachsenen sah, ich wollte, daß uns dieselben Ansichten und ein Gefühl der Überlegenheit verband. »Wenn die sich bei uns an der Schule blicken läßt, kriegt sie nach zwei Sekunden den weißen Gürtel.«
Eine Anspielung auf die Auszeichnung, die es bei uns an der Schule für gutes Benehmen gab. Neil lächelte, und ich war

glücklich bei dem Gedanken, daß ich ihn tatsächlich erheitert hatte. Das mit den weißen Gürteln war eine Art Familienscherz. Meine Mutter mahnte mich immer wieder, daß ich erst mal lernen müßte, nicht ständig die Schultern hängenzulassen und auf dem Boden nach Schlupflöchern, zeitleeren Räumen und bösen Omen zu suchen, wenn ich mir irgendwann mal einen weißen Gürtel verdienen wollte.
Die ältere Frau bemerkte uns schließlich und neigte leicht den Kopf, während sie uns von oben bis unten musterte. Doch dann reckte sie gebieterisch das Kinn, um uns zu verstehen zu geben, daß sie nicht vorhatte, uns eines weiteren Blickes zu würdigen – wir waren Luft für sie. Ihre arrogante Haltung betonte sie, indem sie sich ein Stück von uns abwandte.
Während sie auf einer kleinen Anhöhe stand, redete sie ruhig auf die Gestalt ein, die unter ihr kauerte. Ihre Lippen bewegten sich kaum dabei, und sie richtete die Worte an den leeren Raum weit über dem Kopf des Mannes. Ich konnte fast nichts verstehen, ihr Afrikaans war sowieso ein bißchen zu schnell für mich, aber ich beobachtete, wie der Mann nickte. Er saß mit dem Rücken zu uns, und während er nickte, spannte er Hals und Schultern und beugte übertrieben demütig den Kopf.
»Mann, das ist 'ne richtige alte Sklaventreiberin«, rief Neil aus, sah die Frau wütend an und schüttelte den Kopf.
»Was du nicht sagst«, erwiderte ich und kicherte hinter vorgehaltener Hand, glücklich, daß er mir gegenüber so einen erwachsenen Kommentar abgab.
Als sich der Boy umdrehte und wieder wie gejagt davontrottete, stellte ich erschrocken fest, daß es Alberts Sohn war, von dem man erzählte, er sei geschlagen worden. Ich erinnerte mich noch von den letzten Weihnachtsfesten an ihn, ich hatte ihn gesehen, als wir die traditionellen Fotos von

allen Farmkindern machten, aber natürlich war er noch jünger gewesen.

Was war nur an seiner Trostlosigkeit und an seinen traurigen Zügen, was mich später denken ließ, er habe damals schon die Zeichen der Verdammung getragen? Töricht, ich weiß. Mit acht Jahren konnte ich mit diesem Begriff wahrscheinlich noch gar nichts anfangen. Der bloße Gedanke, jemand könne verdammt sein, mußte mir absolut fremd gewesen sein. Aber ich erinnere mich genau, daß ich das quälende Bedürfnis hatte, mich irgendwie ihm zu nähern. Ich wollte ihn unbedingt ansprechen. Die ältere Frau war langsam in die Scheune zurückgegangen, seltsam gleitend, beinahe ohne die Knie zu beugen.

»Hallo«, rief ich. *»Molo,* Johannes. Kennst du uns nicht mehr?«

Ich umklammerte das rautenförmige Maschengitter, zog mich ein Stück höher und preßte den Mund gegen eines der Löcher. Johannes drehte sich ein einziges Mal um und blieb kurz stehen. Als sein Blick aus dunklen Augen auf uns fiel, spürte ich, wie mich Kälte durchdrang – sein Haß traf mich mit solcher Wucht, daß ich plötzlich meinte, ich müsse mich übergeben.

So ist es mir jedenfalls im Gedächtnis geblieben. Ich weiß, wenn ich das heute erzähle, muß es sich ein bißchen übertrieben anhören, aber vergiß bitte nicht, daß ich damals ein leicht beeinflußbares Kind war, empfänglich für Stimmungen und Übersinnliches – für Unheil und Gutes.

»Komm schon, wir gehen noch einmal am Haus entlang und gucken, ob wir noch irgendwas entdecken können. Ich glaub nicht, daß er sich noch an uns erinnert. Ist doch egal.«

Neil legte wie zufällig den Arm um meine Schulter, eine beschützende Geste, als wolle er mich trösten. Ich wagte kaum, mich zu bewegen – er sollte nicht denken, daß ich ihn abschütteln wollte. Er sollte den Arm liegenlassen und den Haß von mir fernhalten, der mich – wie ich spürte – durchdrungen hatte und sich nun in den verletzlichsten Teil meines Ichs vorwagte, um meinen tödlichen Punkt zu suchen. Heute frage ich mich oft, ob Neil etwas Ähnliches empfunden hat. Er hat nie etwas gesagt, aber ich habe ihn auch nie gefragt.

Während wir langsam zurückschlenderten, immer an dem trostlosen Zaun entlang, entdeckten wir beide den *baas,* von dem wir schon gehört hatten. In Gummistiefeln, Khaki-Shorts mit Gürtel und Hemd beugte er sich über ein Schaf, gar nicht weit von uns entfernt. Er hatte einen dicken Bauch, war ein dunkler Typ und breit gebaut – ein stattlicher Mann, glaube ich jedenfalls. Die Augen waren von einem stechenden Blau, die Brauen erschreckend buschig, aber ansonsten trug er das Haar – seitlich und auch am Hinterkopf – in einem kurzen Bürstenschnitt. Vorn fiel es ihm mit einer schwungvollen Tolle in die Stirn, das, was wir spöttisch »Dutchman *kuif*« nannten.

»*Middag.*« Seine Stimme klang rauh, ein Bärenbrummen.

»*Middag, Meener*«, erwiderte ich. Neil sah zu Boden, um seine Feindseligkeit zu verbergen, und murmelte: »*Howzit.*« Ich nehme an, mit diesem unpassenden Gruß wollte er seine Distanz zum Ausdruck bringen. Den Fremden einfach zu ignorieren, schien ihm wohl doch zu hart.

»Diese verdammte, fanatische Kap-Hyäne«, murmelte er, als wir den Zaun schließlich hinter uns ließen. Plötzlich spuckte er aus, als wolle er sich und mir seinen grenzenlosen Ekel demonstrieren. »Hast du nicht gemerkt, daß der Typ gemeingefährlich und *hairy* ist? Der ist so was wie ein Henkerseil, sag ich dir.«

»Was soll das heißen – ›ein Henkerseil‹?«

»Na, dick, gefährlich und total abgedreht«, erklärte er.

»Solche Leute erkennt man auf den ersten Blick. Die sind nicht wie wir. Die Typen sind grausam und behandeln ihre Afrikaner schlecht.«

Er holte tief Luft, blieb stehen und sah mich an. »Das sind die Leute, die dafür sorgen, daß die Apartheid in diesem Land nie ein Ende hat. Die wählen die NATs, nur weil's ihre Väter und Großväter schon getan haben, und ihnen fehlt einfach der Grips, um zu kapieren, daß die Regierung schlecht ist.«

Ich nickte und überlegte, ob es wohl schon Zeit fürs Mittagessen war. Als Neil sah, wohin mein Blick wanderte, sah er auf die Uhr.

Wir waren schon viel zu spät fürs Mittagessen und rannten zurück in Richtung Farmhaus. Neil zerrte mich hinter sich her und hielt mich so fest am Arm, daß ich immer wieder kurz vom Boden abhob und schwebte. Längst lachte ich wieder. Ich kann mich gar nicht erinnern, Williams Sohn schon von weitem gesehen zu haben, wahrscheinlich konzentrierte ich mich viel zu sehr auf den vorbeirauschenden Boden und den Himmel, der über mir verschwamm. Doch plötzlich blieb Neil stehen, und ich landete jäh auf den Füßen.

»*Howzit,* John. Wie läuft's so mit der Schule?«

»Ich hab aufgehört«, erwiderte er barsch, ohne uns anzusehen. Sein Blick hing an seinen ausgetretenen Schuhen, die ein Muster in den Sand malten.

»Mann, verdammt, warum denn das? Du hast es doch bis zur sechsten Stufe geschafft. Warum hörst du jetzt auf? Du hast so viele Pläne gehabt.«

»*Ag,* das bringt sowieso nichts«, sagte er, hob abrupt den Kopf und richtete die funkelnden Augen auf Neil. »Es bringt nichts, die Bantu-Ausbildung fertig zu machen. Da lernt man nur, ein Boy zu sein. Und ich kann nie mehr werden als ein Boy. Für dich ist das was anderes. Für *klein* Missie und den Ma-aster ist das Leben schön.« Er verzog den Mund zu einem verächtlichen Grinsen.

»*Ag,* Mann, nun sei doch nicht so.« In Neils Gesicht spiegelte sich jungenhafte Verletztheit und echte Sorge.

Williams Sohn ging mit großen Schritten los, ließ uns zurück, blieb noch mal stehen und sagte über die Schulter hinweg: »Ist ja auch egal, ich muß jetzt sowieso arbeiten gehen. Die *ou Miesies* sagt, ich muß mir Arbeit bei dem grausamen Master auf der Nachbarsfarm suchen.« Seine Stimme war erfüllt von Bitterkeit, und nach einer Weile fügte er hinzu: »Das ist einer, der noch überzeugt ist von der Apartheid.«

Neil erwiderte nichts, während John übers *veld* ging, den Rücken der schützenden Geborgenheit unserer Farm und der ausgelassenen Stimmung in der Boys-Baracke zugewandt.

Langsam ging Neil weiter, seufzte und legte die Stirn in tiefe Falten. Mein Magen war plötzlich wie zugeschnürt, und ich spürte, wie das Häßliche wieder über uns schwebte, ein Schreckgespenst, das den Tag verdunkelte und ihn plötzlich bedrohlich wirken ließ. Und diesmal waren wir nicht auf der Nachbarsfarm.

»Ist bestimmt hart für ihn, könnt ich mir vorstellen«, platzte ich heraus. Ich wollte meine Wut in den Griff bekommen und die Dinge für mich selbst wieder zurechtrücken. Nichts durfte an der Farm, so wie sie war, rütteln.

»Aber er hat noch verdammtes Glück«, fuhr ich fort. »Es gibt nicht viele Afrikaner, die so lange zur Schule gehen. Und ich find's auch nicht richtig, daß er so wütend auf Ouma ist. Sie kann ja nichts dafür, daß sie und Oupa jetzt zu alt sind, um die ganze Farm zu führen. Und sie kann auch nichts dafür, daß der neue Nachbar ein Henkerseil ist. Er kann doch nicht ihr die Schuld gehen, wenn er sich Arbeit suchen muß. Ich find das nicht fair.«

Er sah mich eine Weile an. Ich war mir nicht sicher, ob ich seinen Gesichtsausdruck richtig deuten konnte – eine seltsame Mischung aus Spott, Wut und Belustigung.

»Vielleicht sind wir an allem schuld«, sagte er schließlich, ohne näher auf meine Worte einzugehen, »weil wir das alles zulassen. Weißt du denn nicht, was die Deutschen im Krieg gesagt haben? Sie haben behauptet, daß sie unschuldig sind und es nicht fair ist, wenn man sie zur Rechenschaft zieht. Aber weißt du was? Sie waren alle schuldig, weil sie zugelassen haben, daß die Dinge passieren. Und hier ist es genau dasselbe. Man muß uns die Schuld dafür geben, dir und mir.«

1989 …
29. Oktober

»Lang sollen sie leben – die bewährten, hart geprüften Führer des ANC! Lang sollen sie leben!«

»La-ang lee-ben«, grölt die dichtgedrängte Menge – Tausende von Menschen.

Ich kann's einfach noch nicht fassen, daß ich mich wirklich in dieses Inferno hysterischer Hoffnung gemischt habe. Schon wieder spüre ich Joes Blick auf mir – er prüft ständig, wie ich reagiere. Also vermeide ich es, zu ihm hinzusehen. Wahrscheinlich hält er es für ratsam, ein Auge auf mich zu haben, nur für den Fall, daß mein schwarzer Humor mit mir durchgeht. Könnte ja sein, daß ich ihn für immer vernichte, indem ich laut rufe: »Lang lebe die SAP von Südafrika! Lang soll sie leben.« Irgend so was Unerhörtes. Das würde hier natürlich einschlagen wie ein AIDS-Toter in einem Massage-Club. Vielleicht meint er auch, diese reichhaltige und übermächtige Diät an Glaube und Hoffnung, auf die er mich gesetzt hat, könne meinen Magen überfordern. Wer weiß, vielleicht muß ich mich über den Rand der Tribüne erbrechen.

Die Hitze hämmert gnadenlos auf mich ein, die Sonne steht senkrecht über unseren Köpfen. Schon komisch, die ganze Zeit hieß es, daß es regnen soll. Gestern haben sie in den Zeitungen geschrieben: »Die ›Welcome the Leaders‹-Kundgebung findet bei jedem Wetter statt. Bringt also Regenschirme mit.«

Heute morgen habe ich so lange getrödelt und den Aufbruch hinausgezögert, wie's nur ging. Als ich – ziemlich spät – aufgestanden und sofort zu meiner sicheren Höhle im Bad gestürmt bin, war die Sonne noch von einer Art milchigem Schleier verhangen. Ich aalte mich ziemlich lange im sicheren Schoß der Wanne und ließ mich nackt treiben. Danach dauerte es noch mal eine ganze Weile, bis ich meinen Schutzpanzer präpariert hatte – ein langer Rock mit Gummizug, ein großes T-Shirt, meine Brille und ein Haarknoten, der die zarten, empfindlichen Haarsträhnen bändigt.

»Mach schon, Kate.« Seine Stimme drang durch die Badezimmertür. »Ich weiß genau, was du vorhast. Versuch's bitte nicht auf die Tour. Halt uns nicht länger auf. Bitte, Kate!« Die Stimme versagte ihm für einen Augenblick, als er meinen Namen aussprach, und er mußte sich räuspern.

»Wir gehen auf jeden Fall, egal, was passiert. Du kannst höchstens erreichen, daß wir den aufregendsten Teil verpassen.«

»Was?« rief ich zurück. Ich steckte mir gerade ein paar gelockte Strähnen mit Haarklammern fest. »Du gehst also tatsächlich davon aus, daß die pünktlich anfangen! Jetzt übertreibst du's wirklich mit deinem Optimismus.«

Also hat er gewartet. Ich nehme an, er hat die Vor- und Nachteile in Gedanken abgewogen und ist zu dem Schluß gekommen, daß er mich in dieser Situation besser nicht provoziert. Zur Mittagszeit kamen wir dann im Soccer-City-Stadion an, exakt zu dem Zeitpunkt, als das »Kulturprogramm« eigentlich beendet und die richtige politische Kundgebung losgehen sollte. Aber schon vom Parkplatz aus konnte ich hören, daß die kulturellen Vorführungen noch im vollen Gang waren.

Die Sonne lastete schwer auf dem Kies. Staubwirbel und -strudel stiegen bis zu unseren Köpfen auf, während sich die Autoschlange, Stoßstange an Stoßstange, langsam dem Parkplatz näherte. Busse standen ordentlich in Reih und Glied – Hunderte von Bussen, mehr, als ich in meinem ganzen Leben gesehen habe, und sie spuckten Tausende von Menschen aus.

Nachdem wir ausgestiegen waren, standen wir sofort in der nächsten Schlange – ehrlich, ich konnte nicht fassen, daß wir uns freiwillig so quälten. Wir drängten uns am hohen Maschenzaun entlang, um ins Stadion zu gelangen. Hinter dem Zaun stolzierten Filmteams und Fotografen herum, begrüßten jeden zweiten und gingen auf Jagd nach klugen Kommentaren. Mein Gott, wieviel Mühe sie sich gaben, nicht eine Sekunde diesen harten »Wir-haben-schon-so-viel-gesehen«-Ausdruck abzulegen. Sicher, auf einigen Gesichtern war die ungeduldige Spannung für immer erloschen, aber es gab noch genügend Neulinge, die sich irgendwann von der Stimmung anstecken ließen und die gelangweilte Überheblichkeit ablegten.

Ordnungsleute vom ANC kontrollierten das Tor und brachten die Warteschlange wieder langsam in Gang, indem sie die Leute willkürlich auf den Tribünen verteilten.

»Sehr demokratisch, findest du nicht?« murmelte ich, als wir endlich am schmalen Durchgang ankamen und man uns wortlos einen Platz am hintersten Ende der obersten Tribüne zuwies – das Podium stand genau auf der anderen Seite des Platzes.

»Sei jetzt bitte still, Kate. Hör bitte auf mit dem Gemecker. Hier ist so eine tolle Stimmung, mach sie mir bitte nicht kaputt.«

»Nein, ich will nicht meckern. Mir liegt gar nichts daran, den Leuten auf der Bühne näher zu sein, die wahrscheinlich permanent Ergriffenheit zur Schau stellen. Wahrscheinlich war das dem Typen vom Ordnungsdienst vollkommen klar – er hat bestimmt meine Gedanken gelesen. Andererseits – warum schickt er die Leute direkt vor uns zur Haupttribüne gleich vor dem Podium, während er uns einen Platz

in der allerletzten Reihe gibt, ganz oben natürlich? Na ja, schon gut, uns soll's gleichgültig sein ...«
Herzlichkeit umfing uns, als wir in der letzten Reihe der obersten Tribüne ankamen. Einen schrecklichen Moment lang fürchtete ich, der Typ vom Ordnungsdienst mit der ANC-Kappe auf der letzten Stufe wolle uns umarmen. Aber im letzten Augenblick wich er einen Schritt zur Seite. Wahrscheinlich hat er meinen Gesichtsausdruck gesehen. Er und Joe faßten sich statt dessen nur kurz an den Schultern. Ich kann es sowieso selten ertragen, wenn mich jemand berührt, aber diese Gefühlsduselei hätte mir den Rest gegeben.
»Willkommen, Genossen!« Zwei schwarze Frauen – eine pummelig, mit drallen Brüsten, die andere hager – beugten sich über den Rand der Tribüne, um uns die Hand zu schütteln. Sie scheinen außer sich vor Freude, uns hier in blütenreinem Weiß anzutreffen, schoß mir durch den Kopf, und es war mir richtig peinlich, daß sie uns so begeistert empfingen. Und schon im nächsten Moment schämte ich mich in Grund und Boden bei dem Anblick von Joes überschäumender Dankbarkeit, so leidenschaftlich begrüßt zu werden.
»Hoch lebe der ANC! Viva!« Die Stimme dröhnt aus den riesigen Lautsprechern.
»Viva!« brüllt die Menge mit mächtiger Stimmgewalt. Die Massen lassen sich mitreißen von der Litanei, Menschen springen auf wie in religiöser Ekstase und strecken die Fäuste zu einem emotionsgeladenen Gruß nach oben.
Schon beeindruckend, diese leidenschaftliche Kraft, das muß ich zugeben. Was für eine Gewalt liegt doch in dem rituell wiederholten Slogan und in der Inbrunst, mit der die Versammelten antworten.
Die Menschen lächeln sich zu, und – mein Gott – Joe suhlt

sich in dieser Ergriffenheit. Fast hat er Tränen in den Augen. Ich kauere auf meinem Platz und zupfe an den Fingernägeln, während er den Gruß all der winkenden Leute hinter uns erwidert. Schließlich hat er ihn lang genug geübt – diesen Griff mit beiden Händen, ein Ritual in drei fließenden Etappen.

»Hallo, Genosse; Danke, Genosse; Schönen Tag, Genosse; Kollege, schön, dich hier zu sehen …«

Eine Stimme vom Podium erklingt. Ein »Befreiungs«-Dichter – irgend so was haben sie, glaube ich, gesagt. Ich habe wohl nicht richtig zugehört, als sie ihn vorstellten.

»Heißt sie willkommen, die Führer,
die Führer des Volkes.
Heißt sie willkommen, die Führer,
sie werden das Volk befreien.
Heißt sie willkommen, die Führer
unseres Landes.
Afrika –
unser Land.
Das Volk soll es regieren –
dieses Land.«

Ich seufze. Die Sonne bohrt sich in meinen Schädel. Um mich herum höre ich das Gebrummel messianischer Hingabe. Eine Welle der Gefühle, voller Intensität, packt die schwitzende Menge. Wieder sieht Joe mich an. Langsam fühle ich so was wie Klaustrophobie in mir aufsteigen – ich bin festgenagelt von seinen Blicken inmitten eines Hexenkessels.

Wütend richte ich meinen Blick auf ihn, aber er hat sich schon wieder abgewandt und betrachtet die Menge und die winzigen Punkte auf dem Podium. Vor lauter Verwunderung steht sein Mund ein wenig offen, und seine Augen funkeln ungläubig. Einen Moment lang hat der Eifer, der sich in seinen Zügen spiegelt, den ängstlichen Ausdruck vollkommen ausgelöscht, doch als er mir erneut einen kurzen, hektischen Blick zuwirft, steht ihm wieder die Angst ins Gesicht geschrieben.

Ich rutsche unruhig auf meinem Tribünenplatz hin und her und schiebe die Beine von einer Seite auf die andere, vergeblich bemüht, der Sonne zu entkommen, die gnadenlos auf uns niederbrennt. Wenn ich aufstehe und mir ein bißchen die Beine vertrete, schnappt sich wahrscheinlich sofort ein anderer meinen Platz, und Joe müßte sich wohl – mein Gott, nicht auszudenken – mit einem Genossen darum prügeln. Das würde er mir nie verzeihen.

»Ich glaube nicht, daß Generationen von Studenten sich die Mühe machen, die tiefere Bedeutung dieses Gedichtes von Alfred Tennyson, dem Befreiungspoeten, zu analysieren«, schimpfe ich vor mich hin, so leise allerdings, daß es niemand hören kann. Sicherlich würde man mir die Bemerkung übelnehmen.

»Aber historisch gesehen ist er wichtig.« Joe ist mal wieder vollkommen ernst, eine Stimmung, in der er meist pedantisch wird. »Er ist ein ›Volksdichter‹, und deshalb ist er von Bedeutung. Achte doch mal darauf, wie er die Zeilen vorträgt – es ist wirklich erstaunlich. Dieser Mann hat was Hypnotisierendes an sich.«

»Hypnotisierend – das trifft's«, murmle ich. »Eine Beschwörungsformel, die die Masse in lebende Tote verwandelt.«

»Was sagst du, Kate?«

»Ach, nichts, Joe, gar nichts.«

Als ich das leidenschaftliche Glühen in seinen Augen sehe, verschwindet augenblicklich das verzerrte Lächeln von meinen Lippen. Plötzlich lächelt er.

»Es ist mir völlig egal, wie du dich anstellst, Kate. Du bist hier, das allein zählt. Irgendwas wird schon bei dir ankommen, davon bin ich überzeugt. Nicht mal ein Holzblock könnte unberührt bleiben. Das hier ist das wichtigste Ereignis der Gegenwart, Kate. Weißt du das eigentlich? Empfindest du nicht so was wie Ehrfurcht dabei? Ich meine, weil wir daran teilhaben? Es muß jetzt drei oder vier Jahrzehnte her sein, seit der ANC in diesem Land eine öffentliche Kundgebung veranstaltet hat.«

»Ja, mich packt tatsächlich so eine Art Ehrfurcht, wenn ich mir klarmache, daß ich hier sitze und mir von der Sonne ein Loch in den Schädel brennen lasse, während ich süßlichen Gedichten und heißen Slogans lausche.«

Er hört nicht auf, glückselig zu lächeln, was mich schließlich so rasend macht, daß ich den finsteren Blick auf die endlosen Autoschlangen hinter dem Stadion richte.

Plötzlich erinnere ich mich wieder, wie wir am Ostkap Riesenameisen unter einem Vergrößerungsglas gefangen hielten, bis sie in dem konzentrierten Sonnenlicht anfingen zu qualmen und zu kochen. Ich weiß jetzt, wie sie sich fühlen mußten, diese Ameisen. Ich frage mich nur, wer gerade darauf wartet, daß ich endlich gar werde, bevor er mich essen kann.

Auf der Bühne sind ein paar Tänzer, allerdings kann man sie von hier aus kaum sehen. Mein Gott, wie lange wollen sie die Kundgebung noch hinauszögern? Sie hätte schon vor einer Stunde anfangen sollen. Die Leute laufen inzwischen rein und raus, kaufen Erdnüsse und Eiscreme und teilen die Süßigkeiten in überschwenglicher Freundlichkeit mit ihren Nachbarn.

Der lächelnde Typ vom Ordnungsdienst zwängt sich durch die Sitzreihe unter uns, unterm Arm Poster und Freiheitspamphlete. Die Leute reißen die Arme hoch und schnappen nach der Beute, die der Typ jedem in die Hand drückt, der seinen Blick erhaschen kann. Die anderen läßt er noch ein bißchen zappeln. Joe greift blitzschnell nach einem Poster, das über seinem Kopf schwingt, und lächelt dabei, um zu demonstrieren, daß er all das für einen Riesenspaß hält. Ein Typ wie er ist natürlich nicht todernst bei der Sache – nicht vollkommen jedenfalls. Als man ihm das Ding vor der Nase wegschnappt, lacht er gutmütig.

»Mehr, mehr«, schreit die Menge. Der Typ vom Ordnungsdienst lacht.

»Ich bring euch noch mehr.«

Hunderte von Fahnen leuchten rot in der Sonne, auf der Bühne wehen ein paar in Grün-Gold-Schwarz. Beide Flaggen – die rote Fahne der Kommunistischen Partei Südafrikas und das bunte Banner des ANC – flattern Seite an Seite, in einträchtiger Pracht, hinter dem weit entfernten Podium.

»Ich gehe ein vor Hitze, Joe«, platze ich plötzlich heraus. Vielleicht kann ich ja Mitleid bei ihm erwecken. »Ich glaub, ich geh mal runter hinter die Tribüne und guck mir die vielen kleinen Stände an.«

Ach, zum Teufel, diese Mitleidstour liegt mir einfach nicht.

»Ich will mir mal die eifrigen Arbeiter ein bißchen näher ansehen, die auf einmal Unternehmergeist entwickeln und hier Volksgeschäfte betreiben. Vorwärts! Das Volk braucht den Handel. Befreit das Volk, damit es Leute anstellen kann. Freies Unternehmertum fürs Volk.«

Ich kann meinen Mund schon wieder nicht halten. Aber wenn ich nicht wenigstens eine kleine spöttische Bemerkung mache, denkt er womöglich, ich bin längst tot und schwebe als Engel an seiner Seite.

»Gut, ich komm mit dir«, sagt er und lächelt kurz, was mich ehrlich überrascht. »Schließlich war das auch ein Grund, warum ich wollte, daß wir hierherkommen«, erklärt er, als er die Frage in meinen Augen liest. »Ich wollte das mit dir zusammen erleben und dich beobachten, während du dir die Kundgebung ansiehst – und natürlich auch die vielen Leute hier und all das andere, was dazu gehört.«

Menschenmengen strömen die Tribüne hinauf und hinunter, plaudern miteinander, kaufen irgendwelche Sachen, lachen, halten sich an den Händen und verschränken die Finger ineinander. Hinter meiner schützenden Glaswand fühle ich mich isolierter als jemals zuvor. Genau das ist der Grund, warum mir Hoffnung so sehr zuwider ist. Nicht nur, daß ich ihr und der Waffe, die sie dem mächtigen kosmischen Spaßmacher an die Hand gibt, zutiefst mißtraue. Sie gibt mir das Gefühl, eine vertrocknete Orange zu sein, deren Saft durch ein verstecktes Loch gesickert ist – eine verdörrte Orange in einem Sack voller saftiger Früchte.

Während ich, mürrisch und schwitzend, an Joes Seite die Stufen hinuntergehe, werfe ich ab und zu einen verstohlenen Blick auf die Menschen, die mir entgegenkommen, vermeide aber dabei, ihnen in die Augen zu sehen. Mir fällt sofort auf, daß ich den gesamten Hintergrund der Kämpfe aus ihren T-Shirts erfahren kann. *Das Volk soll regieren,* verkünden die großen Brüste einer Frau, während der schmächtige Brustkorb eines Mannes alle politischen Ziele, zusammengefaßt in der Friedenscharta, wiedergibt. Ich komme an zwei schlaffen, schmuddeligen *Organisiert Euch und kämpft*-Brüsten vorbei, und als wir unten angelangt sind, tritt *Ein Land, eine Föderation* beiseite, um uns durchzulassen. Zahlreiche *Es leben die Führer* vermischen sich mit reißenden Ketten aus *Freiheit für die Führer* und *Freiheit für Mandela.*

»Sieht fast so aus, als lebten wir im Zeitalter des Schlagwortes. Politische Ziele, die nicht auf ein T-Shirt passen, haben überhaupt keine Chance.«

»Meinst du nicht, daß man den Leuten auf diese Weise das Bewußtsein schärfen kann? Clever, find ich, richtig clever«, erwidert Joe, doch die letzten Worte dringen nur noch gedämpft zu mir vor. Er ist vor ein paar umgedrehten Kartons stehengeblieben, wühlt darin und breitet T-Shirts aus, auf denen in allen möglichen Variationen das immer gleiche Thema steht – *Es leben die Führer.* Daneben liegen noch mehr Stapel mit Rasta-Shirts.

Der Rastafari, der die Shirts verkauft, stützt sich an einen Pfosten, sein Körper bildet eine diagonale Linie. Die dicken Rastalocken hat er zu einem Wulst zusammengebunden und unter eine gehäkelte rot-grün-gelbe Baskenmütze gestopft.

»Wie viele wollen Sie?«

Das versteht man wohl unter einer direkten Verkaufsstrategie, nehme ich an. Direkter kann man jedenfalls kaum sein.

»Nicht doch, Joe, du hast doch nicht ernsthaft vor, dich unter die spießigen Vorstadthorden zu mischen, die's seit neuestem schick finden, ANC-T-Shirts zu tragen.«

»Nur eines«, sagt er an den Rastamann gewandt, der sich vom Pfosten abgedrückt hat und jetzt gerade dasteht.

Joe sieht mich an und lächelt. »Ich nehme an, du willst keines – oder schlummert tief in dir vielleicht doch der verborgene Wunsch?«

»Pah! Ich weiß wirklich nicht, was mir daran gefallen soll. Guck dir die Leute doch an. Die betreiben schwungvollen Handel mit den Reliquien des Kampfes. Ich glaube, ich kann mich mit einem Eis am Stiel begnügen – da drüben gibt's einen Stand von der Eiscreme-Genossenschaft demokratischer Arbeiter.« Mit dem Kinn zeige ich auf den Mann, der mit Styropor-Boxen über der Schulter auf und ab geht.

Als wir wieder auf der Tribüne ankommen, stellen wir fest, daß unser Sitznachbar unsere Plätze freigehalten hat, indem er sich ziemlich breit gemacht und seine Picknicktasche quergestellt hat.

»Danke«, sage ich, für meine Verhältnisse auffallend freundlich, ohne eine Spur von Sarkasmus. Joe lächelt immer noch – er lächelt mich an, unseren Sitznachbarn, das Land, die ganze Welt.

Weiße Gesichter mischen sich wie Sprenkel oder Negative eines Porträtfotos unter unsere oberste Tribüne. Als eine kleine Gruppe Weißer im mittleren Alter eintrifft, wird es etwas unruhig. Eine Frau fällt mir besonders auf, sie ist ungeschminkt und strahlt blasse Natürlichkeit aus. Klar, die Uniform der nicht mehr ganz jungen Linken verdirbt alles: ein Strohhut, mit einem Tuch festgebunden, ein indisches Hemd und Ledersandalen. Ein allgemeines Gemurmel geht durch die Reihen, als die Leute auf unserer Tribüne anfangen, miteinander zu tuscheln, sich zu ihren Nachbarn beugen und Informationen über die Neuankömmlinge austauschen. Ich mache gar nicht erst Anstalten nachzufragen, aber mein Sitznachbar hat eindeutig das Gefühl, ich wüßte gern, was vor sich geht. Er rückt näher, bietet mir ein Stück von seiner Hähnchenkeule an und läßt mich wissen, daß dies die Tochter eines berühmten Linken aus den fünfziger Jahren sei. Große Sache. Und jetzt tritt sie auf wie ein Mitglied des Königshauses, zusammen mit ihrem kleinen, erlesenen Kreis, hebt die Hand und winkt andeutungsweise.

»Sie kommen. Sie kommen.«

Wie eine seichte Brise geht ein Stöhnen durch die Tribünen und reißt die Leute von ihren Plätzen. Ich spüre, wie sich freudige Aufregung in den Menschen aufbaut, die um mich herum in *toyi-toyi*-Rufe ausbrechen. Joe fällt in den Chor ein. Mein Gott, dabei würde ich mir an seiner Stelle wirklich lächerlich vorkommen. Zwei Reihen vor uns entdecke ich einen dicklichen weißen Kerl mit tiefsitzender Jeans, die viel zuviel von seinem teigigen Hintern enthüllt, während er wie ein Wahnsinniger in das *toyi-toyi* einfällt. Dabei ist er eindeutig stolz auf sein fachkundiges Jubeln.

»Lang leben die bewährten, hart geprüften Führer des ANC! Lang sollen sie leben!«

»Lang leben die bewährten, hart geprüften Führer!«

»Lang leben die Mütter!«

»Lang leben die hart geprüften Mütter des Kampfes!«

Die Litanei des Erweckungspredigers versetzt die Menschen im Stadion in heiligen Taumel. Gesichter wenden sich dem Himmel zu, der sich über uns wölbt, Fäuste stoßen leidenschaftlich in die Luft. Ich merke, wie unsere Tribüne, die über tieferliegende Sitzreihen hinausragt, mit den sanften, gleichmäßigen *toyi-toyi*-Wellen mitschwingt. Einen Moment lang habe ich das Gefühl, ich darf jeden Augenblick Zeugin eines heiligen »Kampfes« werden – die himmlischen Mächte selbst ergreifen Partei, irgend so was in der Art.

»A-N-C, A-N-C, A-N-C ...«

Und dann sind sie da: winzige Punkte steigen weit hinter uns aus einem Mercedes-Benz. Das übermächtige Grölen der Menge erfüllt Stadion, Luft und Himmel. Das sind nicht die Rufe vernunftgetriebener Menschen – um mich herum erklingt der Urschrei der Erde selbst.

Joe hat längst vergessen, mich im Auge zu behalten, er läßt sich mitreißen vom Strudel euphorischer Hysterie.

Tja, ich würde sagen, in Kansas sind wir jedenfalls nicht. Nein, das hier ist eine andere Welt, vollkommen surreal für jemanden wie mich. Ich sehe tatsächlich uniformierte *Umkhonto-we-Sizwe*-Soldaten als Ehrenwache weit unter uns einmarschieren – damit habe ich nicht gerechnet.

Im nächsten Augenblick stehen wir auf und heben die

Gesichter der Sonne entgegen, die uns furchtbar zusetzt – die Hymne des Kampfes, »Nkosi Sikelel i'Afrika«, wird angestimmt. Ich beobachte Joe und den dicklichen weißen Kerl, der wieder auf seinen Platz in unserer Reihe zurückgekommen ist. Auf ihren Gesichtern liegt der Glanz von Visionen, sie erheben ihre Stimme und fallen in die Hymne ein. Joe schafft gerade mal die Hälfte des ersten Verses, danach preßt er die Lippen aufeinander und summt mit. Der dickliche Kerl senkt den Blick, starrt auf die Füße und bewegt lautlos die Lippen. Klar, es ist nicht gerade leicht, ein Lied in einer Sprache zu lernen, die man nicht versteht.

Jeder der freigelassenen Männer soll eine Rede halten. Während ich ihre Namen auf der Rückseite eines T-Shirts ein Stück unter mir lese, frage ich mich, von wie vielen dieser Männer man je wieder etwas hören wird. Aber heute ist ihr Tag. Heute haben wir ein Ohr für ihre Worte.

Meiner Meinung nach hat Raymond Mhlaba, der erste unidentifizierbare Punkt am Horizont, der zu uns spricht, seine Zuhörerschaft mit seiner pedantischen Schilderung der Geschichte des Kampfes schon nach wenigen Minuten verloren. Nach und nach nehmen die einzelnen Leute um mich herum wieder ihre alten Beschäftigungen auf – sie plaudern, rufen ihren Freunden über Köpfe hinweg etwas zu, essen und teilen Brot, Würste und Hähnchen miteinander. Kleine Kinder, die Maskottchen des Kampfes, jagen vor der ersten Sitzreihe auf und ab und stolpern über ihre viel zu großen Erwachsenen-T-Shirts, auf denen *ANC an die Macht!* steht.

»Wenn du mich fragst, sollte der lieber ein paar T-Shirts hochheben. Das würde auch genügen«, raune ich Joe zu, der – wie ich feststelle – wieder normal atmet und auf den Boden der Tatsachen zurückgekehrt ist. Er lächelt und neigt – als Verbündeter meiner zynischen Kommentare – den Kopf zu mir herunter, sagt aber nichts.

Ich spüre eine unerklärliche Traurigkeit, ich bin traurig für Joe und die versammelten Menschen. Warum, weiß ich selbst nicht. Dieser strahlende Tag taumelt vor Freude, die tanzenden Leiber und lächelnden Münder drücken Jubel aus. Normalerweise bin ich so gefangen in meinem Hohn und Spott, daß ich längst zu der Überzeugung gelangt bin, ich könnte nicht mehr um andere trauern. Warum auch? Warum soll ich irgendwelche Gefühle für diese Menschen aufbringen, die nicht verloren haben, was mir auf grausame Weise schon in ganz jungen Jahren entrissen wurde?

Schlagartig wird mir bewußt, daß die Menschen, die sich hier versammelt haben, ein Stück strahlende heile Welt sind – okay, vielleicht haben die meisten von ihnen schon zuviel gehört und gesehen, um noch an eine heile Welt zu glauben, das Leben war ein bißchen zu hart zu ihnen, und sie haben zuviel Brutalität mitbekommen. Aber soweit es die Sache betrifft, ist ihr Glaube an eine heile Welt unerschüttert. Hoffnung schwebt über den schweißnassen Köpfen, Hoffnung und der Glaube an Erlösung. Die Jesus-T-Shirts unter wehenden kommunistischen Flaggen, die Allgegenwärtigkeit der Azapo Bewegung »im Geiste der Kameradschaftlichkeit« und die Arme, die den noch zögerlichen weißen Liberalen vertrauensvoll entgegengestreckt sind, haben etwas Versöhnliches. Genau wie die frisch Entlassenen, die im Glanz ikonenhafter Reinheit und Heiligkeit erscheinen – vielleicht sind gerade sie es, die dem Ganzen etwas Rührendes geben.

Ich werde unendlich traurig bei dem Gedanken an das Unausweichliche, das kommen wird – das alte Schmutz- und Schlamm-Syndrom. Die schmutzigen Füße der Politiker und die Schlammschlacht zwischen den politischen Partei-

en, die jeden Kontakt zum Boden verloren haben. Nur in den Mythologien legen sich Löwen mit Lämmern schlafen. Gib ihnen ein paar Monate, und sie werden zu Tieren. Selbst die Besten unter ihnen jagen sich dann gegenseitig ein Messer in den Rücken.
Sie sind alle gleich. Über die Menschen und ihr wahres Wesen mache ich mir keinerlei Illusionen. Besonders nicht in diesem Land, in dem das Verhalten der Menschen, wie es mir scheint, die Lebensumstände widerspiegelt. Dieses Land ist einfach zu rauh und brutal, es gibt viel zuwenig liebliche Landschaftszüge und vom Regen reingewaschene Wiesen, um sanfte, unschuldige Gefühle hervorzubringen. In einem Land wie diesem kann eine gefährliche Gratwanderung auf den Wogen jubelnder Hoffnung nicht lange gutgehen.
Natürlich weiß ich von der Arglosigkeit meines Mannes. Es irritiert mich jedesmal, wenn sie in seinen Äußerungen durchschimmert, und doch ist mir eigentlich klar, daß sie auch ein Grund dafür ist, warum ich mich für ihn entschieden habe. Er verkörpert die heile Welt, die ich verloren habe – und vielleicht ist es gerade diese ständige Erinnerung an das, was ich mal besessen habe, die mich zugleich reizt und für immer an ihn bindet.
In meiner unberührten Überheblichkeit kann ich nur schmunzeln über seine strahlende Naivität. Trotzdem hat mich diese Kundgebung berührt, was ich nie für möglich gehalten habe. Bei dem Anblick Tausender von Menschen, die von Zuversicht und Vertrauen erfüllt sind, ist die schmerzliche Leere in mir einer unendlichen Traurigkeit gewichen. Ich glaube, es ist ihre Arglosigkeit, die mich trauern läßt, eine Arglosigkeit, die sie irgendwann – unausweichlich – verlieren werden. Doch ich trauere auch um mich. Ich fühle Selbstmitleid, ich bedauere, daß mir der Saft

der Einfältigkeit ausgesaugt wurde und ich nun verurteilt bin, die mächtigste Welle der Hoffnung mitzuerleben, die das Land jemals erfaßt hat. Ein gewaltiger Scherz, den sich die Welt mit mir erlaubt hat!

Während die Geschichte des Kampfes mühsam vorankommt und sich durch Hitze und Lethargie quält, die schwer auf der Menge liegen, beuge ich mich vor und werfe einen Blick auf die Reihen von Gesichtern. Plötzlich verwandeln sie sich im verzehrenden Schimmer des Sonnenlichtes zu den brutalen Gesichtern vom Ostkap, zu den Gesichtern meiner zerstörten Kindheit und der Grausamkeit, die sich nicht in Worte fassen läßt, ausgespeien auf dornigen Boden.

Im nächsten Augenblick sind sie wieder verschwunden. Und mit ihnen meine Traurigkeit. Auf einmal packt mich eine krankhafte Freude daran, daß sie bald schon desillusioniert sein werden. Warum soll nur ich allein die Last dieser bitteren Erfahrung jahrelang mit mir herumschleppen?

»Heute erleben wir, daß sich das Apartheidsregime einer tiefen unwiderruflichen Krise stellen muß.«

Ich kann nichts erkennen von Walter Sisulu, aber seine Stimme wird klar und deutlich über das Stadion hinweg zu uns getragen. Er betont unsere Einigkeit in diesem gespaltenen Land. Und mit seinem priesterlichen Auftreten schließt er alle ein: die Arbeiter, die Polizei und die jungen weißen Männer, die sich der Einberufung in die Armee widersetzen.

Natürlich existieren guter Wille und Einigkeitsgefühl, die Sisulu so kunstvoll in Worte faßt, nur in Anwesenheit des Bösen, das nun einen Namen hat. Der gemeinsame Feind ist schließlich immer noch auf freiem Fuß. Sisulu macht sich diesen Umstand geschickt zunutze und weist immer wieder auf die Gefahren hin. Die Macht der Finsternis ist zwar geschwächt, aber längst nicht besiegt. Alle hier haben ein Ziel auf dem Kreuzzug der Gottesfürchtigen: den Sieg der Gerechtigkeit. Die Legionen des Teufels sind schuld, verkündet er, sie sind verantwortlich für die Gewalt unter den rechtschaffenen Menschen von Natal.

»Obwohl wir so viele Schritte getan haben, ist das Blutbad unter unserem Volk in Natal immer noch ein Schandfleck in unserem edlen Kampf für die Befreiung.«

Er hält einen Moment inne, bis das beifällige Murmeln in der Menge verstummt ist.

»Die grausame Hand der Apartheid steckt hinter der Gewalt in Natal. Die Massenmorde deuten auf eine abgekartete Sache der Polizei hin. Wir wissen schließlich, daß die herrschende Klasse immer wieder versucht, unser Volk zu spalten.«

Sisulu eilt dem dramatischen Höhepunkt seiner Rede entgegen, er schleudert die Worte in seine Gemeinde und weit darüber hinaus.

»Wir müssen alle an einem Strang ziehen und uns vereinen zu einer breiten Front gegen die Apartheid. Wir dürfen nicht zulassen, daß ideologische oder andere Differenzen unserer Einheit gegen die Apartheid im Weg stehen.«

»Na, prima«, flüstere ich Joe zu und rücke näher an ihn heran, um wieder die Gemeinschaft zynischer Kritiker heraufzubeschwören. Doch diesmal läßt er sich nicht auf mich ein. »Jetzt werden wir alle in die große Gemeinschaft der Liebe einbezogen.«

Er schweigt. Ich sehe, wie ihn die Rede mitreißt. Seine Augen funkeln, seine Brust hebt und senkt sich unter schweren Atemzügen.

»Diese Jungs vom ANC sollten Erweckungsprediger werden – damit könnten sie eine Menge Geld machen.«

Aber ich merke schon, daß er keine Lust mehr hat, sich

meine Kommentare anzuhören, und spüre, wie ich immer mehr in die Isolation abgleite. Das aufkeimende Gefühl der Verbundenheit mit Joe ist wie weggeblasen, der Augenblick, der uns als Gleichgesinnte zusammengeschweißt hat, scheint erloschen.

Ahmed Kathrada haut in dieselbe Kerbe, fordert uns auf, uns im Glauben an das Gute zu vereinen, und bestätigt die Macht, die von einem gemeinsamen Kampf ausgeht. Dieser Mann, der den Teufel mit eigenen Augen gesehen hat, versteht es, ihn für all die Menschen zu entlarven, die der Teufel auch nur annähernd in Versuchung führen könnte.

»Wir müssen unsere weißen Landsleute davon überzeugen, daß die größte Gefahr für sie, ihre Kinder und ihre Zukunft nicht von den Schwarzen, dem ANC oder der Südafrikanischen Kommunistischen Partei ausgeht, auch nicht von Archbishop Desmond Tutu oder Dr. Allan Boesak. Ihre größten Feinde sind Apartheid, die Nationalistische Partei, die Konservative Partei und all jene, die unter den verschiedensten Namen immer noch eine Politik der Trennung zwischen Schwarz und Weiß und der Überlegenheit der Weißen propagieren. Weiß-Südafrika soll wissen, daß wir seine Ängste sehr wohl kennen. Wir wollen den Weißen versichern, daß der ANC nicht vorhat, die Weißen zu verjagen – nicht in der Vergangenheit, ganz gewiß nicht in der Gegenwart und auch nicht in der Zukunft. Wir glauben fest daran, daß die grundlegenden Menschenrechte, die die Sprache, die Religion und das kulturelle Erbe all unserer Völker umfassen, nur dann verwirklicht werden können, wenn wir an dem Recht auf Freiheit festhalten.«

Eine clevere Rede, das muß ich zugeben. Seine Vision des Himmels, nebelhaft skizziert und wortgewaltig heraufbeschworen, muß etwas Beruhigendes haben für die milde lächelnden Weißen unter uns.

Während sich der Nachmittag dahinschleppt, wird eine Rede nach der anderen gehalten, und alle haben den »Liebt-euren-Nachbarn«-Tenor gemeinsam. Die Menge greift gierig nach dieser Botschaft und klammert sich daran fest.

Als wir uns schließlich strecken und aufstehen, um unsere Sachen zusammenzusuchen, ist von der Sonne nur noch ein diesiger, gelblicher Schimmer hinter dem Stadion zu sehen. Der Boden vor den Sitzreihen ist übersät mit Papier, abgenagten Hähnchenschlegeln, Dosen und zerdrückten Styroporbechern. Eng gedrängt an unsere Landsleute in allen möglichen Farbschattierungen, zwängen wir uns die Stufen hinunter, über endlose asphaltierte Wege bis hin zum Parkplatz, der im Dämmerlicht liegt.

Joe ist schweigsam, während wir uns schlurfend vorwärtsbewegen. Diesmal will ich nicht in seine Stimmung platzen. Mit einem Piepsen schalten sich die Alarmsysteme aus, als wir den Wagen aufschließen, und wir lassen uns in die Hitze gleiten, die uns beißend in die Lungenflügel fährt. Joe läßt den Wagen an, starrt eine Weile mit glasigen Augen auf das Armaturenbrett und stellt den Motor wieder ab. Ruckartig dreht er den Kopf in meine Richtung.

»Ich weiß, daß du es spüren kannst, und du weißt es auch. Du kannst es leugnen, dich lustig machen und soviel spotten, wie du nur willst. Aber du hast es am eigenen Leibe erfahren. Ich hab darauf bestanden, daß du mitkommst, und du hast es getan. Mir hat viel daran gelegen. Ich weiß, daß du gespürt hast, daß Gewaltiges in unserem Land vorgeht. Jetzt hast du wenigstens eine Ahnung, warum das alles so wichtig für mich ist. Und warum endlich irgendwas geschehen muß mit dir – mit deinen Ängsten und deiner Unfähigkeit, dich zu öffnen. Mit dir und mit uns.«

1966 …
neun Tage bis Weihnachten

»Vater – an diesem Tag des Bundes mit Gott danken wir dir für die Rettung deines Volkes vor den Zulu-Horden. Wir danken dir für den Sieg gegen die Gottlosen am Blood River.«
Ich blinzelte vorsichtig und spähte durch einen Augenschlitz nach Ouma, die so versunken schien, daß sie – eingerahmt von meinen Augenlidern – einem Porträtbild glich. Während sie das Gebet sprach, preßte sie die Hände an das beigefarbene Oberteil ihres Kleides.
»Wir bitten dich heute, o Herr, daß du dein Volk noch einmal erlöst. In dieser schweren Zeit für Südafrika flehen wir dich an, uns den Sieg über die Gottlosen und die Unruhestifter zu bringen. Hilf deinem Volk, o Herr. Amen.«
»Amen«, wiederholten Mom und Oupa. Mein Vater räusperte sich. Aus seinen gefalteten Händen dicht vorm Mund drang ein gemurmeltes »Amen«. Michael und ich saßen im Schneidersitz auf dem Teppich und hielten uns die Finger mit den dicken Trauerrändern vors Gesicht. Die Frömmigkeit unserer Eltern, die sich auf diese Zeit im Jahr beschränkte, war uns irgendwie peinlich, und wir schnaubten, krampfhaft bemüht, ein Kichern zu unterdrücken. Neil, der neben Ouma auf der Couch saß, sagte gar nichts, er hatte weder die Hände gefaltet, noch blinzelte er wie die anderen im Zimmer, die eben erst die Augen geöffnet hatten.
Schweigend versuchten wir, das feierliche Gebet von uns abzuschütteln und in unsere üblichen Rollen beim gemeinsamen Morgentee zu schlüpfen. Ich war schon ganz heiß auf den weiß umhüllten Weihnachtskuchen, der neben den Teetassen auf dem Beistelltisch stand.

Eine Fliege saß zwischen Fenster und Fliegengitter fest, summte laut und ließ sich für einen Moment erschöpft nieder. Mit zwei energischen Schritten war Ouma beim Fenster, riß das Gitter auf und setzte dem hektischen Brummen mit ihrer Fliegenklatsche aus geflochtenem Draht ein Ende. Nachdem sie das Schiebefenster weit geöffnet und das Fliegengitter mit einem scharfen *zzz-päng* wieder zugeschlagen hatte, drang durch die engen Maschen mit aller Macht die Farm in das Schweigen des Zimmers: das Vogelgezwitscher im wilden Feigenbaum, das Rattern des Generators und das gedämpfte Tuckern eines Traktors.
»Dann laßt uns mal Tee trinken«, sagte Ouma und wandte sich lächelnd an Michael und mich.
»Sag mal, Ouma, warum mußten wir denn heute vor dem Tee ein Dankgebet sprechen?« wollte Michael wissen. Ich kannte die Antwort, weil ich bei Oumas frühmorgendlichem Gebet zugehört hatte, und verdrehte die Augen, als könne ich gar nicht fassen, wie unwissend mein Bruder ist.
»Heute ist ein besonderer Tag.« Ouma goß den Tee in Tassen und verteilte sie an uns. »Normalerweise wären wir heute sogar in die Kirche gegangen, aber hier auf der Farm geht das natürlich nicht. Und weil wir unserem Herrn nicht im Gotteshaus danken können, müssen wir uns *maar* Mühe geben, ihn im eigenen Heim mit unseren Gebeten zu preisen.«
»Aber Dad, als wir heute morgen schwimmen waren, hast du gesagt, heute ist *Dingaans*-Tag. Warum müssen wir an diesem Tag beten? Letztes Jahr haben wir das auch nicht gemacht.«
»Wir beten immer für die Leute, die nicht an Gott glauben«, sagte Ouma. »Aber eigentlich sagt man nur im Englischen *Dingaans*-Tag, das ist nicht der richtige Name.«
Sie stieß ihr typisches rauhes, ein wenig barsches Lachen

aus, während sie das Küchenmesser nahm und sich mit dem Handrücken eine Locke aus dem Gesicht strich. Als sie sich Michael zuwandte, sah ich, daß sich in ihrem lachenden Gesicht die Wangenknochen deutlich über den rundlichen Zügen abzeichneten.

»Ich glaube nicht, daß der Tag heute wirklich ein Festtag für Dingaans war. Es hat nämlich einen großen Kampf gegeben, und es heißt, daß das Blut seines Volkes den Fluß tiefrot gefärbt hat. Also, ich kann mir nicht vorstellen, daß das ein besonderer Tag für ihn war.« Sie hielt einen Moment lang inne und konzentrierte sich darauf, ein großes Stück von dem saftigen, lehmigen Kuchen abzuschneiden und auf einen Teller zu legen.

»Du kannst dich nicht mehr daran erinnern, daß wir letztes Jahr gebetet haben, weil du nicht dabei sein durftest. Aber du und Kati seid jetzt alt genug – ihr seid ja keine Babys mehr. Ich weiß, daß ihr zu Hause diese Tradition nicht pflegt. Aber wenn ihr hier seid, sollt ihr lernen, die Bräuche eurer Vorfahren zu achten.« Während sie den Blick durch die Runde schweifen ließ, nahmen ihre Züge übergangslos wieder den Ausdruck unnachgiebiger Ernsthaftigkeit an. Einen Moment lang fixierte sie meine Mutter, die wie gebannt auf die Hände in ihrem Schoß starrte.

Nachdem Ouma jeden einzelnen angesehen hatte, ruhte ihr Blick wieder auf Michael und mir. Wir saßen beide barfuß und mit spitz aufragenden Knien auf dem Boden.

»Wir danken heute Gott, daß er die Gebete seines Volkes erhört hat und ihm zum Sieg in diesem Kampf verholfen hat. Dafür geloben wir, daß wir jedes Jahr den Tag als einen Festtag begehen. Das nennt man einen Bund, und so wird der Tag richtig genannt – der Tag des Bundes mit Gott.«

»Aber sag mal, Ma«, mischte sich mein Vater plötzlich ein, »wer gehört denn zu diesem Volk Gottes, für das du heute

gebetet hast? Wir alle oder nur dein Volk?« Seine Worte klangen barsch, aber er lächelte.
Moms Blick, der sich die ganze Zeit über an ihren Nägeln festgehakt hatte, schnellte abrupt hoch und richtete sich auf meinen Vater, als sie seine Stimme hörte. In diesem Moment erkannte ich die Angst, die sich in ihren Augen spiegelte, grenzenlose Angst, die die Luft erzittern ließ.
Ouma musterte ihn eine Weile unter grimmig zusammengezogenen Augenbrauen, aber ihr Mund zuckte, als sie erwiderte: »Ich nehme an, jeder, der sich selbst zu seinem Volk zählt. Du kannst es also sehen, wie du willst.«
Meine Mutter lockerte die Schultern wieder, holte tief Luft und nahm sich Tee und Kuchen.
»Aber, Ouma, warum hast du Gott gesagt, daß wir jetzt schwierige Zeiten haben?« fragte Michael. Er wußte nie, wann Schluß ist. Er hätte wirklich den Mund halten und seinen Kuchen essen sollen.
»Probleme mit den Bantus – das hab ich gemeint. Es ist nicht mehr wie früher. Früher konnte man Loyalität und harte Arbeit von seinen Leuten erwarten, wenn man sie gut behandelt hat. Aber jetzt, *magtig,* mit diesen eingeborenen Unruhestiftern im Transvaal – jetzt machen die Probleme nicht mal vor uns, hier am Ostkap, halt. Sogar in diesem Distrikt gibt's schon erste Anzeichen dafür. Heutzutage interessiert es anscheinend niemanden mehr, wie gut man seine Boys behandelt. Sobald die Unruhestifter Einfluß auf sie gewinnen, gibt's Schwierigkeiten. So viel Wut und Haß – man weiß gar nicht mehr, was man tun soll … Manchmal frag ich mich, ob es nicht *maar* besser ist, wenn man wie manch anderer Farmer von Anfang an hart durchgreift.«
»Du meinst wie der Mann auf der neuen Farm?« hakte Michael nach. »Kati sagt, er hat Alberts Sohn geschlagen.« Er sah nicht mal von seinem Teller auf, während er redete,

und kratzte immer weiter winzige Marzipan- und Puderzuckerspuren von seinem Kuchenstück. Ich schloß mich aus der Unterhaltung aus, die sich, wie mir schien, gefährlich nah am Rande der höllischen Abgründe bewegte, die jäh in Schluchten des Schreckens abfielen. Ich träumte von Hunden und sonnendurchfluteten Abenteuern, während ich die Kirschen aus meinem Kuchenstück stocherte und genüßlich daran saugte. Es war das erste Mal, daß meine Mutter nichts zu unseren schmutzigen Fingernägeln sagte. Ihr Blick schien sich in Michaels Gesicht zu bohren.

»Andere Farmer haben eben andere Methoden«, sagte Ouma, nicht zum ersten Mal, und seufzte schließlich. »Aber der Herr sagt, daß die Menschen arbeiten müssen. Nirgendwo in der Bibel steht, daß wir's leicht haben sollen. Und es ist wirklich hart, in diesen schwierigen Zeiten eine Farm zu führen. Die Boys von der Nachbarfarm tun mir leid, aber andererseits ist das nun mal ihr Schicksal, das sie ertragen müssen. Es hilft ja nichts, sie müssen *sommer* die Zähne zusammenbeißen und hart arbeiten. Niemand wird grundlos geschlagen. Wenn sie sich anständig benehmen und sich nicht mit den Unruhestiftern einlassen, werden sie schon zurechtkommen.«

Als ich aufsah, stopfte sich Michael gerade das nächste Stück Kuchen in den noch vollen Mund und drohte fast zu ersticken. Neil saß am anderen Ende des Zimmers, seine verzerrten Gesichtszüge verrieten, daß er sich nur mühsam eine Bemerkung verkneifen konnte. Er holte tief Luft, atmete aber wieder aus, als sei nichts gewesen. Meine Mutter richtete den bohrenden Blick auf Neil, traf ihn, stach zu und nagelte ihn fest. Sie versuchte, die scharfe Waffe auch bei Michael anzuwenden, hatte aber Probleme, ihr Opfer anzuvisieren. Als sie merkte, daß er ihrem Blick immer wieder auswich und sich nicht ergeben wollte, wuchs die Spannung in ihren Schultern. Schließlich konnte sie sich nicht länger zurückhalten, rutschte vom Stuhl, ließ sich auf die Knie sinken, streckte sich und tätschelte scheinbar liebevoll Michaels Oberschenkel. Aber ich sah genau, daß sie die roten Nägel zu Klauen gekrümmt hatte.

»Das reicht jetzt, Mi-cha-el.« Ihr Tonfall klang unbekümmert, aber ein leichtes Zittern in der Stimme zwang sie zu schlucken, als sie Michael beim Namen nannte.

Oupa stieß schweigend Rauchwolken aus, als hätte er nichts zu tun mit dem taumelnden Tanz auf Messers Schneide, den wir vollführten. Er klopfte die Pfeife im Aschenbecher aus, anscheinend, um auf sich aufmerksam zu machen, lächelte kurz in die Runde aus gespannten Gesichtern, räusperte sich und setzte eine gesprächige Miene auf. »Habt ihr heute morgen im Radio gehört, daß Walt Disney gestorben ist?«

Liebster Opa, immer um Harmonie bemüht, immer derjenige, der unerschrocken im Sturm steht und die Wogen mit sanften Händen und ruhiger Stimme zu glätten versucht.

»Ag, nein«, erwiderte ich prompt. »Heißt das etwa, daß *Cinderella* der letzte Zeichentrickfilm war?«

»Nein, meine liebe Kati«, beruhigte er mich, und das aufgeschlagene Buch auf seiner Brust hüpfte, als er polternd loslachte. »Eine Gesellschaft macht jetzt die Filme. Es wird noch mehr davon geben, das versprech ich dir.«

»Und hast du auch gehört, Dad«, mischte sich Michael ein, und seine Augen funkelten vor Aufregung, »daß Südafrika angeblich eine neue Waffe entwickelt hat? Heute morgen haben sie im Radio gebracht, daß dieser Verteidigungsmann – ich glaub, Botha haben sie gesagt, stimmt das, Dad? – ist ja auch egal, jedenfalls wollte der nicht sagen, was für 'ne Waffe das ist, aber er hat gesagt, daß sie hier entwickelt wurde, und außerdem hat er gesagt, daß sie uns

rüstet gegen alles, was die Zukunft bringt, so wie wir vor Blood River gerüstet waren.«
Neil erstickte ein spöttisches Schnauben in der Teetasse, die er so weit hochgekippt hatte, daß ihm der letzte Schluck Tee in den Mund laufen konnte. Dad räusperte sich; während sich seine Lippen schon bewegten, versuchte er noch, seine Gedanken zu ordnen.
»Es ist so, Michael – für jedes Land ist es wichtig, eine starke Verteidigungsmacht zu haben. Besonders für Südafrika, denn das Land hat eine Menge Feinde. Aber du weißt, Michael, daß neue Waffen unsere Probleme nicht lösen können. Mir wär's wirklich lieber, wenn die Regierung ein bißchen mehr Zeit in das Afrikaner-Problem investieren würde.«
»Komm, Michael, wir gehen«, murmelte ich und gab ihm einen »Pikser« in den Arm, indem ich blitzschnell mit dem Finger zustach. »Laß uns rausgehen.« Und fast schon anbiederisch fügte ich hinzu: »Ich zeig dir auch die neue Farm.«
»Okay ... geh'n wir. Ich und Kati geh'n mal raus, okay, Ouma?«
»Kommt nicht zu spät zum Mittagessen«, rief uns Mom hinterher, nachdem Ouma genickt hatte. »Heute gibt's Brathähnchen.«
»Yay, yay«, trällerten wir und ließen eine braune Krümelspur hinter uns zurück.
Das Sonnenlicht legte sich wie eine warme, segnende Hand auf meinen Kopf. Nachdem wir so lange stillgesessen hatten, brach die gestaute Energie aus uns heraus, und ich jagte im hüpfenden Seitengalopp los und wetteiferte mit Michael im Radschlagen. Diesmal gingen wir einen anderen Weg zur neuen Farm und kämpften uns nach Bundu-Manier durch struppiges Buschwerk und trockenes Geäst, das unter unse-

ren Schritten knackte. Michael schlug sich vor mir durch dichtes Unterholz und wand den drahtigen Körper unter Büschen hindurch. Seine spitzen Ellbogen stießen wie Flügel in die Luft, als er die Hände aufsetzte und die schlaksigen Beine über die rauhe Rinde niedriger Äste schwang. Ängstlich zögernd lief ich ihm hinterher und krümmte die Zehen, immer auf der Hut vor Schlangen.

Ein ausgetretener, gewundener Trampelpfad führte vom Rand des Buschlandes in staubiges, leicht ansteigendes Grasland. Unter dem trockenen gelbbraunen Kleid der Dornenbäume ragten Termitenhügel auf, die mir bis an die Schulter reichten. Die langen weißen Dornen stachen jäh im Sonnenlicht hervor, und allein bei ihrem Anblick stiegen mir vor lauter Angst, sie könnten mich gnadenlos durchbohren, Tränen in die brennenden Augen. Als der Weg dicht an die ausladenden, stacheligen Zweige heranführte, legte ich schützend die Hände vor die Augen.

Plötzlich riß mich Michael mit einem lauten Schrei auf den staubigen Weg. Er hatte sich an mich herangeschlichen, während ich mir die Augen zugehalten hatte, und jetzt saß er auf meinem Bauch, brüllte im Siegesrausch und zerrte mir die Finger vom Gesicht. Ich quietschte und versuchte krampfhaft, das Gesicht in den Staub zu pressen, während er lauthals lachte und mich mit Dornen von einem überhängenden Ast attackierte.

»Hör auf, Michael«, schrie ich, und mein Quietschen ging nach und nach in Heulen über. Eine Träne nach der anderen hinterließ ihre Spur in meinem dreckverschmierten Gesicht. Schließlich hörte er auf, und der Dornenzweig schnellte zurück.

»Baby, Baby«, zog er mich auf. »Du hast ja sogar Angst vor kleinen Dornen.«

Er kitzelte mich, allerdings nicht mit der üblichen Begeisterung, als langweile ihn meine kampfesmüde Reaktion. Also sprang er mit einer geschmeidigen Bewegung von meinem Bauch und schlenderte weiter.

»Komm schon, wir schauen uns die Farm an.«

Michael ging bereits zielstrebig auf den Zaun zu, und ich rannte das letzte Stück, um ihn einzuholen. Sein dicker Zeh steckte jetzt im obersten Maschengitter. Er wippte ein paar Mal auf der schwebenden, unsteten Raute und schwang sich über den Zaun.

»Nein, Michael, du kannst nicht da rüber«, rief ich mit gepreßter Stimme. Ich hatte panische Angst, klammerte mich unschlüssig an den Zaun und verfolgte gebannt, wie er übermütig übers Grasland hüpfte. »Michael«, rief ich noch mal, diesmal schon lauter. Auf der anderen Seite war weit und breit kein Mensch zu sehen, aber diese Ruhe hatte etwas Unheimliches. Wahrscheinlich weckte erst die Stille die ängstlichen *grils* in mir. Ich fürchtete, ich könne allein auf der anderen Seite des Zauns zurückbleiben, gleichzeitig fielen mir jede Menge schrecklicher Dinge ein, die Michael passieren könnten, wenn er ohne mich weiterging. Doch schon bei dem Gedanken an die unbekannte Welt jenseits der Grenze zog sich mein Magen krampfhaft zusammen. Das Gebiet hinter der finsteren Wand aus Maschendraht gehörte längst nicht mehr zu unserer Farm, unserem glücklichen, beseelten Heiligtum.

Die panische Angst, ihm oder mir könne etwas geschehen, trieb mich schließlich dazu, über den Zaun zu klettern und ihm hinterherzulaufen. Ich mußte ihn zurückgewinnen und wegzerren, bevor er jemandem begegnete oder irgendein Unheil anrichtete.

»Mi-cha-el«, stieß ich atemlos hervor, und meine Stimme hüpfte mit jedem Schritt im aufwirbelnden Staub. Plötzlich blieb er abrupt vor mir stehen und lachte, als ich mit voller Wucht gegen ihn prallte.

»Was ist los, Dummerchen? Hast du etwa Angst? Glaubst du, unsere Nachbarn sind Hexenmeister …« Er krümmte die Hand zu einer Klaue, schnitt eine gräßliche Grimasse und zog die Haut unter dem Auge nach unten, bis der rote Rand sichtbar wurde.

»Hör auf, Michael. Du siehst eklig aus. Hör schon auf«, wiederholte ich, als er die Fratze mit den rot umränderten Augen meinem Gesicht näherte. »Und ich hab auch keine Angst vor denen. Ich glaub nur, daß wir Ärger kriegen können.«

»Feige Eiercreme!« trällerte er. »Nyeah nyeah nah *neh* neh. Hat Angst vor ein bißchen Är-ger. Die Nachbarn machen dich *skr-iik.* Gelbbauch, Gelbbauch, ching chong Chinamann, geboren in 'nem Ba-ad …«

»Ich hab keine Angst«, fuhr ich dazwischen. »Ich will nur nicht den Blödsinn ausbaden, den du ausheckst. Was willst du hier überhaupt?«

»Ich will mich nur umsehen, das ist alles. Komm schon, wir erkunden das Gelände. Keiner kriegt uns, ehrlich, uns kann nichts passieren.«

Bäume verdeckten eine Gruppe scheinbar ungeordneter Wellblech-*pondoks,* boten jedoch keinen Schutz vor dem Wind, der sanft von der Seite blies. Steine auf den flachen Dächern sollten verhindern, daß der Wind die Baracken zerpflückte, diese geduckten, nicht gerade einladenden Gebäude, die nur entfernt an Hütten erinnerten. Als Fenster waren kleine viereckige Löcher in die rostfleckigen Wände geschnitten. Die Zwischenräume an den Barackenecken waren mit plattgedrückten Kartons und dem grellen Rot von Coca-Cola-Emblemen ausgestopft. Seitlich der scharfkantigen Öffnungen standen Blechplatten mit

gefährlich gezackten Rändern. Die Schleifspuren im Staub verrieten, daß sie als Türen verwendet wurden.
In der Trostlosigkeit der Windböe tanzten träge Plastiktüten und Papierfetzen. Ein Wimmern war zu hören – das erschreckend unnachgiebige Weinen eines Babys, das niemand zu trösten vermochte. Doch außer diesem Wimmern herrschte absolute Stille. Mein Blick wanderte zu den Gummibäumen, und mir schoß der Gedanke durch den Kopf, daß irgendwas an ihnen nicht richtig war – sie spendeten keinen Trost für die Menschen, die in ihrem Schatten leben mußten. Nicht mal die Vögel, die doch in dieser Gegend ganz verrückt nach Bäumen und Büschen sein mußten, zankten sich hier um einen Sitzplatz in den verlorenen Zweigen, die sich sanft im Wind wiegten.
»Wo sind die Kinder?« fragte ich im Flüsterton. »Wo spielen sie?«
»Keine Ahnung. Hier jedenfalls nicht.«
Eine Frau steckte den *doek*-verhüllten Kopf aus der gezackten Öffnung, die als Tür diente, und spähte zu uns herüber. Ein Kind mit riesigen Augen klammerte sich an ihrem Kleid fest. Es mußte ungefähr in Michaels Alter sein, schoß mir durch den Kopf. Einen Moment lang starrte es uns beide an, dann zerrte die Frau ihr Kind zurück in die pechschwarze Dunkelheit der Hütte.
»Molo«, rief Michael. Keine Antwort.
Bei dem Gedanken, näher an diese blechernen, scharfkantigen Hütten heranzugehen, die nichts Heimeliges oder Stabiles an sich hatten, nicht die Spur von einem ordentlichen Zuhause, rekelte sich die Angst in meinem Magen wie eine sich windende Schlange. Instinktiv spürte ich, daß nicht die Menschen, die dort lebten, für ihr häßliches Heim verantwortlich waren, und vielleicht dienten die Hütten auch nur als Übergangsbehausungen – immerhin war's

doch möglich, daß der neue Farmer die üblichen hübschen und gemütlichen Hütten mit schlammbeworfenen Wänden später bauen wollte. Dann konnten sie immer noch die Wände mit Zeitungspapier tapezieren und den Boden mit Matten auslegen.

Trotzdem waren mir diese Menschen und ihr finsteres Schweigen unheimlich. Was waren das für Leute, die an diesem rauhen, ungastlichen Ort leben konnten? Damals konnte ich weder begreifen noch ergründen, warum mir die Menschen, die hier wie Aussätzige hausten, angst machten. Aber Jahre später, als unbeholfene Halbwüchsige, erinnerte ich mich wieder – wenn auch ungern – an den Tag, als ich zum ersten Mal die Hütten gesehen hatte. Plötzlich fügten sich Bilder aneinander, und Zusammenhänge entstanden – mir fielen wieder all die Geschichten ein, die ich vom *boegieman* unserer Stadt gehört hatte, dem Buschmann, der im Valley lebte. Der Anblick der Hütten mußte dasselbe unbestimmte Grauen in mir wachgerufen haben, das Grauen vor dem, was der Buschmann in meinen Phantasien mit kleinen Mädchen anstellte, die sich zu dicht an seinen heruntergekommenen Unterschlupf heranwagten.

»Laß uns hier verschwinden«, raunte ich Michael zu.

»Ja.« Lässig kickte er mit dem dicken Zeh gegen ein Steinchen. »Hier gibt's sowieso nichts zu sehen.«

Wir rannten los, jagten Seite an Seite über den steinigen Boden, wollten nur noch weg und im Wind, der uns das Haar zerzauste, die Angst abschütteln, die uns wie ein Stein im Magen lag. Wir haben zwar nie darüber geredet – das war nicht üblich in unserer Familie –, aber Michaels Gesicht und die Art, wie er davonstürmte, verrieten seine Anspannung.

Plötzlich machten wir in der Ferne eine Bewegung aus, erkannten – schnell, wie wir waren – schon bald zwei Boys, änderten die Richtung und liefen übers Grasland auf sie zu. Die vertrauten Gestalten schienen uns magisch anzuziehen. Wir rannten und ließen uns immer mehr von der tröstenden Geborgenheit einfangen, die die beiden altbekannten Boys in diesem Augenblick für uns ausstrahlten. Im gleichmäßigen Rhythmus gruben sie eine flache Vertiefung in den Boden.

Sie sahen nicht mal auf, Williams Sohn und Alberts Sohn, als wir näher kamen. Im rhythmischen Einklang mit dem Lied, daß sie vor sich hin sangen, schaufelten sie unbeirrt weiter.

»Hallo«, begrüßte ich die beiden. »Hallo, Johannes. Hast du mich neulich nicht erkannt, als ich dir über den Zaun hallo gesagt hab? Ich war mit meinem großen Bruder zusammen, mit Neil.«

Die schweißnassen, konzentrierten Gesichter waren immer noch starr auf die Spaten gerichtet, mit denen die beiden Boys das Erdinnere aufstachen – kleine verzweigte Wurzeln, Stöcke und sich windende, zerteilte Würmer kamen zum Vorschein.

»Kennst du uns nicht mehr, Johannes? Du hast dich doch an Weihnachten immer mit uns für das Foto aufgestellt, in deinen neuen Kleidern … mit den anderen Kindern … als du noch auf Oumas Farm warst …«

»Missie, was willst du?« Williams Sohn hörte auf zu graben und stützte sich mit bloßen Armen auf den Griff seiner Schaufel. Sein Atem ging stoßweise, und in seinem finsteren Blick lag ein Funkeln.

»Ich wollt euch nur hallo sagen.« Michael war längst verschwunden, auf einmal sah ich, wie er mit ausgebreiteten Armen davonsegelte und -schlingerte und einen weiten Bogen schlug. Ich hörte, wie er mit heiserem Krächzen versuchte, den Schrei eines Adlers zu imitieren.

»Ist es schwer, hier ein Loch in den Boden zu graben?« Niemand antwortete mir, wieder begann das harte, rhythmische Stechen der Schaufeln. Die wütenden Stöße, mit denen die beiden Boys auf den Boden einstachen und ihn aufbrachen, ließen die Erde zerbröckeln und gaben das Leben in ihrem Inneren dem Sonnenlicht preis.

»Ich finde, das sieht ziemlich schwer aus. Aber euch macht's nichts aus, oder? Ihr müßt ganz schön stark sein, wenn ihr das so mühelos schafft. Ouma sagt, harte Arbeit macht stark. Sie sagt, daß es Gott gefällt, wenn wir hart arbeiten und fleißig sind.«

»Ja, deine Ouma«, sagte Williams Sohn. »Große Worte kann sie machen, aber sie hat noch nie ein steiniges Feld umgegraben.«

Ich kicherte, als ich mir ausmalte, wie meine Ouma ein Feld umgräbt – unvorstellbar. »Aber sie ist doch 'ne Lady.«

Die beiden schaufelten weiter, silbern schimmernde Rinnsale liefen über die dunklen Köpfe. Schweigend sah ich ihnen zu, während ich vor ihnen im Staub kauerte, mit dem Finger meinen Namen in den Boden schrieb und mit flacher Hand wieder verwischte.

»Du weißt ja, daß es nicht fair ist, meiner Ouma die Schuld zu geben, daß sie die Farm verkauft hat. Sie konnte nicht anders, und sie sagt, daß es ihr selbst auch schwergefallen ist.« Das Schweigen zog sich quälend in die Länge. Verzweifelt versuchte ich, den jungen Männern mit den versteinerten Gesichtern eine Antwort zu entlocken und sie irgendwie dazu zu bewegen, mir zu versichern, daß alles in Ordnung sei. Ich wollte, daß ich endlich kein schlechtes Gefühl mehr haben mußte, ich war es leid, Schuldgefühle und quälendes Mitleid zu empfinden. Sehnsüchtig verlangte ich danach, inneren Frieden zu finden und mich mit Gott zu versöhnen, der all dies in seinem Plan vorgesehen haben mußte. Die

Boys sollten mich und meine Familie freisprechen, das war
es, was ich mir wünschte.
»Es tut ihr leid, daß Johannes geschlagen wurde, aber sie
sagt, er muß den Master mit irgendwas furchtbar wütend
gemacht haben. Sie sagt, daß ihr bestimmt gut mit dem
neuen Master klarkommt, wenn ihr einfach nur hart arbei-
tet und euch nicht mit den Unruhestiftern einlaßt. Sie sagt,
daß neue Farmer eben neue Methoden haben …«
Ich verstummte, als mich Johannes' harter Blick traf und er
plötzlich aufhörte zu graben. Die ganze Zeit hatte es so
ausgesehen, als prallten meine Worte an ihm ab, und ich
hatte einfach drauflos geredet, als sei er gar nicht da.
»Neue Methoden, neue Methoden!« Er drehte sich um und
spuckte aus. »Das sind keine neuen Methoden. So sind sie
schon immer mit den Kaffern umgesprungen.«
Er schleuderte mir die Worte ins Gesicht. Niemand in der
Stadt sagte Kaffer, und diesen Ausdruck ausgerechnet jetzt
zu hören, ausgesprochen mit so viel loderndem Haß … Ich
schob mich auf den Pobacken ein Stück nach hinten –
weg von dem verzerrten Mund, der zu schäumen schien
und mich anschrie, empört über das Geplapper. Über mein
dummes Geplapper. Ich glühte, entsetzt darüber, wie dumm
und kindisch ich mich angesichts der Plackerei dieser er
wachsenen Jungs aufgeführt hatte. Zum ersten Mal fühlte
ich, daß mein ganzes Leben bisher furchtbar oberflächlich
und meine Empfindungswelt nur beschränkt gewesen war,
schlagartig begriff ich, wie wenig ich wußte. Der tief emp-
fundene, finstere Schmerz ließ mich ahnen, daß Zorn und
Haß immer näher rückten und ihre Fänge nach uns aus-
streckten.
»Diese alten Methoden …«, fuhr er fort, die Stimme etwas
gedämpfter. Trotzdem robbte ich weiter von ihm weg und
zog die Knie an meinen Körper. »… müssen ausgerottet

werden. Sie taugen nur für eines – endlich ausgerottet zu werden.«

Ich wollte fliehen und die häßlichen Worte hinter mir lassen. Ich wollte fliehen vor diesen angsteinflößenden Männern, in denen ich immer nur die Boys gesehen hatte – Farmboys, die die Wärme und Geborgenheit meines Zuhauses ausstrahlten. Boys, die jederzeit Kinder mit brennenden Füßen auf den Armen trugen und kleine Mädchen hochhoben, die sich ständig bei den Hühner-*hoks* herumtrieben.

Ich rannte los und spürte kaum die hauchzarten Dornen, die an meinen Füßen hängenblieben. Mein schwerer Atem ging in Schluchzen über, während ich quer über das auslaufende Grasland jagte, geradewegs auf Michael zu, der nur als Staubwolke in der Ferne auszumachen war.

Aufgebrachte Schreie durchschnitten den Himmel, doch das Rauschen des Windes und mein Schluchzen dröhnten so laut in meinen Ohren, daß ich sie zunächst nicht hörte. Meine Kehle brannte von trockenen Schluchzern, und ich rannte, bis ich plötzlich ein gewaltiges Zischen wahrnahm, ein »Pfeil« auf mich hinabschoß und mein Haar streifte. Ich schrie und duckte mich sofort. Ein weiterer Angreifer aus der Luft schoß noch tiefer auf mich herab und kam so dicht an mein Ohr, daß ich die leichte Berührung spürte.

In wilder Panik warf ich mich auf den Boden, und plötzlich blieben mir die Schreie in der Kehle stecken, während ich hilflos die Arme über den Kopf warf. Jetzt konnte ich ihn hören – den trostlosen, gellenden Schrei des Vogels über mir. Ich begriff, was ich getan hatte: Versehentlich war ich zu nah an das Nest eines *kiewietjies*-Pärchens herangekommen, und jetzt war ich ihren Sturzflügen ausgesetzt. Sie würden mich so lange attackieren, bis ich von hier verschwunden war. Aber was sollte ich tun? Ich konnte doch nicht weglaufen, ich konnte ja noch nicht mal aufstehen.

Ich drehte den Kopf vorsichtig zur Seite, um nach Michael Ausschau zu halten. Er kauerte auf dem Boden, legte die Arme über den Kopf und sah nicht mal zu mir herüber. Langsam wandte ich das Gesicht, um unter dem anderen Arm hervorzuspähen. Johannes stach immer noch kraftvoll mit dem Spaten zu und brach die feste Erde auf, Williams Sohn aber hatte aufgehört und legte schützend eine Hand über die Augen, während er sich mit der anderen auf die Schaufel stützte. Unschlüssig machte er einen Schritt in meine Richtung, hielt dann aber inne und grub ziellos eine Schaufel Erde aus, während er mich nicht aus den Augen ließ.

Die Angriffe im Sturzflug gingen weiter, so dicht an meinem Kopf, daß ich mir genau vorstellen konnte, mit welcher rasenden Geschwindigkeit sie auf mich herabschossen. Voller Panik schrie ich auf, als ich spürte, wie die Federn mich grob streiften und ein Luftzug an mir vorbeirauschte. Endlich reagierte er, Williams Sohn, ließ den Spaten fallen und rannte los. Als er das Angriffsfeld der *kiewietjies* erreichte, duckte er sich, fuchtelte wild mit den Armen und warf sich schließlich über mich. Ich spürte, wie er mich hochhob, drückte fest die Augen zu und grub das Gesicht ins schweißnasse Hemd.

Als er mich wieder absetzte, war der gellende Schrei der Vögel nur noch in weiter Ferne zu hören. Michael rannte los, getrieben von panischer Angst, und schlug einen weiten Bogen um das Territorium, das die Tiere so heftig verteidigt hatten.

Mein Gesicht war verschmiert von Rotz, Tränen und Staub, kleine Steinchen klebten daran. Ich sah, daß ich einen schmutzigen Abdruck auf Johns Hemd hinterlassen hatte.

»Danke«, brachte ich atemlos hervor. Ich versuchte, das

aufsteigende Schluchzen zu unterdrücken, und bekam kaum noch Luft.
»Laß uns jetzt in Ruhe, Missie. Wir müssen arbeiten. Geh nach Hause. Du hast hier nichts zu suchen.«
Er wandte sich ab, schlenderte wieder zu seiner Arbeit und ließ mich allein zurück.
Ich wartete auf Michael, der mit angstvoll aufgerissenen Augen, völlig atemlos, auf mich zurannte. »Alles in Ordnung, Kitty?« fragte er. Er hatte mir diesen Kosenamen als kleiner Junge gegeben, benutzte ihn aber jetzt nur noch selten.
Wir schwiegen in dem Gefühl ungewohnter Verbundenheit, doch der ruhige Moment wurde jäh von kehligem Gelächter unterbrochen, das wie Gegacker klang. Der Schreck saß uns immer noch in den Gliedern, und der Ausdruck auf unseren Gesichtern wirkte versteinert, als wir uns umdrehten. Zwei Kinder, die aus der Richtung der *pondoks* kamen, zogen einen Handkarren hinter sich her. Sie waren barfuß und trugen khakifarbene Shorts und Hemden – der eine Junge ein zerfetztes, der andere ein gestärktes. Einer war schwarz, der andere weiß. Der weiße Junge hatte dunkelblondes Haar, das er rund um den Kopf als kurzen Bürstenschnitt trug.
Immer wieder zeigten sie auf uns, hörten nicht auf, höhnisch zu lachen, schlugen sich auf die Knie und äfften nach, wie ich mich aus Angst vor den *kiewietjies* auf den Boden geworfen hatte. Ich war immer noch aufgeregt, aber nach und nach verwandelte sich meine Furcht in rasende Wut. Wie konnten sie's wagen, über mich zu lachen. Wie konnten sie nur. Sollten sie doch mal versuchen, seelenruhig stehenzubleiben, wenn sie von *kiewietjies* angegriffen wurden.
»Hör gar nicht hin«, sagte Michael. »Was weiß dieser aufgeblasene *plaasjapie* schon. Und von diesem *piccanin* is' es ganz

schön dreist, über uns zu lachen. Komm, wir kriegen die schon noch.«

Wir blieben den Jungs auf den Fersen, hielten uns geduckt und suchten immer wieder umständlich nach Verstecken. Die beiden plapperten in einer Mischung aus Xhosa und Afrikaans und zogen ihren Handkarren mit den Kinderwagenrädern zu einem Abhang, der ganz in der Nähe des Schweinepferchs und der kastenähnlichen Baracken lag. Nicht ein Mal drehten sie sich um.

»Denen zahlen wir's heim, daß sie uns ausgelacht haben. Wir lassen sie am besten nicht aus den Augen«, sagte Michael und gab mir zu verstehen, daß wir uns hinter dem Gebäude verstecken sollten, in dem ich die Molkerei vermutete. Es lag dicht an einem weiteren weißgetünchten Schuppen. Michael stellte sich zwischen die beiden Gebäude, verschränkte die Hände ineinander, damit ich sie als Räuberleiter benutzen konnte, und hob mich an den Mauern hoch. Mit gespreizten Beinen kletterte ich das letzte Stück bis zum Flachdach hinauf, indem ich mich zwischen den zwei Wänden immer ein Stück höher stemmte. Als ich oben angelangt war, kam mir Michael nach. Flink wie ein Affe klammerte er sich mit Zehen und Fingern im Gemäuer fest und kletterte in Windeseile die Mauer hinauf.

In der Hitze des späten Morgens lagen wir flach auf dem Wellblechdach und bespitzelten die beiden Jungs. Anfangs war's noch aufregend, da oben zu kauern und jede Bewegung der zwei zu verfolgen, und uns rieselte ein Schauder nach dem anderen über den Rücken. Aber nach einer Weile wurde das Ganze ziemlich langweilig. Immer wieder jagten die Jungs im Handwagen den Hügel hinunter, drehten sich um und zerrten den Karren wieder hoch bis hinter den Schweinepferch. Wir hatten langsam Mühe, den Kopf hoch-

zuhalten, und das Dach verbrannte uns die Glieder, sobald wir uns träge rekelten.
Plötzlich sprang Michael auf und postierte sich für jedermann sichtbar auf dem Dach. Einen Moment lang starrte ich ihn fassungslos an, doch als er anfing, seinen Schlachtruf zu grölen, folgte ich seinem Beispiel.
»Afrikaner *vrot* Banane, Afrikaner *vrot* Banane.«
Meine Wut auf den Jungen, der mich ausgelacht hatte, und die grenzenlose Verachtung für seine Khaki-Klamotten und diesen Stoppelhaarschnitt brachen aus mir heraus, als ich in Michaels Gesang einfiel.
»Afrikaner *vrot* Banane, Afrikaner *vrot* Banane.«
Plötzlich knallte eine Tür ins Schloß, und wir spürten, wie die Baracke unter uns erbebte. Unser Schlachtruf blieb uns augenblicklich in der Kehle stecken, als uns wütende Augen in einem tiefroten Gesicht anfunkelten. Der Farmer hatte sich mit seinem massigen Körper und dem dicken Wanst direkt vor der Scheune aufgebaut. Die erschreckend kräftige Statur des Mannes und die Strenge, die er ausstrahlte, schüchterten uns sofort ein.
»Wat doen julle op my dak?« Seine Stimme brach niederschmetternd über uns herein. *»Weg met julls. Weg met julle voor ek my sjambok gaan kry.* Runter von meinem Dach«, schrie er schließlich auf englisch, »oder ich zeig' s euch mit dem *sjambok.«*
Voller Panik kletterten wir die hintere Wand hinunter, sprangen den letzten Meter, überschlugen uns im Staub, rappelten uns hastig wieder auf und rannten los. Eine kleine Blutspur lief meinen Oberschenkel hinunter, als wir uns mit einem Satz über den Zaun schwangen. Wir wollten nur noch eines – so schnell wie möglich den sicheren Hort unseres Farmgeländes erreichen.
Erst auf dem Hof blieben wir stehen. Ein Gefühl innerer

Leere machte sich in uns breit, ein Gefühl, das sich einfach nicht abschütteln ließ. Wir fingen an, Steine zu kicken, und kicherten übertrieben, während wir mit den Zehen Steinchen aufstöberten und nach ihnen traten. Keiner von uns sagte ein Wort, aber der Schreck saß uns immer noch in den Gliedern.

»Was machen wir jetzt?« fragte Michael, den Blick starr auf den Boden gerichtet. Uns war klar, daß wir uns erst wieder beruhigen mußten, bevor wir ins Haus zurückgingen. Im Moment waren wir noch viel zu aufgewühlt, sie hätten die Geschichte sofort aus uns herausgekitzelt, und das bedeutete eine ziemlich üble Bestrafung.

»Hast du Lust, zu den ›Teenager‹-Hühnern zu gehen?« schlug ich vor. »Die sind wirklich komisch. Besonders, wenn man sie füttert.«

Wir standen am Fässer-*hok* und lachten über das ausgelassene Flattern der halb ausgewachsenen Hühner.

»Guck dir das erst mal an.« Ich wollte ein bißchen mit meinem Wissen über das »Teenager«-Federvieh prahlen, schließlich interessierte sich Michael kaum für Hühner, bevor man ihnen nicht den Kopf abgeschlagen hatte.

Ich nahm eine Handvoll Maiskörner aus dem Sack, der am Käfig lehnte, und warf sie in den *hok.* Die Hühner brachen in hektisches Flügelschlagen aus, jagten scheinbar kopflos hin und her, pickten aufgeregt, stürmten alle auf einen Haufen und prallten lauthals protestierend und flatternd gegeneinander. Wir lachten und lachten.

»Werf noch ein paar rein«, sagte Michael.

Ich hatte nicht gesehen, wie es dazu gekommen war, aber plötzlich entdeckte ich, daß sich um den Fuß des schwarzweiß-gesprenkelten Huhns eine helle Blutlache gebildet hatte. Während die Hühner aufgebracht nach den Körnern gepickt hatten, mußte wohl ein Huhn auf seinen Fuß einge-

hackt haben. Nichts Ernstes, wie es schien, nur ein kleiner Schnitt.
Doch dann sah ich mit fassungslosem Entsetzen, wie ein weiteres Huhn auf das Gesprenkelte einpickte, dann noch eins und noch eins, so lange, bis das Blut in Strömen aus dem Fuß sickerte. Schließlich hackten sie auch auf die Flügel, den Rücken und den Kopf ein. Das schwarz-weiße Huhn befreite sich aus dem Gewühl, floh vor dem Mob und rettete sich in die andere Ecke des *hoks*. Die Hühner stürmten wie eine wogende Welle hinterher, und als das gejagte Huhn die Richtung änderte, drehten sie abrupt ab und hasteten hinterher. Der Anblick des Blutes hatte sie rasend gemacht, nun trachteten sie dem Huhn nach dem Leben. Ich schrie auf, als sie sich wie von Sinnen auf das schwarzweiße stürzten und unaufhörlich auf die breiigen Augenhöhlen und den Kopf einhackten, der immer tiefer sank.
Gefangen hinter Gittern, kämpfte ich gegen den Brechreiz an und zwang mich, das Gemetzel mit anzusehen, das ich verursacht hatte, dabei hatte ich mir doch geschworen, daß nichts die heile Welt meiner Farm zerstören durfte. Nur um zu prahlen, hatte ich dem Bösen freien Lauf gelassen. Diesmal war ich allein verantwortlich. Ich war es, die das Huhn getötet hatte.
Als die Hühner schließlich aufgaben, war das schwarzweiß Gesprenkelte nur noch ein blutiger Haufen. Ein roter Bach floß über den Betonboden und strömte in unsere Richtung.

1966 …
acht Tage bis Weihnachten

Der Saft der Wassermelone lief in Rinnsalen über meinen gewölbten Bauch und floß zu einem Bach zusammen. Kleine Ströme bildeten sich auf dem nackten Oberkörper, vermischten sich mit dem Wasser, das aus meinem nassen Haar tropfte, und schimmerten rötlich im spärlichen Licht, das die Morgensonne warf.

Es war noch früh. Früh genug, um einen Blick auf die Phantomfrauen zu erhaschen, die wie jeden Tag mit lautlosen Staubwedeln das Haus sauber machten. Früh genug, um nicht mehr als ein mattes Glühen am Horizont zu erkennen, das den Sonnenaufgang ankündigte, Dämmerlicht, vor dem sich die Blätter des wilden Feigenbaumes mit scharfen Konturen abzeichneten. Die Hühner lärmten bereits, die Hähne krähten, und der Generator erfüllte die Luft, die sich langsam erwärmte, mit seinem Quietschen und Schleifen.

Mein Vater hatte sich nach unserer frühmorgendlichen Schwimmrunde kaum abgetrocknet, tupfte nur kurz die Nase an dem Handtuch ab, das er lässig um den Hals gelegt hatte, und tropfte noch, als er sich auf flachen Füßen in die Wiese vor der Veranda hockte. Ich kauerte in derselben Haltung neben ihm. Durch das Fenster drang der Afrikaans-Sender, den Ouma auf ihrem Radio eingestellt hatte.

Dad schnitt das rote Fruchtfleisch der Melone in Scheiben, präzise wie mit einem geschwungenen orientalischen Krummsäbel. Die Klinge spaltete den Kreis in zwei Hälften, schweigend legte er eine Scheibe in meine ausgestreckte Hand. Unbehagen kroch klebrig und träge meine Brust hinunter.

Schließlich kamen die Jungs, naß und zottig wie Hunde schüttelten sie sich und besprenkelten uns mit Wassertropfen. Sie quatschten drauflos, gaben in ihrer nüchternen Art das Startzeichen für einen Tag wie jeden anderen und verwischten den Hauch von Schwermut, den der vergängliche Augenblick des anbrechenden Tages in mir heraufbeschworen hatte.
Nicht mehr lange, bis man uns zum heißen, honigsüßen Haferbrei auf gestärkter Tischdecke hereinrief. Wie immer würden wir sahnig-gelbliche Milch trinken und weiche, kochend heiße Eier essen. Hungrig, wie ich war, zog mir der Duft von gebratenem Speck, der durch die weit geöffnete Tür wehte, direkt in die Nase.
»Mann, Dad, das hättest du mal sehen müssen, Dad. Unglaublich, echt. Diese Hühner waren wie verrückt hinter ihm her, Dad. Wow, das war Wahnsinn. Die haben es in Grund und Boden gestampft.«
Michael biß unter geräuschvollem Schmatzen in die Wassermelone. Als er sah, daß mein Dad scheinbar unberührt das Messer ins Fruchtfleisch schnellen ließ und abwesend lächelte, hatte er das Gefühl, noch mehr erzählen zu müssen.
»Die haben ihm sogar die Augen ausgepickt, Dad. Du hättest mal das Blut sehen müssen. Stimmt's nicht, Kati? Ganze Ströme von Blut. Sag's ihm, Kati.«
Voller Ekel beobachtete ich den rötlichen Saft, der in einem breiten Strom meinen Oberschenkel hinunterlief und auf die Wiese tropfte. Ich legte die Scheibe, die ich gerade erst angebissen hatte, zurück aufs wäßrige Tablett mit den Melonenstücken.
»Willst du nicht mehr, Kati?« Mein Vater sah mich an. Michaels monotones »Dad? Dad? Da-ad?«, das auf ihn einhämmerte, beachtete er nicht weiter.
»Mir ist nur kalt, Daddy. Ich will mir was anziehen.«

Ich wollte die traurigen Augen vor seinem kritischen Blick verbergen, die Schuldgefühle, die in mir aufstiegen und drohten, jeden Moment vor den Augen aller anderen aus mir herauszubrechen.
Darunter litt ich am meisten – unter dem Gefühl, schuldig zu sein. Das Blut, das in kleinen Rinnsalen geflossen war, machte mir nicht soviel aus, ganz natürlich, wenn ein Huhn sein Ende fand. Mir war selbstverständlich klar, daß das täglich mit unseren Hühnern passierte, bevor sie als Flügel und Keulen in Bratensoße auf dem Tisch landeten, und ich rief mir diese Tatsache immer wieder in geistiger Geißelung ins Bewußtsein. Aber ich hatte mir nie zuvor Gedanken darüber gemacht, nie gab es für mich eine Verbindung zwischen dem Gegacker im *hok* und einem herunterschnellenden Messer. Und außerdem war das Schlachten eines Huhns eine nüchterne Angelegenheit, eine sachliche, unpersönliche Exekution.
Erst die Gier, mit der die Hühner das Gesprenkelte gejagt hatten, ließ das Gemetzel so schrecklich erscheinen, eine Gier, die um jeden Preis befriedigt werden mußte – ein irres Verfolgungsfieber, das einen Artgenossen nach dem anderen gepackt und dazu getrieben hatte, plötzlich auf einen Gefährten loszugehen, nur weil er einen winzigen Makel aufwies. Aber selbst das war noch nicht das Schlimmste. Was mich am meisten quälte, war das Gefühl, schuldig zu sein. Es nagte an meinem Bewußtsein und wollte aus mir hervorbrechen. Immer wieder unterdrückte ich es, spürte es in mir wachsen und würgte es wieder hinunter. Ich fürchtete, Michael könne erzählen, daß alles meine Schuld sei und ich, nur um zu prahlen, ein Leben zerstört hatte. Ich konnte nicht mal einschätzen, wie sie darauf reagierten und wie heftig sie mich beschuldigten, aber ich hatte furchtbare Angst,

daß sie sich – mit Verachtung im Blick – gegen mich wandten.
»Na gut, dann geh dich anziehen«, sagte mein Vater. »Ich hätt dir eigentlich sagen müssen, daß du die nasse Badehose ausziehst. Deine Mutter wird dir schon sagen, was der nasse Stoffetzen bei deinen Nieren anrichten kann.«
»Ganz zu schweigen von den Häufchen, die vielleicht drin sind« sagte Neil, und die Jungs brachen in Gelächter aus.
Ich ging durch das Schlafzimmer meiner Eltern, wo meine Mutter, ein Knie angezogen, in anmutiger Pose saß und mit Bedacht die Fußnägel lackierte. Ihr Haar war frisch auftoupiert und erfüllte das Zimmer mit dem Duft ihres Parfüms.
Als ich ins Kinderzimmer ging, drang Oumas *»Dankie, Here,* Amen« durch die Tür. Ich stellte mich einen Moment lang aufs Bett, sah auf den Hof und beobachtete das Schleifen des riemengetriebenen Generators. Das vertraute Geräusch hatte etwas Tröstliches in seiner Monotonie – doch plötzlich empfand ich den lockenden Riemen und die bloßen Zähne der ungeschützten Maschinerie als bedrohlich.
Verstehst du, es war das Jahr, in dem ich zum ersten Mal erkannte, daß das Alltägliche Gefahren birgt, in dem mir zum ersten Mal aufging, daß Viehzucht und Tod untrennbar zusammenhängen und daß Haß unter den Menschen gärte, die ich liebte. Das Jahr, in dem mein Vertrauen erste Risse bekam und alles, was ich liebte, nach und nach Formen des Schreckens zeigte. Aber ich durfte nicht aufgeben, mußte mich an das Unveränderliche klammern und dafür sorgen, daß alles seinen gewohnten Gang ging.
Mit wachsender Verzweiflung begriff ich, daß ich genau das tun mußte, was ich immer getan hatte – ich mußte mich an dem freuen, was mir immer schon Freude bereitet hatte, und die altvertrauten Spiele weiterspielen. Wie ein Zauber-

spruch, der immer wieder heruntergeleiert wird, um böse Omen abzuwenden.

Also wärmte ich mein Bäuchlein mit süßem Jungle-Hafer, schlürfte mein Glas Frühstücksmilch und tunkte selbstgemachten Zwieback und *soatkoekies* in die Milch. Michael und ich blieben allein am Tisch zurück, und ich leckte mir genüßlich die Krümel von den Fingern, während er das Transistorradio wieder auf Springbok einstellte. Schlürfend warteten wir auf »Deathie«. Die Sendung *Der Tod berührte meine Schulter* machte uns angenehm *gril,* ein schaurig-schönes Vergnügen, bei dem es sich hier, am Frühstückstisch, wo wir in Sicherheit waren, herrlich kreischen ließ.

Ich naschte gerade den krossen Speckrand vom Teller meiner Mutter, als ich das Klopfen an der Tür hörte. Das Geräusch war ungewöhnlich, und Michael und ich hielten sofort im Kauen inne. Ich glaube nicht, daß jemals zuvor jemand an unsere Tür geklopft hatte. Dienstmädchen oder Boys aus dem Distrikt, die zu Besuch kamen, gingen immer geradewegs auf den Küchenhof, riefen nach Dora oder standen einfach in der Sonne herum, bis man sie bemerkte. Besuche von Familienangehörigen kamen nie überraschend, und die meisten kündeten sich mit lauten *yoo-oohs-* und *Coo-ees-*Rufen an.

Michael drehte das Radio leiser, und wir lauschten gebannt, wie Ouma mit schnellen Schritten durch die Bibliothek zur Eingangstür ging. Unsere Blicke wanderten unruhig über das Tohuwabohu auf dem Tisch und erstarrten, als wir die volltönende, donnernde Stimme des neuen Nachbarn hörten.

»Laß uns hier verschwinden«, murmelte Michael und ließ eine Krümelspur hinter sich zurück, als er blitzschnell in die verborgene Nische hinter der Tür zur Speisekammer huschte. Wie versteinert blieb ich noch einen Moment lang sitzen, dann jagte ich ihm hinterher.

»Nach der Sache mit den Hühnern hab ich den vollkommen vergessen«, raunte ich Michael zu. »Was meinst du, was der will?«

»Uns natürlich. Weißt du nicht mehr, wie er gesagt hat, er zeigt's uns mit dem *sjambok.* Der will uns auspeitschen. Solchen Leuten macht es Spaß, andere auszupeitschen.«

Ich spürte, wie ich unwillkürlich das Gesicht verzog, als ich mich an seine massige Gestalt und die furchteinflößende Stimme erinnerte. Die Wohnzimmertür wurde geschlossen, gedämpftes Murmeln drang zu uns. Mein Magen zog sich krampfhaft zusammen, als ich aufschnappte, wie auf dem Weg zurück zur Haustür unsere Namen fielen. Gespenstische Stille breitete sich im Haus aus, nachdem Ouma die Tür mit einem lauten Poltern zugeschlagen hatte. Ich lauschte auf Oumas Schritte und wartete darauf, daß sie etwas rief.

»Elaine, Elaine, *kom na die sitkamer, asseblief. Ek wil nou graag met jou praat.*«

Wir warteten gebannt. Als nächstes hörten wir das *klick-klick* der Absätze meiner Mutter auf dem Holzboden im Flur, dann wurde die Wohnzimmertür wieder geschlossen.

»Was meinst du, was jetzt passiert?« fragte ich Michael und klammerte mich mit beiden Händen an seinem verkrampften Unterarm fest.

»Ich weiß nicht – soll'n wir lauschen?«

»Nein, Michael, das geht nicht«, erwiderte ich und sah in seine aufgerissenen dunklen Augen.

»Stell dich nicht so an«, sagte er barsch, machte eine ruckartige Bewegung, schüttelte mich ab und stand auf. »Der Mann ist doch sowieso weg. Jetzt kann er nicht mehr mit seinem *sjambok* kommen. Außerdem wollte ich dich nur *skrik* machen. Dad würde nie zulassen, daß er uns mit dem *sjambok* verprügelt, du Dummkopf. Dad ist mindestens genauso stark wie er.«

Als Michael nicht mehr da war, kam mir die Speisekammer ziemlich öde und heiß vor. Dora quetschte ihren massigen Körper in den winzigen Raum und zwängte mich hinter der Tür ein. Nachdem sie eine Weile auf den Regalen herumgeklappert hatte, quälte sie sich wieder aus der Kammer. Lautlos kroch ich hervor und schlich durch den Flur, in dem Totenstille herrschte, zur verschlossenen Wohnzimmertür. Michael war weit und breit nicht zu sehen.

Ich kauerte im Schutz des Türrahmens und preßte die heiße Wange an das Holz. Hinter der Tür war es ruhig, im ganzen Haus war nichts zu hören.

»So weit ist es also gekommen!« Das war Ouma, ihre Stimme klang rauh und belegt.

»Sie kriegen ihre Strafe dafür, Ma.« Moms Stimme hörte sich dagegen fast schon schrill an, ihre Worte klangen flehentlich.

»Mehr hast du dazu nicht zu sagen?« fuhr Ouma dazwischen, als Mom mit sanfter Stimme Unverständliches murmelte. »Ein Kinderstreich, dumme Faxen? Mit einer gebührenden Strafe ist die Sache erledigt – so einfach ist das für dich?«

»Ma, nun mach doch nicht ...«

»Man kann sie nicht dafür bestrafen. Begreifst du denn nicht? Siehst du nicht, wie es dazu kommen konnte?«

»Ma, das ist doch keine große Sache. Alle Kinder ...«

»Erzähl mir nicht, daß das keine große Sache ist.« Meine Ouma, die sonst nie die Stimme erhob, hörte sich auf einmal streng und gereizt an. Sie schien außer sich, ich hatte nie zuvor erlebt, daß sie herumschrie – jedenfalls nicht im Haus. Sie fuhr höchstens mal die Hunde an. Als sie weiter-

redete, donnerten die Worte immer noch auf meine Mutter nieder.
»Stell dich bitte nicht dumm. Es geht mir nicht darum, daß sie aufs Dach geklettert sind. Natürlich machen das alle Kinder. Das mein ich nicht. Es geht um viel mehr – um die Differenzen zwischen dir und mir.«
»O Ma, ich will nicht mit dir streiten. Es ist Weihnachten. Können wir die Sache nicht einfach vergessen und ihnen für den Rest des Tages Hausarrest geben?« Ihre Stimme klang hell und weich, fast wie meine Kleinmädchenstimme. Sie flehte Ouma an, das war nicht mehr zu überhören.
»Hör mir jetzt zu, Elaine ... *Magtig, watter soort naam is die?* Warum muß ich mich zwingen, dich so zu nennen? Und das, obwohl er mir kaum über die Lippen kommt und du eigentlich so einen schönen christlichen Namen hast. Helena – auf den Namen bist du getauft worden, es ist der Name, den wir in Liebe für dich gewählt haben. Warum mußt du ihn *maar* ablehnen, zusammen mit allem, wofür er steht?«
»Ma, bitte ...« Ich hörte durch die Tür, wie sie geräuschvoll die Luft ausstieß. »Ich lehne den Namen nicht ab, ich mag ihn nur nicht. Das ist doch kein Verbrechen.«
»Kein Verbrechen, nur ein Symptom, genau wie die Sache, die deine Kinder angestellt haben. Ich weiß genau, wo sie das herhaben. Ist doch klar, wie sie zu so einer Einstellung kommen, jeder sieht doch, was du ihnen vermittelt hast.«
»Ich habe niemals ...«
»Das ist gar nicht nötig. Wie du denkst, geht eindeutig aus dem hervor, was du tust und sagst. In diesen Kindern steckt nichts, aber auch gar nichts von ihrem *volk*. Und nichts von mir. Ich bin Afrikaanderin. Ich bin stolz darauf, stolz auf mein Volk und sein Erbe. Aber sie sind kein bißchen stolz auf ihre Nation. Sie haben nur Verachtung übrig für mich und das, wofür ich stehe. Du und deine Kinder – ihr meint,

ihr seid mir überlegen, mir und meinem einfachen Farmleben. Du hältst dich für was Besseres, und deine Kinder denken genauso.«

»O Ma, das stimmt doch nicht.« Ein Zittern schwang nun in ihrer Stimme mit, dem sie in einem schweren Atemzug Luft machte. »Es war nur ein dummer Streich. Warum bildest du dir immer gleich ein, daß mehr dahintersteckt?«

Sie schwiegen einen Moment lang, aber sogar ihr Atem und ihr Herzschlag drangen zu meinem Ohr, das ich voller Verzweiflung an die Tür preßte. Ich mußte die Sache in die Hand nehmen und dafür sorgen, das dieser Schrecken ein Ende hatte, bevor alles kaputtging und die Farm um meine lauschenden Ohren zusammenbrach. Aber ich war absolut hilflos und fühlte mich viel zu klein, um die Woge von Wut und Haß zurückzuhalten. Wenn ich jetzt ins Zimmer ging, machte ich alles nur noch schlimmer. Wenn ich weglief, ließ ich damit das Unheil zu und bewies, daß ich zu schwach war, die bröckelnden Mauern zu stützen. Ich schloß die Augen und preßte Wange und Ohr so fest an die Tür, daß es schmerzte.

»Bitte, gütiger Jesus, bitte, Gott«, hauchte ich.

»Und was bitte, wenn ich fragen darf, hast du – mit deinen überheblichen Stadtmanieren – deinen Kindern für dieses Erbe gegeben, auf das sie eigentlich ein Recht haben? Nichts, nichts außer hochnäsigen englischen Allüren aus zweiter Hand. Und jetzt bilden sie sich ein, daß sie was Besseres sind. Aber du hast ihnen nichts Wirkliches gegeben – kein Heim, keine Werte und keine Kultur.«

»Bevor sie auf die Welt gekommen sind, haben wir uns entschieden, daß wir sie englisch erziehen. Damals hast du nichts dagegen gesagt.« Meine Mutter hatte die Stimme erhoben, aber selbst durch die hölzerne Barriere konnte ich deutlich das Schluchzen hören, das ihr als Kloß in der Kehle saß.

»Was hätte ich denn sagen sollen? Und was hätte das für einen Unterschied gemacht? Du warst ja schon durch und durch englisch. Du hast dich schon damals so weit von mir entfernt, du wolltest meinen Rat nicht mehr, du mit deinem verrückten englischen Ehemann und deinem verrückten Zuhause.«

»Das ist wirklich nicht wahr.«

»Sieh dich doch nur an.« Ouma schien die Worte auszuspucken wie etwas Widerwärtiges, das sie voller Ekel loswerden wollte. »Du mit deinem auftoupierten Haar und den lackierten Nägeln. Und, *magtig,* du mußt ja unbedingt hier auf der Farm diese kurzen Röcke tragen – und das vor den Boys. Was meinst du, wie das aussieht? Was für Werte vermittelst du deinen Kindern, welche Basis gibst du ihnen fürs Leben?«

»Mir gefallen diese Kleider, Ma!« Sie schrie die Worte, aber ihre Stimme klang tränenschwer. »Natürlich interessiert es dich nicht, was die Leute sonstwo in der Welt anziehen, aber ich möchte dir trotzdem sagen, daß man keine Nutte ist, nur weil man ein Minikleid trägt. Egal, wie oft du betonst und versuchst, mir einzureden, daß ich billig aussehe. Alle, die ich kenne, tragen Mini. Das ist nun mal Mode. Was ist so verkehrt daran?«

»Meinst du, es interessiert mich, was diese *Engelse* in der Stadt machen? Diese Leute ohne Werte und Moral? Was für eine Antwort ist das überhaupt? Das sind dieselben Leute, die demonstrieren gehen und Drogen nehmen. Ist das für dich und deine Kinder etwa auch in Ordnung? Nur, weil's *jeder* tut?«

»Das ist doch lächerlich!« Sie schwiegen, wütendes Schnauben durchbrach die Stille.

»Außerdem scheinst du zu vergessen, daß ich – egal, wie ich mich anziehe und was ich meinen Kindern sage – immer noch deine Tochter bin. Und sie sind deine einzigen Enkelkinder. Du solltest lieber dafür sorgen, daß wir miteinander auskommen.«

»Ich vergesse gar nichts. Aber mir ist noch was anderes klar. Tochter sein bedeutet mehr als nur nehmen – mehr als nur das Leben mitzunehmen, das einem geschenkt wurde. Und es bedeutet auch mehr …«

»Was? Das ist es also, ja? Du willst mich verstoßen? Wegen einer so dummen Sache willst du mich verstoßen?«

»Familie bedeutet mehr, als große braune Augen von Generation zu Generation weiterzugeben, das weißt du auch.« Ouma hatte Mom nicht ganz ausreden lassen und fuhr fort, als habe ihre Tochter nichts gesagt. »Familie bedeutet, daß man seinen Nachkommen die Dinge vermittelt, die den Vorfahren wichtig waren. Nur das macht eine Persönlichkeit aus, das heißt Familie.«

»Vielleicht heißt Familie auch, daß man seinem Kind zugesteht, eigene Gedanken zu entwickeln. Wie kannst du dir immer so sicher sein, daß du recht hast? Warum müssen alle so sein wie du? Mit allen, die anders denken, willst du einfach nichts zu tun haben.«

»Weil ich weiß, worauf es ankommt. Ich weiß, daß nichts geblieben ist – nichts von mir, was deine Kinder an ihre Nachkommen weitergeben könnten. Deine Kinder. Enkelkinder kann ich ja wohl nicht sagen, denn sie haben gar nichts von mir.«

Heiße, aufsteigende Tränen brannten in meiner Kehle und schossen mir in die Augen. Meine Stirn schmerzte, als ich sie gegen die hölzerne Tür preßte, ein Schmerz, den ich als Linderung empfand. Er war so viel leichter zu ertragen.

Ich hörte, wie meine Mutter tief Luft holte und das Wort

ergriff. Ihre Stimme klang gedämpft, aber die Wut brach noch gewaltiger aus ihr heraus als zuvor. »Also willst du sogar diese Beziehung brechen, du willst sie verstoßen, weil du nicht gutheißen kannst, wie wir leben. Gütiger Gott, sie sind deine *einzigen* Enkel.«

»*Moenie die Here se naam iydellik gebruik nie* ... ich will nur sagen, daß Mutter sein mehr heißt, als das Kind unter Schmerzen auf die Welt zu bringen. Gott möge mir helfen, du bedeutest mir immer noch viel. Aber eine Mutter muß irgendwas an ihr Kind weitergeben. Ich konnte dir nichts geben – du, mit deinen roten Nägeln und kurzen Röcken, die mir jedesmal ein Dorn im Auge sind, wenn ich deine Beine sehe. Und dann diese Stadtausdrücke, die du und deine Familie verwenden. Ich zieh mich nicht von dir zurück. Das hast du schon vor langer Zeit getan, als du alles, was ich dir gegeben habe, aus deinem Herzen verbannt hast.«

»Komm mir nicht damit! Wie kannst du's wagen ... du hast mich keine Sekunde mehr geliebt, nachdem Katerina gestorben ist. Du wolltest sie. Ich war dir nie gut genug. Ehrlich, ich wäre froh, wenn sie noch leben würde, ich wäre wirklich froh, wenn sie heute noch leben würde und dich genauso enttäuschen könnte wie alle anderen auch. Du weißt genau, daß sie dich genauso enttäuscht hätte. Schließlich gibt es niemanden, der deine Erwartungen erfüllen kann.«

»*Magtig,* Helena, laß die arme Katerina aus dem Spiel. Wag es nicht, ihren Namen so abfällig vor mir zu äußern. Ich hab dir alles gegeben, du hast nur das Beste bekommen.«

»Oh, natürlich! Hast du mich deshalb ins Internat gesteckt, als ich gerade mal alt genug war, daß du mich loswerden konntest? Und ich heiße Elaine, wie du weißt.«

»*Magtig,* und jetzt muß ich mir von dir all das vorwerfen

lassen, was ich für dich getan habe! Du bist in ein Internat gekommen, weil dein Pa der Meinung war, daß wir dir jede Chance geben sollen. Weil ihm sein einziger geliebter Schatz zu schade war für die ganz normale Farmschule im Distrikt. Und du hast dir immer eingebildet, daß du was Besseres bist als die Kinder aus dem Dorf.«

»Was für ein Blödsinn! Wie kannst du mir vorwerfen, hochnäsig zu sein? Du hast mich ins Internat geschickt, weil ich dir im Weg war. Ich hab dich viel zu sehr an den Menschen erinnert, den es nicht mehr gab. Du weißt genau, daß ich nicht schuld an ihrem Tod war, aber du hast mir immer Schuldgefühle eingeredet, weil ich geboren wurde, nachdem sie gerade an Diphtherie gestorben ist.«

»Ich habe Katerina vermißt. Wie soll ein Mutter jemals so einen Verlust verkraften? Aber du in deiner egoistischen Art hast meine Trauer immer auf dich bezogen. *Skaam jou!* Du schmollst immer noch, eifersüchtig auf ein Kind, das gestorben ist. Tja, wir werden nie erfahren, was für ein Mensch sie geworden wär, stimmt's? Niemand kann's sagen, aber vielleicht hätte *sie* zu ihrer Familie gestanden.«

»Das hat doch mit Schmollen nichts zu tun – wie kannst du meine Gefühle so heruntermachen? Ich muß doch wissen, was für ein Gefühl du mir gegeben hast, nur ich kann sagen, was aus meiner Sicht fair ist. Und es ist bestimmt nicht fair, daß du Katerina wie eine Heilige hinstellst und mir immer noch vorwirfst, ich wäre englisch. Und du schließt daraus, daß ich hochnäsig bin …«

»Wenn du nicht hochnäsig bist, warum mußte ich dir dann jedes Jahr sagen: ›Geh doch mal deine Freunde im Distrikt besuchen. Guck doch mal bei den Leuten vorbei, mit denen du früher gespielt hast.‹ Hast du das auch nur einmal getan? Hast du jemals nach ihnen gefragt oder dich darum gekümmert, was aus ihnen geworden ist?«

»Das hat doch nichts mit Hochnäsigkeit zu tun. Ich kann nur nichts mit ihnen anfangen. Ich bin anders, das geb ich gerne zu. Ich bin eben englisch. Aber wer ist denn dafür verantwortlich? Wer hat mich denn auf diese verrückte englische Schule geschickt? Englischer als diese Schule, die ihr für mich ausgesucht habt, kann man gar nicht sein. Was hast du denn erwartet, wie ich werde? Wieso hast du mich weggeschickt, damit ich wie eine Engländerin aufwachse, wenn du mich jetzt deswegen angreifst?«

Ouma antwortete mit gesenkter Stimme – ein rauhes Murmeln, doch jedes leise Wort drang messerscharf durch die Tür. »Ich hab dich nie auf die Schule geschickt, damit du wie eine Engländerin aufwächst. Ich hab dich auf diese Schule gehen lassen, weil es damals hieß, daß sie die Garantie für die beste Ausbildung ist. Aber dafür wollte ich auch was von dir zurückhaben. Ich habe von dir erwartet, daß du wenigstens zu deiner Familie und deiner Religion stehst. Nicht, daß du deine Wurzeln verleugnest und dich über deine Familie und deine alten Freunde stellst. Du sitzt hier und erzählst mir, ich hätte dich, als du ein Kind warst, allein gelassen. Dann hör mir mal gut zu, was ich dir zu sagen habe! Du warst es, die uns und unser Erbe im Stich gelassen hat. Du hast mich betrogen, als du von hier weggegangen bist und meine Enkelkinder von mir entfernt hast.«

»Du nennst mich eine Verräterin? Mich?«

»Das hast du gesagt, aber du hast recht. Du hast mich und alles, wofür ich stehe, verraten.«

»Das werde ich dir nie verzeihen. Niemals. Du hast aus einer Nichtigkeit so eine große, häßliche Sache gemacht.« Sie weinte, ich hörte sie schluchzen. Ouma stieß immer noch kurz und heftig den Atem aus – sie weinte nie.

»Versuch bloß nicht, mir allein die Schuld in die Schuhe zu schieben. Du hast eine Menge verkehrt gemacht – du mit deinen Vorstellungen und Werten, die du deinen Kindern vermittelt hast. Jetzt mußt du auch die Konsequenzen tragen. Du hast dich in eine kleine englische Lady verwandelt. Dir muß doch klar gewesen sein, daß das bedeutet, sich von vielen Dingen loszusagen. Also gut, du hast dich von deinen Vorfahren losgesagt. Und ich gehöre auch dazu.«

Die Tür wurde aufgerissen. Ungeschickt wich meine Mutter zur Seite, um nicht über meine kauernde Gestalt zu stolpern, und taumelte in den Flur. Sie beachtete mich nicht weiter und stürmte, während sie sich mit einer Hand an der Flurwand abstützte und die andere schmerzvoll vor die Augen hielt, in ihr Zimmer.

Ich hob den Kopf mit den hämmernden Schläfen. Ouma stand reglos im Wohnzimmer und sah durch das Fliegengitter von dem Fenster auf das weitausladende, schützende Astwerk des wilden Feigenbaums. Fahles Licht fiel auf ihr Gesicht und leuchtete ihre Züge aus, als sie sich plötzlich mit fahrigen Bewegungen in den Busenausschnitt faßte und ein Taschentuch herauszog. Ihre Wangen waren feucht.

Als sie auf dem Weg in die Küche an mir vorbeikam, tätschelte sie geistesabwesend meinen Kopf. Wie konnte sie das tun, nach all dem, was vorgefallen war? Warum brach die Erde nicht auf und zog uns alle in die Tiefe? Ich biß die Zähne zusammen und wartete auf die Katastrophe, das Ende der Welt. Das war nicht nur ein kleiner Streit, wie er in jeder Familie vorkommt – nein, das war der gewaltige Zusammenstoß der Titanen meines Lebens. Die beiden großen Mächte des Universums hatten sich bekämpft, nichts konnte jetzt noch sein wie vorher.

Ich kroch zurück in meine stickige Ecke in der Speisekammer. Zusammengekauert saß ich dort, innerlich so verwüstet, daß ich nicht weinen konnte, und wartete. Ich wartete auf ein Zeichen – ich wußte selbst nicht, was für ein Zeichen das sein sollte –, einfach nur ein Zeichen, was nun geschehen sollte. Ein Zeichen, daß die Familie in sich zusammengebrochen und eingestürzt war. Ob wir abreisten, heute noch?

Meine angespannten Muskeln zuckten, als ich die Glocke hörte, und ich stieß einen kurzen, gepreßten Schrei aus.

»Alle essen kommen.« Ouma hatte gerufen. Aber was sollte das? Wie konnten wir jetzt noch essen?

»Yay, Essen!« Ich hörte Michaels freudigen Schrei, aber wie war es möglich, daß er nichts wußte? Wieso wußte nicht jeder hier, daß alles vorbei war? Ich kroch aus dem engen Versteck, in dem die Fliegen meinen schweißnassen Kopf umschwirrten. Ich mußte mit eigenen Augen verfolgen, was nun passierte. Ich mußte dabeisein und mit ansehen, wie die Welt in Stücke zerbrach. Als ich ins Eßzimmer kam, saßen außer meiner Mutter und mir alle am Tisch.

»*Kom, Kati,* es ist Zeit fürs Dankgebet. Michael, ich glaube, du bist heute dran.«

Schweigend schob ich mich auf meinen Stuhl und verkrampfte die Hände ineinander. Aber es war mir unmöglich, die Augen zu schließen. Wofür sollte ich dem Herrn danken? Ich hatte ihn doch angefleht, das Unheil von uns fernzuhalten, er hatte mich nicht erhört.

»F'r das, was d' uns b' schert hast ...« Michael leierte gerade das Gebet herunter, als meine Mutter ins Zimmer trat. Ihre Augen waren rot und geschwollen, aber sie schien völlig gefaßt. Ich warf einen Blick zu Ouma, die kurz die Augen öffnete, kaum merklich nickte und sofort wieder die Lider senkte.

»Amen.«

Ouma stand auf, um das Essen auszuteilen und die Teller an uns weiterzugeben. Ihre barsche Aufzählung, was bis Weihnachten noch zu erledigen war, durchbrach die Stille, die über dem Tisch schwebte, und verwob unsere Familie. Ich wartete. War sie noch dieselbe? Wie konnte das sein – nach dem, was eben geschehen war? Wohin gehörten wir, wenn nun nichts mehr sein sollte wie früher? Wie war es möglich, daß alles unverändert schien – der Duft der Brathähnchen, das *quietsch-päng* der Fliegengittertür, das Rattern irgendeines Traktors in der Ferne? Dora kam mit Kürbisstreifen herein, und ihr Körper bebte unter heftigem, ehrerbietigem Lachen, während sie – zahnlos, wie immer – eifrig hin und her eilte.

Ouma redete und redete. Nichts von dem, was sie sagte, drang in mein Bewußtsein vor. Es hatte wohl irgendwas mit den Küken zu tun, die einen Tag vor Weihnachten eintreffen sollten – ich weiß es nicht mehr.

»Bitte keine Soße, Ouma«, flüsterte ich, selbst überrascht, daß ich noch sprechen konnte und mich ganz normal anhörte. Aber Ouma redete immer weiter, unaufhörlich drangen die Worte aus ihrem Mund und erstickten all die kleinen Geräusche um den Tisch.

Als mein Teller wieder vor mir stand, schwamm das Essen in der typischen dicken, öligen Farmsoße. Fassungslos starrte ich darauf, während Oumas Stimme den Tisch überflutete. Dicke Tränen stiegen mir in die Augen, Tränen, die – genau wie der ölige Film auf meinem Teller – unmöglich durch meine Kehle rinnen konnten. Längst hatte ich sie nicht mehr unter Kontrolle, sie schwollen an und tropften über mein Gesicht. Ich konnte sie nicht zurückhalten, konzentrierte mich auf meine Kehle und versuchte zu schlucken oder Luft zu holen.

Die Tränen, die über meine Wangen strömten, verdünnten die ölige Soße und bildeten starre Pfützen. Plötzlich merkte ich, daß es ruhig am Tisch geworden war. Ich spürte, daß mich alle anstarrten, wagte aber nicht aufzusehen. Meine

Kraft reichte gerade noch zum Atmen. Ich mußte unbedingt Luft holen.

»Magtig, kind, wat is dit now?«

»Sie wollte keine Soße, Ouma.« Es war Michael.

»Aber, um Himmels willen, Kind, warum sagst du denn nichts? Warum sitzt du einfach nur da und weinst?«

In Windeseile riß sie den Teller von meinem Platz, gab ihn an Michael weiter und setzte mir schließlich mit einem lauten Schnalzen Hähnchen ohne Soße vor.

An viel mehr kann ich mich von diesem Mittagessen nicht erinnern. Doch, ich glaube, es muß bei diesem Essen gewesen sein, daß Oupa – noch bevor er das Besteck aufnahm – die Hand nach meiner Mom ausstreckte. Ich weiß noch, wie ich zusah, als er ihr das Haar zerzauste und auf die kindliche Art, die er sonst nur mir gegenüber an den Tag legte, ihren Hals kitzelte. Sie zwang sich zu einem Lächeln und beugte sich, gierig nach seinem Trost, zu ihm hinüber, als er ihre Schultern knetete.

Wenn mich mein Gedächtnis nicht täuscht, diskutierten Dad und Neil über Kricket, pausenlos redeten sie über die verschiedenen Mannschaften – welche nun gut sei und welche schlecht. Wer bei den entscheidenden Spielen im Team mitspielen sollte und wer nicht. Ich weiß noch, wie Neil mit aufgeblasenen Backen posaunte: »Nun, er ist wiiirklich ein wa-anderbarer Spieler.« Klar, daß er Charles Fortune imitierte.

Nachdem Oumas Redeschwall zu Anfang des Essens kein Ende genommen hatte, sagte sie im weiteren Verlauf überhaupt nichts mehr. Sie aß langsam und sah jeden, der redete, aufmerksam an. Ach, und dann erinnere ich mich noch, daß sie plötzlich, während sich das Kricketgespräch endlos in die Länge zog, den Blick auf Mom richtete. Ein Blick, den ich nicht zu deuten vermochte. Unwillkürlich verkrampfte ich mich und machte mich auf die Katastrophe gefaßt. Mein Gott, was ging nur in diesen Köpfen vor – in diesen Erwachsenenköpfen? Wenn wirklich irgendwas im Busch war, warum brachten sie die Sache dann nicht hinter sich und ließen es damit gut sein? Sie sollten uns nicht immer weiter hinhalten und so tun, als sei nichts gewesen. Vor allem, da ich wußte, daß nichts mehr so war wie zuvor – daß nichts jemals wieder so sein konnte.

Es war mir ein Rätsel, wie alles seinen ganz normalen Gang nehmen konnte. Jedenfalls oberflächlich, muß ich dazu sagen. Damals kannte ich das Wort »surreal« sicherlich noch nicht, aber ich erinnere mich genau, daß es – obwohl ich das Mittagessen in jeder Beziehung als normal empfand – etwas gab, das völlig aus dem Rahmen fiel, etwas Unerhörtes, das ich nicht benennen konnte. Es war ungefähr so, als hätten sich viele Menschen zum Essen in einem Raum eingefunden und vergessen, Hosen anzuziehen.

»*My magtig,* Kati, warum, um alles in der Welt, hast du so ein Theater wegen der Soße gemacht, wenn du sowieso nichts essen willst?« Ouma kratzte die Reste von den Tellern und stapelte sie aufeinander. »Do-ora«, rief sie schließlich.

Plötzlich drehte sie sich um. »*Ag* Elaine«, sagte sie, hielt inne und ließ das Messer in der Hand einen Moment lang über den Tellern schweben. Meine Mutter war bereits auf dem Weg ins Wohnzimmer, Neil und mein Dad folgten ihr. Als sie stehenblieb, gingen die beiden Männer links und rechts an ihr vorbei und stießen die Arme vor, als wollten sie sich einen Ball zuwerfen.

Meine Kehle war augenblicklich wie zugeschnürt, mein Atem stockte. Aus den Augenwinkeln konnte ich gerade noch Michael sehen, der sich scheinbar unberührt in einer zerbröckelnden Welt bewegte, Hähnchenreste von den Tellern pickte und in den Mund stopfte.

»Ich hab mir überlegt, wir sollten dem Nachbarfarmer einen Teller gefüllte Pasteten rüberschicken ... vielleicht auch ein paar *soatkoekies.* Hilfst du mir heute nachmittag beim Backen? Bitte?«
Einen Moment lang breitete sich Schweigen aus, das sich zäh wie das Ticken eines Metronoms auf das Zimmer legte.
»Ja, Mom«, sagte meine Mom schließlich. Ein Lächeln spielte um ihre Lippen – dieses zarte englische Lächeln, das so typisch für sie war. Ouma erwiderte es mit dem energischen Lächeln einer Farmfrau, bei dem sich ihre Wangen röteten und rundlich hervortraten. Es war wie eine zärtliche Geste.
»Ja, dann ist das also abgemacht. Und ihr beide ...« Ouma wies mit dem Kinn auf Michael und mich. »... ihr bringt den Teller nach drüben. Und ihr entschuldigt euch bei *Meneer* Van Rensburg. Und zwar ordentlich, *hoor julle?«*

Michael und ich ließen uns Zeit, hinter den Zaun zu gelangen. Ich schleppte mich über die Spuren im Staub und zog mit der dicken Zehe lange Linien in die Erde. Michael trug den Teller mit gefüllten Pasteten, geschützt von Oumas Zierdeckchen mit winzigen Bleikugeln im Saum. Mit erhobenem Kopf marschierte er vor mir her, doch ich merkte, daß sich seine Schritte verlangsamten, je näher wir dem Zaun kamen.
Die Haustür bestand lediglich aus einem Holzbrett mit einem viereckigen gewölbten Glaseinsatz in Blickhöhe eines Erwachsenen. Als wir endlich davor standen, war das Deckchen, das immer wieder verrutschte und zurechtgezupft werden mußte, voller brauner Fingerabdrücke.
Der Mann öffnete selbst die Tür, sein massiger Körper füllte fast vollständig den Türrahmen aus und ließ kaum einen Blick ins Hausinnere zu. Zum ersten Mal hatte es Michael die Sprache verschlagen, und so standen wir beide mit

offenen Mündern und weit aufgerissenen Augen nebeneinander. Hinter seinem stämmigen Hals konnte ich gerade noch ein paar Garderobenhaken erkennen, an denen Hüte und Mützen hingen. Am mittleren Haken baumelte ein großer khakifarbener Sonnenhut mit grünem Saum. Dahinter schaute die geflochtene, schlangenähnliche Rute eines ledernen *sjambok* hervor.

»Ja kinders, kom binne«, sagte er, schwang plötzlich die gepolsterte Hüfte ein Stück zur Seite und machte völlig übertrieben eine einladende Handbewegung. Mein Herz hämmerte dumpf gegen den Brustkorb, während ich Michael ins Wohnzimmer folgte, wo auch der Junge saß. Er kauerte vor seiner Mutter, die in einer Zeitschrift blätterte, und lehnte sich an ihre dicken Knie in straffen Strumpfhosen. Die Frau sah auf, als wir ins Zimmer kamen, und lächelte. Die Ouma des Jungen zeigte keinerlei Regung, während wir uns über den fleckigen Teppich schleppten. Kerzengerade saß sie da, krampfte die Hände im Schoß zusammen und preßte die schmalen Lippen aufeinander.

»Ja jong«, sagte der Mann, und ließ den fleischigen Arm schwerfällig auf meine knochigen Schultern plumpsen. »So schlimm is' es ja nicht. Guckt nicht so – wie erschrockene Hasen. Mußtet ihr noch nie irgendwo hingehen und euch entschuldigen? *Goeie magtig*, mich hat man ständig losgeschickt, und obendrein hab ich meistens noch 'ne ordentliche Tracht Prügel gekriegt.«

Bisher hatte ich nur starr auf den Boden gesehen, und als ich jetzt den Kopf hochriß und ängstlich versuchte, in seinem Gesicht zu lesen, brach er in polterndes Gelächter aus.

»*Ag*, ich glaube, heute schlagen wir mal niemanden. Was meinst du, Magda?«

Sie schnalzte mit der Zunge gegen die Schneidezähne. »*Ag*

Jannie, moenie die kinders so bang maak nie. Danke, *my lamme.* Ist das für uns? Lieb von euch.«
»Bist du denn ein Junge oder ein Mädchen?« fragte der Mann und schüttelte mich aufmunternd mit dem Arm, der immer noch auf meinen Schultern ruhte.
»Sie ist ein Mä-ädchen«, übertönte Michael lauthals das Gelächter des Mannes und seines Jungen.
»Aber ich kann alles, was ein Junge auch kann«, trumpfte ich auf und hatte vor lauter Entrüstung meine Angst vergessen. »Ich kann schon immer genauso gut Rad schlagen wie Michael. Und es gibt keinen Baum, vor dem ich Angst hab. Ich kann sogar besser klettern als er.«
Er legte mir die Hand in den Nacken und schob mich ein Stück nach vorn. »Sagt meinem Jungen, wie ihr heißt. Kobus, steh auf und vertrag dich wie ein Mann. Und sprich Englisch, Junge. Sag hübsch auf englisch hallo zu unseren kleinen englischen Gästen.«
Wieder brach das Lachen wie ein Bellen aus ihm heraus, und er gab mir mit seinen fleischigen Bananenfingern einen Klaps auf Ohr und Wange. Der Junge lächelte ein wenig schüchtern und gab Michael die Hand. Seine Mutter hatte uns Gläser mit Coke gebracht, die wir in Kobus' Zimmer tranken.
»Wollt ihr meine Seidenraupen sehen?« fragte er. Wenn er lächelte, schien er gar kein übler Kerl zu sein. Genau wie Michael hatte er große, neue Zähne, und er konnte ziemlich gut Englisch. Nicht einmal stockte er oder suchte verzweifelt nach dem richtigen Wort. »Ich les 'ne Menge über die Natur«, ließ er uns wissen. »Deshalb ist mein Englisch ganz gut geworden.« Nach einer Weile hatte ich sein Haar vergessen, das in kurzen Borsten auf der rosa schimmernden Kopfhaut stand.
Er gab jedem von uns ein paar Würmer in Schuhkartons

mit, die er in dem parfümerfüllten Zimmer seiner Mutter aus den Regalen kramte. Danach gingen wir zu einem Teil der Farm, der etwas Vertrautes für mich hatte, pflückten Teeblätter und reife Maulbeeren und stopften sie uns in den Mund.

Als wir wieder ins Haus des Nachbarfarmers zurückgingen, zauberte die Sonne mit flach einfallenden Strahlen einen Hauch Gold auf das *Zuurveld.* Dunkle Schatten krochen in jede Vertiefung und ergriffen Besitz von den Ostflanken der Bäume und der kleinen Hügel. Kobus' Mutter sagte, daß wir nun gehen sollten. Der Mann begleitete uns an die Tür, um uns zu verabschieden. Auch jetzt noch wirkte der Eingang öde ohne eine richtige Veranda.

»Ja, also wir fahren am Montag für einen Tag an die Küste.« Die Falten in dem rötlich-braunen Gesicht des Mannes stachen als weiße Linien hervor. Seine Augen funkelten, und die tabakgelben Zähne glichen einer Reihe getrockneter Maiskörner. »Wollt ihr mitkommen? Wir fahren nämlich mit dem *bakkie.*«

1989 …

17. November

Sie lesen überhaupt nicht, diese dürren Mädels mit Pferdeschwänzen, die sich die Bücher dicht vor die Nase halten, verschwörerisch die Köpfe zusammenstecken und tuscheln.

Es macht mir längst nichts mehr aus. Mich interessiert nur, daß der Unterricht fast zu Ende und dieser Kurs heute meine letzte Klasse in Bibliothekswesen ist. Im Grunde haben sie mich nie wirklich berührt, es sind Mädchen mit Einheitsgesichtern, Blondinen, die schwungvoll das Haar zurückwerfen, wenn sie aufstehen, und draußen vor der Tür in aufgesetzter Lebhaftigkeit lauthals schnattern.

Ganz gleichgültig sind sie mir allerdings nicht immer gewesen. Früher habe ich mir wenigstens Mühe gegeben, sie zum Lesen zu bewegen. Okay, wahrscheinlich darf ich nicht behaupten, daß ich's ihnen zuliebe getan habe. Damals war ich noch überzeugt, ich könne meinen Job als Schulbibliothekarin etwas interessanter gestalten und mehr als stumpfsinniges Bücherstapeln daraus machen – denn genau das ist es im Grunde. Ich glaubte zu dieser Zeit noch, daß in einem literarischen Zirkel und in jungen, unverdorbenen Gedanken eine kleine Befriedigung zu finden sei.

Wahrscheinlich bildete ich mir ein, ich könne ihre immerwährende Suche nach einem Ehemann, einem Zuhause und schmutzigen Windeln wenigstens mit einem geistigen Funken erwärmen, wenn ich nur ihr Interesse für ein, zwei Bücher wecke. Damals versuchte ich, den Mädchen dünne Barbara-Cartland-Bücher und unbeschwerte Teenager-Liebesgeschichten näherzubringen, die ich kistenweise für die Schule bestellte. Ich glaubte, Herzschmerz-Storys über scheinbar ausweglose Liebe, die erst auf der letzten Seite in überschwenglichen Worten ihre Erfüllung findet, spreche ihren Sinn für Romantik an, nach der sich die kichernden Mädchen so sehr sehnten.

Aber anscheinend sind die Geschichten langweilig im Vergleich zu ihren realen Vorstößen in die Welt der Romantik. Und wie's aussieht, schämt sich die Direktorin inzwischen, ihre Bibliothek den VIP-Besuchern vorzuführen, wie sie die glatzköpfigen, schweinsäugigen Männer nennt, die mit dicken Bäuchen und selbstzufriedenem Mäzenatentum hier antanzen. Diese »endlosen Reihen von billigen Groschenromanen« sind – wie sie sagt – eine Schande für den heiligen Ort, der Wissen aus verstaubten Seiten vermitteln soll.

Wenigstens das gibt mir eine gewisse Befriedigung in meinem Job – zu sehen, wie sich diese zugeknöpfte Person mit verkniffenem Gesicht und hektisch hin und her huschenden Augen von dem Regal mit meiner romantischen Lektüre aufbaut, eifrig bemüht, so viele Buchtitel wie möglich zu verdecken. Mit allen möglichen Tricks versucht sie, die neugierigen Blicke der Besucher in eine andere Richtung zu lenken.

Oh, dem Himmel sei Dank für sein Erbarmen. Es läutet, die Stunde ist zu Ende. Noch bevor die Schulglocke verklungen ist, schlagen die Mädchen ihre Bücher auf den Lesetischen zusammen, verdrehen mit affektiertem Lächeln die Augen und trotten und schlurfen aus der Bibliothek. Mürrisch weichen sie meinen Blicken aus, nicht eine von ihnen gibt sich die Mühe, »Schönen Tag noch, Miss« oder »Danke« zu sagen. Sie sparen ihre Spucke für Kaugummi oder *skinder* in der Toilette. Wahrscheinlich könnte ich darauf bestehen, schließlich kann ich mit Nachsitzen drohen – ein furchteinflößendes Machtmittel. Sie würden nämlich, was das

Schlimmste wäre, die Jungen an der Bushaltestelle verpassen. Aber es ist mir sowieso gleichgültig – die Mädchen und ihre schmutzigen kleinen Leben interessieren mich nicht. Ich schiebe mich durch die Mädchentrauben, die in Wolken aus einem Parfümmischmasch den Waschraum belagern, und kämpfe mich zur Kabine mit der Lehrertoilette durch. Eine Gruppe mega-cooler Mädels beugt sich vor, um die unnatürlich wilden Mähnen aufzubauschen, zu denen sie das Haar jeden Morgen brutal auftoupieren, zupft sich gegenseitig die viel zu knappen Turnhosen glatt und überprüft die Wimperntusche. Diese Mädels kann ich am allerwenigsten leiden. Mit ihren schmalen Augen weichen sie kaum einen Zentimeter zur Seite, um mich vorbeizulassen, und ständig tuscheln sie miteinander – blasierte Teenies, die sich zu einer eingeschworenen Gemeinschaft zusammengerottet haben. Zwei von ihnen deuten mit Handbewegungen an, daß sie eine rauchen wollen, und weisen mit dem Kinn zur Tür. Wahrscheinlich denken sie, daß ich gerade nicht hinsehe.

O Gott, das hab ich ganz vergessen. Ich kann jetzt noch gar nicht gehen. Ich habe heute den Bibliotheksdienst nach der Schule. Eine Weile bleibe ich noch in der kühlen Toilettenkabine sitzen, presse die Stirn gegen das glänzende, pflegeleichte Grün der Wand und beschließe zu warten, bis der stärkste Andrang vorbei ist, bevor ich auf meinen langweiligen Posten zurückkehre. Ich höre, wie das Elitegrüppchen den Raum verläßt, ein paar kichernde Girlies nehmen ihren Platz ein.

»Meinst du, sie hat's schon mal gemacht?«

Das ist eines von den Mädels, die plappernd und schnatternd meine letzte Bibliotheksstunde abgesessen haben, aber ich weiß nicht genau, welches. Der nächste Kommentar im Flüsterton geht im Kichern hinter vorgehaltenen Händen unter. Schon komisch, dieses übermäßige Interesse für Sex, als wären sie die ersten Abenteurerinnen auf der Suche nach dem orgastischen Gral.

»Sie ist mit irgendeinem Rechtsanwalt verheiratet. Dann muß sie's doch machen. Männer bleiben nie mit einer Frau zusammen, wenn sie's nicht mit ihnen treibt.«

»Na ja, aber sie hat doch keine Kinder. Sie sieht aus, als hätte sie sich da unten zugenäht, damit er nicht rankommt. Man weiß ja nie, vielleicht holt er's sich woanders.«

»Meinst du, sie hat ihm schon mal einen geblasen?«

»Bah, wie eklig!«

Ich frage mich, ob der entsetzte Aufschrei dem Akt selbst oder der Vorstellung gilt, daß ich es tue. Egal – was interessiert mich das schon? Im Laufe der nächsten Jahre werden sie bei schwitzigen Umarmungen und ungeschicktem Herumgefummel von selbst ihre Illusionen verlieren. Jahre, in denen man von ihnen – wie von allen Frauen zuvor – erwartet, daß sie Spaß daran haben, wenn ihnen jemand an die Brüste grabscht und erlaubt, Penisse anzufassen.

Irgendwie werde ich dieses Déjà-vu-Gefühl nicht los. Das alles ist so vertraut: auf einem Klo zu sitzen, um den zickigen Teenagern aus dem Weg zu gehen. Diese Schule, an der ich mich – wie als Selbstbestrafung – zur Lehrerin verpflichtet habe, erinnert mich in so vielen Dingen an die Schule, die ich als Kind besuchte. Ein Einheitsfließband für junge Damen aus den Kolonien, wo sie an all unseren unberechenbaren, kleinen Leben herumgeschraubt und schließlich ordentlich erzogene Kinder wie diese hier hervorgebracht haben, die keinerlei Individualität oder Kreativität mehr besitzen. Und auch heute noch werden alle undamenhaften Anzeichen von Wut und Boshaftigkeit unterdrückt, bis sich die angestauten Aggressionen der Heranwachsenden nur in der feindseligen Gehässigkeit Luft machen können, die

durch schmale blaue Augen und auftoupiertes Haar sickert. Natürlich mischen sich heute ein paar Vorzeigeschwarze unter die Schülerinnen, die es zu unserer Zeit und noch bis vor fünf Jahren niemals gegeben hätte. Am Anfang waren sie leicht zu erkennen – scheue Minderheiten, zusammengerottet in kleinen Grüppchen. Doch in letzter Zeit ist mir aufgefallen, daß sie gelernt haben, genau wie die anderen Mädchen genervt die Augen zu verdrehen und sich mit pausenlosem Geplapper bei den Ingroups einzuschmeicheln. Sie haben sich und ihre Ansichten formen lassen und der bornierten Langeweile und den hitzigen Banalitäten der anderen angepaßt.
Als ich wieder in der Bibliothek auf meinem ungestörten Platz sitze, betrachte ich die reglosen Säulen aus Sonnenlicht, die von den langen Tischen aufragen und bis hinauf zu den Fenstern reichen, und versuche, die boshaft hingeschleuderten Bücher zu übersehen, die noch eingesammelt, sortiert und zurückgestellt werden müssen.
Das Schlurfen betont lässiger Schuhe über den Linoleumboden überschattet meine Abgeschiedenheit. Diese Mädchen tragen ihr Haar streng nach hinten gekämmt und erlauben nur einer verlorenen kecken Strähne, die Make-up-freien Wangen zu streifen. Ohne mich zu beachten, gehen sie mit federndem Gang auf die Regale mit ernsthafter Literatur zu und schnauben verächtlich, als ihr Blick über meine Sammlung von Love-Stories wandert.
Sie plündern meine ordentlichen Regale, schieben Bücher hin und her, diskutieren mit den anderen über die Titel und legen sie auf ihre Stapel mit Shakespeare und Zen-Buddhismus. Ich hab mich schon an sie gewöhnt. Nach einer Minute sind sie wieder verschwunden, die Arme kunstvoll mit Bücherbergen beladen, während in ihren fast leeren Schulmappen nur ein Biologie- und vielleicht noch ein Geogra-

phiebuch steckt. Sie schmücken sich mit der Lektüre, die sie abschleppen, Juwelen halbwüchsiger Intellektueller. Vielleicht ziehen sie damit los, um bei ihren männlichen Gegenspielern an der Bushaltestelle Eindruck zu schinden – sorgfältig zurechtgemachte James-Dean-Kopien, die unerschrocken die Wangenknochen in den Wind recken. In ihren Augen lodert das kultivierte Feuer von Mansardenzimmern. Diese Jungs gab's schon zu meiner Zeit – ob sie wohl immer noch ihre *Texans* im T-Shirt-Ärmel einwickeln? Allerdings haben sie früher ihr Haar, das sie für die Schule mit Wachs hinter die Ohren klatschten, zu einer Stirntolle gekämmt, bevor sie an der Bushaltestelle aufkreuzten. Vielleicht irre ich mich auch und diese Mädchen haben lediglich vor, mit angezogenen Knien auf den Betten ihrer Freundinnen herumzulümmeln und sich in ihrer gequälten Empfindsamkeit zu suhlen, die zu ihrem Selbstbild gehört.
Jetzt kommen sie auf mich zu, unterm Arm Sartre und Camus, während sie mit der freien Hand gestikulieren oder sich ernst eine Haarsträhne aus dem Gesicht streichen.
»Oh, verdammt.« Ich mime Entsetzen. »Das ist ja die reinste *Pest* mit den Existentialisten.«
Verständnislos sehen sie mich an, mein kleiner Witz ist wohl etwas zu hoch für sie, obwohl ich ihnen mit meiner übertriebenen Betonung eine Eselsbrücke gebaut habe. Trotzdem stemple ich mit einem lauten Knall ihre Bücher ab, und die heimliche Freude, die mich durchrieselt, gibt mir Kraft für den Rest meines einsamen Nachmittags, den ich mit Sortieren und Einordnen verbringe.
Um fünf Uhr mache ich Schluß und schließe die Bücherei ab. Auf dem Weg zum Wagen hallen meine Schritte über den Hof mit Säulengängen. Einen Moment lang sitze ich hinter dem Steuer und zupfe und reiße gedankenverloren an meinen Nägeln herum. Zu spät. Oh, Mist, ich hätte

früher gehen und noch duschen sollen. Ich hab den Gedanken an Joes verdammten Weihnachtsumtrunk im Büro verdrängt, nicht zufällig, nehme ich an. Ach, na ja, was mache ich mir überhaupt Gedanken? Schließlich bin ich nicht nackt. Sie müssen mich, verdammt noch mal, so nehmen, wie ich bin, auch wenn ich nicht eine von diesen affektiert lächelnden Rechtsanwaltsfrauen mit feuchten Lippen bin, die mit ihren Dienstmädchen und bis zur Erschöpfung therapierten Kindern ein so entzückendes Bild abgeben.
Ich fahre gemächlich langsam in die Stadt, wo ausparkende Wagen und eilige Fußgänger in alle möglichen Richtungen losjagen, um in unterschiedliche Viertel oder Vorstädte zu gelangen. Die Stadt am Abend – irgendwie herrscht zu dieser Zeit immer Katastrophenstimmung. So ungefähr muß es kurz vor der Explosion einer Atombombe zugehen. Zunächst diese Massen von Menschen, die hupend und verzweifelt kurbelnd versuchen, aus dem Verkehrschaos zu entkommen. Und dann, wenn die Nacht einbricht – dunkle Trostlosigkeit. Wagen schleichen verstohlen durch die Straßen, verlorene Gestalten ziehen durch die Gegend und huschen in verlassene Parkanlagen.
Leise zischend bringt mich der Fahrstuhl auf den Gang der etablierten Kanzlei, wo Plüschteppich ausliegt. Aus dem Vorstandszimmer dringt das an- und abschwellende Murmeln gepflegter Konversation. Als ich am Klo vorbeikomme, stürmt ein Grüppchen Sekretärinnen aus der Tür, die Frauen prusten kichernd hinter vorgehaltenen, rotlackierten Händen.
Der Seniorpartner begrüßt mich an der Tür und nickt kahlköpfig, während er mir höflich die Hand schüttelt.
»Ihr Mann hat wirklich frischen Wind in unsere Arbeitsrechts-Abteilung gebracht. Ehrlich. Gute Arbeit, muß man sagen … Sie entschuldigen mich bitte?« Sein Blick ist bereits

über meine linke Schulter gerichtet. Er speist mich mit diesem typischen Tätscheln ab, das er – wie ich beobachte – für die Ehefrauen der Rechtsanwälte übrig hat, und schiebt sich an mir vorbei. Sicherlich ist er enorm erleichtert, daß er so mühelos um ein Gespräch mit einer Nicht-Anwältin herumgekommen ist. Mein Gott, wir sind ja kaum Menschen. Und dann so eine wie ich – in diesen unmodernen Klamotten unter all den Cocktail-Fummeln, kleinen Schwarzen oder – o Gott, guck sie dir doch an! – knöchellangen, von breiten Gürteln zusammengeschnürten Schläuchen aus feinem schwarzen Stoff.

Da steht Joe, ganz hinten bei den Fenstern, am anderen Ende des Zimmers. Er hält ein Glas zwischen den großen Händen, seine Daumen streichen gedankenverloren über den Rand des Glases, und sein Blick ist stur auf den Boden gerichtet. Eigentlich ist er ein tausendmal geselligerer Typ als Dale Carnegie. Und jetzt kauert er dort selbstversunken mit hängenden Schultern, die er schützend über den Drink beugt. Bis jetzt hat er mich noch nicht mal bemerkt.

»Hi«, murmelt er schließlich. Seine Stimme klingt fremd und ein wenig rauh. Er räuspert sich, neigt sich zur Bar und bestellt einen Drink. Immer darauf bedacht, mich nicht zu berühren oder anzusehen, drückt er mir den klirrenden Whisky in die Hand.

»Joe, was ist los mit dir?«

Irgendwas an der Frage paßt nicht, sie hat etwas Befremdendes. Noch während ich sie ausspreche, habe ich das Gefühl, daß sie komisch klingt. Plötzlich fällt mir ein, warum. Natürlich. Wie oft hat Joe mir in all den Jahren diese Frage gestellt, wie oft hatte er flehentlich die Worte wiederholt, um mir den verborgenen Schmerz zu entlocken, den er in meinem Innersten vermutete? Und habe ich ihm die Frage jemals gestellt? Ich kann mich an kein einziges Mal erinnern.

Während der ganzen Zeit war ich immer viel zu beschäftigt mit mir selbst.
Aber seit einigen Wochen fühle ich … tja, was eigentlich? Ich nehme an, ich fühle mehr denn je die Abhängigkeit von seiner Offenheit, die wie ein Gegenstück zu mir ist. Ständig habe ich mich lustig über ihn gemacht und ihn damit zur Raserei getrieben, und doch habe ich mich an das Aufbrausen seines fast schon unerträglichen Optimismus gewöhnt, mit dem er mein reizbares Schweigen attackiert hat. Ich brauche das Polster seiner Ausgewogenheit. Deshalb empfinde ich seine Zurückgezogenheit, diese neue Reserviertheit mir gegenüber, als unangenehm. Und nun, da ich mich überwunden habe, ihn zu fragen, warte ich auf den üblichen pulsierenden Strom von Gefühlen.
»Nichts Besonderes.« Er zuckt die Schultern, strafft den Rücken und sieht sich im Zimmer um. Ich sehe ihm ins Gesicht und merke, daß seine Augen nach einem Fluchtweg suchen. Plötzlich hakt sich sein Blick irgendwo fest, und er nickt. Sein Freund stellt sich zu uns, offensichtlich hat ihm die heimliche Aufforderung gegolten.
»*Howzit,* Kate! Du kommst direkt von der Schule?«
»Sag nur, das sieht man?« Mit gespieltem Entsetzen schlage ich die Arme über den Kopf.
Aus seiner Kehle dringt ein tiefes, blubberndes Lachen. »Tja, Kati-Liebes«, erwidert er und beugt sich mit anzüglichem Grinsen zu mir vor. »Manchmal hast du dieses verführerische Aussehen einer Schul-Madam. Das gibt mir den ganz besonderen Kick, mußt du wissen. Aber ich bin mir sicher, daß keine Absicht dahintersteckt. Nei-in. Wäre das nicht eine Todsünde für eine Feministin – so als würde sie sich wie eine Nonne oder ein Schulmädchen anziehen, nur um die Männer verrückt zu machen?«
»Kann ich dir auch nicht so genau sagen, Paul. Warum fragst

du nicht die niedliche Kleine, die vorhin an deinem Arm geklebt hat? Frag sie, zu welcher Kategorie diese Strahlende-junge-Anwältin-mit-sozialem-Bewußtsein-Klamotten gehören. Ich bin mir sicher, daß sie 'ne Menge Ahnung davon hat, mir ist nämlich sofort aufgefallen, wie stolz sie das feministische Markenzeichen an den Beinen trägt. Oder sollte das ihr feministisches Büßerhemd sein?«

»Oh, touché.« Das Blubbern in seiner Kehle bricht in überraschend schrillem Gelächter aus ihm heraus. Er errötet leicht, vielleicht weil ihn das Lachen so sehr anstrengt, vielleicht aber auch, weil ich mich auf diese Weise über seine Freundin ausgelassen habe. Joe lächelt geistesabwesend und streicht wieder sanft über das Glas, das er fest umklammert hält. Abrupt wendet sich Paul an seinen Freund.

»Was gibt's Neues, Joe? Wie ist es mit der Verfügung heute morgen gelaufen?«

»Was für 'ne Verfügung?« frage ich dazwischen.

»Ach, hat er nichts davon erzählt? Gestern hat man seinen Klienten von der Union per gerichtliche Verfügung strengstens untersagt, vor der Firmenzentrale Streikposten aufzustellen.«

»Warum hast du mir nichts davon erzählt, Joe?«

»Warum sollte ich? Ich weiß doch sowieso, was du sagen würdest.« Seine plötzliche Bitterkeit trifft mich wie ein Faustschlag.

Paul fehlt entweder jedes Gespür für die Spannung, die sich zwischen uns aufgebaut hat, oder er will verhindern, daß unser gezischelter Wortwechsel zu einem handfesten Streit ausartet. Jedenfalls plappert er einfach drauflos. »Was hat denn die Besprechung gestern ergeben? Ich hab gesehen, wie ihr Jungs alle ins Besprechungszimmer gelatscht seid, als ich gerade meinen Kram zusammengepackt hab. Ging ganz schön lange, was?«

»*Ja,* es war ziemlich spät. Macht aber nichts.«

»Aha? Mit welcher Strategie bist du denn jetzt letztendlich vorgegangen? Konntest du irgendeines von den Argumenten anbringen, die wir stundenlang diskutiert haben?«

»O Mann Paul, ich sag dir, die konnte nichts überzeugen. Jedes verdammte Argument haben sie mir bei dieser verdammten Besprechung in der Luft zerrissen. Jedesmal, wenn ich denen Behauptungen vorgelegt hab, die das Management aufstellt, haben sie mir irgend'ne Story aufgetischt.«

»Du meinst, daß sie nichts damit zu tun haben und die anderen Jungs an allem schuld sind, oder was?«

»Nein, das hätte ich ja noch geschluckt. Aber die Sache hat sie gar nicht interessiert, sie haben sofort alles zugegeben. Ihrer Meinung nach ist das alles in Ordnung. Weißt du noch, da war doch diese Behauptung, sie hätten einen von den Gelegenheitsarbeitern hinter dem Gebäude brutal zusammengeschlagen?«

»Hm, ich erinnere mich.«

»Ich hab gesagt: ›Was war denn nun mit der Sache? Was habt ihr mir dazu zu sagen? Die von der Unternehmensleitung haben doch bestimmt übertrieben, oder? Oder vielleicht waren's auch irgendwelche *skollies,* die mitgemischt haben, Leute, die nichts mit dem Streik zu tun haben … was weiß ich.‹ ›Nein‹, haben sie gesagt. Ich war ziemlich vor den Kopf gestoßen und hab gefragt: ›Heißt das, daß ihr voll zu der Sache steht?‹ Und sie darauf: ›Na ja, wie sollen wir denn sonst Erfolg haben mit dem Streik? Wie sollen wir denn sonst die Streikbrecher aufhalten?‹ Verdammt, Paul, die meinen tatsächlich, sie hätten das Recht, Leute zusammenzuschlagen und mit Gewalt zu drohen. Sie glauben, daß sonst die anderen alle Macht in der Hand haben. Wie sollen sie sonst eine Chance haben?«

»Was sagen sie denn zu den Morddrohungen gegen Männer aus der Unternehmensleitung?«
»Na ja, sie sagen: ›Ist doch egal, was wir machen, guck dir lieber an, wie mies die Unternehmensleitung ist. Guck sie dir an, die gehen nie auf unsere Forderungen ein. Die weichen niemals von ihrem ersten Angebot ab. Uns bleibt also gar keine andere Wahl.‹ Kannst du das fassen, Paul?«
»*Ag*, Joe, was hast du denn erwartet?«
»Ich bin so ein verdammter Trottel. Diesmal hab ich gedacht, es ist wirklich anders. Ich hab mir eingebildet, das Recht ist ganz allein auf einer Seite – ein Kampf zwischen Gut und Böse. Es gibt nur Schwarz und Weiß, davon war ich überzeugt, keine Grauzonen.«
»Und seid ihr dann zu dem Schluß gekommen, daß ihr Einspruch gegen die Verfügung erheben wollt?«
»Wie denn? Jede Behauptung, die die Unternehmensleitung aufgestellt hat, war vollkommen richtig. Sie haben's zugegeben. Sie konnten mir nichts zu ihrer Verteidigung an die Hand geben, was ich vor Gericht verwenden könnte. Also ist es ihnen in Zukunft strengstens verboten, ihre dummen Gesichter im Umkreis von einem Kilometer um die Firmenzentrale zu zeigen.«
Joes Gesicht sackt zusammen wie ein Berg weißer Wäsche, dem man jede Stärke entzogen hat. Nur seine Augen huschen gehetzt hin und her. Paul lächelt ihn liebevoll an.
»Tja, ich nehme an, du hättest höchstens den Kamikaze-Anwalt spielen und vertreten können, daß es bei dieser Verfügung an Dringlichkeit fehlt.«
Joe lacht, es klingt wie ein trockenes Husten. »Ja, daran hab ich auch schon gedacht, aber so eine Schaunummer hab ich mir lieber gleich aus dem Kopf geschlagen.«
»Welcher Richter wurde dir zugeteilt?«
»Smit.«

»Tja, bei den Umständen hätte man die Sache sowieso nicht mehr rausreißen können. So ist es nun mal, manchmal gewinnt man, manchmal verliert man, Joe.«

»Aber daß es so kommt, hätte ich nicht erwartet. Daß jeder von denen Dreck am Stecken hat. Beide Seiten sind grundverdorben.«

»Na, dann willkommen im komplexen Moralgebilde des Arbeitsrechts. Dann bist du jetzt also nicht mehr der Ritter der weißen Verfassung. Willkommen im Club. Nimm's nicht so schwer, *china.* Früher oder später mußtest du dahinterkommen. Das ist eben so mit den Gesetzen. Selbst im Arbeitsrecht geht's um Behauptungen, nicht darum, was richtig und falsch ist. Stimmt's nicht, Thami?«

Er grinst, drückt dem großen schwarzen Neueinsteiger in der Firma die Schulter und zieht ihn in unsere Gesprächsrunde. Vielleicht hat er vor, sich vor Joes Verzweiflung davonzustehlen und wieder mit seiner jungen Anwaltsgehilfin zu flirten. Mir ist nicht entgangen, wie er ihr heimlich mit Blicken gefolgt ist. Auf der Flucht vor dem Seniorpartner, der pausenlos auf sie einredet, hat sie sich immer mehr ins Gedränge zurückgezogen.

»Hi, Thami.« Joe sieht kurz auf, lächelt und senkt den Blick sofort wieder auf seinen Drink. Ich sehe den jungen Mann zum ersten Mal – der Neuerwerb der Firma, eine Art Aushängeschild ihres guten Willens, den sie so selbstgerecht und mit solchem Stolz zur Schau stellen. Ja, klar, sie haben schon seit einer Weile einen Inder und eine weibliche Rechtsanwältin, aber dieser Mann hier – dieses stattliche, gutaussehende Produkt einer »Weißen-Universität« – ist der erste wirklich schwarze Anwalt der Kanzlei. Und, meine Güte, wie sie hier um ihn herumscharwenzeln, ständig Drinks anbieten und mit roten Gesichtern kumpelhaft ein lautes Ha-ha in seine stille Würde schleudern.

»Wie geht es Ihnen?« begrüßt er mich mit sanfter Stimme und neigt den Kopf über meine Hand, die ich ihm reiche – eine höfliche altmodische Geste, die ich durchaus als angenehm empfinde. »Sie müssen Joes Frau sein. Freut mich sehr, Sie kennenzulernen. Was hast du eben gesagt, Paul? Ich hab' s nicht ganz verstanden.«

»Ach, ich hab Joe hier nur gesagt, er kann nicht erwarten, daß alle Unionsklienten mutige und ehrenhafte Kämpfer sind. Ein komplexes Moralgebilde, genau wie jede andere Sache auch.«

»Mensch, Paul«, wirft Joe ein und verzieht nun angewidert den Mund. »Das weiß ich doch. Meine Gefühle gehen schon ein bißchen tiefer.«

»Ja, ich glaube, ich weiß, wie du dich fühlst«, sagt Thami mit ernstem Gesicht. Aber seine Art ... ich kann nicht festmachen, was eigentlich seltsam ist an ihm ... Wir hören ihm alle drei aufmerksam zu, aber unser lässiges Grüppchen zeigt sich plötzlich viel höflicher als zuvor. Wahrscheinlich stört mich nur, daß wir auf einmal alle ein bißchen zu nett sind.

Ich fixiere Thami und versuche herauszufinden, was er bei uns bewirkt hat, und plötzlich erhasche ich dieses ängstliche Zucken um seinen Mund. Schüchtern ist er nicht. Er redet mit dem Selbstbewußtsein eines Mannes, der es trotz aller Widrigkeiten zu etwas gebracht hat, und besitzt eine besondere Ausstrahlung, die wohl darauf zurückzuführen ist, daß er stolz auf sich, seine Fähigkeiten und seinen Intellekt sein kann. Nein, schüchtern ist er nicht.

Wir sind das Problem. Ich glaube, er ist nicht sicher, wie weit er auf die Freundschaft dieser plaudernden Dreiergruppe zählen kann und welchen Grad der Zwanglosigkeit er sich vor uns erlauben darf. In dieser Beziehung haben wir etwas gemeinsam: auch ich stehe immer ein wenig außerhalb eines vertrauten Kreises. Und wenn ich nun hinter die Kulissen blicke, wird mir klar, daß er sich längst nicht erlauben kann, in das kameradschaftliche Geplänkel unter Kollegen einzufallen, auch wenn er's geschafft hat, sich in die Firma und ins Rechtswesen vorzukämpfen. Aha, also eine verwandte Seele! Es fällt mir leicht, mich in ihn hineinzuversetzen.

Thamis ruhige Stimme holt mich wieder in unseren Kreis zurück. »Ich glaube, es ist immer … wenn du erlaubst, daß ich so offen bin, Joe … ich glaube, manchmal ist es für Leute … besonders für Weiße, die guten Willens sind …« Er räuspert sich. Langsam faltet er ein weißes Taschentuch auseinander, tupft sich Nase und Mund ab und legt es wieder zusammen. »Ich glaube, solche Leute können leicht enttäuscht oder desillusioniert werden – ich hab das oft erlebt, gerade bei der Linken an der Universität. Sie werden enttäuscht von Menschen, in denen sie große Führer der Bewegung sehen und die sie bewundern. Ich glaube …« Er hält inne und richtet den Blick an die Decke. »Verstehst du, meiner Meinung nach hat es zu viele ›symbolische Figuren der Revolution‹ gegeben …« Mit dem Zeigefinger malt er Gänsefüßchen in die Luft. »… und vielleicht viel zu wenige echte Menschen, was doch natürlich wäre. Verstehst du, Joe, …« Plötzlich sieht er doch verlegen aus, etwas unsicher, ob er das, was ihm durch den Kopf geht, wirklich sagen soll. »Ich … na ja, man könnte vielleicht sagen, daß der Rassismus immer noch nicht ausgestorben ist – im umgekehrten Sinne –, wenn nämlich von Schwarzen, die in der Öffentlichkeit stehen, erwartet wird, daß sie mit übernatürlicher Größe handeln, und die Menschen enttäuscht sind, wenn sie's nicht tun. Tja, und du weißt ja …«

Er lächelt unvermutet – ein weißes Strahlen voller Wärme und Freundlichkeit. »Aber mir wär's natürlich lieber, wenn es in Zukunft mehr Menschen gäbe, die so rechtschaffen und so voller Idealismus sind wie du. Auch ich bin überzeugt, daß wir irgendwann zu einem natürlichen Rechtsverhältnis für beide Seiten kommen.« Sein Lächeln verschwindet, seine dunklen Züge wirken wieder ernst. »Das soll aber nicht heißen, daß ich dieses Ausmaß an Gewalt bei dem Streik, für den du dich eingesetzt hast, gutheißen kann. Vielleicht kann ich verstehen, wie es dazu gekommen ist, aber ich stehe bestimmt nicht dahinter. Und für die Allgemeinheit sind die Folgen entsetzlich. Die Gewalt hat Nachbarn entzweit und Menschen einer Gemeinde in feindliche Lager gespalten, die sich heftig bekämpfen.«

»Also, Joe«, wirft Paul in die erste deutliche Pause ein. »Ich muß mal weiter.« Er gibt Joe einen freundschaftlichen Schlag auf die Schulter und stupst ihn sanft mit dem Handrücken unters Kinn. »Geht's dir jetzt schon besser?« Er räuspert sich, als sei ihm die Sorge um seinen Freund peinlich. »Da fällt mir ein – wo verbringt ihr beiden eigentlich Weihnachten? Fahrt ihr an die Küste?«

»Nein, ich glaube nicht«, erwidert Joe und schenkt Paul ein dankbares Lächeln, das ihn beruhigen soll. »Wahrscheinlich machen wir uns hier ein paar gemütliche Tage. Ich hab sowieso noch jede Menge Arbeit zu erledigen.«

»Also gut, dann sehen wir uns ja noch. Wir müssen unbedingt mal was unternehmen. Vielleicht können wir irgendwann mal essen gehen. Meinst du, du kannst es mit meiner feministischen Anwaltsgehilfin aufnehmen, Kate?« Während er den Arm um mich legt und mich an sich drückt, lacht er noch ein letztes Mal polternd, dann eilt er los, um die Anwaltsgehilfin aus den Fängen des Seniorpartners zu befreien.

Thami scheint keine Antwort von Joe zu erwarten, und es sieht auch nicht so aus, als wolle Joe irgend etwas erwidern.

Also verschwindet Thami ebenfalls, und ich beobachte, wie er sich höflich durch die Menge zwängt, um »Auf Wiedersehen« und »Danke« zu sagen.

»Warum hast du mir denn nichts erzählt von der Verfügung?« Ich sehe in Joes zerknirschtes Gesicht.

»Warum sollte ich? Damit du deine schnippischen Bemerkungen loswerden kannst?«

»Das hat dir doch noch nie was ausgemacht. Du hast immer deinen grenzenlosen Optimismus dagegengesetzt.«

»Genau das ist es. Diesmal kann ich's nicht ertragen. Und willst du auch wissen, warum? Weil ich mir all das, was du mir wahrscheinlich an den Kopf knallen wirst, schon selbst gesagt hab. ›Du verdammter, naiver Trottel. Was hast du denn erwartet?‹ Du hättest mir sagen können, was das für Menschen sind, oder etwa nicht? Du würdest mir mein Geschwätz von gestern an den Kopf schleudern, hab ich recht? Mann, du hättest bestimmt einen Heidenspaß, dich darüber totzulachen, daß ich an die moralischen Grundsätze der Union geglaubt habe, an ihre Disziplin und all das.« Wie ein Kugelhagel prasseln seine Wut und Verletztheit auf mich, auf sich selbst und seine Klienten nieder.

»Mein Gott, Joe, wie kann es dich so sehr verletzen, was diese Menschen tun, die dir vollkommen fremd sind? Was hast du denn erwartet? Die ziehen die Sache für sich durch, nicht für dich. Das sind nicht deine Freunde. Sie sind deinen Illusionen nichts schuldig.«

Er wendet sich von mir ab, sieht auf die gelb beleuchtete Straße, die unter uns liegt, und kippt seinen Drink herunter. »Na ja«, sagt er und starrt mit leerem Blick aus dem Fenster, »jedenfalls behaupten sie, daß sie die Sache in Zukunft besser im Griff haben – und vielleicht kriegen die von der Unternehmungsleitung das auch mit. Die haben genauso schuld daran. Wie können die einfach zusehen und keinen Zentimeter von ihrer Position abweichen, während die Emotionen immer höher schlagen und das Ganze diese Wendung nimmt? Paßt genau in deine Vorstellungen, stimmt's nicht?«

»Schon möglich. Aber sag mir lieber mal, Joe, warum du Paul erzählt hast, daß wir Weihnachten nicht verreisen?«

»Was ändert das noch? Was macht es im Endeffekt aus, ob wir irgendwohin fahren? Ist es nicht egal, was wir überhaupt noch tun?«

1966 …
Sechs Tage bis Weihnachten

Mein Leben, meine Kindheit, das Kind, das ich damals war – alles dies lag in Gottes Hand, die er schützend übers Ostkap hielt.

Dort, in den Falten des verwitterten Erdgesteins, begann die windgepeitschte Fahrt zur Küste. Nervös und zugleich freudig erregt spürte ich, wie der Wind – teuflisch aufgepeitscht von der rasenden Geschwindigkeit des verpönten *bakkie* – mein kurzes Haar zerzauste.

Michael und ich waren stillschweigend darin übereingekommen, daß wir bei unseren leidenschaftlichen Bemühungen, unseren Eltern eine Erlaubnis für den Ausflug abzuringen – »O bitte, bi-itte, Dad, du sagst doch immer, wir sollen unser Afrikaans üben und uns mit denen anfreunden, bitte!« –, das *bakkie* mit keiner Silbe erwähnen durften. Meine Mutter war davon überzeugt, daß nur unzivilisierte Kinder auf den Ladeflächen von *bakkies* mitfuhren, dabei immer wieder durch widrige Umstände hinausgeschleudert wurden und den Tod fanden.

Wir waren schon früh aufgebrochen, und bis auf das laute Gackern der Hühner war die Landschaft noch von Stille umhüllt. Völlig unbekümmert hatte mich der Farmer über die Ladeklappe gehoben, und für einen Moment konnte ich die grobe Struktur seiner Khakikleidung an meiner Wange spüren. Kobus setzte einen Fuß auf den Reifen, schwang sich seitlich auf die Ladefläche und stellte sich hinter das Fahrerhaus. Michael und ich suchten uns sofort einen Platz auf den Radwölbungen und klammerten uns mit ausgestreckten Armen an den rostdurchsetzten Seitenklappen fest.

Das *bakkie* jagte heiser auf Hochtouren, und sofort, als das Aufheulen zu hören war, schoß eine winzige Gestalt in einer Staubwolke übers *veld,* geradewegs auf uns zu. Behutsam setzte der Farmer das *bakkie* in Bewegung und hängte lässig einen Ellbogen aus dem Fenster.

»*Kom kaffiertjie, kom*«, murmelte er, als sich die dunkelhäutige Gestalt an die seitlichen Ladeklappen des *bakkie* klammerte und behende wie eine Katze zu uns kletterte.

»*Kom staan hier langs my, Jonas.*« Die Worte kullerten aus Kobus' Mund, während das *bakkie* über die aufstiebenden Kiesel schoß, und purzelten zu uns herüber.

Nichts machte Michael und mir so viel Spaß wie der vorbeirauschende Fahrtwind und die Sonne. Durchfurchte, steinige Straßen ließen unsere Körper im Rhythmus grenzenloser Freiheit tanzen, während wir den immer noch kühlen Lufthauch des Morgens hinter uns ließen.

Ich legte den Kopf in den Nacken, um die wärmende Sonne auf meinem Gesicht zu spüren. Michael, der inzwischen mutiger geworden war, kämpfte sich an Kobus' Seite und stellte sich neben ihn und den robusten *piccanin,* der lauthals lachte. Begeisterte Schreie blubberten aus unserem Bauch und wurden vom Wind mitgerissen, als wir – Michael und ich mehr als die schon etwas abgestumpften Farmjungs – krampfhaft versuchten, die Aufregung und die rauschende Freude festzuhalten.

Der wirbelnde Wind begleitete uns über das triste, olivfarbene Land, das Geröll zwischen ungeordneten, geduckt und krumm wachsenden Baumgruppen knirschte und stob nach allen Seiten. Büsche säumten die gebogenen, knorrigen Baumglieder und streckten hartfaserige Blätter aus.

Ich bin aufgewachsen in dieser kauernden Vegetation – mir ist nie aufgefallen, wie unmißverständlich so eine Landschaft ist, wie sie im Herzen eines Kindes gedeiht und dort

Wurzeln schlägt. Und egal, ob man für diesen staubigen, unfruchtbaren Ort Abscheu oder Begeisterung empfindet, sobald man erwachsen geworden ist – er läßt einen nie wieder los. Diese Einöde ist ein Teil Gottes, und ich ein Teil von ihr. Ich werde mich nie davon befreien können, und er – er kann immer noch damit tun und lassen, was er will. Mit boshafter Freude kann er die wandelbaren Sehnsüchte und leichtfertigen Handlungen der Menschen bestimmen, die hier leben. Wie ein Marionettenspieler vermag er ihr Schicksal zu lenken. Dort kauern sie, die Menschen, mit einer unzertrennbaren Nabelschnur an ein Land gefesselt, das keine Kompromisse kennt. Alles an sich reißend wie der wilde Feigenbaum, großzügig wie die sengende Sonne, rauh wie die beharrliche Trockenheit und verkümmert wie die geduckten grauen Büsche.

Durchbrochen von stolz aufragendem, flammendem Aloe stieß die Öde jäh auf verzweigte Täler. Laubbedeckter Boden und herabbaumelnde Greisbartstränge verströmten einen schweren, moschusähnlichen Duft. Vor mir ragten die staksigen, schlammbespritzten Beine der Jungs auf, und dazwischen konnte ich durch das schmutzige Fenster die massige Gestalt des Farmers in Khaki sehen, die die Fahrerkabine auszufüllen schien.

»Ich seh das Meer, ich seh das Meer«, rief Michael. Sofort raffte ich mich auf, um mir mühsam einen Platz zwischen Michael, den immer noch der Duft von Oumas Waschpulver umgab, und Jonas' rissigem Hemd zu ergattern, das nach Holzrauch roch.

Sanft schwang sich der Schotterweg über milde, pelzige Hügel und führte uns in Schlangenlinie hinunter zum Meer. Dort lag es unter uns und erstreckte sich – gespickt mit winzigen Schiffen – bis zum Horizont. Wie die gehäkelte Borte einer Decke lappte der Saum des Meeres – mal spitz, mal geschwungen – links und rechts von uns als Buchten und Wasserarme ins Land. Sandstrände schmückten die Ränder und erstreckten sich scheinbar endlos, um dann plötzlich jäh von einer unüberwindbaren Barriere aus rauhem, dunklem Festgestein durchbrochen zu werden. Wir fuhren am Gemischtwarenladen vorbei und hopsten bis ans Ende der steinigen Straße, die an der Rückseite verstreut liegender »Hütten« vorbeiführte. Die letzte Hütte gehörte ihnen – mit abfallendem Dach kauerte sie am Rande der Hügelkette. Michael und ich sprangen vom *bakkie,* liefen den Jungen hinterher, die aufs Haus zugingen, und blieben für einen Augenblick stehen, um einen Blick auf das sanfte Grün zu werfen, das direkt hinter der Hütte aufragte und die Grenze des weitflächigen Dorfes markierte. Der Hügel schwang sich – gehüllt in einen weichen Pelz aus Heidekraut – in einer leicht geschwungenen Rundung bis zum höchsten Punkt, riß dann jäh ab und fiel steil ins Meer hinunter. Statt lieblicher Grashänge sah man dort nur schwarz schimmernde Felsbrocken mit zackigen Konturen.

Ich erinnere mich ganz genau, wie ich an diesem Tag den Geruch des Meeres aufleckte, der mein Gesicht umwehte. Ich weiß noch, wie die Wellen mir Bauch und Beine umspülten und ich keine Sekunde stillstehen wollte. Die Jungs waren dicht hinter mir und stießen Freudenschreie aus, als ich die rauhen Holzstufen zum Strand hinunterjagte – ich mußte einfach rennen, es ging nicht anders. Ich spürte das Salz auf meinen Augenlidern, als ich dem unwiderstehlichen Drang nachgab, bis zu den Knien ins Wasser zu waten und mich von schäumenden Wellen umfluten zu lassen, die an mir zerrten. Das Wasser fühlte sich warm an – unglaublich warm –, klar und prall gefüllt mit Leben. Die Brise, die meinen Kopf streifte, schien klamm, schwer und kräftigend. Das warme Sonnenlicht voller Verheißung und Glückseligkeit warf funkelnde Lichtschimmer auf das Wasser, und die vorbeiziehenden Schiffe weckten Phantasien von fernen, exotischen Zielen in mir. Nichts, wirklich nichts auf der Welt konnte diesem wilden Meer gleichkommen – so reinigend in seiner Frische und so reich an einem Überfluß von Leben.

»*Kom, Ouens.* Kommt erst mal her und zieht eure Badesachen an. Ich will nicht, daß eure Shorts naß werden.«

Die Stimme des Farmers, gedämpft von der dicken salzigen Luft, drang nur schwach bis zu den Wellen vor, die sich donnernd brachen. Stürmisch stürzten wir wieder die Stufen hinauf, und unsere Beine verhedderten sich, als wir kichernd versuchten, uns gegenseitig aufzuhalten. Als wir oben angekommen waren, schlug Jonas eine andere Richtung ein und warf sich ins Gras, um zu warten.

»*Hlala phantsi, okay,* Jonas? *Siyeza. Ons sal'ie lank wees nie*«, rief Kobus über die Schulter, als wir anderen den Hang hinaufliefen und uns gegenseitig jagten.

Die Hütte war genauso, wie eine Hütte am Meer in meiner Vorstellung sein mußte. Über die gesamte Vorderfront erstreckte sich eine Veranda aus grobem Beton, und an rauhen, trüben Abenden spritzte die Gischt bis hierher. Über die Veranda führte die einzige Tür in das große Aufenthaltszimmer. Durch winzige Holzfenster drang Sonnenlicht hinein, und hinter salzverkrusteten Scheiben ließ sich das Meer nur noch verschwommen ausmachen. Eine dünne Sandschicht bedeckte den schmuddeligen, fadenscheinigen Teppich, von dem ein schwerer, etwas feuchter Geruch nach Meer und Fischköder ausging. In einer Ecke standen Angeln, direkt neben einem gerahmten Bild – es zeigte Palmen, die jemand in mühevoller Kleinarbeit aus bemalten Muscheln geformt hatte. An zwei Wänden reichten die Regale vom Boden bis zur Decke und waren gefüllt mit

Comics, Zeitschriften und modrig riechenden, alten Büchern, die wahrscheinlich schon bei den vorherigen Besitzern herumgestanden hatten. Womöglich hatten zahllose Kinder gespannt darin geblättert.

Die beiden Jungs, die sich immer noch herumschubsten, schlurften in eines der kleinen Schlafzimmer, die vom großen Aufenthaltsraum abgingen. Ich sah mich vorsichtig um, entdeckte noch ein anderes Zimmer, ging hinein und wickelte auf dem einzigen, dick gefederten Bett meinen »Bikini« aus dem Handtuch. In dem Zimmer hing der vertraute Hüttengeruch nach modrigen alten Regalen, staubigen Teppichen und feucht-salziger Luft.

Und dann begann der sonnendurchflutete Morgen erst richtig. Ich weiß noch, wie wir über Felsen und Riffe kletterten, immer hinter Kobus' Vater her, der unglaublich groß und sicher wirkte in seinen *takkies* und die Angelausrüstung über der Schulter trug. Mir ist noch deutlich im Gedächtnis, wie ich all das Leben, das ich wahrnahm, berühren mußte – die Seesterne mit ihren steifen Armen, die wir aus Höhlen fischten, und das Korallenrot der Anemonen, das zwischen den Felsen in Wasserlachen schimmerte und sanft meine tastenden Finger streifte, sobald ich sie nach ihnen ausstreckte.

Ich erinnere mich, wie wir den langgezogenen, flachen Felsblock erreichten, auf dem der Farmer am liebsten angelte, und auch den braun-matschigen Geruch der Köder habe ich nicht vergessen. Genau wie das surrende *zwee-ee* seiner Angelleine, als er sie weit hinaus aufs Meer warf, und seine breitbeinige Haltung, während er sie fest in den Händen hielt. Dann rief er die beiden Jungs – Kobus und Michael –, ließ sie abwechselnd die Rute halten und nahm sie dabei zwischen seine ausgestreckten Arme, um ihnen leicht vorgebeugt zu helfen. Er achtete darauf, daß die Rute, die

im unaufhörlichen Kampf gegen die schäumenden Wellen an den kleinen Jungenhänden riß und zerrte, nicht davonschnellen konnte.
Die drei Jungs gingen ziemlich grob miteinander um, spornten sich gegenseitig an, über Schluchten zu springen, Felsenklippen hinaufzuklettern und in enge Spalten und Höhlen zu kriechen. Linkisch rangen sie auf der Felsenbank miteinander. Kobus und Jonas waren rauhe, altvertraute Kameraden und plapperten in einer Mischung aus Afrikaans und Xhosa. Michael stand den Gefährten, die sich offenbar eng verbunden fühlten, als Außenseiter gegenüber und versuchte sich dazwischenzudrängen, indem er sich immer wieder in Positur setzte und die beiden herausforderte. Die beiden prahlten ebenfalls und ließen sich gutmütig auf das Gerangel ein. Ich, als Mädchen, war automatisch ausgeschlossen und wurde in den Spielen nur als Gegenstück ihrer Härte eingebracht, als Gefangene, der man den Arm verrenkte, oder als gerettete Prinzessin.
Um so größer war meine Freude, als sich alle für den kleinen Tintenfisch begeisterten, der uns an einer seichten Wasserstelle, geschützt von einem Felsdach, zusammenführte. Ich erinnere mich an die Welle von Glückseligkeit, die mich durchrieselte, als mich die Jungs plötzlich, nachdem ich ihn entdeckt hatte, in ihren Kreis einschlossen und mir ihre Anerkennung zeigten. Ich weiß noch genau, wie wir am Rande des Wassertümpels lagen und schreiend und kreischend versuchten, den Tintenfisch mit dem Netz zu fangen und die Felsen heraufzuhieven. Jonas, der sich zuvor so hart und unerschrocken gezeigt hatte, machte hastig einen Satz nach hinten, als die zappelnde Kreatur vor ihm landete, und stieß ein gackerndes Lachen aus. Mein Gott, wie unglaublich mutig ich mir doch vorkam, als ich zuließ, daß sich das weiche, klebrige Fleisch an meiner zuckenden Hand

festsaugte, bevor wir dem Tier erlaubten, im Wasser davonzuschießen.
»*Kom bietjie hier julle*«, sagte Kobus' Vater. Während er zum x-ten Mal die Spule an seiner Angel aufrollte, verzog er den Mund mit den tiefen Furchen an beiden Seiten zu einem schiefen Lächeln. »Gleich hier hinter dem Felsen ist eine *lekker* Austernbank. Das weiß ich noch vom letzten Mal.«
Schon bald hockten wir dort auf der Felsenbank, und die Gischt des Meeres besprenkelte unsere Rücken, die sich von der Sonne und dem Salzwasser ganz steif anfühlten. Kobus' Vater hielt einen Schraubenzieher in den fleischigen Fingern und brach kraftvoll die oberste Muschelschale der Austern auf. Die erste Auster ließ er sich selbst schmecken, die zweite drückte er mir in die Hand, damit ich das Fleisch mit den Fingern aus der Umhüllung kratzen konnte. Nach der langen Zeit, die die Muschel im Felspool umspült worden war, schmeckte ihr Fleisch nach Meer, frischer Luft und Möwen, die am Himmel ihre Kreise ziehen.
Vollgestopft mit Austern, schleppten und hangelten wir uns die felsige Meeresküste zurück zur Hütte. Aus dem Gras vor der Veranda stieg eine dicke Rauchwolke auf, ein Afrikaner schürte das Feuer in einer halbhohen Tonne, die als *braai* diente.
»*Ja dankie ou, Fred. Het jy pap gemaak?*«
»*Ja, Baas. Dis klaar Baas. Da-aar in die kombuis.*«
Der Farmer nahm sich ein Bier, das er aus der Flasche trank, während er sich ums Feuer kümmerte. Jonas verdrückte sich und schlich hinters Haus zu dem kleinen *kaia,* um dort mit den Dienstmädchen zu essen, die lebhaft miteinander plauderten.
Kobus' Vater machte sich das nächste Bier auf und warf die leere Flasche einfach auf den Rasen, bevor er ein Gewirr aus *boerewors* aus der Kühltasche kramte. Wir streckten neben

dem *braai* alle viere von uns, und unsere Mägen arbeiteten bereits, während uns der Duft von gebratenem Fleisch in die Nasen zog.

Entspannt saßen wir bis zum Nachmittag herum und verschlangen Würste und seichte Lektüre. Als wir uns die fettigen Finger am Gras abwischten, uns ausstreckten und die Arme hinter dem Kopf verschränkten, um den Wolken zuzusehen, lagen schon etliche leere Flaschen herum.

»O Mann, guckt euch das an!« schrie Michael, und seine Stimme, die er sonst absichtlich wie ein erwachsenes Brummen klingen ließ, überschlug sich. Und dann sahen wir sie – Delphine, Dutzende wilde Geschöpfe des Meeres, Kreaturen dieses zauberhaften Ortes, die freudig quiekten und sich im Sprung wanden. Funkelndes Sonnenlicht fing sich in ihren Körpern, die sich geschmeidig formierten und einen verwirrend schönen Tanz für uns aufführten.

Wir saßen noch eine Weile herum, während Nebelschwaden an den Felsen vorüberzogen, den Nachmittag verdunkelten und uns in köstliche Feuchtigkeit hüllten, die sich auf unsere Oberlippen legte. Wir schlüpften in unsere Hemden, riefen nach Jonas und jagten an den Strand. Der schwebende Dunst erfüllte mich mit der feuchten Energie eines diesigen Nachmittages. Ich hatte Lust, ein Rad nach dem anderen zu schlagen, und wollte mit den kreischenden Seemöwen fliegen.

»Ich kann viel besser Radschlagen als ihr Jungs«, schrie ich, und Michael rannte an meine Seite, als ich – den Kopf voran – die ersten Sprünge über den feuchten Sand machte.

»Ag, nee«, hörte ich Kobus abfällig hinter mir sagen. *»Ek wil dit nie doen nie.* Das ist was für Mädchen. *My pa se gimnastiek* ist Mädchenkram. *Dis soos ballet.«*

Michael blieb abrupt stehen und sah mir eine Weile zu. *»Ag,*

nein, ich glaube, ich hab doch keine Lust. Ich kann dich sowieso jederzeit schlagen. Das ist wirklich *pikkie*-Kram.«
Er wandte sich ab und schlenderte wieder zurück zu Kobus, als Jonas gerade die letzte Stufe heruntersprang, im Zickzackkurs über den Sand jagte und einen »Katti« in die Luft warf. Ich blieb stehen und sah zu, wie die drei hinter einen Felsblock schossen, sich flach auf den Boden warfen und in Leoparden-Manier um den Stein herumkrochen. Sie ließen den »Katti« die Reihenfolge bestimmen, kauerten in geduckter Haltung, sprangen dann ruckartig auf und bombardierten unter *kräck-kräck-pee-oo*-Soundeffekten einen Felsen mit Kieselsteinen.
Ich ging weiter, um mir ein Spiel zu suchen, in das ich mich ganz allein vertiefen konnte, und hüpfte von einem schwerfälligen Felsblock zum nächsten – ich, die Königin aller Kreaturen, Herrin über die magischen Fluten zu meinen Füßen. Im kühlen Dunst beobachtete ich den plötzlichen Sog der wechselnden Gezeiten und erschauderte bei dem bedrohlichen Anblick großer Schmeißfliegenschwärme, die träge ans Ufer schwirrten.
Genauso plötzlich brach die Sonne durch, der Dunst kräuselte sich, verschwand im Nichts und erlaubte dem Licht der späten Nachmittagssonne, funkelnde Strahlen auf die oberste Spitze der grünen Hügel zu werfen. Während sich der Tag um mich herum über das Land senkte, saß ich mit gekreuzten Beinen auf meinem Felsen. Auf einer Seite von mir lagen das Dorf und das Meer in ein lebloses Grau gehüllt. Doch in der anderen Richtung erhellten letzte lodernde Sonnenstrahlen die Spitzen weißgekrönter, lichtdurchfluteter Wellen, die auf einmal strahlend funkelten. Ohne jede Eile schlüpfte die Sonne ganz gemächlich hinter nebelverhangene, schwarz verfärbte Felsen. Der Himmel hatte nichts Dramatisches. Für wenige Augenblicke schim-

merte er in sanften Rosa- und Pastelltönen, während das Meer immer noch unter Tausenden Lichtblitzen wogte, und plötzlich herrschte jenseits der geneigten Klippen nur noch Dunkelheit.

Die jähe Nacht legte sich wie ein Gürtel der Angst um meinen Magen. »Michael, Michael, wo seid ihr? Michael, wir müssen nach Hause fahren. Wir kriegen sonst riesigen Ärger. Guck mal, es ist schon ganz dunkel.«

»Schon in Ordnung, Dussel. Wir sind doch mit Mr. Van Rensburg hier. Wir können doch nichts dafür, wenn sie erst spät hier wegfahren.« Die Jungs lachten über mich, aber es war mir egal. Ich wollte, daß der Tag ein friedliches Ende fand. Nichts durfte noch passieren. Nur keinen Ärger, bitte Gott, nur keinen Ärger mehr! Ich kletterte über die Felsbrocken auf den Sand, wo ich im Dämmerlicht die drei Gesichter erkennen konnte.

»Außerdem ist es noch gar nicht so spät, du Heulsuse – hier in den Klippen wird's nur so früh dunkel. Wir gehen doch jetzt sowieso, oder, Kobus?«

»Ja, wir gehen jetzt. Aber mein Pa … *hy drink nog. Moenie enigiets vir hom sê nie.* Er fährt erst, wenn er fertig ist.«

»Michael, du weißt genau, daß es egal ist, ob wir schuld sind oder nicht. Wir kriegen trotzdem Ärger. Du weißt, wie wütend die sind. Die sagen bestimmt, wir hätten ihm sagen müssen, daß wir vor der Dunkelheit zu Hause sein müssen.«

»Wir können überhaupt nichts sagen. Kobus sagt, er wird stinksauer, wenn er trinkt und wir ihn hetzen. Komm schon, Kati, das ist in Ordnung. Stell dich nicht so an. Ich sag denen schon, daß du nichts dafür kannst. Ich sag, daß wir los wollten, aber er hat sich geweigert zu fahren.«

Nicht mehr ganz so ausgelassen stiegen wir die Treppe hinauf, kauerten uns neben Kobus und lauschten dem Klirren der letzten Flasche. Sie war bei den anderen Flaschen gelandet, die auf der Wiese einen kleinen Haufen bildeten. Ich konnte gerade noch Jonas' Umrisse ausmachen, schweigend hockte er neben dem Hinterrad des *bakkie*.

»Nou ja, ek voel nou lus vir mij kos. Kom julle, is julle gereed om to waai?«

»Ja, Pa. Ons is almal hier, Pa. Ons wag net vir, Pa.«

»Goed«, erwiderte er und gab Kobus einen liebevollen Knuff an die Schläfe, als er an ihm vorbeiging. *»Dis mos'n kind se plig om vir sij beters te wag.«*

Das *bakkie* jagte stotternd und schlitternd den kiesigen Bergweg hinauf, während wir vier auf der hinteren Ladefläche hockten. Diesmal stieß keiner von uns einen jubelnden Schrei aus, und nicht mal die beiden Farmjungs hatten Lust, hinter der Fahrerkabine zu stehen. Als wir oben auf dem Hügel angekommen waren, warfen wir einen Blick nach unten und sahen, daß die Dunkelheit das Dorf bereits verschluckt hatte. Doch vor uns, jenseits der Talebene, leuchtete uns ein zweiter Sonnenuntergang den Weg.

»Sind wir auf dem Hinweg nicht anders gefahren, Kobus?« Meine Frage durchbrach das Schweigen auf der Ladefläche. »An diese Straße kann ich mich gar nicht mehr erinnern.«

»*Ja*, mein Vater fährt auf dem Rückweg am liebsten hier lang. Hier gehen abends manchmal seine *maats* aus.«

In rasendem Tempo erreichten wir die Randgebiete eines kleinen Dorfes und donnerten mit aufheulendem Motor an den ruhigen alten Häusern und den neuen Flachdachgebäuden in der Hauptstraße vorbei. Einige der alten Häuser strahlten mit ihren holzgerahmten Schiebefenstern und den *broekie*-verzierten Veranden immer noch Erhabenheit aus, während anderen durch verschnörkelte Einbruchsicherungen und brandneue, metallgefaßte Fenster jede Würde genommen war. Unser Wagen hielt vor einem klei-

nen, kastenähnlichen Hotel, und der Farmer hievte sich schwerfällig aus der Fahrerkabine.
»Wag hier'n bietjie«, brummte er. Wir sagten kein Wort.
Auf der untersten Stufe, die hinauf in die Männerbar führte, taumelte er ein wenig. *»Fok die donderse* ...« drang gerade noch zu uns, bevor er sich duckte, um nicht gegen den Türrahmen zu stoßen, und verschwand. Wir warteten in der Dunkelheit und redeten kein Wort, während die Nacht um uns herum immer undurchdringlicher wurde und sich im *bakkie* wie eine Decke um uns legte. Vielleicht mußten wir gar nicht lange warten, aber uns kam es damals vor wie eine Ewigkeit. Wie soll ein Kind ohne Uhr auch wissen, wie schnell die Zeit in angsterfüllter Dunkelheit vergeht?
Gellende Rufe und wildes Gelächter großer, torkelnder Männer durchschnitten auf einmal die Nacht. Die lärmenden Gestalten und schwitzenden Gesichter hatten etwas schrecklich Furchteinflößendes für mich – nichts an ihnen erinnerte an die Welt, die mir vertraut und gut schien. Kobus senkte schweigend den Kopf, während sich Jonas in einer Ecke zusammenkauerte und in seiner eigenen, stillen Dunkelheit zu verschwinden schien.
»Nou ja, Ouens, ons het'n paar Engelse saam, ganz feine Pinkel. *Hierdie klein buggers dink hulle is baie refined, weert julle. Hulle het daar op my dak gestaan en* ›Afrikaner *vrot* Banane‹ *geshout. So, wat dink julle? Hulle moet mos baie tough wees, nê?«*
Sie gingen um das *bakkie* und drängten sich mit keuchendem Gelächter und dicken Bäuchen dichter an uns heran. Michael legte mir den Arm um die Schulter, hatte aber die Augen angstvoll aufgerissen.
»Ihr macht meiner Schwester angst«, sagte er zitternd, und seine schrille Stimme übertönte das heisere Grölen, das uns umgab. »Laßt uns in Ruhe. Wir sollten schon längst zu

Hause sein. Ich sag's meinem Dad, wenn Sie uns nicht sofort nach Hause fahren.«
Die Männer lachten lauthals und schubsten und stießen sich gegenseitig.
»O fok, hier's' tough klein bugger«, rief einer von ihnen. »Du bist wohl ein Kämpfer, was? Wie wär's, wenn du gegen einen Afrikaner antrittst – mal sehen, wer stärker ist.«
»Kobus«, polterte sein Vater los. *»Opstaan, laat sien hoe lijk jij teen die klein Engelsman.«*
Kobus blieb sitzen und starrte auf die sandigen Füße.
»Laßt uns in Ruhe«, schrie Michael. Die Männer lachten aus voller Kehle, während der Farmer Kobus am Arm packte und hochzerrte.
»Staan, kind. Steh auf und kämpf. Oder bist du etwa ein Mädchen? *Is jij bang?* Wenn du Angst hast, bist du nicht mein Sohn.«
Michael war inzwischen aufgestanden, und Kobus schlug – mit Tränen in den Augen und verkniffenem Mund – kraftlos auf ihn ein. Michael machte keinerlei Anstalten, sich zu verteidigen, er legte die Hände schützend vors Gesicht und schüttelte den Kopf.
»Nein, Kobus, das ist doch dämlich. Das können wir doch nicht tun. Ich kann doch nicht grundlos gegen dich kämpfen. Wir haben doch noch nicht mal Handschuhe oder irgendwas – wir können nicht so boxen.«
Kobus' Faust streifte Michael am Kinn. Die Männer schrien begeistert auf, und ich kauerte mich voller Panik neben Jonas, der kein Wort sagte. Kobus schniefte und wischte sich Tränen und Rotz mit den Fäusten aus dem Gesicht, die er dann kraftlos herunterhängen ließ. Unvermittelt hatten die Männer ihr Interesse verloren.
»Ag fok, ek het mosa old woman vir'n seun«, sagte Kobus' Vater, während die anderen loszogen und irgendwas von einem

Abendessen murmelten. In einer vorgetäuschten Attacke schoß er auf seinen Sohn zu. *»As ek sê jij moet veg, dan veg jij!«* Als die Türen schlugen und die Männer von Trucks und Kombiwagen verschluckt wurden, sackte er plötzlich in sich zusammen, murmelte Unverständliches vor sich hin und taumelte in die Fahrerkabine des *bakkie.* Geröll prasselte laut gegen die Seiten, während wir über das dunkle *veld* fuhren, durch Kurven schlitterten und über Unebenheiten in der Straße hüpften. Als der *bakkie* abrupt vor dem Farmhaus bremste und noch ein Stück weiterrutschte, sprangen Michael und ich sofort über die hintere Ladeklappe und rannten los.

»Bai' dank Meneer Van Rensburg«, brachten wir beide atemlos hervor, während wir zum Zaun jagten. So schnell uns die Beine trugen, liefen wir zu den gelben Lichtern, die unsere Farm mit einem warmen Glanz erfüllten. Der Duft von Suppe und Mais zog uns bereits in die Nase, als wir die Veranda erreichten. Kaum hatten wir einen Fuß auf die Treppe gesetzt, öffnete uns Ouma schon die Tür. Gelassen stand sie im hell erleuchteten Türrahmen, betrachtete einen Moment lang unsere keuchenden Gestalten und lächelte schließlich.

»Tja, ihr seid ein bißchen spät, aber ihr wart ja mit den Van Rensburgs unterwegs, also hab ich mir keine Sorgen gemacht. Ihr konntet ja nicht bestimmen, wann die Familie zurückfährt. *Kom nou binne, kinders.* Das Abendessen steht schon für euch bereit.«

1966 …
fünf Tage bis Weihnachten

Dora, Dora, da draußen ist jemand für dich.« Die Frau hockte im Küchenhof, holte schweigend eine winzige Dose Schnupftabak aus dem Oberteil ihres Kleides hervor und legte sich mit spitzen Fingern eine Brise von dem grauen Puder hinter die gelb verfärbten Zähne.
Sofort, als ich hineinstürmte, gefolgt vom *quietsch-päng* der Fliegengittertür, stemmte sich Dora schwerfällig vom blauen Küchenstuhl und fing ihr redseliges Geschnatter an. Hinter dem Maschendraht der Fliegengittertür blieb sie stehen und rief der Frau zu, sie möchte doch eintreten. Ohne jede Hast stand die Frau auf, strich sich über das lange Hemd und wickelte sich die Decke um die Taille. Der Geruch von Holzfeuer und einem Leben im Freien zog durchs Zimmer, als sie sich an den Küchentisch setzte und die Hände gelassen im Schoß ruhen ließ.
Dora schnalzte unaufhörlich in ihrem schnellen Xhosa, schälte Erbsen und stand hin und wieder auf, um einen prüfenden Blick in die Kochtöpfe zu werfen. Schweigend saß ich neben ihnen und stützte Kinn und Schläfen auf beide Hände. Es gefiel mir, ihrem ratternden Gespräch zu lauschen, und ich genoß den Geruch der Hütten – ein Hauch von Wildnis in der Alltäglichkeit der Küche.
Aus dem Radio dröhnte afrikanische Musik. Ich weiß, daß meine Mutter den »hämmernden Rhythmus« nicht ertragen konnte, doch für mich war sie fremd und zugleich vertraut – sie gehörte einfach in jede Küche und in jedes Dienstmädchenzimmer meiner Kindheit.
Ich hatte sowieso keine Chance, dem Rat-a-tat ihrer rasenden Unterhaltung zu folgen, also seufzte ich in der drücken-

den Hitze, die vom Summen der Fliegen erfüllt war, schaukelte auf meinem Stuhl ein Stück nach hinten und kickte gegen die Tischbeine.

»Kann ich bitte dein *True Africa* lesen, Dora?« fragte ich mitten in einen Satz von ihr hinein und schwang zurück auf vier Stuhlbeine. Sie schob mir den Comic über den Tisch hinweg zu, ohne mich dabei anzusehen oder in ihrem atemlosen Redeschwall innezuhalten. Für Michael und mich, die wir außer dem britischen Bunter-Sortiment keine Comics lesen durften, war *True Africa*, ein afrikanischer Foto-Comic für Erwachsene, absolut faszinierend und exotisch. Meine Mutter dagegen zeigte sich entsetzt über die ungewöhnlichen Storys von Liebe und Gewalt in einer Welt, in der sich nur Schwarze bewegten. Für uns verkörperten die Heftchen verbotene Donnerstagnachmittage in paraffinerfüllten Dienstmädchenzimmern, an denen wir die Comics lasen. Die Mädchen ließen gewöhnlich Drinks kreisen und hatten Jungs zu Besuch.

Ich rückte also näher an den Tisch, um »Chunky Charlie« zu lesen, und hörte mit einem Ohr das *quietsch-päng*, als noch ein Dienstmädchen in die Küche kam und ein ungerupftes Huhn auf den Tisch legte. Erst als ich ein Schlurfen hörte, sah ich auf und merkte, daß die Hunde hereingekommen waren. Sie schoben sich an der Frau vorbei durch die Tür, reichten dabei mühelos bis zu ihren Oberschenkeln und brachten sie ins Wanken, während sie hechelnd zur kühlsten Ecke des Küchenbodens latschten.

»Hau, Do-ra«, schrie die Frau am Küchentisch, und ihre Stimme schlug in ein schrilles Quietschen um, als sie Doras Namen rief. *»Hai hai, Bambinja.«*

Sie sprang halb von ihrem Stuhl auf, zwängte sich ungeschickt zwischen Stuhl und Tisch und schlug hilflos die zitternden Hände vors Gesicht. Dora drückte sie wieder

beschwichtigend auf den Stuhl zurück, während ihre Brust unter heiserem Gelächter bebte.
»Sie hat furchtbar Angst vor den Hunden«, sagte sie an mich gewandt. »Sie sagt, daß es bei ihnen auf der Farm keine großen Hunde gibt.« Ich fiel in Doras Gelächter ein.
»Du mußt keine Angst haben«, sagte ich zu der Frau. »Die sind lieb. Die haben noch nie jemanden gebissen. Es sind ganz zutrauliche Hunde.«
»Gib dir keine Mühe, Missie«, sagte Dora. »Sie kann kein Wort Englisch. Sie ist nur ein ungebildetes Mädchen aus der Transkei. Und – hast du Lust auf Maisgrütze mit Bohnen?«
»O *ja,* Dora. Du weißt doch, daß ich verrückt bin nach deiner Maisgrütze mit Bohnen.«
Dora teilte jedem von uns eine Portion dampfenden, klebrigen Brei aus. Mir gab sie eine Müslischale aus der Speisekammer, für sich und ihre Freundin holte sie zwei Emailleteller unter der Spüle hervor.
»Frag deine Brüder, ob sie auch was wollen.«
»Okay.« Ich hatte nicht die geringste Lust, mich von der gemütlichen Küche loszureißen, von Chunky Charlie und dem leuchtend gelben Stück Butter, das langsam schmelzend an einem kleinen klebrigen Klecks Maisgrütze herunterlief.
»Mi-ichael.« Das Wohnzimmer war leer, Stille lag über dem Raum, und die Weihnachtskugeln am Baum funkelten im Sonnenlicht, das – durchsetzt von winzigen Staubkörnern – durchs Fenster drang. Oupa saß in der Bibliothek, und an seinen zusammengekniffenen Augen zog eine Rauchfahne vorbei. Er war so konzentriert auf das Hauptbuch, das vor ihm lag, daß er nicht mal aufsah.
»Oupa, weißt du, wo Michael und Neil sind?«
»Michael hab ich heute morgen noch nicht gesehen, und Neil ist, glaub ich, auf der Veranda. Deine Mom und dein

Dad sind wohl irgendwo draußen, und von Ouma weiß ich, daß sie sich um die neuen Schweine kümmern muß. Warum fragst du – willst du dich nicht mit mir begnügen? Wie's aussieht, bin ich der einzige, der zur Verfügung steht. Worum geht's überhaupt?«

»Maisgrütze mit Bohnen.«

»Uh, nein, dafür steh ich doch nicht zur Verfügung. Tja, dann geh mal Neil fragen. Ich glaub, er ist noch hier.« Er hatte sein typisches sanftes Lächeln auf den Lippen und strahlte Liebe und Güte aus.

Neil lag direkt vor der Veranda ausgestreckt auf einem Handtuch und bräunte seinen Bryl-glänzenden Körper in der Sonne. Als ich die Verandastufen hinunterging, roch ich das heiße Haaröl, das sich alle größeren Jungs von ihren Dads schnorrten, um schneller tiefbraun zu werden. Neil hatte den Kopf in die Arme gebettet. Einen Moment lang war ich unsicher, was ich tun sollte. Falls er schlief, wurde er sicherlich fuchsteufelswild, wenn ich ihn weckte. Aber vielleicht war er noch wütender, wenn er Maisgrütze mit Bohnen verpaßte – schließlich gab's das nicht jeden Tag.

Aus dem Augenwinkel sah ich Mom und Dad, die in der Nähe des Feigenbaums, unten auf der Wiese, über die blumengesäumten Pfade schlenderten. Er hatte die Hände auf ihre Schultern gelegt und führte sie liebevoll. Für ihn entfaltete Mom, wie die schutzsuchenden Knospen um sie herum, zarte Blumenblätter – sie tat das oft, wenn sie zu Hause war. Sie lachte, stützte sich auf ihn und lehnte kurz den Kopf an seine Schulter. Manchmal erinnerte mich Dad an den weit ausladenden Feigenbaum, der dort unten die dicken Äste über ihren Köpfen ausbreitete. Er, der in der trockenen Erde dieser Gegend Wurzeln geschlagen hatte und aufgewachsen war, umschloß alles mit schützender Geborgenheit. Uns, seine Mädchen, liebte er wie zarte Blumen, und er hielt all die rauhen Tatsachen und angsteinflößenden Kleinigkeiten des Lebens von uns fern. Ich sah zu, wie er ihre Hand nahm, sanft darüber strich und sie fest umschlossen hielt, während er weiterging.

Als sie aus meinem Blickfeld verschwunden waren, sah ich wieder zu Neil und grübelte weiter, was wohl am klügsten sei.

»Neil.« Ich rief ihn nur ganz leise beim Namen, um ihn nicht zu wecken. Vielleicht reagierte er irgendwie, falls er doch nicht eingedöst war.

»Schwirr ab, Göre.« Er hatte sich nicht von der Stelle bewegt, und seine Stimme drang gedämpft durch die verschränkten Arme.

»Neil, hast du Lust auf Maisgrütze mit Bohnen?«

»Nein, verdammt, natürlich hab ich keine Lust auf Maisgrütze mit Bohnen. Ich bin kein Baby mehr, das in der Küche hockt und dieses breiige Zeug in sich reinstopft. Ich warte, bis es was Richtiges gibt, vielen Dank auch.«

In der Küche war es ruhig, lediglich das Kauen der Frauen war zu hören. Dora verzog sonst immer das Gesicht beim Essen und schob jeden Bissen hin und her, um ihn mit ihren wenigen Zähnen zu erwischen, aber Maisgrütze mit Bohnen konnte sie mühelos mit dem Zahnfleisch mahlen. Die Hunde lagen reglos auf dem Boden, Seite an Seite, und nur ihre Ohren richteten sich nach den Fliegen, die sie umschwirrten.

Wortlos ließ ich mich auf meinen Stuhl gleiten und löffelte hastig das Essen in mich hinein. Den Ellbogen hatte ich aufgestützt, und mein Kopf ruhte in der Linken, während ich in dem umgeschlagenen Comicheft schmökerte. Vertieft, wie ich war, hatte ich gar nicht mitbekommen, daß Dora und ihre Freundin aufgestanden waren, bis mich Dora beim Namen rief. Die beiden waren fertig mit Essen, ihre

Teller leergegessen. Auch die Hunde hatten sich träge aufgerafft, als sie das Scharren der Stuhlbeine und die ungewohnten Bewegungen wahrgenommen hatten.
»Missie, kannst du Kati festhalten, wenn meine Freundin geht? Ich halte Mikey fest. Sie hat Angst, wenn die Hunde hier frei rumlaufen. Komm, wir bringen sie zur Tür und winken ihr zum Abschied.«
Ich streckte den Arm aus und grub die Finger in die wulstigen Nackenfalten. Gehorsam ging Kati an meiner Seite zur Fliegengittertür, die offen stand. Das Dienstmädchen, das in der Spülküche das Hühnchen rupfte, sah mich mit einem verschmitzten Lächeln an, als ich an ihr vorbeiging.
»Eigentlich muß ich Kati gar nicht festhalten«, erklärte ich ihr mit ernstem Gesicht, während Dora und ihre Freundin langsam auf den Hof schlenderten. Ich wollte nicht, daß jemand von meinem hechelnden, faltigen Hund, der schließlich meinen Namen trug, ein falsches Bild bekam. »Ich mach das nur, weil Doras Freundin Angst hat. Mikey ist manchmal ein bißchen ungezogen. Er hat schon mal ein Pferd gejagt, bis es seinen Reiter im hohen Bogen abgeworfen hat. William mußte ganz schnell kommen und ihn mit beiden Armen festhalten, bis das Pferd wieder weg war.«
Während ich immer weiterplapperte, rupfte das Dienstmädchen das Huhn mit schnellen, ruckartigen Bewegungen und lächelte. Dora stand auf dem lichtdurchfluteten Hof und hielt mit einer Hand Mikey fest, während sie – vertieft in den letzten Redeschwall ihrer langwierigen Abschiedszeremonie – mit der anderen wild gestikulierte.
»Tschüs«, rief ich, als ich sah, wie Dora winkte und ihre Freundin gemächlich über den Küchenhof auf den Vorderhof schlenderte.
»Aber Kati – die war noch nie unartig, ehrlich. Die tut keiner Fliege was zuleide. Schau doch, man muß sie gar nicht

richtig festhalten. Ich muß ihr einfach nur die Hand auf den Hals legen, und dann sitzt sie hier und rührt sich nicht von der Stelle. Ich kann ihr sogar befehlen, still zu sitzen, während ich Meerkatzen füttere.«

Ich spürte die bebende Anspannung unter meiner Hand und lachte, weil ich dachte, der Hund habe mitbekommen, daß ich von Meerkatzen erzählte. Als Kati einen Satz nach vorn machte, krallte ich die Hand im Nackenfell fest, wurde mitgerissen und fiel auf die Knie. Schließlich riß sie sich von mir los.

Plötzlich schien die Welt erfüllt von Schreien. Ich hörte den gellenden Schrei des Dienstmädchens hinter mir, Doras jaulendes Klagen und das heisere Wimmern, das aus meiner Kehle drang. Und ich hörte, wie die Frau, Doras Freundin, einen schrillen Schrei ausstieß, während sie auf die Knie sank und Ellbogen und Hände schützend über den Kopf und vors Gesicht preßte.

Immer und immer wieder wurde sie von Kati, meiner geliebten Kati, attackiert, und ich spürte, wie mich jähes Entsetzen packte und nicht mehr loslassen wollte. Plötzlich war der Hof voller Menschen. Die Frau kauerte auf dem Boden, hatte mir den Rücken zugewandt, stieß sich ruckartig nach hinten und krümmte sich gleichzeitig mit wiegenden Bewegungen immer mehr zusammen. Immer noch hielt sie beide Arme krampfhaft über dem Kopf. Als William den knurrenden Hund an mir vorbeizerrte, sah ich pinkfarbene Schaumspritzer auf den gefletschten Zähnen und den braunen Lefzen.

Oupa war inzwischen zu der Frau geeilt und zog sie am Arm hoch. Immer noch jammerte sie erbärmlich, von fassungslosem Entsetzen gepackt, ein Wehklagen, das die plötzliche Stille durchschnitt.

»Schau nicht hin, Kleines. Schau nicht zu ihr hin.« Es war

Neil, der mich auf den Arm nahm und ins Haus tragen wollte. Aber ich war wie von Sinnen, mein zitternder Körper gehorchte mir nicht mehr, und ich drehte krampfhaft den Kopf, um meinen suchenden Blick an der Frau festzuhaken.
Oupa führte sie Schritt für Schritt zu einer umgedrehten Kiste, die an der Küchenwand stand, während sie ihren *doek* mit beiden Händen an eine Seite des Kopfes preßte. Blut lief ihr über Finger und Wangen und tropfte aus dem schwarz klaffenden Loch – dort, wo eigentlich ihr Ohr sitzen sollte – übers Kinn. Dunkle fleischige Fetzen hingen von einer Seite ihres Kopfes herunter.
Ich würgte und sog verzweifelt die Luft ein, die nach Erbrochenem schmeckte. Ein heftiges Zittern packte mich, und Neil hielt mich auf einer Hüfte fest an sich gepreßt, während er nach dem *rooibos*-Topf griff, der wie immer auf dem Herd kochte.
»O my magtig!« Ich hörte Oumas Stimme aus dem Hof. *»Het jy gehardloop? Hoekom her jy gehardloop?* Warum bist du auch gerannt, du dummes Ding? *O magtig,* was machen wir denn jetzt? *Dora, gaan nou dadelik vir die jong Miesies en Master roep.«*
Ich hörte, wie meine Eltern hinterm Haus hervorkamen und auf den Hof liefen, während sich Neil halb auf den Küchentisch stützte und mich auf den Schoß setzte, damit er mir gezuckerten Tee einflößen konnte. Durch die Fliegengittertür hörte ich das panische »Oh, mein Gott, was ist passiert?« meiner Mutter.
»Ruhe bewahren, Elaine.« Oumas Stimme fuhr dazwischen. »Jim, du mußt sie fahren. Versuch's zuerst beim alten Doc Williams. Der ist zwar im Ruhestand, aber es ist nicht weit bis dahin. Du kennst ja die Farm. Guck mal, ob er sie *mos* zusammennähen kann. Wenn nicht, mußt du sie zur Unfallstation in Grahamstown bringen.«
Der Tee blieb mir im Hals stecken, während die anderen

zum hinteren Hof hinübergingen, auf dem die Wagen parkten. Die hektischen Stimmen waren nur noch gedämpft zu hören. Es war mir völlig unmöglich, zu schlucken und den Schock, der mir wie ein brennender Kloß in der Kehle saß, herunterzuwürgen. Wieder nahm mich Neil hoch, trug mich hoch zu Oupas Bett, legte mich hin und streichelte mir über den schmerzenden Kopf. Einen Moment lang schloß ich die Augen.

»Wie schrecklich, mein Liebes. Furchtbar, daß du das mit ansehen mußtest.« Ich öffnete die Augen und sah Oupa, der voller Zärtlichkeit nach meiner eisig kalten Hand griff. Hinter ihm tauchte Oumas Gesicht auf, in dem sich eine Mischung aus Schock, Sorge und überschäumendem Ärger spiegelte.

»*Ag*, wirklich, wie oft muß ich denen noch sagen, daß sie nicht rennen sollen«, schimpfte sie, während sie ans Fenster ging und hinunter auf die Wiese sah. Oupa schob mir eine weiße Zuckerkugel nach der anderen in den Mund, langsam lösten sie sich auf meiner Zunge auf. Diese winzigen Pillen, süß und tröstend, trug er immer mit sich herum, um sich selbst oder seine Lieben damit zu beschwichtigen, falls es Streit oder Probleme gab.

»Aber warum, Ouma?« Meine Stimme war wie ein Kratzen. »Warum hat der Hund das gemacht?«

»*Ag, my kind,* es war eben keines von unseren Mädchen. Der Hund hat das gewußt. Er weiß genau, wie unsere Leute riechen.«

»Aber Kati hat doch noch nie jemanden gebissen, nie, nicht mal als Mr. Van Rensburg hier war. Er ist nicht von hier, und trotzdem hat sie ihn nicht gebissen.«

»Eingeborene haben einen anderen Geruch an sich. Und die Hunde spüren ihn sofort auf. Er weckt ihre Wachinstinkte. Und das dumme Mädchen ist gerannt. Das war das Schlimmste, was sie tun konnte.«

»Es ist alles in Ordnung, altes Haus«, sagte Neil, der mir noch mal Tee brachte. »Du siehst schon besser aus. Nicht mehr so grün um die Kiemen.«

»Ich glaub, ich kümmere mich mal um Dora. Sie muß sich ein bißchen Ruhe gönnen. Wir können hier nichts mehr tun.« Ouma wandte sich wieder vom Fenster ab.

»Sie wird schon wieder in Ordnung kommen, ehrlich«, erklärte Oupa sanft. »Es hat ziemlich übel ausgesehen, aber es war keine ernsthafte Verletzung. Morgen ist sie wieder kerngesund. Die Ärzte müssen sie nur wieder ein bißchen aufpäppeln.«

»Aber das Ohr …« Tiefe Schluchzer schüttelten mich und jagten mir Tränen in die Augen.

»Armes Kind, es war wirklich furchtbar, daß du das mit ansehen mußtest. Aber« Oupa seufzte schwer, »solche Dinge passieren eben, mußt du wissen. Tut mir nur leid, daß du so was sehen mußtest.«

»Aber du verstehst mich nicht, Oupa. Ich bin schuld an allem.«

»O nein, was ist denn das für ein Unsinn?«

»Ich bin schuld, daß es passiert ist. Ich hab Kati nicht richtig festgehalten. Ich hab gedacht, daß sie sitzen bleibt, genau wie bei den Meerkatzen.«

»Du bist doch nur ein kleines Mädchen. Du hättest das große Tier doch gar nicht allein festhalten können. Es war dumm von Dora, so was von dir zu verlangen.«

»Aber es ist nur passiert, weil ich sie nicht richtig festgehalten habe. Wenn ich sie fest am Fell gepackt hätte, wär sie vielleicht nicht losgelaufen.«

»Das kannst du nicht wissen. Du kannst überhaupt nicht sagen, ob der Hund nicht trotzdem auf das Mädchen losgegangen wäre. Und wenn ich ehrlich sein soll, ist es vielleicht gar nicht so schlecht, daß du's nicht getan hast. Der Hund hätte dich womöglich mitgerissen, mitten ins Gemenge.«

»Nein, nein, der Hund hat gedacht, ich will, daß er losläuft. Ich bin schuld.«

»Ach, sei doch nicht dumm. Nimm die Kügelchen. Die machen dich müde. Neil, hol doch bitte mal meine *Bosman*-Ausgabe aus der Bibliothek. Ich les dir noch ein bißchen vor, bis du wegdämmerst und aufhörst, darüber nachzugrübeln. Ein kleines Mädchen wie du kann für so eine Sache nicht verantwortlich sein, verstehst du das denn nicht?«

Wieder schloß ich die Augen und schmeckte im Rachen die bittere Galle meiner Schuld. Immer wieder mußte ich schlucken, aber der elende Geschmack wollte einfach nicht verschwinden.

»Rooineks, sagte Oum Schalk Lourens, sind sonderbar. Zum Beispiel hatten mein Neffe Hannes und ich früher mal in der Nähe von Dewetsdorp eine Begegnung mit ein paar Engländern. Es war kurz hinter Sanna's Post, und Hannes und ich lagen hinter einem Felsblock und betrachteten die Straße ...«

1989 …
3. Dezember

»Tja, dann hoffen wir mal, daß die Aborigines in Australien nicht zu aufsässig werden, sonst bleibt dir wohl nichts anderes übrig, als nach Kanada auszuwandern.«
Diese Bemerkung kann ich mir einfach nicht mehr verkneifen. Nach einem ganzen Nachmittag mit warmem Wein und verbranntem Fleisch unter der drückenden Hitze der Verandamarkise habe ich wirklich die Nase voll von Louises blasierter Überzeugung, sie sei in jeder Beziehung vollkommen im Recht. Sie bildet sich tatsächlich ein, sie könne nach Australien verschwinden und sich dort ein neues Leben aufbauen, ohne daß ihr jemand auch nur die Andeutung eines Vorwurfes macht.
»Eine ziemlich spitze Bemerkung, selbst für dich, Kate«, erwidert Louise, stellt gemächlich ihr Weinglas auf dem Verandatisch ab und hakt ihren ernsten Blick an mir fest. »Du kennst mich jetzt schon lange – noch aus Studienzeiten, um genau zu sein. Du kennst meine Einstellung. Ich empfinde es als ziemlich beleidigend von dir, auf einmal durchblicken zu lassen, daß du mich für eine Rassistin hältst.«
O Gott, jetzt reicht's mir endgültig. Sie meint wohl, daß ihr dieses linke Image Immunität verleiht, so eine Art Freifahrtschein, mit dem sie tun und lassen kann, was ihr gefällt – ihre ehrlichen Absichten hat sie ja schließlich unter Beweis gestellt. Mein Gott, seht sie euch an, sie ist die empörte Tugendhaftigkeit in Person. Sie kommt nicht mal auf die Idee, daß sie sich – angesichts der Tatsache, daß sie hier abhauen will – selbst als Heuchlerin abstempelt.
»Na ja, Louise-Liebes, in meinen Augen scheint das der Grund für deine überraschende Emigration zu sein, gerade

jetzt, wo wir an der Schwelle zu großen Umwälzungen stehen. Schließlich hast du dich in all den Jahren der grausamen Unterdrückung nicht vom Fleck gerührt, obwohl du ziemlich große Töne gespuckt hast.«

Louise macht den Mund auf – offensichtlich will sie etwas erwidern, weiß aber nicht, was. Sie wirft ihrer Freundin einen kurzen Seitenblick zu. Sie ist außer uns der einzige Gast bei diesem *braai* am Sonntag nachmittag, eine Einladung, die eindeutig arrangiert wurde, um Joe und mir die Neuigkeit zu eröffnen, daß sie das Haus verkauft, ihre Jobs gekündigt und die Koffer bereits gepackt haben. Alles ist eigentlich schon gelaufen – sie müssen uns auf dem Flughafen nur noch zum Abschied zuwinken.

Es scheint so, als habe Louise die andere Frau als moralische Unterstützung eingeladen. Beide haben für eine der vielen nicht-staatlichen Akronym-Organisationen gearbeitet – Non-Staas, wie man sie so hübsch in ihren Kreisen nennt –, und Louises Freundin hat mir heute mehrmals deutlich zu verstehen gegeben, daß sie als Angehörige des engsten Freundeskreises bereits seit einiger Zeit von den Plänen wußte.

Christine – ich glaube, so hat sie sich vorgestellt. Ich hab's nicht so genau mitbekommen, dafür mußte ich mich viel zu sehr über die Wanderstiefel und die schwarzen Jeans wundern – mein Gott, hier draußen müssen's ungefähr fünfunddreißig Grad sein –, und über ihre Art, wie sie den Stuhl in meine Richtung rückte und dabei gemächlich die Arme über dem Kopf verschränkte. Sie muß mich völlig falsch eingeschätzt haben, anscheinend ist sie davon ausgegangen, sie könne die kleinliche Schul-Madam mit den dicken schwarzen Haarbüscheln schockieren, die unter dem schwarzen T-Shirt mit den abgeschnittenen Ärmeln hervorquellen.

Während sie mitleidige Blicke mit Louise tauscht, sagt sie an mich gewandt: »O Mann, das ist wirklich lächerlich. Niemand, der Louise wirklich kennt, würde sie jemals als Rassistin bezeichnen. Ich weiß gar nicht, wie Sie überhaupt auf so eine Idee kommen. Ich selbst hab ja keine Kinder, ich hab also nicht die Verantwortung wie Louise, aber ich weiß, daß sie nur aus moralischen Erwägungen hier weggeht.«
Aber natürlich. Sie spielt genau die Rolle, die ihr zugedacht wurde. Louise hat es immer verstanden, sich mit einem erlesenen Kreis ideologischer, kriecherischer kleiner Speichellecker zu umgeben. Na ja, eines muß ich ihr lassen: es ist ihr gelungen, diesen Zirkel aufrechtzuerhalten, sogar nach der großen moralischen Kehrtwende.
»Komischerweise kenne ich Louise sehr viel länger als Sie, und doch finde ich's etwas seltsam, daß Ihr Verein – welche Non-Staa seid ihr noch mal: TRIC, FING oder PRIC? – na, egal, jedenfalls daß Ihr Verein seine früheren Überzeugungen geschickt über Bord geworfen hat und es trotzdem so aussehen läßt, als würde er sich moralisch einwandfrei verhalten.«
»Der eigentliche Grund, warum wir von hier weggehen«, erklärt Louise nun und neigt ihr kompromißlos ungeschminktes Gesicht, um der Rechtfertigung ihres größten Kompromisses mehr Nachdruck zu verleihen, »sind die Kinder. Das Gewaltpotential in diesem Land ist so groß geworden, daß es sich nicht mehr rechtfertigen läßt, nur wegen ein paar ideologischer Scheingründe hierzubleiben. Ich kann mir auch wirklich nicht vorstellen, daß es durch die Veränderungen besser wird. Nach allem, was man hört, wird's nur noch schlimmer.«
»Tja, Louise, wenn ich dich zitieren darf: ›Wo gehobelt wird, da fallen Späne.‹ Hast du das nicht immer gesagt?«
»Ach, nun sei bitte nicht so widerlich und gemein. Ich hab

nie erwartet, daß es so schlimm wird. Wir sind immer davon ausgegangen, daß sich die Gewalt gegen den Staat und die Unterdrücker richtet. Niemals hätten wir uns vorstellen können, daß sich das Land in sinnlose Verbrechen und diese ... diese Gewalt gegen alles und jeden stürzt.«

»Soll das heißen, daß du all die Jahre für die ruhmreiche Revolution gearbeitet und dabei geglaubt hast, du könntest ungeschoren davonkommen? Seltsam, ich hab dich noch genau vor Augen, wie du mit leidenschaftlich erhobener Faust dastehst und verkündest: ›Wenn die Revolution kommt, wird dieses und jenes passieren.‹ Oh, und hast du die Leute nicht abgrundtief verachtet, die Job oder Familie als Entschuldigung vorgeschoben haben, um sich aus der ganzen Sache rauszuhalten?«

»Tja, wenn man Kinder hat, setzt man andere Prioritäten. Wir verschwinden hier nicht, um uns zu schützen.«

Um diesem Punkt Nachdruck zu verleihen und den Unterschied zwischen uns hervorzuheben, steht sie auf und schreit den beiden planschenden, schreienden Gören im Pool zu: »Kommt jetzt da raus, ihr beide. Zieht euch bitte um, und zwar gleich den Schlafanzug.«

Quengeln und nachhaltiges Gemaule wie: »Warum denn jetzt schon, Maw?« und »Es ist doch noch so frü-hü, Maw« dringt vom Wasser auf die Veranda. Louise hat sich wieder hingesetzt – ihre Pflichten als Mutter sind erfüllt. Die Kinder kümmern sich nicht um ihre Anweisung und spielen unbeirrt im Wasser weiter. Ich nehme an, sie kennen ihre Mutter gut genug, um zu wissen, daß sie meist spontan und gefühlsmäßig handelt. Konsequenz ist ihr völlig fremd. Schon immer gewesen. Sie nippt kurz an ihrem Weinglas, das nun schon so lange dort herumsteht und im Schein der untergehenden Sonne funkelt, daß es lauwarm sein muß.

»Mir persönlich würde es gefallen, hierzubleiben«, fährt sie

fort und wirft ihrem Mann einen schnellen Blick zu. Er rutscht ein wenig verlegen auf seinem Stuhl hin und her und starrt – wie schon zuvor – geistesabwesend in den Himmel. Offensichtlich will er gar nicht erst in die Diskussion einsteigen. »Ich könnte mir vorstellen, daß uns hier eine interessante Zeit bevorsteht. Ich beneide euch regelrecht. Aber ich hab nun mal die Kinder und bin es ihnen schuldig, daß sie die Chance bekommen, in einer funktionierenden Gesellschaft aufzuwachsen …«
Gott im Himmel – eine »funktionierende Gesellschaft«? Gibt es das, ich meine, im echten Leben – Leute, die solche Begriffe verwenden?
»… in der sie ohne Angst nach der Schule nach Hause gehen können. Aber ich erwarte nicht, daß du für diese Art von Selbstlosigkeit Verständnis hast. Du mußtest nie für einen anderen Menschen dasein, erst recht nicht für einen, der vollkommen von dir abhängig ist. Du hast dich dein Leben lang nur auf dich selbst konzentriert.«
»Oh, jetzt werden wir aber ganz schön persönlich, hab ich recht?« Ich zwinge mich zu einem Lachen und gieße die letzten paar Tropfen lauwarmen Wein in mein *braai*-verschmiertes Glas. Verdammt, im Weinkühler ist nicht mal mehr ein winziges Klümpchen Eis übrig. Also kippe ich den Wein in einem Zug hinunter, schließlich gibt's keinen Grund, genüßlich daran zu nippen. Niemand macht Anstalten, eine neue Flasche zu öffnen. Muß wohl ein Wink mit dem Zaunpfahl sein, und ich überschlage in Gedanken, wie spät es sein mag. Ungefähr fünf Uhr, tippe ich.
Joe, der sich mit halb geschlossenen Lidern im Verandastuhl lümmelt und das Gesicht der untergehenden Sonne zugewandt hat, springt plötzlich auf.
»*Ja*, es ist wohl Zeit, daß wir gehen. Das heißt, wenn ihr Frauen damit fertig seid, euch gegenseitig in Stücke zu

reißen. Kate, es ist schon fast fünf. Ich muß noch 'ne Menge arbeiten bis morgen früh.«
Louise reagiert nicht. Ihr Atem geht heftig, blinzelnd hat sie den Blick am Boden festgehakt.
Ihre junge Freundin beugt sich zu ihr vor, legt ihr eine Hand auf den Arm und mimt, auf Teufel komm raus, die enge Vertraute. »Du mußt das verstehen, Louise, die Dynamik bei der Arbeit hier ...«
Ich kann's nicht glauben. Dynamik? Was soll das sein – ein Erstsemester-Tutorium für Soziologie?
»... deine alten Freunde sind verletzt und fassungslos, daß du gehst. Deshalb begreifen sie nicht, daß du moralisch keine andere Wahl hast, als diese Entscheidung zu fällen. Sie projizieren ihren Schmerz auf dich.«
»Grundgütiger Himmel!« Jetzt hab ich endgültig genug. »Komm, wir gehen, Joe. Ich hab hier genug in Sachen Selbstrechtfertigung gelernt, daß es für den Rest meines Lebens reicht. Ich wünsch euch ein schönes Leben in Australien, Louise. Ich hoffe nur, daß du mit zwei Kindern und ohne Haushaltshilfe klarkommst.«
»Ich kann verstehen, daß du verletzt bist, Kate, wirklich. Es tut mir leid, daß ich dir erst jetzt davon erzählt habe, aber wir mußten erst alles klären und uns darum kümmern, daß es überhaupt klappt. Du sollst wissen, daß ich immer noch deine Freundin bin, und ich werde mir bestimmt nicht alles zu Herzen nehmen, was du heute gesagt hast.«
»Oh, bitte, Louise, verschon mich mit deiner gönnerhaften Freundschaft. Du mußt mir keinen Gefallen tun. Ich brauch deine Wohltätigkeit nicht, das kann ich dir versichern. Wir kommen hier schon zurecht, ohne Leute wie euch.«
Louise seufzt, zuckt die Schultern und lehnt sich mit verschränkten Armen in ihrem Verandastuhl zurück. Ihr Gesichtsausdruck schwankt zwischen Schmollmund und be-

kümmerter Miene. Schließlich steht Peter auf, um uns zur Tür zu bringen.

»Danke fürs Essen, Louise«, sage ich noch, als wir durch die Schiebetüren ins Haus gehen. »Ich fand den Nachmittag auf jeden Fall ... informativ. In vielerlei Hinsicht.«

»Also, Joe.« Peter, der hinter uns geht, während wir uns nacheinander durch den Flur schieben, hört sich etwas zögerlich an. Ich merke natürlich, daß ihm sein Schweigen selbst unangenehm ist, aber er scheint fest entschlossen, auf keinen Fall mit uns das Für und Wider ihrer Emigration zu diskutieren. Wahrscheinlich unterliegt er nicht wie seine Frau dem zwanghaften Drang, seine Entscheidung zu rechtfertigen. Er will hier raus. Die Schwarzen übernehmen die Macht, Aktionen, die dies befürworten, beherrschen das Land, und seine Kinder werden kämpfen müssen, um auf die Universität zu kommen. Genau das ist es. Nur, das wird er uns gegenüber kaum zugeben.

»Also, Joe, wie laufen denn die Verhandlungen? Hast du bei den neuesten Vertragsgesprächen nicht bei den Jungs von der Union gesessen?«

»Na ja, sagen wir mal, sie plätschern so vor sich hin. Was soll ich sonst dazu sagen?«

»So schlecht steht's also, was? Tja, ich muß sagen, das bestärkt uns nur in unserer Entscheidung ...« Befriedigung schwingt in seiner Stimme mit. Schließlich räuspert er sich, bleibt stehen, eine Hand bereits auf der Haustür, mustert mich argwöhnisch und richtet den Blick wieder auf Joe. »Weißt du, irgendwie hab ich das Gefühl, wir tun genau das Richtige, wenn selbst ein Optimist wie du sich nicht mehr aufraffen kann ... ich meine, wenn sich jemand nicht mehr so weit mitreißen läßt, daß er uns detailliert erzählen kann, was in diesem Land passiert.«

Joe erwidert nichts darauf. Was ist nur los mit ihm? Er steht einfach nur da, läßt die Arme hängen und wartet, bis ihm Peter die Tür öffnet. »Also dann«, sagt Peter und mustert Joe ebenfalls erstaunt, während er uns durch die Haustür bis zur Auffahrt führt. »Mir tut's leid, daß die Frauen so gereizt aufeinander reagieren. Aber ich bin mir sicher, daß sich das wieder einrenkt. Ich hoffe, wir sehen euch noch, bevor wir hier weggehen. War schön, daß du da warst, Joe. Und du, Kate.«

Er nimmt die Hand von Joes Schulter, um den Knopf zu drücken, der automatisch das elektrische Tor öffnet. Während er hastig die Auffahrt zu seinem Haus hinaufgeht, winkt er uns noch mal zu.

»Du hast erstaunlich wenig dazu gesagt, daß sie von hier weggehen«, sage ich zu Joe, als er den Wagen startet. »Ausgerechnet du – gerade du hattest doch den Leuten, die kurz vor der großen Umwälzung verschwinden, immer 'ne Menge zu sagen.«

»*Ag*, Kate.« Seine Worte sind fast ein Seufzen. »Irgendwie ist mir nicht mehr besonders wohl dabei, wenn ich Leute kritisiere, die völlig desillusioniert sind.«

»Vor nicht allzu langer Zeit hättest du ihnen den ganzen Tag wie ein Terrier an der Kehle gehangen, Mr. Schwarz-Weiß. Am liebsten bist du doch immer als Mr. Prinzipienreiter aufgetreten. Aber mach dir nichts vor. Dieses Gefühl der Ernüchterung, das dich im Moment gepackt hat, kann solche Leute nie wirklich berühren.«

»Warum denn nicht? Du kannst den Leuten doch nicht vorwerfen, daß sie desillusioniert sind.«

»Oh, Joe, sei doch bitte nicht so naiv. Louise hat nie diese idealistische Leidenschaft aufgebracht, wie sie zu deiner Art von Liberalismus gehört. Sie ist immer Stalinistin gewesen und hatte diese Hobel-und-Späne-Überzeugung, sie hat den ganzen Kram geglaubt: daß der Zweck die Mittel heiligt. Ich find's nur verdammt komisch, daß sie genau in dem Moment auf und davon ist, in dem die vermeintliche große Wende kurz bevorsteht und das Volk tatsächlich die Macht übernehmen soll – und das sogar ohne die gewaltigen Umwälzungen ihrer vielgepriesenen echten Revolution.«

»Aber du weißt nicht, was wirklich in ihnen vorgeht. Du steckst nicht in ihrer Situation und kannst kaum beurteilen, wie sie sich im Innersten fühlen.«

»Aber natürlich, jetzt ist es für die Kinder, immer für die Kinder – das ist die neue Entschuldigung der Linken. Weißt du, was ich besonders erschreckend an der ganzen Sache finde? Louise hat immer alle niedergebrüllt, sogar früher schon in der Uni. Sie hat jedem gesagt, was er zu glauben hat. Und jetzt, wo sie diese erstaunliche Kehrtwende vollführt – nimmt sie da alles zurück, was sie gesagt hat? Nein, sie glaubt immer noch, daß sie im Recht ist. Sie denkt einfach, sie ist ein bißchen reifer geworden – sie begreift nicht mal, daß sie all ihre Prinzipien verraten hat. Und sie sagt uns immer noch, was wir denken sollen. Jetzt erzählt sie auf einmal, daß Leute mit Kindern, die nicht das Land verlassen, egoistische Mistkerle sind, die ihre Ideologie über die Moral stellen!«

»Ja, na ja, du hast dich mal wieder in Rage geredet, vielleicht geht's dir jetzt besser.«

»Mein Gott, was ist nur los mit mir? Ich hör mich schon an wie du. Das ist deine Schuld, Joe. Jetzt hab ich 'ne Identitätskrise, nur weil du vergessen hast, welche Rolle du eigentlich zu spielen hast. Du bist derjenige, der sich wegen irgendwelcher Prinzipien in Rage redet. Und ich bin's, die verächtlich schnaubt und fragt, was du denn von billigen linken Ratten erwartet hast, die an der Struktur der Dinge nagen und kauen und dann den sinkenden Staat verlassen.«

Wenigstens kann ich ihm ein Lächeln entlocken. Schon mal

etwas, schließlich hat er schon seit Wochen nicht mehr gelächelt. Aber warum liegt mir plötzlich soviel daran? Mein Gott, ich gerate wirklich ins Wanken. Mit seiner nackten Verzweiflung lockt er mich tatsächlich aus meinem Glashaus. Plötzlich fängt er an, sich ein gläsernes Gefängnis zu errichten. Die Anzeichen sind nur zu deutlich für mich. Und ich muß es schließlich wissen – ich bin Expertin beim Erbauen gläserner Schutzwälle.

Aber ich darf es nicht zulassen. So kann es nicht weitergehen. Im Moment komme ich noch klar – ich meine, hier, in meinem eigenen gläsernen Krug. Aber ich brauche den Ausgleich, die Sicherheit, die er mir immer geboten hat. Wir können nicht beide sprachlos und unerreichbar in verschiedenen Glasgefängnissen sitzen, abgeschieden von der Welt. Ich muß ihn da irgendwie herausholen, plötzlich gibt er mir das Gefühl, auf schwankendem Boden zu stehen. Ein Gefühl, das mich mit Panik erfüllt.

»Es ist mir klar«, fahre ich fort, »daß ich gezwungen bin, einen Teil deiner Rolle zu übernehmen, da du das Drehbuch anscheinend vergessen hast. Gib dir mal ein bißchen Mühe, Joe, ich brauche dich für meine Rolle. Du mußt mir das richtige Stichwort geben und mir immer wieder die richtigen Worte einflüstern. Ich kann nicht ad nauseam die zweite Besetzung spielen.«

Joe lacht kurz auf und verfällt dann wieder in dieses gedankenverlorene Schweigen, mit dem ich schon seit Wochen leben muß und das mir dieses entschieden ungute Gefühl gibt. Schweigend fahren wir vor unserem Haus vor und schließen auf. Ich stürze mich sofort auf den Kühlschrank. Nach einem ganzen Nachmittag mit diesem lauwarmen Zeug kann ich wirklich einen guten, kalten Wein gebrauchen. Joe geht zum Anrufbeantworter und drückt die Replay-Taste.

»Hey, Captain Joe.« Knisternd dringt die Nachricht in die Küche. Joe muß sich ein Stück vorbeugen, um die Worte zu verstehen. »Sieht so aus, als würden morgen noch ein paar Streikbrecher aus der Reihe tanzen und wieder bei der Arbeit erscheinen. Wir können unmöglich zulassen, daß die Unternehmensleitung uns bei den Verhandlungen damit einschüchtert. Können wir uns morgen schon früh treffen? Wir müssen unbedingt darüber reden, wie wir denen klarmachen können, daß wir den Streik verstärken wollen.« Klick, *piep*.

Joe seufzt, und seine Miene bleibt versteinert, während er in seinem Adreßbuch blättert, den Zeigefinger auf die richtige Nummer legt und wählt. Lange Zeit steht er dort mit dem Hörer am Ohr und starrt auf den grellbunten Terminkalender an der Wand. Ich will gerade zu ihm hinübergehen und vor seinen Augen mit dem Finger schnalzen, als er kurz den Kopf schüttelt und den Hörer wieder auf die Gabel legt.

»Niemand da?«

»Nein, aber das ist meistens so. Sie hinterlassen mir irgendeine dringende Nachricht von 'ner Sache, die ich sofort erledigen muß, und dann sind sie nicht da, um mir genauere Anweisungen zu geben.«

»Sag mal, Joe, du warst auffallend schweigsam, als es darum ging, wie die neue Verhandlungsrunde so läuft. Es muß doch irgendwie vorangehen, oder? Vor ein paar Wochen hast du noch jedem, der dir auch nur ein halbes Ohr leihen wollte, haarklein jeden Vorstoß und jeden Abwehrhieb geschildert.«

»*Ja,* und du hast keine boshafte Bemerkung ausgelassen.«

Ich seufze und falte den *Sunday Star* auf, der immer noch ungelesen auf dem Küchentisch liegt. Lustlos überfliege ich die Storys von Hoffnung, Optimismus und bevorstehenden

Entlassungen, bis sich mein Blick auf der unteren Hälfte des Titelblatts festhakt:

Streik in der Lebensmittelfabrik – Vier Menschen bei gewalttätigen Ausschreitungen verbrannt
Der Gewerkschaftsreferent

Witbank – Bei den gewalttätigen Auseinandersetzungen, die um den Streik in der Lebensmittelfabrik im östlichen Transvaal entflammten, erlitten letzte Woche vier Menschen tödliche Verbrennungen.
Ein Mann, der mit benzingetränkter »Halskrause« nicht weit vom Fabriktor aufgefunden wurde, konnte noch nicht identifiziert werden, aber es wird davon ausgegangen, daß er zu den Hunderten Nicht-Unionsangehörigen zählt, die sich während der letzten Wochen der Arbeiterunruhen weigerten, ihre Arbeit niederzulegen.
Die anderen vier Opfer der Gewalttaten – darunter auch ein Kind – waren nicht am Streik beteiligt. Einer davon war Mr. Bernard Mhlangu, der in der Nähe von Bronkhorstspruit ein Handelslager betrieb, das Hauptnahrungsmittel an die örtliche Gemeinde lieferte. Nachbarn und Familienangehörige sind der Meinung, daß er ermordet wurde, weil er sich nicht an den Boykott gegen Nahrungsmittel hielt, die von der South African Multi-Products Company (SAMPCO) produziert werden.
Zu diesem Boykott wurde vor kurzem von Arbeitern aufgerufen, die diese Fabrik bestreiken und mit ihrem Arbeitskampf in den Zeiten des Kompromisses nur wenig erreichen konnten. In den festgefahrenen Ver-

handlungen mit der Unternehmensführung ist kein Durchbruch in Sicht.

Mrs. Mhlangu rief den Reportern unter Tränen zu: »Wofür ist er gestorben? Dafür, daß er seine Familie versorgt hat? Dafür, daß er den Menschen Nahrungsmittel verkauft hat? Welche Wahl hat er denn gehabt? Sollte er sich etwa dem Boykott gegen die Fabrik anschließen und uns alle verhungern lassen? Warum mußte er sterben?«

Mr. George Thembali, Ladeninhaber von Volksrust, äußerte: »Meine Frau und mein Kind sind sinnlos ermordet worden. Diese *tsotsis* müssen für das, was sie getan haben, zahlen. Auch ich habe es schwer. Wenn ich keine SAMPCO-Lebensmittel verkauft hätte, wäre meine Familie verhungert. Und jetzt sind sie doch tot – verbrannt in meinem eigenen Heim.«

Die SAMPCO-Unternehmensführung ließ wissen, daß sie ein Statement abgeben wird, sobald sie über Einzelheiten zu den Todesfällen unter den Handelsvertretern unterrichtet wurde.

Ein Gewerkschaftsführer äußerte gegenüber der Zeitung: »Wir können die Gewalttaten nicht stoppen, wenn es nicht unsere Männer sind, die dafür verantwortlich sind. Es handelt sich lediglich um eine Strategie, uns in der Gemeinde in Verruf zu bringen.«

Auf die Frage hin, ob es Pläne gebe, den Streik zu beenden, sagte er: »Bei jedem Streik geht es für die Arbeiter, die ausschließlich darauf angewiesen sind, ihre Arbeitskraft zu verkaufen, um Leben und Tod. Der Streik geht weiter – welche andere Wahl bleibt uns?«

Trotzdem glauben Beobachter erste Anzeichen zu erkennen, daß die Reihen der Gewerkschaftler bröckeln. Es wird erwartet, daß sich zahlreiche Arbei-

ter dem tröpfelnden Strom von Streikmüden anschließen, der letzte Woche eingesetzt hat. Die Männer sind angewiesen auf ihre Löhne und gezwungen, an ihr Weihnachtsgeld und die Verträge fürs nächste Jahr zu denken.
Trotzdem eskaliert die Gewalt. Gestern abend wurden die Szenen des Grauens um das Fabrikgelände und in den umliegenden Gemeinden beschrieben als ...

»Verdammt, Joe, hast du von dieser Sache auf der Titelseite gewußt? Wie viele Todesopfer sind es jetzt insgesamt – fünfzehn?«
»Das weißt du ganz genau. Warum fragst du noch?«
Er stößt ein heiseres Lachen aus, das nichts Fröhliches an sich hat. »Nicht mit mir, Kate. Du willst mich dazu bringen, daß ich dir vertrauensvoll alles erzähle, damit du mich für meine früheren Ansprüche und meine idealistische Dummheit auslachen und verspotten kannst. Aber mach dir keine Sorgen. Ich bin vielleicht ein Spätzünder, aber ich werde noch ganz von selbst dazu kommen, alles pessimistisch zu sehen wie du. Du bist doch seit jeher von diesem ›Alle Menschen sind Schweine‹-Grundsatz überzeugt, oder nicht? Tja, ich komm auch noch dahin, sehr bald schon.«
»Oh, Joe, ich will doch nur von dir hören, was da wirklich vor sich geht. Und du mußt zugeben, daß ich in den letzten paar Wochen kein Wort über die Gewalttaten verloren hab. Okay, es ist mir nicht ganz leichtgefallen, aber ich hab tief Luft geholt und den Mund gehalten. Ich hab dich nicht einmal an unsere Unterhaltung erinnert, in der es nur so gewimmelt hat von liberalen Phrasen wie ›höhere moralische Ebene‹ und ›disziplinierte Mitgliederschaft‹.«
»Mann, vielen Dank für deine wahnsinnige Rücksichtnah-

me. Vor allem, weil sie dir ins Gesicht geschrieben ist – diese heimliche Freude, während du mit der Zunge in der Backe bohrst, die Augenbrauen hebst und dabei demonstrativ umblätterst, ohne ein einziges Wort zu verlieren. Verdammt noch mal, du bist ja so nett zu mir.«

»Mensch, mal im Ernst, Joe – hier ist eine Stellungnahme zur Titelseite. Willst du nicht hören, was die Jungs zu sagen haben?«

Er antwortet nicht, trotzdem lese ich laut den Artikel vor. Völlig egal, was er sagt – er sollte wissen, was geschrieben wird.

Gewaltätige Ausschreitungen beim Streik – Wer sind die Verantwortlichen?

Von Derek Davis
Gewerkschaftskorrespondent

Die Konfrontation der South African Multi-Products Company (SAMPCO) mit der Arbeiterschaft, die sich in einer Gewerkschaft zusammengeschlossen hat, zeigt die Ironie des Schicksals – eine nackte Tragödie.

Das Anzünden der Halskrause eines jungen Mannes, den die Streiker für einen Streikbrecher hielten, und das »Abfackeln« der Häuser von mindestens vier Handelslager- und Ladenbesitzern (weitere Gewalttaten im östlichen Transvaal werden gemeldet) werfen ein blutiges, schwarzes Leichentuch über die keimenden Bewegungen in diesem Land. Der Streik bei SAMPCO ist nur einer von vielen, die plötzlich ins Leben gerufen wurden, doch dieser Streik terrorisiert eine ganze Gemeinde. Es darf nicht zugelassen werden, daß Tod und Gewalt die Fakten verschleiern.

Die Fakten sind:

Die Gewerkschaft wurde als eine der fortschrittlichsten Errungenschaften seit den Wiehahn-Reformen der unhaltbar scharfen Arbeitsbestimmungen vor einigen Jahren betrachtet.
SAMPCO galt als Pionier im schmerzvollen Prozeß der Anerkennung der neuen Gewerkschaften. Einige reden auch von einem Prozeß des Nachgebens.
SAMPCO besitzt das eigentliche Monopol in der Herstellung und im Vertrieb dreier Hauptlebensmittel in den ländlichen Gegenden von Witbank bis zur Natal-Küste und von Vereeniging bis Lesotho. (Sie behaupten, den regionalen Markt nur deshalb zu beherrschen, weil sie – durch Verzicht auf Werbung, Verpackung und unnötige Unkosten – den ärmsten Markt billiger mit Basis-Lebensmitteln versorgen können als jeder andere. Sie machen geltend, daß durch übertriebene Forderungen nach Lohnerhöhungen die Lebensmittelpreise in diesen armen Gemeinden steigen werden.)
Aber das Wohl unschuldiger Menschen scheint längst nicht mehr das allgemeine Anliegen zu sein, seit die vorsichtige Zusammenarbeit zwischen Unternehmensleitung und Gewerkschaft in Desillusionierung und Bitterkeit umgeschlagen ist.
Die bisher so pragmatische Gewerkschaft äußert nun, »SAMPCO sei ein von Weißen beherrschtes, kapitalistisches, monopolistisches Handelskonglomerat, das sowohl die Arbeiter als auch ›das Volk‹ ausbeutet«.
Läßt man die gefühlsgeladenen Faktoren in diesen

Etikettierungen außer acht, erkennt man die Wahrheit, die in den Anschuldigungen steckt. SAMPCO ist tatsächlich in weißer Hand, kapitalistisch orientiert und besitzt fast schon Monopolstellung. Außerdem ist das Unternehmen Teil eines großen Konglomerates. Der Konzern ist finanziell gesund, was sich in rasch steigenden Aktienpreisen spiegelt.
Warum zahlt das Unternehmen nicht höhere Löhne für seine Arbeiter?
Die gemeinsam mit der Leitung beauftragten Direktoren Dennis Johnson und Johan du Preez vertraten während der gesamten Verhandlungen die Auffassung, daß ihr Lohnangebot – eine Erhöhung des minimalen Grundlohns auf 5,45 Rand pro Stunde – durchaus fair sei. Sie halten den Streik für konstruiert – eine Aktion, die lediglich dazu diene, nach der Freilassung der ANC-Führer, die vor kurzem bei einer Massenkundgebung als Helden »des Volkes« begrüßt wurden, die Aufmerksamkeit der Öffentlichkeit zurückzugewinnen. Außerdem führen sie an, daß sie höhere Löhne zahlen als jede vergleichbare kommerzielle Organisation.
Auf der anderen Seite ist es durchaus verständlich, daß die Union in Anbetracht eines Bruttogewinns von 200 Millionen Rand im letzten Halbjahr und eines Anstiegs der Dividenden um 25 Prozent habgierig wird.
»Die Löhne der Arbeiter sind niedrig, während das Unternehmen einen hohen Profit hat«, äußerte der Gewerkschafts-Generalsekretär Terence Semani. Er führt an, daß seine harten Verhandlungen mit der höchsten Managementebene in den letzten fünf Jahren nur ein Ergebnis gebracht haben: die Herren Johnson und du Preez prahlen nun damit, daß sie höhere Löh-

ne zahlen als jede andere Fabrik im östlichen Transvaal.

Die Union beschuldigt außerdem die Mittelsmänner des Managements, skrupellos gewerkschaftliche Vertrauensmänner herauszupicken und völlig ungerechtfertigt als »Unruhestifter« zu bestrafen. Außerdem beklagt die Gewerkschaft, daß ihre Mitglieder unter gesundheitsgefährdenden Bedingungen arbeiten müssen und ihre Stundenzahl wegen der hohen Anforderungen an diesen Sektor der Lebensmittelindustrie abnorm sei.

Ganz im Gegenteil, halten die leitenden Direktoren dagegen. Das Unternehmen zahle seit Jahren höhere Löhne als die Konkurrenz, und zwar aus reinem Sinn für Fairneß und gute Geschäfte. »Wir beherrschen den Markt, aus dem wir auch unsere Arbeiter beziehen. Wir wissen, auf welcher Seite unser Brot gebuttert ist, und bemühen uns, als aufgeklärte Belegschaft aufzutreten. Doch als wir einen Lohnanstieg von 15 Prozent angeboten haben – wobei allein der *Anstieg* den höchsten in der Industrie darstellt –, lehnte die Gewerkschaft kurzerhand ab und stellte die lächerliche Forderung von 35 Prozent.«

Warum aber dieser Grad von unmoralischer und blutiger Gewalt?

Die Antwort ist zu komplex, um sie hier im Detail zu erläutern, aber Beobachter sind der Meinung, daß der ursächliche Grund in der Enttäuschung und der Wut der Gewerkschaft liegt. Enttäuschung darüber, daß sie permanent und auf herablassende Weise von der Unternehmensleitung überlistet wurde. In diesem Streik steht die Union einem mächtigen, entschlossenen und raffinierten Gegner gegenüber.

Die Gewerkschaft wollte dafür sorgen, daß der Vertrieb in Mitleidenschaft gezogen wird, aber durch sorgfältig zurechtgelegte Ausweichpläne – zum Beispiel durch die Einlagerung von Vorräten oder den Einsatz von Gelegenheitsarbeitern – blieb die Produktion letztendlich weitgehend unberührt. Einige Beobachter sind der Meinung, daß die Gewalt, die diesen Streik korrumpiert hat, zum großen Teil auf die Enttäuschung der Arbeiter über die stetigen SAMPCO-Erträge zurückzuführen ist.

Auch in der zweiten Strategiephase eines Produkt-Boykotts standen die Karten schlecht für die Arbeiterschaft. SAMPCOs faktische Monopolstellung in einigen Gebieten sowie die Tatsache, daß viele Schwarze zum Überleben auf SAMPCO-Nahrungsmittel angewiesen sind, standen dem Plan massiv im Weg.

Andererseits behauptet die Gewerkschaft, nicht verantwortlich für die Gewalt bei SAMPCO und in der Gemeinde Witbank zu sein, und deutet versteckt an, daß das Unternehmen versucht, die Gemeinde gegen die Gewerkschaft aufzubringen, indem es unschuldige Menschen angreifen und ermorden läßt. Das sei auch der Grund, warum die Mörder mit Masken und Kopfschutz gesehen wurden.

Allerdings äußerten einige Nachbarn und Familienmitglieder der Opfer, daß die Gewerkschaftsgangs für die mörderischen Gewaltakte verantwortlich seien.

Die Frage nach Recht oder Unrecht sowie die historischen Ungerechtigkeiten, die in dieser heftig geführten Kontroverse zur Sprache kommen, verblassen zu Nichtigkeiten, wenn man einen Blick hinter die kunstvollen Reden wirft und die mißliche Lage der Armen

betrachtet, die im Witbank-Distrikt leben. Egal, wer für die Ermordungen und Zerstörungen verantwortlich sein mag – Tatsache ist, daß diese Menschen, die Heim und geliebte Angehörige verloren haben, unschuldige Opfer sind. Ihr Elend ist himmelschreiend. Auch jetzt noch, da der Machtkampf anscheinend kurz vor seinem Ende steht und immer mehr Arbeiter an ihren Arbeitsplatz zurückkehren, eskaliert die Gewalt. Falls die Gewerkschaft tatsächlich nichts mit den Gewaltakten zu tun hat, sollte sie sich trotzdem darum bemühen, für ein baldiges Ende zu sorgen.
Dasselbe gilt natürlich auch für SAMPCO. Das Unternehmen muß sich bewußt werden, daß es sogar für die Aktionen des kleinsten Mannes in den Reihen des (weißen) Managements verantwortlich ist.
Jeder in dieser Nation sollte Verachtung aufbringen für das rot-schwarze Leichentuch, das sich an diesem Abend über Witbank ausbreitet. Wenn unkontrollierte Gewalt dafür verantwortlich ist, sollten beide Seiten dafür sorgen, daß das Grauen ein Ende findet. Falls sie aber inszeniert ist – entweder von einer einflußreichen Clique in der Gewerkschaft oder aber von Vertretern des Managements, die sich eine rivalisierende Union zunutze machen wollen –, muß sie ausgerottet werden, noch heute, bevor sie unsere gesamte Gesellschaft vergiftet.
Wenn ein Familienvater niedergeprügelt wird und mit benzingetränkter Halskrause verbrennt, wenn ein Kind in den Flammen sterben muß, weil jemand versucht, seinen politischen Standpunkt klarzustellen – dann herrscht Barbarei.

Ich räuspere mich und trinke einen großen Schluck Wein. »Was hältst du von dieser Analyse?« Meine Frage ist an Joes vorgebeugten Rücken gerichtet, den ich keine Sekunde aus den Augen lasse, während er sich langsam zu mir umdreht. »Redet der Kerl nun Blödsinn, oder klingt das vernünftig? … Nun schau mich doch nicht so an, Joe. Es interessiert mich. Okay, ich hab mir vielleicht einen Spaß daraus gemacht, dich aufzuziehen, aber nur, weil ich nicht – wie du – diese völlig unrealistischen Erwartungen an die Menschen hatte. Ich wüßte gern, welche Rolle die Union deiner Meinung nach bei dem ganzen Halskrausen-Kram spielt.«
»Also gut. *Ja,* diese Gewalt-Sache ist schon am ersten Tag der Gespräche auf den Tisch gekommen. Ich glaube, so richtig überrascht oder schockiert war ich nicht mehr über die Haltung beider Seiten – die der Union und die der Unternehmensleitung –, jedenfalls nicht, nachdem sich die Fronten in den Verhandlungen um die Verfügung so sehr verhärtet hatten …« Seine Stimme wird immer leiser, ziellos schlendert er zum Kühlschrank, öffnet die Tür und starrt hinein.
»Und, was haben sie gesagt?«
Joe schließt die Kühlschranktür. »Na ja …« Sein Blick wandert hinaus zu den grauen Schatten. »Ich glaube, mir wird jetzt klar, daß sich beide Seiten in diesem verbitterten Kampf letztendlich als fies und gemein entpuppen.«
»Tja«, erwidere ich patzig, während sich Wut unter meine Besorgnis mischt, »hat ja lang genug gedauert.«
Diesmal hält er so lange inne, daß ich schon fürchte, er habe sich wieder in Schweigen gehüllt. Doch plötzlich redet er weiter, ohne auf meine Bemerkung einzugehen. »Bis das mit der Verfügung kam, bin ich davon ausgegangen, daß es den Leuten etwas ausmacht, wenn Menschen sterben. Aber, verstehst du, es macht ihnen gar nichts aus. Sie ver-

wenden's einfach als Mittel gegen die gegnerische Seite. Beide Seiten bedienen sich genau derselben Waffe, und alle weigern sich, auch nur die Spur von Verantwortung zu übernehmen.«

»Du hast mir immer noch nicht erzählt, was sie gesagt haben – zu den Gewalttaten in dieser Woche.«

»Also, die Unternehmensleitung hat dagesessen und so getan, als wäre sie furchtbar schockiert, aber in Wirklichkeit haben sich die Jungs ins Fäustchen gelacht, weil sie nämlich jetzt moralisch viel besser dastehen. Ganz zu Anfang haben sie dann gesagt: ›Wir möchten erklären, wie sehr wir diese Aktionen der Streikposten verurteilen. Schon immer galten unsere größten Bedenken und Sorgen den Händlern, die unsere Produkte vertreiben.‹ O Mann, ehrlich! Man hätte sich wohl kaum ein zynischeres Statement ausdenken können, vor allem, wenn man bedenkt, daß sie sich strikt geweigert haben, Kompromisse einzugehen oder überhaupt zu verhandeln, die ganze Zeit ...«

»Das war klar, wenn du mich fragst. Aber was hat die Union gesagt?«

»... während ich also noch vor Empörung gekocht habe wegen des Statements der Unternehmensleitung, kommt die Gewerkschaft und weigert sich ebenfalls höflich, aber bestimmt, irgendwelche Verantwortung zu übernehmen. Die Jungs haben gesagt: ›Wirklich, man kann uns doch nicht verantwortlich machen, wie die Gemeinde reagiert. Wir sind nicht schuld an dieser vollkommen berechtigten Wut, die unter den Menschen aufkommt, und es liegt nicht in unserer Hand, irgendwas zu ändern – die Unternehmensleitung ist jetzt am Zug. Es dürfte ihr leichtfallen, die Wogen zu glätten, schließlich muß sie sich lediglich auf unsere Forderungen einlassen. Damit würden auch die Gewalttaten aufhören.‹«

»Und was haben sie zu ihrer Behauptung gegenüber der Presse gesagt, daß die Gewalttaten vom Management inszeniert worden sind?«
»Ach, die Sache! Die ist überhaupt nicht zur Sprache gekommen. Das war wohl nur so eine Zeitungsente, damit sie in der Öffentlichkeit ein paar Märtyrer-des-Kampfes vorweisen können. Wahrscheinlich hat keiner von denen ernsthaft daran geglaubt. Nein, bei den Gesprächen war die Gewalt nur ein Phänomen, das man sich zunutze machen sollte und das ›mir nichts, dir nichts‹ verschwindet« – er schnalzt mit den Fingern vor meinem Gesicht – »wenn die Unternehmensleitung endlich von ihrer Position abweicht.«
»Das ist also bis jetzt mehr oder weniger der Tenor der gesamten Gesprächswoche, ja?«
»Ja, keine der beiden Seiten will einen Schritt auf die andere zugehen. Niemand von denen interessiert sich ehrlich für den entstandenen Schaden und die Menschen, die sterben mußten. Das sind eben nur die Späne, mit denen beide Seiten grundsätzlich rechnen ... Weißt du, Kate, ich verstehe ja selbst nicht, warum ich mich überhaupt mit dem ganzen Kram abgebe.«
»Also, ich kann dir das auch nicht sagen, falls es dich tatsächlich so aus der Fassung bringt, daß die Menschen nicht deinen märchenhaften Erwartungen entsprechen. Ich kann dir bestimmt nicht sagen, warum du weiterkämpfen sollst. Von mir kannst du das nicht erwarten. Ich kann dir deinen Glauben nicht wiedergeben, ich habe nie einen gehabt. Aber ich bin mir sicher, daß du – der große Idealist – immer noch irgendeinen Sinn in der Sache finden kannst, selbst wenn er tief verborgen liegt unter all der Verderbtheit, die du eben erst entdeckt hast. Nur von mir kannst du so was nicht erwarten. Das war nie meine Rolle.«
»Nein, du kannst mir meinen Glauben nicht wiedergeben.

Aber weißt du, was mir jetzt erst bewußt geworden ist? Du kannst es nicht ertragen, daß ich ihn verloren haben könnte. Du hast nie an irgendwas geglaubt, nie. Du hast mir meinen Glauben und Idealismus ausgesaugt in all den Jahren und mich mit dir runtergezogen. Trotzdem meinst du immer noch, ich müßte die volle Last tragen und den Glauben lebendig halten. Du kriegst den Hintern nicht hoch – du hockst in deinem abgeschirmten, sicheren Hafen, in den du dich in deiner Selbstsüchtigkeit zurückgezogen hast, in deiner eigenen kleinen Welt, und kannst mir nicht helfen, jetzt, da ich dich brauche.«

»Ich weiß nicht, was ich für dich tun kann, Joe. Ich kann dir nicht etwas geben, das ich selbst nicht habe.«

Ruckartig wendet sich Joe wieder dem Fenster zu. Einen Moment lang steht er dort mit zusammengekrampften Händen und atmet schwer, dann hebt er einen starren Arm, ballt die große Hand zur Faust und schlägt abrupt mit der Handkante auf den Fensterrahmen.

»Ich weiß auch nicht.« Nur mühsam unterdrückt er seine Gefühle, seine Stimme klingt halb erstickt. »Irgendwie war ich all die Jahre überzeugt, daß du über unglaubliche Ressourcen verfügst, die dich selbst überraschen. Du mußt eben nur tief genug in dir graben – wenn auch nur, um irgendwie zu überleben. Aber gut, wenn du's so willst. Dann schau eben zu, wie ich untergehe. Aber mach dir in deinem vernagelten kleinen Hirn auch klar, was das bedeutet. Kannst du so überleben – ohne meine Hoffnung und meinen Idealismus, die dich immer getragen haben?«

»Na ja ...« Mühsam erzwinge ich ein schrilles Kichern. »Ich hab mich immer gefragt, wie du eigentlich überleben kannst – mit diesem gefährlichen Grad an Optimismus, mit dieser primitiven Empfindlichkeit und diesem unrealistischen Glauben an die Menschheit.«

Abrupt dreht er sich um und fährt mich an: »Du bist kaputt, ein Halbmensch. Warum, habe ich nie rausbekommen. Und du krallst dich an mir fest, weil ich auf gegensätzliche Art kaputt bin. Mich hat kaputtgemacht, daß ich nie geformt wurde. Ich bin ein völlig überbehütetes Kind, das viel zu lang an den Weihnachtsmann geglaubt hat. Wir sind zwei kaputte Hälften, die sich aneinanderklammern, um zu überleben. Willst du wirklich riskieren, alles zu verlieren und in den Abgrund zu stürzen, ohne irgendwie für mich dazusein und mir irgendeine Hilfe zu geben?«

»Ach, das ganze Gespräch ist doch sinnlos, Joe. Es hat überhaupt keinen Zweck. Ich weiß nicht, was du von mir erwartest, und ich bin mir sicher, daß ich's dir auch nicht geben könnte, wenn ich's wüßte.« Ich stocke und versuche krampfhaft, einen Ausweg aus diesem gefährlichen Irrgarten zu finden.

»Erzähl mir noch mehr von den Gesprächen. Es interessiert mich, ehrlich.«

»Ich weiß nicht, was ich dir sonst noch erzählen könnte.« Er seufzt, sinkt auf einen Küchenstuhl und stützt die Ellbogen auf das geschrubbte Holz der Tischplatte. Mit den großen Händen reibt er sich übers Gesicht, zieht kurz eine Grimasse, bei der er die Augen zu Schlitzen verengt, und entspannt die Züge wieder. »Beide Seiten sitzen einfach nur da, beharren auf ihren extremen Positionen und starren sich wütend an. Keine Seite will auch nur einen Zentimeter nachgeben, damit die andere nicht auf die Idee kommt, daß sie Schwäche zeigt.«

Er hält inne und sieht mich mit diesem typischen Blick an – offen und schmerzerfüllt. Es hört sich an, als sei er fertig mit dem, was er zu sagen hat, also nippe ich an meinem eisgekühlten Wein und lehne mich an die Wand. Nach scheinbar endlosem Schweigen redet er plötzlich weiter.

»Die Sache zieht sich schon so lange hin, daß der ganze Haufen langsam müde wird. Die Weihnachtszeit hat fast schon angefangen. Die Jungs brauchen Geld. Es wäre schlimm für sie, wenn sie ihre Jobs verlieren, was wohl so kommen wird, wenn nicht bald alles zu Ende ist. Einige fallen uns in den Rücken – verständlicherweise – und gehen wieder auf ihren Arbeitsplatz zurück ... du hast es doch gehört, oder? Ich meine, auf dem Anrufbeantworter. Trotzdem, das Management macht sich das auf zynischste Weise zunutze. Letzte Woche haben sie uns erzählt: ›Also ehrlich, wir sind ja so froh, daß einigen Streikern endlich bewußt wird, wie gut wir eigentlich sind und wie fair unser ursprüngliches Angebot war.‹ Die bringen mich zur Weißglut. Und die Gewerkschaft ist keinen Deut besser. ›Wir geben auf keinen Fall auf. Wenn wir wollen, können wir dafür sorgen, daß der Streik ewig weitergeht. Wir können das Unternehmen kaputtmachen.‹ Und was sie wahrscheinlich nicht öffentlich aussprechen: ›Wir können dafür sorgen, daß es den Streikbrechern leid tut, überhaupt geboren zu sein. Und die Schuld dafür dem Management in die Schuhe schieben.‹«

»Dann sieht's also so aus, als könnte die Sache noch weit über Weihnachten hinausgehen? Oder sogar nie ein Ende haben?«

»*Ag*, das sagen die, aber ich glaube nicht daran. Die ganze Situation spricht dagegen. Während wir uns hier unterhalten, bricht der Streik in Wirklichkeit nach und nach in sich zusammen. Anscheinend geben immer mehr Leute auf und gehen zurück an ihre Arbeit. Die Gewerkschaftsführer und die Unternehmensleitung sitzen in ihren starren Positionen fest, aber im Grunde ist dem Haufen längst klar, daß es nicht ewig so weitergehen kann. Das stehen sie nicht durch.«

»Und du, Joe. Stehst du diese Arbeit durch?«

»Ich weiß es nicht mehr, Kate. Ich weiß gar nichts mehr,

nicht mal mehr, woran ich noch glaube. Ich habe das Gefühl, auf einmal bricht alles zusammen ...«

Ruckartig springt er auf, wirft dabei fast den Stuhl um und geht zur Küchentür. Ich bin eigentlich überzeugt, daß das Gespräch damit beendet ist, aber an der Tür bleibt er noch mal stehen.

»... Das gilt auch für uns beide«, fügt er hinzu und sieht mich mit müden Augen an. »Ich weiß nicht mehr, wie wir unsere Welt noch zusammenhalten können. Du weißt ja, daß ich es immer war, mit meinem hoffnungslosen Optimismus. Ich war immer überzeugt, daß es dir irgendwann bessergeht und wir eines Tages richtig zusammenfinden ...«

Es gelingt mir nicht, seinem Blick standzuhalten; während er weiterredet, starre ich auf meine eingerissenen Fingernägel und die zerknitterte Zeitung, die immer noch vor mir liegt. »... Ich hab nicht mehr die Kraft, unsere Welt zusammenzuhalten. Ich glaube, ich hab nicht mal mehr die Kraft, an irgendwas zu glauben. Was sollen wir tun, Kate? Was hält mich eigentlich noch hier?«

1966 …
ein Tag bis Weihnachten

Die Hitze wuchs im Keim des Tages. Selbst hier konnte ich es spüren, umgeben von dem vollen Duft praller Früchte. Ich konnte sie schmecken, die Hitze, die erst noch heranreifte – ich schmeckte sie in dem saftigen Pfirsich, auf dem ein Hauch morgendlicher Kühle lag.

Ich hatte den rituellen Weg durch den Obstgarten zum Schwimmbecken eingeschlagen und wollte den Tag mit einer zeremoniellen Schwimmrunde taufen. Zum Glück war ich früh genug, um das Wasser noch frisch, staubfrei und unverdreckt vorzufinden. Mein persönliches Opfer für Jesus, ein unausgesprochenes Morgengebet an diesem besonderen Tag – dem Tag vor Weihnachten.

Noch war es nicht zu spät. Ein bißchen Zeit blieb noch bis zum großen Fest. Und dieser Tag war gespanntem Warten und unbändiger Vorfreude gewidmet. Greifbare Erfahrungen, die die Aussichten auf ein Weihnachtsfest spürbar machten. Vielleicht sorgte Gott heute dafür, daß alles wieder gut wurde, heute, an diesem verheißungsvollen Tag – genau der richtige Zeitpunkt, die Farm zu heilen. Und wenn er's auch nur für sich selbst tat, damit wir sein Fest so begehen konnten, wie es ihm gefiel. Gott wußte bestimmt, daß Weihnachten für uns die Zeit der Geburt und der Freude war, und nicht der Trauer. Tod und Gewalt hatten nichts mit diesem Tag zu tun. Sicherlich sorgte er dafür, daß alles seinen geordneten Gang nahm, damit wir feierlich der Geburt seines Sohnes gedenken konnten.

Ich ließ den süßlich duftenden Matsch aus Fallobst hinter mir und wurde von der glühenden Hoffnung der Sonne umfangen. Meine Füße, die nach all den Jahren auf kiesigen

Steinen und dornigem Gras eine Hornhaut gebildet hatten, patschten wie von selbst über das eisige, festgetretene Grau des Bodens und hüllten sich in Staubblüten. Ich hörte das schrille Geprahle der Hähne, die vor Tagesanbruch auf und ab stolzierten, und das erste *zing* der Insekten, das sich triumphierend den frühen Sonnenstrahlen entgegenhob. Das Wasser stand reglos unter dunklen Schatten, und es gelang mir, mich so sanft in die umschmeichelnde Hülle gleiten zu lassen, daß kaum Wellen entstanden. Seit Tagen schon war ich nicht mehr schwimmen gewesen, nicht mehr seit diesem Tag … ich wollte nicht darüber nachdenken, nicht an diesem Morgen, der mit soviel angespannter Hoffnung erfüllt war.

Tagelang hatte ich mich nicht blicken lassen auf dem Farmgelände, als sei es gar nicht mehr vorhanden. Ich hatte in Oupas Bibliothek herumgelungert, mich in Selbstmitleid geaalt und gekocht vor Wut – vor lauter Wut auf das Leben und sogar auf Gott. Aber am meisten Wut hatte ich auf die Farm und die Natur – diese duftende Lebensfülle, die mein ganzes Leben lang mit aller Gewalt versucht hatte, mich von ihrer Vollkommenheit zu überzeugen, um dann unter Hohngelächter das Bild, das ich mir gemacht hatte, niederzureißen. Dahinter blieb nichts von der vertrauten Welt bestehen – keine Blumenkissen, keine sanftmütigen Tiere, keine bedingungslose Liebe. Hinter dem Vorhang betrügerischer Vollkommenheit taten sich Gedärme auf, der Gestank des Todes, haßerfüllte Gefühle und das eben erst abgerissene, blutige … O mein Gott, gütiger Gott, bewahre mich vor den Erinnerungen. Schütze mich vor diesem Bild, das immer wieder auftaucht, sobald ich die Augen schließe.

Seit diesem Ereignis hatte ich jeden Tag gegen die Übelkeit angekämpft, und jedesmal, wenn mein Blick irgendwo hinfiel, schien plötzlich alles tiefrot verfärbt, wie in Blut getränkt. Blut, das den Blumengarten überschwemmte, zu einer reißenden Flut anschwoll und den ertrinkenden Feigenbaum unter sich begrub. Blut, das die Hühner-*hoks* bedeckte und auf die hölzerne Veranda spritzte.

Doch das Wasser sollte nun alles von mir abwaschen. Dieser Ort Gottes mit seiner klaren, eisigen Frische und diese besondere Zeit Gottes, die erste, junge Morgendämmerung – dies alles sollte meine Gedanken reinigen und mich auf den großen Tag vorbereiten.

Und während der Tag langsam zu seiner vollen Hitze heranwuchs und plötzlich einen winzigen Funken Freude in den verborgensten Tiefen meiner Magengrube entfachte, hatte ich das Gefühl, daß es tatsächlich funktionierte. In der Küche brutzelte Speck, dessen Duft mir in die Nase zog, und der Tonkrug mit *soatkoekies* stand genau am richtigen Platz.

»Heute sollen die winzigen Küken hier eintreffen. Wenn du willst, kannst du zuschauen, wie William sie auspackt.« Ouma stand am Küchentisch und strich sich mit schwieligen Händen die Locken aus dem Gesicht. Sie sah mich aufmerksam an, und ihre Stirn lag in sorgenvollen Falten. Für sie war das die einzige Möglichkeit, mir ihre Liebe zu zeigen. In den letzten paar Tagen waren mir ihre schroffen Versuche, zu helfen, nicht entgangen, und doch hatte ich sie nur mit einer gewissen Gleichgültigkeit registrieren können. Wut und Selbstmitleid hielten mich gefangen, ich fühlte mich unfähig, auf die kleinen tröstenden Gesten – Zuwendungen in Form von Weihnachtskuchen und *koeksusters* – wirklich einzugehen.

»Oh, Ouma, das wär wirklich *smaak.* Küken mag ich am liebsten von allen Tieren.«

Plötzlich lächelte sie und ließ die Hände sinken, die ihr

Haar geordnet hatten. Unter diesem Lächeln, das sich nach und nach über ihrem Gesicht ausbreitete, schmolzen wie immer die harten Züge dahin, ihr Ausdruck schien lieblich, und ihre vollen Wangen traten hervor. Sanft strich sie mir mit der Hand über die Wange.

»So kenn ich mein Mädchen«, sagte sie, wandte sich abrupt ab und eilte in die Küche.

»Dora, Dora, sorg dafür, daß der Weihnachts-*pud* heute noch gekocht wird, *sien jy*, außerdem müssen die Hühnchen noch gerupft werden. Und erinnere mich an das Baiser. Ich komme nachher und mach das Baiser fertig, noch heute morgen. William, William ...«

Ihre Stimme verklang hinter dem *quietsch-päng* der Fliegengittertür. Alle anderen am Tisch sagten kein Wort beim Frühstück. Nur mein Vater sah mich einmal an und holte Luft. O nein, schoß mir durch den Kopf, bitte nicht – bitte laß ihn nicht fragen. Ich sah hilfesuchend meinen Oupa an und erhaschte gerade noch, wie er, an meinen Dad gewandt, ein beinahe unmerkliches Kopfschütteln und ein leichtes Stirnrunzeln über den Tisch schickte. Dann lächelte er mich an und umschloß meine verkrampften Hände mit seinen.

»Wie kommst du mit *King Solomon's Mines* voran? Gefällt's dir?«

»*Ja*, Oupa, es ist echt klasse. Du weißt schon, so' ne Geschichte, in die man sich richtig vertiefen kann. Ich meine, man vergißt alles beim Lesen, wo man ist und so.«

»Genau so muß es sein, finde ich. Das sind doch die besten Bücher, oder nicht? Irgendwann wirst du darauf kommen, nach Büchern zu suchen, die dich in jeder Lebenssituation in eine andere Welt entführen können. Wenn du mich fragst, ist das der reinste Himmel, wenn jemand sein Leben in Lektüre vergraben, umgeben von lauter Büchern verbringen kann, es ist die schönste Zuflucht, die die Welt zu bieten hat.«

Und später dann, als ich auf den niedrigen, ausladenden Ästen des wilden Feigenbaums saß, kam es mir vor, als habe Gott mich gehört. Eine sanfte Brise raschelte und flüsterte in den Blättern und strich durch die Seiten meines Buches, während sich der Tag nach und nach entfaltete. Als ich aufsah und – geschützt im kühlen Schatten der Zweige – den Blick über die flimmernde Hitze schweifen ließ, die sich auf der Wiese staute, winkte mir Oupa von der Veranda aus zu und nickte, halb verborgen hinter Rauchschwaden.

Ich beobachtete, wie Kobus – gefolgt von Jonas – mit gesenktem Kopf zur Veranda schlurfte und davor stehenblieb. Die Jungs warteten und kickten sich barfuß Grasnarben zu. Als Michael aus der Tür schoß, um mit ihnen spielen zu gehen, jagten sie laut schreiend ums Haus und ruderten wild mit den Armen, ungeachtet der gnadenlosen Hitze.

Ich ließ mich umfangen von den schützenden Armen des Baumes und blieb reglos sitzen, selbst als ich das entfernte Tuckern des Trucks wahrnahm – ich wußte, daß er immer noch etliche Täler entfernt sein mußte. Erst als ich hörte, wie der Motor auf dem letzten Stück der holprigen Farmstraße aufheulte und das Getriebe geräuschvoll einrastete, sprang ich hinunter.

Und da waren sie – unendliche viele Kisten mit ohrenbetäubendem Piepsen, die flink von Hand zu Hand in ihre fensterlose Hütte getragen wurden. Ich saß im duftenden frischen Sägemehl und beobachtete, wie die aufgebrachten gelben Flaumbündel hektisch hin und her schossen und sich – nachdem man sie ausgepackt hatte – unter dem gelben Licht der Wärmelampe dicht aneinanderdrängten.

Ouma und William tauschten wortlos Informationen aus, lasen sich gegenseitig von den Lippen und gaben Zeichen. Der Lärm war einfach ohrenbetäubend – ein einziges schrilles Piepsen schlug uns entgegen. Im Schneidersitz kauerte ich mitten in dem Gewirr, spürte die trappelnden Füße und die Daunenbüschel, die meine nackten Beine streiften, konnte sie einfangen und in meinen Händen wiegen. Wenn ich mir die Küken an die Wange hielt, war es möglich, ihr Piepsen in dem übermächtigen Zirpen herauszuhören, das die Hütte erfüllte. Sobald ich sie wieder freiließ, huschten sie zurück in die brodelnde Menge aus gelben Körpern, die sich aneinanderschmiegten, und ihre winzigen Rufe gingen erneut im schrillen Lärm unter.

Ich saß noch lange dort, nachdem die anderen längst gegangen waren, und spürte, wie mich die zarte Unberührtheit der Küken, die frische, unverdorbene Unschuld der Geburt und die Sanftheit der Farm in der gelben Wärme umfing, die zärtlich über meine Haut strich. Ich saß einfach nur dort, streichelte die zappelnde Masse aus Daunen, die ständig in Bewegung blieb, und fühlte, wie sich einzelne Lebewesen daraus lösten, über meine Beine trippelten und wieder im Gewühl untergingen. Ich saß dort und ließ die Wärme der Heizlampe durch meine Glieder rieseln, bis Ouma plötzlich im Eingang auftauchte, mich mit einer energischen Bewegung heranwinkte und mich so zum Mittagessen rief.

All die Gefühle, die sich in diesem Augenblick in ihr regten – Wut, Liebe und Erleichterung darüber, daß ich wieder genesen schien –, strahlten mir aus dem schlichten Gemüt und den klaren Zügen einer Farmersfrau entgegen, während wir Hand in Hand zurück ins Haus gingen.

»Ich hab dich so lieb, Ouma.«

»Ja, my kind, ek's ook baie lief vir jou.«
»Wohin gehst du mit mir, Ouma? Müssen wir nicht zum Mittagessen?«
»Ja, aber ich finde, es ist an der Zeit, daß du dir vorher dein eigenes Huhn aussuchst. Ich habe gedacht, du hast bestimmt *maar* Freude daran.«
Sie führte mich zu dem *hok* mit den Teenager-Hühnern, die mit ihren dünnen Hälsen aufgeregt, völlig ziellos hin und her jagten und mich zum Lachen brachten. Ich konnte ihnen einfach nicht mehr böse sein, dafür waren sie viel zu liebenswerte Dummerchen.
»Also, welches willst du haben, *my kind?*«
Mein eigenes Huhn, meines ganz allein! Anscheinend als Weihnachtsgeschenk. Ich konnte es mit nach Hause nehmen, im Garten herumlaufen lassen, selbst füttern und nach seinen Eiern suchen. Und zum Frühstück konnte ich meine eigenen Eier essen.
»Oh, am liebsten das da, Ouma. Danke, Ouma, vielen Dank. Das da find ich ganz toll, das mit den schwarzen Sprenkeln auf den Flügeln.«
Ich werde es Sheba nennen, überlegte ich mir, während ich an Oumas Hand zurück ins Haus ging. Das Huhn sah aus wie eine Königin, und ein Name wie dieser machte es sicherlich stolz.
Als wir kamen, saß die Familie bereits am Tisch. Nur Michael fehlte noch, aber schließlich trottete er scharrend, scheinbar mit letzter Kraft und völlig außer Atem ins Zimmer. Mom schickte ihn allerdings sofort mit mir zusammen ins Badezimmer, wo wir uns die verdreckten Hände und Gesichter waschen sollten.
»Na, Schwesterchen, was hast'n getrieben? Weißt'e was? Wir sind da hinten die ganze Zeit mit dem Bollerwagen die Farmstraße runtergebrettert. 'ne echt *lekker* Sache, das

glaubst du gar nicht. Ist 'ne echte Dröhnung, wie Fliegen. Willst'e nach dem Essen mitmachen?«

»*Ja,* ich hätte schon Lust. Fährst du denn das erste Mal mit mir?«

»*Ja,* okay. Aber spiel nicht die Heulsuse vor Kobus. Ich hab gesagt, du bist in Ordnung, fast wie ein Junge, deshalb fand er's okay, wenn du mitmachst.«

Staubig und voller Ungeduld, wie wir waren, stopften wir das Essen in uns hinein, während sich der Rest der Familie in der einschläfernden Hitze des Nachmittags Zeit ließ. Die plätschernde Unterhaltung glich einem tiefen, immer wieder stockenden Murmeln. So schnell wie möglich schlichen wir uns davon, Michael und ich, und erbettelten noch hastig eine ganze Schale mit geschälten indischen Feigen aus dem Kühlschrank.

»*Ag,* Dora, bitte. Es ist noch genug Zeit bis morgen, neue zu schälen. Und pst, sag's nicht Ouma, echt. Oder ich patsch dir eine auf den Hintern, patsch, patsch, patsch.« Michael umfaßte Doras mächtigen, bebenden Körper und klatschte mit kleinen Kinderhänden auf ihr schaukelndes Hinterteil.

»*Hai hai hai, klein Ma-aster«,* schimpfte sie, wischte mit dem Zipfel ihres *doek* über die fröhlich funkelnden Augen, schüttelte den Kopf und hielt uns die Schüssel hin.

»Und wer schält die dann und pflückt sie vom *bosse?* Eure Ouma will, daß es die Feigen schon zum Frühstück gibt.«

»Du, Dora, du natürlich«, sagte Michael und lachte lauthals los, als er um die Schüssel kämpfte, die sie ihm erst hingehalten und im letzten Moment zurückgezogen hatte. »Weil du uns so lieb hast. Und du wärst auch nicht so *mafuta,* wenn du noch mal den Berg raufgehen würdest. Danke, Dora. Wir haben dich wirklich lieb, Dora.« Es gelang ihm, sich am Rand der Schüssel festzuklammern, und

wir rannten kichernd aus der Küche, stolz auf unsere Eroberung.
Hastig jagten wir durch den Obstgarten, wo Ouma für den Rest unserer Ferien die Hunde eingesperrt hatte. Hechelnd lagen sie in dem schmalen Streifen Schatten, den ihre Hütte warf, und es war mir einfach unmöglich, sie anzusehen. Ich hätte mir nie vorstellen können, jemals wieder ein Wort zu ihnen zu sagen oder ihre zerknautschten Schnauzen zu tätscheln. Ich haßte sie.
Wir hüpften zum Forest – ich im Seitengalopp, überglücklich, endlich wieder ein richtiger Mensch zu sein, und Michael im gemächlichen Schlenderschritt, damit ihm nicht die indischen Feigen aus der Schüssel purzelten. Wir ließen die Schüssel mit dem saftigen Inhalt auf einem Felsblock zurück, der am Rande des Flusses von eisigem Wasser umspült wurde, und krochen durch dichtes Buschwerk in die gnadenlose Hitze auf dem offenen *veld.* Als nächstes ging's dann zum Schweinepferch und den Hütten. Weit und breit war niemand zu sehen, Schatten fiel nur spärlich, und während wir dort gleich neben dem Pferch mit schlafenden Schweinen warteten, aus dem kein einziger Laut drang, schwirrten Fliegen herum und attackierten pausenlos Nasenflügel und Augenwinkel.
Ooh ooh ooh-we-ooh, ooh ooh ooh-we-ooh. Michael hatte die Hände zu einem Trichter geformt und trompetete in den Hohlraum, um den Ruf einer Taube zu imitieren. Die starre Luft des reglosen Nachmittags schien die Laute zu verschlucken, doch nach einer Weile kam von irgendwo hinter den Hütten eine Antwort.
Ooh ooh ooh-we-ooh.
Zwei Gestalten in Khaki schlichen zum Zaun und zogen einen grob gezimmerten, hölzernen Handkarren hinter sich her. Die Räder mußten sie bei irgendeinem alten Kin-

derwagen geklaut haben. Zu viert schoben und hievten wir das Ding über den Zaun und zuckelten damit zu dem Stück Straße hinter dem Schwimmbecken, das ein besonders starkes Gefälle hatte.

»Beim ersten Mal fahre ich mit meiner Schwester zusammen, ja? Nur damit sie mal sieht, wie's geht«, sagte Michael, setzte sich hinter mich und hielt das Seil. Während uns die anderen anschoben, ragten links und rechts von mir seine knochigen, verschrammten Knie in die Höhe. Erst machte der Karren einen Satz nach vorn, dann rumpelte er knarrend über die tiefen Furchen in der Straße, die das Regenwasser in den Sand gegraben hatte. Als wir an die steilste Stelle kamen, wurden wir immer schneller, ratterten und rollten über festgestampfte Erde, donnerten in Rinnen, tief wie ausgetrocknete Wasserbette, setzten uns wieder zurecht und schaukelten beängstigend auf dem letzten Stück bis zur Ebene. Die ganze Zeit über hatte ich mich an den Holzplanken festgeklammert und vor lauter Angst und Begeisterung nach Luft geschnappt. Jetzt schossen Michaels nackte Füße über die Seiten und brachten uns schlingernd am Ende des Abhangs zum Stehen.

Danach war Kobus an der Reihe. Verzweifelt lenkte er den Karren über die tiefen Furchen, die die Räder knarren ließen, und sein magerer Körper mit den nackten, krummen Heuschreckenbeinen hüpfte auf und ab. Er schaffte es bis hinter das steilste Stück Straße.

Ich sah, wie ein Flattern die Vorderräder packte und den gesamten Karren erbeben ließ. Wir standen wie versteinert da, während die Räder langsam ausscherten. Endlose Sekunden schlingerte der Karren über die steile, durchfurchte Straße, dann schoß er in die Böschung. Kopfüber flog Kobus vom Karren und landete mit einem dumpfen Knall neben einem Ameisenhaufen.

Wir liefen den Hügel hinunter zu seinem reglosen Körper. Mein Herz pochte mir bis zum Hals und schien sich, als wir unten ankamen, in schnellen, halberstickten Schluchzern aus meinem Mund zu drängen. Endlich bewegte er sich, zog die Beine an, kniete sich hin und kauerte vornübergeneigt auf dem Boden. Er stieß einen kurzen Laut aus, der wie ein Miauen klang, und stöhnte schließlich, was ein wenig an ein Schluchzen erinnerte. Völlig außer Atem japste er nach Luft.

»Alles in Ordnung, Kobus?« fragte Michael, etwas unsicher, ob er ihn berühren sollte oder nicht. Schließlich hockte er sich neben ihn.

Kobus hechelte, und endlich kam er wieder zu Atem. »Ja«, keuchte er, und wir beobachteten ängstlich, wie jeder Atemzug nur mühsam in seine Lungen drang. »Ich bin wieder in Ordnung«, brachte er schließlich hervor. »Ich bin ja keine Heulsuse. Auf so 'nen Straßen passiert das ständig. Das einzige ist, daß die Achse jetzt wohl verbogen ist. Ich glaube, heute können wir nicht mehr fahren. Tut mir echt leid!«

»Ach, hör auf, Kobus. Is' sie gebrochen?« Die Erleichterung erfüllte mich mit wogendem Großmut.

»*Ag*, mein Pa hilft mir bestimmt beim Reparieren. Aber heute können wir nicht mehr fahren. Ich muß erst mal wieder Luft kriegen, ja?«

»Ja, Kobus, kein Problem.« Wir setzten uns zu ihm und sagten kein Wort, während er rasselnd ein und aus atmete. Schließlich beruhigte er sich, und sein Atem ging regelmäßig.

»Habt ihr euch die Ameisen schon mal richtig angesehen? Die sind ziemlich *lekker*, ehrlich«, sagte er plötzlich in unser Schweigen. Michael und ich hatten die ganze Zeit über auf flachen Füßen gekauert und an Grashalmen gezupft. Jetzt sahen wir ihn an. Jonas hockte etwas abseits und berührte mit dem Rücken den Ameisenhügel.

Und dann standen wir vor dem Nest und ließen uns von Kobus und Jonas die fleißigen schwarzen Riesenameisen zeigen. Kobus stach mit dem Taschenmesser in den Ameisenhaufen und enthüllte für uns das tausendfache hektische Hin und Her. Irgendwann hatte ich die Idee, die Tiere mit spitzen Fingern zu packen und ihren Kampf mit verzweifelt strampelnden Beinen zu beobachten.

»Ich hab'n Vergrößerungsglas dabei«, sagte Michael. »Was haltet ihr davon, wenn wir die großen Ameisen rösten? Das haben Kate und ich in Physik gemacht. Wollt ihr's mal versuchen? Die schmecken ein bißchen salzig.«

Wir packten die großen, dicken Körper zwischen den Fingern und legten sie der Reihe nach auf die trockene, festgetretene Erde. Dann hielten wir das Vergrößerungsglas über die Tiere und beobachteten, wie das grausame Funkeln der Sonne sie in Sekundenschnelle brutzeln ließ. Etwas angeberisch knabberten Michael und ich an den krossen, salzigen Ameisen, bevor wir den beiden Jungs von unseren gebackenen Gaben anboten.

Jonas rieb die Zähne zögernd am äußersten Ende des dick gewölbten Hinterleibs und spuckte einen dicken, schaumigen Klecks aus, der sich feucht auf der trockenen Erde abzeichnete. Mit verzerrter Miene schüttelte er den Kopf und machte: »Uh uh, uh uh, uh uh.«

»Ja dis lekker«, sagte Kobus, und damit er in diesem Zeigen-was-man-kann-Wettstreit nicht den kürzeren zog, fügte er hinzu: *»Nou ja,* jetzt zeig ich euch mal was anderes. Das Beste kennt ihr noch gar nicht. Komm, Jonas. Wir führen denen mal vor, was wir immer mit den roten Ameisen machen. Und paßt auf, die beißen nämlich.«

»Ja, wissen wir doch«, erwiderte ich und spielte die Gelangweilte, die über einen reichen Erfahrungsschatz mit roten Ameisen verfügt.

Wir suchten unter den geduckten Ameisentürmen nach einem Nest dieser kleinen, tückischen roten Ameisen. »Wir haben einen«, rief Kobus an Michael gewandt, als Jonas endlich auf ein Nest stieß. »Stell dich zu den schwarzen Ameisen. Und bleib da, bis ich dir Bescheid sag.«

Ich ging zu Michael und wartete, während Kobus die Spitze des Ameisenhaufens abhackte. »Okay, jetzt mußt du auch dieses Stück vom Ameisenhaufen abreißen und damit, so schnell du kannst, hierher rennen.«

Die beiden Jungs rannten aneinander vorbei, und Kobus schrie und lachte abwechselnd, als die roten Ameisen seine Hände attackierten. Beide ließen ihr Stück Ameisenhaufen auf das fremde Nest fallen.

»Mann, guck dir an, wie die kämpfen«, sagte Michael, während wir zusahen, wie die roten Ameisen einen offenen Kampf gegen die Eindringlinge führten, die plötzlich vom Himmel gefallen waren. Eine Vorhut von Ameisen hatte Posten bezogen, kämpfte, fand schon bald den Tod und wurde von neuen Kriegern ersetzt.

»Hey, Michael, guck dir das an, das ist echt klasse. Ehrlich, komm mal hier hinten gucken.«

Michael stellte sich an der hinteren Seite des Ameisenhaufens neben mich. Ein breiter Strom von Ameisen, die für die Aufzucht zuständig waren, ergoß sich – beladen mit weißen Eiern – aus dem Hinterausgang, während die Krieger weiter gegen die Eindringlinge kämpften. Nach einer Weile tauschten wir mit den beiden Jungs und beobachteten, wie die schwarzen Ameisen ihr Heim gegen die kleineren, sehr viel bösartigeren Gegner verteidigten.

Ich weiß nicht mehr, ob uns die Ameisen nach einiger Zeit langweilig wurden, ich weiß auch nicht mehr, wie die

Schlachten ausgingen – diese Überlebenskämpfe der zahlenmäßig weit unterlegenen Eindringlinge, die gegen ihren Willen zum Gefecht angetreten waren. Ich erinnere mich nur noch, daß wir irgendwann – zermürbt von der Hitze des Nachmittags – in den Forest schlenderten, wo uns geschälte indische Feigen auf dem kühl umspülten Felsblock erwarteten. Ich habe noch genau vor Augen, wie wir im Schneidersitz auf flachen Steinen kauerten und mit Geschichten über Schlangen wetteiferten. Jonas hockte ein Stück abseits auf dem Pfad.

Ich hatte schon mal gespürt, wie mir eine *skaapsteker* über den Fuß schlängelte. »Das ist doch gar nichts«, sagte Kobus und überbot meine Geschichte. Er war einer Baumschlange von Angesicht zu Angesicht begegnet, als er auf einen Baum geklettert war. Michael wiederum hatte einen Jungen in der Klasse, der schon mal gebissen worden war, als er in Bantu-Manier durch den Valley gepirscht war. Sein Bein war angeschwollen und blau geworden, erzählte er.

Mit der leeren Schüssel gingen wir zurück zu unserer Farm. Während Michael mit der Schüssel in die Küche rannte, blieben wir anderen drei auf dem Hof zurück und kickten uns mit nackten Zehen Steine zu. »Was machen wir denn jetzt?« fragte Kobus, als Michael wieder zurückkam. Klar, daß er erst auf Michael gewartet hatte – mir, einem Mädchen, hätte er die Frage nie gestellt.

»Hallo, Kinder«, hörte ich meine Mutter hinter mir rufen. Ich drehte mich um und sah, wie sie Hand in Hand mit meinem Vater auf uns zukam. »Ich hab mir gerade die neuen Küken angesehen. Niedlich, was, meine Süße?«

»*Ja*, Ma, ich hab sie heute morgen gesehen«, erwiderte ich.

Nachdem meine Eltern aufgetaucht waren, starrten Kobus und Jonas plötzlich völlig verunsichert zu Boden. Kobus'

hochroter Kopf senkte sich nickend auf seine verschränkten Beine. Ein wenig belustigt sah meine Mutter ihn an.
Bei uns ließ sie nie durchgehen, daß wir uns so benahmen. Zu Hause sagte sie uns immer wieder: »Nichts ist so dumm wie Schüchternheit. Ich will nicht, daß sich meine Kinder wie unzivilisierte Farmkinder aufführen, die noch nie einen fremden Menschen gesehen haben.«
»Na, ihr kleinen Jungs …« O nein, wie konnte sie nur »klein« sagen. Mir war das Ganze schrecklich peinlich, und ich sackte in mich zusammen. Ich hatte längst begriffen, daß meine Mutter die Jungs ein bißchen quälen und auf ihren seltsamen Macken herumhacken wollte. Nur ein paar kleine Anspielungen auf ihre *veld*-Manieren. »… Seid ihr denn schon auf den Weihnachtsmann vorbereitet? Habt ihr schon eure Wunschliste geschrieben?«
»Ma-a-a«, riefen Michael und ich im Chor, aber nichts konnte sie noch aufhalten.
»Pst, ihr beiden. Darf ich mich nicht mit euren Freunden unterhalten? Also, was habt ihr euch gewünscht?« Sie hätte Kobus genausogut auf afrikaans ansprechen können, aber sie trat voll und ganz als Engländerin auf – vornehm, zivilisiert und hochmodern. Sie distanzierte sich bewußt und wollte ihm und seinesgleichen demonstrieren, wer sie inzwischen war – nämlich nicht irgendeine Afrikaans *plaasjapie.*
»Ma-aa«, sagte Michael. »In unserm Alter glaubt man nicht mehr an den Weihnachtsmann.«
»Oh, tatsächlich?«
Sie richtete ihren spöttischen Blick auf Kobus. »Tja, ich weiß nicht, wie das in eurer Familie ist, Kleiner, aber in unserer Familie kriegen Kinder, die nicht an den Weihnachtsmann glauben, keine Geschenke. Was ist mit dir, Kati? Du glaubst doch noch an den Weihnachtsmann.«
Ich saß in der Klemme. Damals glaubte ich so halb an den

Weihnachtsmann. Sicher, ich hatte so eine Ahnung, daß der Weihnachtsmann mein Dad war, aber ich wollte meinen Glauben noch nicht aufgeben. Vor anderen gab ich das natürlich nie zu. Mir war vollkommen klar, daß ich – wenn ich mit den großen Jungs mithalten wollte – schon allein über den Gedanken, es könne einen Weihnachtsmann geben, höhnisch grinsen mußte. Aber andererseits – meinte sie das ernst mit den Geschenken? Bestimmt nicht. Und egal, ob sie's ernst meinte oder nicht, ich hätte niemals die Demütigung ertragen, meinen unsicheren Stand vor den anderen einzugestehen.

»Ma-a«, murmelte ich, kickte gegen einen Stein und bohrte die Füße in den Staub. »Keiner glaubt mehr an den Weihnachtsmann, Ma.« Ich hörte selbst den Zweifel in meiner Stimme.

»Tja, dann weiß ich nicht, wie du noch mit Geschenken rechnen kannst. Und steh gerade, du bist kein Farmkind. Du bist es doch gewöhnt, mit Erwachsenen zu reden. Schau mir in die Augen, wenn du mit mir redest.«

Als wir alle peinlich berührt mit glühenden Gesichtern dastanden, lächelte sie wohlwollend, schlenderte zurück ins Haus und hakte sich bei meinem Vater unter. Mit Unbehagen starrten wir auf unsere Füße. Plötzlich war uns der Gesprächsstoff ausgegangen.

»*Ja,* also, ich glaube, wir gehen dann besser mal nach Hause«, sagte Kobus.

»*Ja,* okay, Jungs«, murmelte Michael. Er wirkte mürrisch, und ich begriff, daß es ihm lieber war, wenn die beiden gingen. »Wir sehen uns dann nach Weihnachten.«

»Du glaubst also ehrlich noch an den Weihnachtsmann, stimmt's?« Er mußte seinem Ärger offensichtlich Luft machen, schlechte Stimmung verbreiten und auf diese Weise seinen Frieden wiederfinden.

»Nee«, sagte ich. »Nicht so richtig. Glaubst du denn ehrlich, daß nichts an ihm dran ist?«
»Ich beweise dir, daß es ihn nicht gibt. Komm!«
Er ging mir voraus ins Haus, schlich auf Zehenspitzen zum großen Regal im Schlafzimmer meiner Eltern, das wunderbar nach Holz duftete, und zeigte mir die Stapel von geheimnisvoll geformten Geschenken in Weihnachts- oder Packpapier. Zu meiner Überraschung stellte ich fest, daß es mich nicht sonderlich berührte. Der Tag war mir jedenfalls nicht verdorben. So wichtig war es nun auch wieder nicht. Ich glaube, im Grunde wußte ich schon die ganze Zeit die Wahrheit über den Weihnachtsmann. Es ist nicht weiter schlimm, lieber Gott. Du hast dein Versprechen damit nicht gebrochen, ehrlich, es war noch in Ordnung.
Obwohl ich ein wenig gegen die Enttäuschung zu kämpfen hatte, versetzten mich Größe und Umfang der Päckchen in zitternde Aufregung. Und wir kicherten, Michael und ich, gepackt von plötzlicher Vorfreude und ein wenig aufgeregt, weil wir uns tatsächlich hierher geschlichen hatten. Nichts konnte uns wirklich in Unruhe versetzen – schon morgen war Weihnachten, und Gott würde dafür sorgen, daß alles gut wurde. Er brachte alle Dinge in Ordnung, er war der große Heiler. Ein wunderschöner Tag erwartete uns.
Abends, nach dem Essen, saßen wir auf der Veranda, die unter Kricket-Meldungen vibrierte, und saugten dicke Scheiben Wassermelone aus. Plötzlich griff mein Vater mit seinem typischen stillvergnügten Lächeln hinter sich und holte einen großen Streifen bukaniertes Fleisch hervor. Irgendwo mußte er es gehortet haben, seit wir hier angekommen waren. Wortlos beugte er sich vor, um sein Taschenmesser herauszuholen, schnitt große Stücke ab und warf sie der Reihe nach jedem von uns zu. Voller Erwartung sahen Michael und ich ihn an und schnappten

gierig nach jedem kleinen Stück, das in unserem Schoß landete.

Danach balancierten wir auf dem Verandagelände – der Tag vor Weihnachten sollte nie vergehen. Wir klammerten uns an das Skelett des Tages, gereinigt von Hitze und Staub. Wenn ich doch nur noch einen Blick auf Snowballs Vater erhascht hätte, dieses aufblitzende Omen aus weißer Vollkommenheit. Dann hätte morgen alles perfekt werden müssen. Weihnachten auf der Farm. Das Schönste auf der Welt. Es mußte einfach alles gut werden.

1989 …
15. Dezember

Der Streik ist gelaufen.«
»Mein Gott, du bist ja sturzbesoffen, Joe. Ich glaube, ich hab dich noch nie besoffen gesehen.«
»Ich hab gesagt, der Streik ist gelaufen.«
»Ich weiß. Ich hab's heute nachmittag im Radio gehört.«
Joe läßt seinen massigen Körper in die zierliche Reproduktion sinken, die mir gegenübersteht, und fällt zusammen wie ein Sandsack. Schweigend starrt er mich an, während unsere unverschämt junge Kellnerin, die mit dem kecken blonden Pferdeschwanz, eifrig und federnd durch das volle Restaurant eilt. Halb solidarisch, halb mitleidsvoll lächelt sie mich an. Sicherlich war sie die ganze Zeit überzeugt, ich sei sitzengelassen worden, während ich unbeirrt meinen Boschendal in mich hineingeschüttet habe.
»Hallo, ich bin Juliette und heute abend für Ihren Tisch zuständig. Kann ich Ihnen etwas zu trinken bringen, Sir?«
»Geben Sie mir 'nen Whisky.«
Der Saal vibriert unter dem Klirren zarter Geräusche. Sanfte Musik berieselt die Gäste – genau der richtige Hintergrund für das melodische Gelächter der Upper Class. Gedämpft klingen Kristallgläser aneinander, während Eiswürfel und träge geführte Messer und Gabeln diskret klimpern. Ein sehr teures Restaurant, aber das Essen ist orgiastisch, wie sie behaupten. Gutes Essen zählt zu den Genüssen, bei denen wir nie gespart haben. Schließlich können wir's uns leisten, wir müssen ja nicht für Privatschule, Therapeut und Tanzstunde aufkommen.
»Also, Joe, du bist verdammt spät. Haben wir nicht abgemacht, daß wir uns um sieben treffen? Soll das heißen, daß

du das Ende des Streiks gefeiert hast? Oder hast du nur den Gedanken daran aus deinem Hirn geschwemmt?« hacke ich auf ihn ein und murmle dann noch leise vor mich hin: *Ganz bei Sinnen bist du jedenfalls nicht mehr.*

»Ach, zum Teufel damit! Zum Teufel mit dem Streik und den Arbeitern. Zum Teufel mit diesem gottverdammten Land.«

Plötzlich scheint die dezente Hintergrundmusik ziemlich laut zu werden.

»Oh, sehr tiefschürfend, was du da äußerst, Joe, gut gemacht. Aber nach der plötzlichen Stille zu urteilen, für die du an diesem wunderbar vornehmen Ort gesorgt hast, sollten wir wohl lieber gehen.«

»Vergessen Sie den Whisky«, sage ich an Juliette gewandt, während ich ihr meine Kreditkarte in die Hand drücke. Ziemlich diskret drängt sie uns zum Ausgang, außer Sichtweite. Ihr Ausdruck verrät nun reines Mitleid – mein Gott, erst wird die Arme fast sitzengelassen und dann kommt ein Betrunkener. Warte nur, Mädchen, irgendwann wirst du das Leben auch noch kennenlernen.

Ich fahre Joe nach Hause, nachdem ich ihn in meinen Wagen befördert habe. Sehr geschickt allerdings, so daß er denkt, er habe noch alles selbst auf die Reihe bekommen und treffe selbständig Entscheidungen. Männer reagieren völlig übertrieben, wenn ihnen jemand helfen muß. Sein Wagen ist bis morgen auf dem Parkplatz seinem Schicksal überlassen. Wenn wir von unserer üblichen Einkaufsexpedition am Samstag zurückkommen, können wir ihn wieder mitnehmen.

Joe taumelt ins Haus, drückt die Play-Taste am Fernseher und wirft sich, ohne das Licht einzuschalten, auf die Couch. Er schnappt nur noch die allerletzte Meldung auf TV1 auf – ein fröhlicher Beitrag. Und weil Freitag ist, bringen sie ihn in Afrikaans. Joe brummelt irgend etwas Unverständliches vor sich hin, schaltet aus und läßt sich wieder auf die Couch sacken. Er reibt sich mit den Händen übers Gesicht, und es dauert eine Weile, bis ich begreife, daß er weint. Nicht diese männlichen Tränen, die er sich normalerweise abringt, während der Bruch in seiner Stimme die wahren Machogefühle erkennen läßt.

Es sind gewaltige, bebende Schluchzer, die seinen massigen Körper immer heftiger schütteln. Er nimmt die Hände vom Gesicht, offensichtlich ist es ihm gleichgültig, ob ich ihm zusehe oder nicht. Sein Mund wirkt schmerzverzerrt – eine klaffende Wunde in dem verschmierten, tränennassen Gesicht.

Diese vollkommene Verzweiflung macht mir angst.

»*Ag*, komm schon, Joe.« Ich setze mich neben ihn, unfähig, echte Nähe aufzubauen. Darin habe ich keinerlei Übung. Wie soll man auch an einen Menschen herankommen, der sich so tief in Verzweiflung vergraben hat? Schweigend sitze ich neben ihm, und plötzlich hat dieses Schweigen, von mir aus jedenfalls, etwas Zärtliches.

»Kannst du mir nicht wenigstens sagen, was dich daran so sehr trifft? Ist es die Unterschrift unter die endgültige Vereinbarung?«

»Es ist alles, Kate, der ganze Streik, die Gewalt, die Vereinbarung, einfach alles.«

»Heute nachmittag hab ich im Autoradio gehört, daß die Gewerkschaft in das ursprüngliche Angebot der Unternehmensleitung eingewilligt hat. Ist es das, was dich so fertig macht?«

»*Ag*, Kate ...« Er seufzt.

Es ist eine Qual für ihn, zu reden. Ich spüre, wie diese gewaltige, aufwallende Panik das heftige Verlangen in mir weckt, ihn zum Reden zu bringen, und diese drückende, einschläfernde Verzweiflung daran zu hindern, sein Hirn zu umnebeln. Ich muß seinen Verstand wachhalten und ihn dazu bringen, den Tatsachen ins Auge zu sehen, so wie man einen Menschen, der Schlaftabletten geschluckt hat, zwingen muß, den Flur auf und ab zu gehen.

»Ja, Joe? Was ist es denn? Fühlst du dich verantwortlich? Macht dich diese Vereinbarung so fertig?«

»Nein, das ist es nicht. Es ist nur ...« Wieder seufzt er, und plötzlich sieht er mich an. »Es ist nur, weil sich alle so verabscheuungswürdig aufgeführt haben. Von keiner Seite hätte man sagen können, sie sei wirklich moralisch überlegen oder eindeutig und ausschließlich im Recht. Eigentlich sollte es doch ein Kampf für die Gerechtigkeit sein ... und beide Seiten haben ein elendes Gemetzel daraus gemacht.«

»Aber das war dir doch längst klar. Du warst doch die ganze Zeit dabei, als die Gewalttaten noch in vollem Gang waren.«

»Ich weiß.« Sein Schweigen zieht sich in die Länge, und ich sehe, wie ihn erneut die dicken, stickigen Wolken seiner Verzweiflung umhüllen.

»Aber? Aber was, Joe?«

»Na ja, jetzt ist alles vorbei. Elf Wochen voller Unruhe, Wochen, in denen die Löhne verlorengegangen sind, Kinder hungern und Ehefrauen ums Überleben kämpfen mußten. Elf Wochen und fünfzehn – waren's fünfzehn? Ja, ich glaub schon – fünfzehn Tote, und wofür? Was hat das Ganze gebracht? Jetzt haben sie genau das, was sie auch ohne Streik erreicht hätten. Nur daß man ohne Streik niemanden zusammengeschlagen oder mit Brandbomben im eigenen Haus verbrannt hätte, und Benzinhalskrausen hätt's auch nicht gegeben. Menschenleben wurden ausgelöscht bei diesem Streik, vergiß das nicht. Menschen, die zufällig der Familie von Händlern angehört haben, die nur ihren Lebensunterhalt verdienen wollten, indem sie boykottierte Waren verkauft haben.«

»Joe …« Verzweifelt suche ich nach Worten. Normalerweise gebe ich mir nie viel Mühe, die richtigen Worte für meine Gefühle zu finden, es sei denn, es geht um beißenden Spott. Ich spüre förmlich, wie ich innerlich quietsche – die Wege von meinem Hirn zur brennenden Kehle scheinen völlig verrostet. Bevor ich etwas sagen kann, kommt mir Joe zuvor.

»Und glaubst du etwa, daß das irgend jemanden interessiert? Daß irgend jemand um sie und das, was im Namen des Kampfes und der Rechte der Arbeiter passiert ist, trauert? Nein, verdammt, beide Seiten stolzieren herum und behaupten, sie hätten gewonnen.« Seine Worte verraten, wie wütend er ist, und doch mimt er Distanz und zieht in übertriebener Belustigung einen Mundwinkel hoch. »Jeder läuft durch die Gegend, verkündet wichtigtuerisch, wie clever er doch war, und prahlt mit seiner Macht. Keiner interessiert sich dafür, verdammt, die scheren sich alle einen Dreck darum.«

»Dann hör mir wenigstens zu, wenn ich versuche, dir auch mal die andere Seite zu zeigen.« Seine Bitterkeit hat etwas Beängstigendes. Ich darf nicht zulassen, daß er sich so gehenläßt. Wenn ich ihn doch nur dazu kriegen könnte, die positive Seite zu sehen – mit diesem übertriebenen Optimismus, über den ich mich immer so lustig gemacht habe, als er noch seine normale Gemütsverfassung hatte. »Also gut … jeder hat sich mies benommen. Aber laß uns doch mal das Ganze genauer betrachten. Zunächst die Unternehmensleitung. Das Angebot, das die ganz zu Anfang gemacht haben, war doch eigentlich gar nicht so übel, oder?«

»Nein, aber verdammt, Kate, die waren so schrecklich inflexibel. Und die Öffentlichkeit weiß doch, was die für einen

Profit machen. Die Arbeiter wissen genau, wie viele Millionen die im letzten Jahr eingesackt haben. Die haben das verdammte Monopol. Die hätten sich mehr leisten und nur einmal von ihrem starren Standpunkt abweichen können, wenn auch nur, damit die Gewerkschaft ihr Gesicht wahren und sich auf eine Einigung einlassen kann. Besonders, nachdem die Gewalt aufkam.«

»Na ja, gut. Aber im Endeffekt sind die Arbeiter mit einer Lohnsteigerung von fünfzehn Prozent rausgegangen. Wenn man mal rational darüber nachdenkt, ist das doch für sich betrachtet nicht schlecht. Also gut, jetzt zu den Arbeitern. Ihr Verhalten hat dich besonders hart getroffen, weil du wirklich an sie geglaubt hast.«

»Was versucht du eigentlich, Kate? Willst du mir meinen Glauben zurückgeben, oder was? Willst du mir einreden, daß der Kampf eigentlich gut lief, daß irgendeiner so was wie einen moralischen Sieg davongetragen hat?«

»Nein, ich weiß auch nicht genau, was ich damit bezwecke. Ich will eigentlich nur rausfinden, was dich so fertigmacht, und dich vielleicht dazu bewegen, das Ganze objektiv zu betrachten. Du scheinst im Moment festzustecken und bist so verbittert, daß du nur das Schlechteste siehst. Okay? Du hast fest daran geglaubt, daß die Arbeiter moralische Werte haben, du hast geglaubt, daß sie einen gerechten Kampf mit disziplinierten Gewerkschaftsmitgliedern führen, ohne die üblichen Scheußlichkeiten.«

Ich habe angefangen, direkt vor ihm auf dem *kilim* hin und her zu tigern. Unmöglich, einfach nur dazusitzen. Mir steht die schwerste Sache meines Lebens bevor. Völlig unvorbereitet, denn dem Menschen, der ich immer war, sind Dinge wie diese fremd. Ich nehme an, ich muß mich einfach hineinstürzen.

»Aber vergiß nicht, ihr Gegner war eine verdammt harte

Nuß. Die mußten doch das Gefühl haben, daß die Unternehmensleitung nur Verachtung und ein höhnisches Grinsen für sie übrig hat, schließlich haben die Jungs vom Management so getan, als würde sie der Streik kaum berühren. Erst konnten sie genug Gelegenheitsarbeiter anstellen, und dann hat sich rausgestellt, daß sie die Produkte horten. Und außerdem haben sie natürlich, wie du schon erwähnt hast, absolute Monopolstellung. Die Gewerkschaft war überzeugt, daß ein Boykott die äußerste Waffe ist. Aber wie soll ein Boykott bei einem Monopol funktionieren? Und besonders, wenn so viele Händler – kleine schwarze Händler – davon abhängig sind, das Zeug zu verkaufen, wenn sie überleben wollen. Kannst du dir nicht vorstellen, was für eine Enttäuschung das für die Arbeiter gewesen sein muß?«
»Das weiß ich doch alles«, erwidert Joe und drückt das Sofakissen zwischen seinen großen Händen zusammen. »Ich bin doch kein Trottel. Herrje, du mußt mich ja für blöd halten, für einen naiven Vollidioten. Es ist nur … ihre Wut … ihre Enttäuschung … egal, wie man's nennt – das ist alles keine Rechtfertigung. Es interessiert die gar nicht, was passiert ist. Die Leute, die wirklich betroffen sind … die Leute in der Gegend, deren Leben bedroht ist, oder sogar verloren … die werden einfach als Druckmittel benutzt. Diese Gewalt – das war mehr als vereinzelte Schlägereien mit Gelegenheitsarbeitern und hier und da ein bißchen Wut rauslassen. Sie war schrecklich. Gezielt. Kleine Händler wurden bei lebendigem Leibe verbrannt, Händler, die genauso ums Überleben gekämpft haben wie die Streikenden, wenn nicht noch verzweifelter. Das ist es, was mich so fertigmacht. Und jetzt laufen sie durch die Gegend und gehen damit hausieren, daß sie gewonnen haben und unheimlich clever sind.«
Er sieht mich an und hält meinen Blick gefangen.

»Es ist nur, weil alles umsonst war. Welchen Sinn hat das alles gehabt?«
»Na ja, so ist nun mal das Leben, Joe. Du kannst nicht durchs Leben gehen und in allem einen Sinn suchen.«
»Aber diesmal war alles so klar. Ich war mir sicher, daß wir moralisch unanfechtbar sind. Genau der richtige Standpunkt für mich, um beim Kampf mitzumachen ... bitte, Kate, mach dich nicht über mich lustig. Ich hatte nur das Gefühl, daß das Ganze wirklich einen Sinn hat. Eine gerechte Sache, so kam's mir jedenfalls vor.«
»Jetzt ist es doch vorbei, Joe. Du mußt innerlich damit abschließen. Nur ein Fall, mit dem du dich beschäftigt hast, mehr nicht. Langsam mußt du dich wieder fangen und das, was passiert ist, von dir abschütteln. Verstehst du denn nicht, daß das nicht dein ganzes Leben sein kann?«
Während ich noch die letzten Worte sage, schüttelt er schon den Kopf.
»Aber es war mehr als nur ein Fall für mich. Zum ersten Mal hatte ich was mit Arbeitsrecht zu tun, und irgendwie kam alles zusammen. Das Land schien so voller Hoffnung, die Ereignisse haben sich regelrecht überschlagen. Eine Zeitlang hab ich mir sogar eingebildet, daß sich die Beziehung zwischen uns wieder einrenkt. Der Streik war ein Symbol für mich, deshalb kann ich nicht einfach einen Schlußstrich darunter ziehen. Er war das Symbol für alles, an das ich geglaubt habe. Und es ist nicht nur der Streik. Plötzlich habe ich das Gefühl, daß Leute wie Louise gar nicht so verkehrt liegen, wenn sie hier weggehen. Dieser dumme Streik steht für all meine Hoffnungen in das Land und die Umwälzungen, die im Gange sind.«
Er stockt und sucht verzweifelt nach den richtigen Worten. Aber wenigstens redet er und hüllt sich nicht mehr in dieses unerträgliche Schweigen. Wenigstens klingt aus sei-

nem Wortschwall wieder ansatzweise die alte Leidenschaftlichkeit heraus.

»In meinen Augen war das ein gerechter Kampf, dem man sich unbedingt anschließen sollte. Ich meine, die plötzlichen Veränderungen hier im Land. Alles kam mir so eindeutig vor, und die inhaftierten Führer waren doch offensichtlich gute Menschen. Ich wollte unbedingt, daß sie auf der richtigen Seite stehen. Und ich wollte dabei sein, auf ihrer Seite, wenn auch nur in einer kleinen Rolle, nämlich als Anwalt.«

»Mein Gott, Joe, das Leben ist nun mal anders. Und dieses Land sicherlich auch. Bei einem Kampf, Krieg oder Streit ist es einfach, sich auf eine Seite zu stellen und sich vorzumachen, nur die eine Partei ist im Recht. Es ist wie in einem gigantischen Kriegscomic, in dem hohlwangige Deutsche auf und ab marschieren und ›Achtung‹ und ›Tiefflieger‹ schreien. In diesem Land ging's viel zu lang wie in einem gigantischen Kriegscomic zu, jeder hat doch gewußt, was falsch und was richtig ist. War doch leicht – schwarz und weiß, sozusagen. Aber irgendwann muß man sich klarmachen, daß man nicht ewig in einem Kriegscomic leben kann. Wenn der Kampf vorbei ist, muß Schluß damit sein.«

Ich merke, wie er wieder in sich zusammensackt und – unter der neuen Last, die er zu tragen hat, dieser unendlichen Traurigkeit – tief in die Kissen sinkt. Auf jeden Fall muß ich weiterreden, ich spüre schon, wie er mir wieder entgleitet. Jetzt stehe ich vor ihm. Ich versuche krampfhaft, ihn zu halten, seinen Blick zu bannen und irgendwie an ihn heranzukommen. »Joe, schau dir den Streik doch mal richtig an. Kannst du ihn nicht mal objektiv betrachten? Die eine Partei macht ein annehmbar faires Angebot. Die andere ist zwar der Meinung, daß es noch etwas fairer ausfallen könnte, schafft es aber nicht, dazwischenzufunken. Irgendwann frustriert sie das, und es kommt zu Gewalttaten. Menschlich gesehen durchaus verständlich. Ist doch klar, wie es so weit kommen konnte. Manchmal gibt es einfach kein Richtig oder Falsch, Joe.«

Er sieht mich an, doch sein Blick schweift ab, erst auf die Wände, dann auf das verschlungene Muster unserer Preßstahldecke. Ich sehe, wie seine Augen den Schnörkeln folgen und wie in einem Irrgarten über Windungen und Bögen huschen. Hört er überhaupt zu? Schwer zu sagen. Ich merke selbst, daß meine Worte in dem krampfhaften Bemühen, zu ihm vorzudringen, und dem verzweifelten Versuch, ihn aus seinem Loch herauszuholen, fast schon ein wenig barsch klingen.

»Die meisten Dinge passieren einfach nur, Joe. Und ich glaube sogar, daß wir uns nicht mehr erhoffen dürfen. Man weiß es ja nicht, vielleicht ist die Welt gar nicht in Gut und Böse aufgeteilt, wie du es immer zu sehen versuchst. Vielleicht – gütiger Himmel, Joe, nun hör mir doch zu! – ist das ja nur ein verrücktes christozentrisches Ding, das wir uns auf unser Leben aufdrücken lassen. Aber hier paßt es einfach nicht hin. Verstehst du das denn nicht? Es hilft uns nicht, die Härte zu verstehen, die dieses Land beherrscht. Vielleicht dürfen wir nicht mehr als ein Gleichgewicht erhoffen, eine Neutralität, in der die Kategorien Gut und Böse, die wir uns geschaffen haben, wieder zusammenfließen. Auf diese Weise können sie sich nichts antun. So sieht Gleichgewicht in Afrika aus.«

Er krümmt sich zusammen und versucht, meinen Worten zu entkommen, die wie Schläge auf ihn niederprasseln. Ich bin mir immer noch nicht sicher, ob er mir zuhört, ich weiß nicht mal, ob er meinem Redeschwall überhaupt entkommen kann. Ich bin erschöpft – dieser Kampf ist hart, härter als jeder andere, den ich in meinem Leben gekämpft habe.

Ich ertrage einfach nicht, daß er so niedergeschlagen ist. Gar nicht so sehr, weil er leidet. Ich bin es, die den Zustand nicht ertragen kann! Ohne ihn kann ich nicht überleben. Ohne den Menschen, der er zuvor gewesen ist – offen und verwundbar. Aber jetzt ist er wie eine zerschmetterte Schnecke, deren schützendes Gehäuse nach und nach abbröckelt. Ohne seine Schale muß er sterben oder sich in einen Kokon hüllen, ihm bleibt keine andere Wahl, als schützende Glaswände zu errichten. Ich muß es schließlich wissen, ich hab mich selbst so gefühlt – nackt und zerschmettert, ein Zustand, in dem jeder Atemzug schmerzt. Niemals darf ich zulassen, daß er in diese Isolation verfällt, in der ich selbst mein ganzes Leben verbracht habe. Joe war für mich, in meinem Verlies, immer die Verbindung zur Außenwelt. Er war mein Gegenpart, mein Gleichgewicht, das dritte Bein an meinem Schemel. Ohne ihn bricht alles zusammen.

»Tja, damit habe ich gerechnet.« Joes Worte kommen unvermittelt. »Du hättest mir die ganze Zeit sagen können, daß ich nichts von Menschen oder Prozessen erwarten darf. Warum hab ich's nur versucht? Ich hätte auf dich hören sollen. Ich hätt's mir zu Herzen nehmen müssen, daß du mir immer wieder erzählt hast, alle Menschen sind Schweine. Ach, wie verdammt naiv ich doch war. Du mußt mich für unglaublich blöd halten.«

»Joe ...« Irgendwie muß ich doch an ihn herankommen. Ich fühle mich wie eine blasse Kreatur der Nacht, die – geblendet vom Licht – zum ersten Mal seit Jahren aus ihrem Loch kriecht. Mein Gott, es ist unheimlich – und absurd. Vierzehn Jahre lang hat er mich angefleht, auf mich eingeredet und mich einfühlend ermutigt, mein Verlies zu öffnen. Nie ist es ihm gelungen. Und im Endeffekt mußte er in Desillusionierung und Verzweiflung fast zugrunde gehen, um das zu erreichen, was er mit Liebe all die Jahre nicht erreichen konnte. Nicht, daß ich mein Gefängnis vollkommen verlassen hätte, aber plötzlich fühle ich wieder etwas. Es gibt so vieles, das ich auf einmal empfinde. Wann habe ich jemals Mitleid empfunden oder diese seltsame, ungewohnte Sehnsucht gespürt?

Gefühllos, gedämpft von meiner gläsernen Wand, konnte ich hemmungslos meinen Spott verbreiten und mich in meinem Inneren suhlen. Und nun – was hat das zu bedeuten, diese schmerzhafte Sorge um ihn? Um ihn, den ich verspottet und ausgelacht habe. All die Jahre habe ich mit ihm geredet und gelebt und, ja, tatsächlich, mich auf ihn gestützt. Aber ich habe ihn nie geliebt. Liebe habe ich als romantischen Mythos abgetan. Ich habe immer gesagt, daß zwei Menschen aneinander hängen, weil sie irgend etwas vom anderen nehmen können und einander auf eine Art benutzen, die für den anderen akzeptabel ist. Aber dieses fremde, blinde Wesen, das einem Maulwurf gleicht und plötzlich in einer gefährlichen, alles verändernden Situation gezwungen ist, sich aus seinem sicheren Versteck in ein völlig neues Element vorzutasten, empfindet einen alles verzehrenden Schmerz. Es windet sich unter Gefühlen, spürt Mitleid und Sorge als Stiche und vergeht vor sehnsüchtiger Zärtlichkeit.

»Joe. Hilf mir doch! Du siehst doch, daß ich alles versuche. Wenigstens versuche ich es. Bedeutet dir das denn gar nichts?«

»Es ist zu spät, Kate, viel zu spät. Ich mach mir nichts mehr daraus. Irgendwie ist das eine große Erleichterung. Es gibt nichts, aber auch gar nichts, woraus ich mir noch irgendwas machen würde.«

»Doch, tust du wohl, tief in dir drin. Noch hast du dich nicht vollkommen verbarrikadiert, du kannst immer noch rauskommen.«

»Warum sollte ich das tun? Warum sollte ich wieder so empfinden, wie ich es früher getan habe? Es tut viel zu sehr weh. Ich kann so nicht überleben, Kate, das weißt du. Niemand kann immer wieder so fühlen, wie ich es getan hab, und trotzdem weiterleben.«

Er wirkt vollkommen nüchtern. Absolut kontrolliert, ohne das geringste Taumeln, steht er auf. Etwas zu kontrolliert sogar. Er verschließt sich in seinem Inneren, vor meinen Augen. Schließlich verschwindet er in der Küche und kommt mit zwei Weingläsern zurück.

»Spritzer«, sagt er erklärend. »Ich hatte Lust auf Wein, aber ich glaube, wir haben genug gehabt. Das ist ein Kompromiß.«

»Wenigstens ein kleiner Fortschritt, nehme ich an.« Meinen Worten fehlt die übliche Schärfe, und ich zwinge mich sogar zu einem Kichern. Joe beugt sich über den Kamin und stützt die Ellbogen auf den Sims.

»Weißt du«, sagt er schließlich und trinkt erst mal einen Schluck, »ich bin wirklich müde. Ich bin erschöpft davon, mich mit diesem Land und allem, was damit zusammenhängt, herumzuschlagen. Schmutz und Gewalt. Ich bin es leid, immer wieder zu hoffen und desillusioniert zu werden. Stück für Stück wird alles aus mir herausgesaugt. Ich weiß, daß ich deiner Meinung noch viel zu übertrieben auf diesen Streik reagiert habe ...«

»Na ja, vielleicht meine ich nur, daß du die Sache viel zu schwer nimmst. Es hat schon mehr Dinge gegeben, die dir die Illusionen genommen haben.«

»Ja, das stimmt. Aber, verstehst du, das war der Höhepunkt für mich. Es war die Spitze von allem, und weil ich selbst darin verwickelt war, so eine Art Symbol für meine Rolle im

neuen Südafrika. Für meine Hoffnungen und Erwartungen, daß irgendwann mal Gerechtigkeit unter den Menschen sein wird. Außerdem war's mein erster Fall im Arbeitsrecht, er ist für mich zu einem großen leuchtenden Symbol geworden. Weißt du, ich habe mich entschieden, Jura zu studieren, weil ich überzeugt war, etwas tun zu können, das sich wirklich lohnt. Ich hab's dir nie gesagt, ich hab gedacht, du machst dich sowieso nur darüber lustig. Irgendwann ist mir dann aufgegangen, daß die Dinge im täglichen Einerlei ganz anders laufen. Man schuftet sich ab, um den Lebensunterhalt zu verdienen. Und als ich dann unbedingt beim Arbeitskampf mitmachen wollte, war das meine letzte Hoffnung – der letzte Versuch, auf der Seite des Rechts zu stehen.«

»Was willst du denn damit sagen? Und was willst du jetzt tun?«

»Das soll heißen, daß ich es leid bin, mich mit einem Leben in dieser Gesellschaft herumzuschlagen und immer wieder zu versuchen, moralisch zu handeln. Ich kann's einfach nicht mehr, Kate. Und ich will's auch nicht. Ich weiß nicht, was du willst, ich weiß nicht mal mehr, was du und deine Zukunft mir bedeuten, aber ich will einfach raus. Ich bin müde und hab die Nase voll. Ich will das Land verlassen.«

»Oh, Joe ...« Während ich rede, spüre ich, wie das schleimige, blinde Innere meines Ichs aus mir herausschlüpft. Sosehr ich es auch versuche – ich kann es nicht zurückhalten. Plötzlich ist es dem grellen Schein dieses Gefühls ausgesetzt, voller Verzweiflung will es sich ins dunkle Gefängnis zurückwinden. Aber es ist draußen, auch wenn die Luft schmerzt und jeder Atemzug weh tut.

»Oh, Joe, du kannst hier nicht mehr weg, genausowenig wie ich. Wir beiden haben unsere Wurzeln hier ...« Auf einmal merke ich, wie mir etwas Feuchtes über die Wangen läuft.

Hastig taste ich über mein Gesicht – es sind Tränen. Es ist so lange her, seit ich das letzte Mal geweint habe, ich muß noch ein kleines Kind gewesen sein – genauer gesagt war es in dem Jahr, in dem sich mein Leben änderte. Ich habe längst vergessen, wie es sich anfühlt zu weinen. Joe sieht mich an, hin und her gerissen zwischen Gleichgültigkeit und Erstaunen.

»Was meinst du damit?« fragt er plötzlich. »Du hast dir nie was aus den Dingen gemacht, die mit diesem Land zu tun haben. Du hast doch für alles nur Spott übrig gehabt und immer versucht, soviel Distanz wie möglich zu deinen Wurzeln am Ostkap aufzubauen.«

»Das heißt gar nichts. Du weißt, daß ich nie mehr zum Ostkap gefahren bin, und trotzdem bin ich ein Teil davon ...« Meine Kehle brennt. All die Jahre wäre mir nicht im Traum eingefallen, diese Gedanken in Worte zu fassen. Ich quäle mich damit, das auszudrücken, was ich immer an mir und diesem rauhen Land verabscheut und gehaßt habe. »Es ist trotzdem so, daß ... daß mein Körper in dieser trockenen Erde verwurzelt ist, meine Adern den knorrigen Ästen der Bäume gleichen und mein Geschlecht nach dem süßlichen Duft von Geißbart riecht. Egal, ob du das Land magst oder nicht, egal, ob du jemals dorthin zurückkehrst – wir beide haben unsere Wurzeln in dem dornigen Boden. Wir sind mit Leib und Seele umfangen von den gewundenen Ästen wilder Feigenbäume – erinnerst du dich noch? Wir sind durchdrungen und festgenagelt von Akazien. Wir beide sind dort fest verankert. Geh ruhig, Joe, und du wirst verdorren und eingehen. Du wirst in der vertrockneten, alten Schale eines verbitterten Exils enden. Und das bricht dir das Herz.«

»Warum liegt dir auf einmal was daran, was aus mir wird? Warum nach all den Jahren, die ich dich geliebt und umsorgt habe? Ich habe alles getan, um dich zu heilen. Warum auf einmal? Dafür könnte ich dich hassen, ehrlich. Ich hab mir so viel Mühe gegeben, deine Gefühle zu wecken, und jetzt, wo ich aufgebe, hältst du's plötzlich für den richtigen Zeitpunkt, aus dir herauszukommen.«

Längst habe ich es aufgegeben, meine Tränen zu verbergen, und unter den Schluchzern knackt mein gläsernes Gefängnis, und die ersten gefährlichen Risse entstehen. Jetzt heißt es: alles auf eine Karte setzen. Diesmal läuft das Spiel anders, und ich muß wesentlich mehr riskieren als zuvor. Fast unmöglich, sich davonzuschleichen oder einfach wieder zu verschwinden. Irgendwie muß ich das durchstehen.

»Ich glaube, es ist wirklich so, wie du mal gesagt hast, Joe. Daß wir immer zwei zerstörte Hälften waren. Ich hab mich immer sicher gefühlt, so wie ich war – ich hab mich sogar ganz wohl gefühlt. Aber ich hab dich gebraucht, Joe. Und zwar so, wie du früher gewesen bist. Du hast mir die Welt ein Stück nähergebracht und sie mir trotzdem weit genug vom Leib gehalten, daß ich damit umgehen konnte. Mir war immer bewußt, daß ich mich ohne dich vollkommen in mich zurückgezogen hätte. Wahrscheinlich wär ich schizophren geworden oder irgend so was – selbst das war auf gewisse Weise verlockend für mich. Manchmal hab ich einfach nur dagesessen, warm und geborgen in meinem ... gläsernes Gefängnis hab ich's immer genannt, und hab mich einfach vor und zurück geschaukelt, vor und zurück. Wenn ich weitergemacht hätte, wäre die Welt immer ein Stück weiter von mir weggerückt. Aber ich hab mich dagegen gewehrt – ich wollte nicht aufgeben. Vielleicht war ich tief in meinem Innersten noch nicht bereit, diese Welt aufzugeben. Deshalb hab ich dich gebraucht. Joe, ich weiß, daß du immer wieder versucht hast, an mich heranzukommen und mir zu helfen, aber ich konnte einfach nichts fühlen. Ich kann dir gar nicht sagen, wie all diese Jahre voller Empfindungen, die du durchgemacht hast, auf mir lasten. Alles tut mir weh vor Kummer über das, was ich dir angetan habe.«

»Was sollen wir denn jetzt deiner Meinung nach tun? Wir können nicht mehr so weitermachen wie früher, Kate. Der Vorhang ist jetzt gerissen. Wir können nicht mehr zurück. Ich kann nicht mehr derselbe Mensch sein wie vor einer Woche, nicht mal für dich.«

»Wir beide konnten hier all die Jahre nur zusammen überleben, ist dir das klar, Joe? Ich hätte mich ohne dich bestimmt komplett in mein Schneckenhaus zurückgezogen. Oder wär irgendwann jämmerlich geschrumpft und an der Erbärmlichkeit meines zwanghaft kärglichen Lebens zugrunde gegangen. Aber du – du hättest genausowenig ohne mich als Gegenstück überleben können. Wir sind komplementär – zwei Hälften einer südafrikanischen Wirklichkeit.«

Ich stehe auf und gehe zum Fenster. Mein Gott, wie schön doch der Garten im Mondlicht ist. Die mächtige Eiche, die schützenden Kampferbäume und der noch winzige Gelbholzbaum, den Joe in irgendeinem Sommer gepflanzt hat. Ich schlinge beide Arme um meinen Leib, der sich zusammenkrampft, kauere dort und wende Joe den Rücken zu.

»Niemand kommt in diesem Land mit so viel Hoffnung und Idealismus durch, wie du aufgebracht hast. Man wird nur immer wieder enttäuscht. Zuviel Idealismus ist hier eine Art Gebrechen, genau wie mein Zynismus. In einem Land wie diesem kann Idealismus einfach nicht gedeihen. Es gibt kein sanftes Grün und keine Idylle, in denen Hoffnungen und stille Träume keimen. Die Gegend ist hart. Und die Menschen hier – wir alle, meine ich – sind viel zu sehr verwurzelt mit der verdorrten und dornendurchsetzten Erde. Die Menschen sind wie ein Spiegel für Land und Umgebung, die sie nähren. Mit Grausamkeit hat das nichts zu tun, solange man nicht versucht, sie dem Land aufzudrücken. Was ist grausamer – wenn der Löwe eine Antilope reißt, oder wenn er stirbt, weil er nicht jagen kann? So ist nun mal das Land. Die Menschen stehen dem nackten Überleben viel zu nah, sie sind zu eng verbunden mit den irdischen Regeln des Lebens, um sanftmütige Ambitionen zu entwickeln.«

Joe sieht mich lange an. Zum ersten Mal hört er mich solche Gefühle aussprechen. Ich weiß nicht genau, wie ich den Ausdruck auf seinem Gesicht deuten soll, aber ich bin vollkommen erschöpft und kann nichts mehr sagen. Schließlich redet er.

»Was sollen wir also deiner Meinung nach tun? Es sieht so aus, als könnten wir an unserer Situation nichts mehr ändern. Wie sollen wir denn jetzt noch weitermachen?«

»Ich glaube, wir müssen uns gegenseitig Kraft geben, Joe, und voneinander lernen. Wir müssen selbständige Wesen werden, die ihr eigenes Gleichgewicht haben. Wir können nicht gehen, wir müssen jetzt durchhalten.«

»Du sagst das so, als wäre das alles ein Kinderspiel. Als müßten wir uns nur so 'ne Art wechselseitige Transfusion geben, und schon regelt sich alles von selbst.«

»Ich weiß, daß es keine leichte Sache wird, im Gegenteil. Ich kann dir gar nicht sagen, wie schwer.« Ich wende mich schließlich vom Fenster ab, jeder Schluchzer jagt einen schmerzenden Pfeil durch meine verkrampften Schultern und die angespannte Brust. Ich möchte Joe gern berühren, aber ich habe nie gelernt, die Hand nach ihm auszustrecken.

»Es wird Jahre dauern, und es tut weh ...« Meine Brust bebt – es ist das trockene, unwillkürliche Schluchzen eines

Kindes. »Es tut jetzt schon weh. Ich kann dir gar nicht sagen, wie weh es tut.«

»Ist es das denn wirklich wert, Kati?«

»Ist es das Leben wert, so viel auf sich zu nehmen? Niemand hat uns gesagt, daß wir ein gottgegebenes Recht auf Glück und Unbeschwertheit haben.«

»O doch«, erwidert Joe, und aus seiner Kehle dringt ein kurzes, rauhes Lachen, das wie ein Knurren klingt. »Meine Mutter schon. Ehrlich, ich schwör's. Sie hat mir gesagt, ich soll die Hoffnung nicht aufgeben, immer hochfliegende Träume haben und versuchen, fröhlich zu sein. Sie hat mir gesagt, daß ich ein Recht habe, fröhlich zu sein, und daß das Schicksal auf meiner Seite steht, weil ich privilegiert bin und es mit meinen Voraussetzungen, meiner Hautfarbe, meiner Ausbildung und all dem immer bequem haben werde. Und sie hat wirklich geglaubt, daß so alles seine Richtigkeit hat.«

Auch ich muß lachen, ein erbärmliches, schmerzendes Lachen, das mein Schluchzen durchreißt. Die Vorstellung ist – so wie die Dinge nun stehen – einfach zu absurd. »Na ja, damit warst du sicherlich nicht allein. Ich bin allerdings anders groß geworden. Bevor jemals solche Erwartungen in mir geweckt werden konnten, bin ich zerstört und innerlich zerrissen worden.«

»Wie ist das gekommen, Kate? Es ist seltsam, daß wir all die Jahre zusammen leben konnten und ich trotzdem das Gefühl habe, daß ich nicht das geringste von dir weiß. Ich weiß nichts von der Sache, die dich – mehr als alles andere – zu dem Menschen gemacht hat, der du bist.«

»Also, Joe ...« Er denkt wohl, daß ich abrupt das Thema ändern will. Seine Gesichtszüge verhärten sich, er wendet sich ab und setzt sich auf die Couch. »Der Streik ist vorbei – wir können jetzt Urlaub machen. Willst du immer noch unbedingt zum Ostkap?«

»Bringt das denn irgendwas, Kati?«
»Es muß was bringen. Wir können die Reise nicht einfach seinlassen. Wenn wir mehr als nur Hälften werden wollen, Menschen, die selbständig überleben können, müssen wir uns beide dem stellen, was uns zu dem gemacht hat, was wir heute sind. Irgendwann können wir das nicht mehr aufschieben.«
»Glaubst du, daß du dich dem stellen kannst, Kati? Ich weiß, wie schwer es für dich ist. Ich meine, ich komme gut zurecht mit dem, was ich bin, solange ich darüber lachen kann. Solange ich mir bewußt machen kann, wie absurd es ist, so in Watte gepackt zu leben. Ich schaff das schon ... aber du?«
»Ich werde ... ich glaube schon, wenn du mir hilfst. Und, Joe?«
»Ja?«
»Ich ... ich liebe dich.«
»*Ag*, Kati, Liebes.« Seine Stimme schnappt für einen Augenblick über, als er die Worte sagt.
»Aber zuerst ... weißt du, da ist noch etwas, das ich vorher tun muß. Bevor ich mich dem Ort stelle, wo es passiert ist – wo es mir passiert ist.« Joe schweigt und sieht mich mit feuchten Augen an.
»Ich glaube, bevor ich zurückkehre, muß ich dir was erzählen. Komm, Joe, laß uns Kaffee machen. Es gibt eine Geschichte, die ich dir erzählen muß. Und ich hab das Gefühl, es könnte ziemlich lange dauern.«
Joe steht auf, und wir gehen langsam in die Küche. Es fällt uns immer noch schwer, uns zu berühren, aber es schwingt eine Zärtlichkeit zwischen uns, und irgendwie habe ich das Gefühl, daß wir es lernen werden.
»Joe, mir wird das bestimmt nicht leichtfallen. Vielleicht ist es das Schwerste, das ich je getan hab. Ich hab keine Ahnung, wie ich die richtigen Worte finden soll.«

»Fang langsam an, Kati. Erzähl's mir so, wie's dir in den Sinn kommt.«

»Also gut, vielleicht sollte ich damit anfangen, dir zu erzählen, wie schön alles war, wie idyllisch. Was für eine unberührte Kindheit ich hatte, bevor es geschah. Ich glaube, das ist der richtige Anfang. Der Rest der Geschichte wird von allein kommen.«

1966 … Weihnachten

Namhla sizalelw' umntwana,
Indla lifa yamadinga.

Die ungebrochene Harmonie der Frauenstimmen schwebte schillernd in der Stille des frühen Morgens, der melodische Rhythmus entführte mich aus den benommenen Träumen des erwachenden Tages. Einen Moment lang lag ich noch eingerollt in Laken und riß – mit aller Kraft bemüht, das erste leuchtende Weihnachtssymbol in mich aufzusaugen und in meinem Innersten zu bewahren – Gedanken und Körper aus der fernen Welt zurück.

Als der leidenschaftliche Weihnachtsgesang der Frauen anschwoll, schimmerte das frühe Morgenlicht pinkfarben durch meine geschlossenen Lider. Plötzlich schlug die getragene, gedämpfte Hymne in frohlockende Inbrunst um und erhob sich in die frische morgendliche Brise. Triumphierend hallte der Chor durch Haus und Hof, übertrumpfte das Gackern der Hühner und scheuchte uns drei schließlich aus dem süßen Schlaf, der uns immer noch umnebelte.

Wir schwiegen, meine Brüder und ich, denn was, um alles in der Welt, hätten wir sagen können! Ich spürte, daß kein alltägliches Wort angebracht schien, nicht mal ausgesprochen werden konnte, solange uns Gottes Herrlichkeit und der Zauber des Weihnachtstages auf diese wunderbare Weise offenbart wurde.

Michael setzte sich auf und rieb sich die Augen. Wie jeden Morgen versuchte er, ein wenig von der sensiblen Verletzlichkeit aus seinen großen Augen zu vertreiben. Neil lag auf dem Rücken, die Arme hinter dem Kopf verschränkt. Offensichtlich wollte er nicht, daß wir ihn beobachteten. Ich spürte förmlich, wie er unseren Blicken auswich und verhindern wollte, daß wir die stählerne Maske, hinter der er sich sonst verbarg, fallen sahen.

Sein Ausdruck verriet … was nur? Während ich heimlich, unter halbgeschlossenen Lidern zu ihm hinüberschielte, spürte ich die Stimmung, die er verströmte, durchdringend wie der süßsaure Duft der Zitrusgewächse, eine Stimmung, für die ich keinen Namen kannte. Aber ich habe beides in meinem Innersten bewahrt, den Gesichtsausdruck und den Geruch seiner Empfindungen, so wie ich alles von diesem Tag in mir bewahrt habe – diesem Tag, der anfing wie ein Tag Gottes.

Traurigkeit war es nicht, nein, Bitterkeit – schmerzvolle Bitterkeit – ging von ihm aus, während er dort lag und konzentriert der Musik zuhörte. Blinzelnd sah ich zu ihm hinüber, und plötzlich erkannte ich, daß er erwachsen war. Ich glaube, es muß an diesem Morgen gewesen sein, daß er seine Kindheit abstreifte und das Leben eines Erwachsenen begann. Sicher, er mußte die Farm plötzlich ganz anders wahrnehmen. Er warf den Zauber von sich ab – wie ein Poltergeist, der ziellos Vasen zerschmettert –, bis er schließlich die verwunschene Welt hinter sich gelassen hatte. Die Welt der Farm unserer Kindheit. In diesen wenigen Sekunden zerbrach das Wunder.

Damals hätte ich niemals in Worte fassen können, was vor sich ging, aber ich spürte es. In dieser Zeit wirkten Empfindungen und Stimmungen wie ein Zauberbann auf mich, und die Intensität der seltsamen Schwingungen ließ mich erschaudern, auch wenn ich sie nicht benennen konnte und meistens nicht wußte, was sie bewirkt hatte.

Heute kenne ich die richtigen Begriffe. Mit großem Geschick habe ich gelernt, Worte wie einen schützenden Talisman zu verwenden. Falls Begriffe, sobald man sie ausspricht, überhaupt einen kleinen Schutz gegen die magische Macht der Leidenschaft bieten, ist es heute sowieso zu spät! Zu spät für das Kind, das ich damals war. Und für die Farm. Weißt du, ich empfinde immer noch diese hilflose Schuld eines Menschen, der doch eigentlich hätte erkennen müssen, was als nächstes passiert – der die Zeichen hätte deuten müssen. Aber ich glaube nicht, daß Worte das abgewandt hätten, was an diesem Tag noch passieren sollte: Liebesakte, die für Haß mißbraucht wurden, Gottesfurcht und die Herrlichkeit des Weihnachtstages, die – durch die Niedertracht des Menschen und die Abgestumpftheit Gottes – in furchtbares Unheil umschlugen.

Doch in diesem Augenblick umschmeichelte uns lautlos das Sonnenlicht und das Trugbild des Weihnachtsliedes. Erfüllt von der Freude der Musik griff ich nach meinem Adventskalender auf dem Nachttisch. Unter dem letzten noch verschlossenen Tor enthüllte ich ein winziges Jesuskind, das voller Wonne in den Armen eines Mädchens schlief, das eigentlich nicht viel älter aussah als ich, große blaue Augen hatte und ein blaues *doek* auf dem Kopf trug.

Michael brach als erster den Bann der Trägheit, der über dem Zimmer lag. In meinem kurzen Pyjama blieb ich ihm auf den Fersen, als wir losjagten und durch die Küche stürmten. *Quietsch-päng* – jetzt standen wir auf dem Hof, in dem sich viele Menschen drängten. Neil kam etwas langsamer hinter uns her und suchte sich neben meiner Ouma, die leicht vorgebeugt dastand, und meinem lächelnden Oupa einen Platz. Er war tatsächlich größer als Dad.

Die Frauen der Farm, unsere Leute, wiegten sich in einer Harmonie, die aus ihren Herzen zu kommen schien, und klatschten in die Hände – in die rauhen Arbeiterhände. Sie trugen Tücher um die Taille und hatten die Babys mit Decken auf den Rücken gebunden. Kleine Kinder standen zwischen ihren Müttern und klammerten sich an den Röcken und Tüchern fest. In ihren feierlichen Gesichtern schimmerten ehrfurchtsvoll aufgerissene Augen.

»Dankie, mense«, sagte Ouma schließlich. »Danke für das Loblied Gottes. Einen Augenblick, ihr bekommt jetzt euer Weihnachtspaket. Neil, *asseblief, my kind,* die Päckchen in der Küche.«

Neil trug die Essenspakete in braunem Packpapier – prall gefüllt mit Maismehl, Bohnen- und Fleischdosen – durch das *quietsch-päng* der Tür und reichte sie der Reihe nach an Ouma weiter, die sie unter den Frauen verteilte.

»Ethel, wie geht's deiner Mutter? Wie ich sehe, ist sie heute morgen nicht hier. Sag ihr, daß ich für sie bete, damit sie bald wieder gesund wird. Maggie, danke für alles, was du in diesem Jahr für uns getan hast. Du warst ein gutes Mädchen. Lizzie, das Baby sieht inzwischen *lekker vet* aus. Sorg lieber dafür, daß nicht noch mehr kommen, *hoor jy?«*

Die Frauen sahen verlegen zu Boden, verbeugten sich vor Ouma und schlugen höflich die Hände zusammen, bevor sie sie nach den Geschenken ausstreckten.

»Dankie, Miesies.«

»Dankie, Miesies.«

Die Frauen warteten, bis Ouma zu jeder von ihnen ein paar persönliche Worte gesprochen hatte, und schoben ihre Kinder mit einem kleinen, unsanften Schubs nach vorn. Kichernd sträubten sie sich, schnieften und zappelten mit den dürren Beinen, während sie ihre Weihnachtskleidung entgegennahmen – Khakie-Shorts und Hemden für die Jungs, Hemdkleider für die Mädchen. Wärme durchrieselte

mich, als ich ihre Dankbarkeit sah, ihr Lächeln gab mir das Gefühl von Güte.
»Fröhliches Fest! Fröhliches Fest!« jubelten die Frauen mit ihren klaren, hellen Stimmen.
»Fröhliche Weihnachten! Fröhliche Weihnachten!« riefen wir, lächelten und winkten ihnen, als sie sich abwandten und mit rhythmisch wiegenden Hüften, kleinen, schlürfenden Tanzschritten und schwingenden Armen vom Hof gingen.

»Kulowo mzi kaDavide,
Kwisitali seenkomo …«

»Frohe Weihnachten, ihr Lieben«, sagte meine Mutter, stürmte auf Michael und mich zu, um uns zu umarmen, und hüllte uns in den Parfümduft ihres Busens. Als ich die Arme um sie legte, streifte die wippende Orangenblüte, die sie sich hinters Ohr gesteckt hatte, meine Schläfe. Und dann umarmten wir uns alle. Ouma und Mom schlossen sich fest in die Arme, und das feuchte Dunkel ihrer Augen sah auf einmal sehr gleich aus.
»Ag, my kind, ich glaube, wir müssen uns *mos* Mühe geben, uns zu verstehen. Wir sind doch ein Fleisch und Blut.«
»O Ma, ich hab dich wirklich sehr lieb …«
All die Wut, all die haßerfüllte Kraft, die eine solch zerstörende Macht besaß – sie konnten diese Gefühle einfach so abstreifen und mit einem Tut-mir-leid kommentieren, als hätten sie jemandem aus Versehen das Kleid zerrissen. So waren die Erwachsenen nun mal. Sie ließen zu, daß die finsteren Kreaturen aus ihren Höhlen krochen und mit ihren feuchtkalten Flügeln schlugen, nur weil sie nicht die vernichtende Gefahr erkannten. Sie bildeten sich tatsächlich ein, sie könnten die Ungeheuer einfach wieder zurückrufen und nach Hause in ihre Höhlen schicken, sie begrif-

fen nicht, daß die Biester – einmal befreit – ein Eigenleben entwickelten und sich vermehrten. Sie hatten längst verloren, was ich noch besaß – das Gespür für die düsteren Gefühle, die sich um ein Haus und eine Familie zusammenballten und knurrend ihre gewaltigen, knirschenden Zähne wetzten. Das Gespür dafür, daß diese Gefühle Böses heraufbeschwören konnten, wenn man sie nicht früh genug bekämpfte.

»Hey, Katie, komm schon.« Michael zerrte an meinem Arm und zog mich durch die Küche, die erfüllt war vom Duft des brutzelnden Specks.

»Frohe Weihnachten, Dora«, riefen wir und schlangen die Arme um ihren Leib, während sie schwitzend in der glühenden Hitze stand, die der Kohleofen verströmte. Das gewaltige, hüpfende Lachen ließ ihren Körper erbeben, und ich preßte mein Gesicht in das weiche Wackeln.

»Fröhliche Weihnachten!« rief sie, ihre Stimme so überspannt wie ihr Lachen. Und dann rissen wir uns von ihr los und drängten uns an ihren massigen Hüften vorbei, die fast die Küchentür ausfüllten. Im Wohnzimmer, unter dem hoch aufragenden Weihnachtsbaum, fanden wir die wichtigste Sache dieses Tages. Dort lagen zwei – Nur zwei? Warum denn nur zwei? – frische, weiße Kissenbezüge. Unbestimmte Konturen zeichneten sich darunter ab, die uns einen gespannten Freudenschrei entlockten.

Und alle hatten sich eingefunden, drängten sich – in der alles umfassenden Geborgenheit des Weihnachtstages – vor dem Weihnachtsbaum dicht aneinander. Die Erwachsenen hatten sich bereits angezogen, sogar Neil, der ein paar Minuten später mit frisch gekämmtem Haar im Türrahmen stand. Ich kauerte mich in meinem erdbeergemusterten, kurzen Pyjama neben meine Mutter und umklammerte die Aufregung in meinem Bauch mit beiden Armen. Mom saß

mit eingeschlagenen Beinen auf dem Teppich, nahm die Kissenbezüge und legte jeweils einen bei mir und Michael in den Schoß.
Als sie mein ängstliches Gesicht sah, legte sie mir einen Finger unters Kinn und beantwortete die Frage in meinen Augen, die sie gebannt anstarrten.
»Neil hat gesagt, daß er dieses Jahr zu alt ist für einen Kissenbezug. Für ihn liegen wie für alle anderen die Geschenke unterm Weihnachtsbaum. Aber ihr beide glaubt doch noch an den Weihnachtsmann, oder nicht? Jedenfalls noch so sehr, daß ihr Geschenke von ihm bekommen könnt – stimmt's nicht?«
Ich lächelte und duckte mich schnell, als sie mir das kurze Haar zerzauste und aus der Stirn strich. Es war mir egal. Ich wollte ihr nicht sagen, daß ich all diese »Berge« in ihrem Regal gesehen hatte und gar nicht mehr an den Weihnachtsmann glaubte. Wer weiß, vielleicht wäre sie wütend geworden und hätte ihre Meinung geändert, wie es Erwachsene manchmal taten, wenn Kinder nicht so reagierten, wie sie es sich zurechtgelegt hatten. Bei Erwachsenen wußte man schließlich nie.
Das Wohnzimmer füllte sich mit aufgerissenem Weihnachtspapier und raschelndem Stimmengewirr – Freudenschreie von meiner Mom und mir, das tiefe »Oh wow!« der Jungs und Dads ruhiges: »Wie hübsch. Genau das, was ich mir gewünscht hab.« Ouma und Oupa sahen uns in schweigender Glückseligkeit zu, bevor sie kleine Geschenke austauschten – für sie ein neues, ledergebundenes Gebetbuch, und für ihn Elizabeth Barrett Brownings *Sonets from the Portuguese.*
Michael bekam das 26er Fahrrad mit Dreier-Gangschaltung, das er sich so sehnlich gewünscht hatte. Mein Dad hatte Fotos davon gemacht und zusammen mit einer Fahrradklin-

gel im Kissenbezug verpackt, so daß Michael zunächst davon ausgegangen war, daß es doch nicht unter den Geschenken sei. Das Fahrrad stand in seinem Zimmer in Port Elizabeth und wartete auf ihn. Neil bekam einen Rucksack, den er mit nach Übersee nehmen konnte, falls es klappen sollte. Mom wirbelte herum und schlang die Arme um Dad, als sie die zierlichen Diamantohrringe sah, die er für sie ausgesucht hatte. Und ich, ich bekam die Knuddelpuppe, die ich mir all die Jahre gewünscht hatte. Eine von den großen, nicht so eine kleine mit Affengesicht, wie sie meine Freundin Penny zum Geburtstag bekommen hatte. Ich hatte sie ziemlich darum beneidet, aber nur, weil ich gar keine Knuddelpuppe besaß.

Michael und ich sollten noch das Papier zusammensuchen, bevor man uns zum Waschen und Anziehen schickte. Inzwischen kamen wir fast um vor Hunger, denn während der gesamten Eröffnungszeremonie mit Geschenken waren uns die Duftschwaden des gebratenen Specks in die Nase gezogen. Als wir wieder herunterkamen, hatten sich die anderen bereits auf der Veranda eingefunden – an Weihnachten frühstückten wir immer auf der Veranda. Ein Windhauch wehte uns heiße Luft in die Gesichter. Wir saugten das kühle Fleisch aus den geeisten indischen Feigen und knabberten den krossen Fettrand vom geräucherten Speck, bevor sich die Erwachsenen endlich setzten und ihren Kaffee schlürften. Ouma und Oupa tunkten Doras Buttermilchzwieback in ihren Kaffee, was Mom noch nie leiden konnte. Um ihre Mundwinkel spielte die Andeutung von Ekel.

Nach dem Frühstück gingen wir wieder zurück in die summende Hitze des dunklen Wohnzimmers. Michael und ich ließen widerwillig über uns ergehen, daß Ouma aus der Bibel las und betete, zappelten mit den Beinen und schielten hinter vorgehaltenen Händen hervor. Ich schickte sehnsüchtige Blicke zu meiner Knuddelpuppe, die beschlagnahmt worden war, auf der anderen Seite des Zimmers auf einem Stuhl lag und die wunderschönen leeren blauen Augen geschlossen hatte. Michael stach ein paar Mal mit spitzem Finger nach mir, verlor aber bald schon die Lust, als er die finsteren Blicke meiner Mom aufschnappte. Endlich standen wir auf und sangen »Hark the Herald Angels Sing«, ein Lied, das wir alle auswendig konnten. Danach erwartete uns die Freiheit.

Ich schickte im stillen ein Stoßgebet zum Himmel, als Michael und ich zur Tür stürmten. »Bitte, gütiger Jesus, sag dem lieben Gott vielen Dank für diesen Tag. Bitte laß alles so weitergehen, bitte, Gott.«

»Was machst du da? Betest du etwa?« Michael hatte mich ertappt.

»Nee, natürlich nicht. Wie kommst du darauf?«

»Du hast die Augen zu und die Hände gefaltet. Und in der Bibliothek bist du über einen Stuhl gestolpert. Natürlich hast du gebetet.«

»Hab ich gar nicht! Ich hab gedacht, ich muß niesen, das ist alles.«

»Kati hat ge-be-tet, Kati hat ge-be-tet«, trällerte Michael, während er um mich herumtanzte und mir ein paar Klapse auf Gesicht und Kopf verpaßte, aus sicherem Abstand natürlich, so daß ich mich nicht wehren konnte und immer wieder ins Leere schlug.

Später habe ich mir oft überlegt, ob meine Lüge das, was noch passieren sollte, heraufbeschworen hatte. Ob ich nicht, wie Judas, die Dinge in Bewegung gesetzt hatte, diesen unerbittlichen Prozeß, der in Gewalt und alles zerstörendem Entsetzen endete. Und ob ich, falls es tatsächlich so war, alles hätte verhindern können, wenn ich mich anders verhalten hätte. Wenn ich nicht so anmaßend gewesen wäre und nicht wieder angefangen hätte, auf das Wohlwollen des Herrn zu vertrauen. Hätte ich – oder hätte Judas – anders handeln können? Aber falls es an diesem Tag einen Gott gab, konnte er nicht so verärgert über die Verleugnung eines kleinen Kindes sein. Sicherlich urteilte er wie ein Erwachsener oder – wie ich hoffte – gütiger als ein Erwachsener.

Michael spielte eine Zeitlang mit mir unter dem wilden Feigenbaum – er war der Daddy, der zur Arbeit ging. Sein Arbeitsplatz lag oben im Baum. Ich saß zu Hause im Gras und fütterte mein Baby mit einer magischen Milchflasche, die zwar leerer zu werden schien, aber nie wirklich leer wurde. Michael langweilte sich bald schon, bewarf mich mit Zweigen und übte seinen Taubenruf, denn ich hatte beschlossen, daß er noch keinen Feierabend hatte und nicht nach Hause kommen durfte. Ihm war nicht ganz klar, was er in seinem Büro eigentlich tun sollte, nachdem er einmal dort angekommen war. Also kletterte er irgendwann wieder vom Baum herunter und versuchte, das Spiel etwas interessanter zu gestalten – »Ich bin jetzt mal der Boogieman, ja? Tu so, als wär ich nicht mehr Dad, okay?« erklärte er und kidnappte meine Knuddelpuppe. Zuerst jagte ich ihn in den Baum hinauf und rief die Polizei, aber dann kletterte er so hoch, daß ich nicht mehr hinterherkam und keine Lust mehr auf das Spiel hatte.

»Ach, Mann, Michael, gib sie mir zurück. Ach, bitte, Michael, bi-itte, gib sie mir, Michael. Das ist nicht fair …«

»Ki-inder!« Die Stimme meiner Mutter stieg hinauf in die kühlen Äste. »Zeit für die Fotos. Kommt runter.«

Wir kletterten und rutschten den Baum herunter und liefen zum Rest der Familie auf der Wiese. Wie jedes Jahr hatten William und Petrus ihre kleinen Kinder noch vor dem Mittagessen zu der Wiese vor dem Haus gebracht. Sie wirkten sauber und strahlten in ihren neuen, gestärkten Kleidern eine Mischung aus Verlegenheit und Selbstbewußtsein aus, als sie sich mit uns für die Weihnachtsfotos aufstellten. Ich habe das Bild noch lebhaft vor Augen, ich erinnere mich genau, wie wir aussahen. Sechs kleine Kinder vom Ostkap, alle von derselben Farm, Kinder, die sich kaum kannten – zwei davon weiß, vier schwarz, und alle barfuß. Dort standen wir, vor den wogenden Farbtupfern Oumas leuchtender Blumen, und lächelten einträchtig. Die schwarzen Kinder wirkten etwas steif in ihren Weihnachtskleidern. Ein kleines schwarzes Mädchen klammerte sich an ihr Weihnachtsspielzeug, eine Kaufhauspuppe mit weißer Hautfarbe und aufgemalten Haaren und Kleidern. Wir, Michael und ich, hielten stolz unsere Geschenke in den Händen – eine leuchtende silberfarbene Fahrradklingel und eine wunderschöne Puppe mit richtigem Haar, beweglichen Augenlidern und Babykleidern.

Wir waren guter Dinge, als die Fotos endlich gemacht waren und die anderen Kinder hinter ihren Vätern zurück zu den Hütten schlenderten. Wie konnten wir nur so fröhlich sein? Wieso hatte ich nicht längst erkannt, wie schlecht Gott mich behandelte? Wie er mich zappeln ließ und verspottete mit einem perfekten Weihnachtsfest, so wie es immer gewesen war?

Dann das Mittagessen. Die Zeit, in der wir Knallfrösche hochgehen ließen und verrückte Hüte trugen, die sich Michael und ich in den dürren Nacken schoben, während Vater seinen Hut ein Stück einreißen mußte, damit er über seine breite Stirn paßte. Die Zeit, in der wir Knallringe gegen kleine Scherzartikel eintauschten, ich um eine Puppenrassel bettelte und Michael darum stritt, wer wohl das Brustbein bekam.

»Ta-ra«, rief mein Dad und machte ein Riesending aus

Doras kicherndem Einzug mit zwei gewaltigen Hähnchen. Und dann kam Ouma lächelnd aus der Küche, mit einem Teller in den Händen.

»Das hier ist extra für dich, Kati.« Jede ihrer Bewegungen verriet, wie stolz sie auf ihre Überraschung war.

»Was, Ouma?«

Ich begriff sofort. Mein Mund nahm einen verbitterten Zug an. Unmöglich! Das konnte sie doch nicht getan haben. Ich glaube, in diesem Augenblick ist mir klar geworden, daß der Tag schiefgehen würde. Von diesem Moment an, in dem die Dinge aus den Fugen gerieten, bis hin zu … bis hin zu den Ereignissen, die noch kommen sollten.

»Es ist dein kleines Hühnchen, dein ganz eigenes Weihnachtshühnchen.« Sie stellte das feinknochige Fleisch vor mir ab, das nun – nachdem es gebraten war – zusammengekauert und braun vor mir lag. Nichts daran erinnerte noch an das lebendige weiße Federvieh, das am Tag zuvor durch den *hok* stolziert war.

»Es ist das Hühnchen, *my lief*, das du dir selbst ausgesucht hast, weißt du noch?«

»Das kann ich … das kann ich unmöglich essen.«

Der Salbeigeruch, der aufstieg, schien mir den Atem zu nehmen, die Konturen des Tisches verschwammen vor meinen Augen.

»*My magtig,* was stimmt denn nicht damit? Es ist doch nur ein Hühnchen.«

»Sein Name ist Sheba. Es ist nicht nur ein Hühnchen. Sag nicht Hühnchen zu ihm.«

Eine Welle der Dunkelheit überrollte mich von hinten und drang von beiden Seiten in meinen Kopf ein. Oumas Stimme klang wie aus weiter Ferne.

»*O my magtig.* Aber das ist wirklich ein *pieperige* Kind. Sie hat dem Hühnchen doch tatsächlich einen Namen gegeben,

und das auf einer Hühnerfarm, wo wir jeden Tag Hühnchen essen. Sie hat wirklich Glück, daß sie nicht auf einer Farm aufgewachsen ist. Also gut, bring's weg, Michael …«
»Ich eß es, Ouma …«
»Auf keinen Fall, Michael. Das gibt nur noch mehr Ärger. Gib's Dora und sag ihr, sie kann's essen.«
Während ich auf den leeren Platz vor mir starrte, übersät von Knallfroschresten und ohne Weihnachtsessen, wich die ohnmächtige Dunkelheit zurück. Zurück blieb nur dieses Brennen – ein Brennen, das nicht weggeblinzelt oder hinuntergeschluckt werden konnte.
»Beruhige dich ein bißchen, Kind. Nimm's nicht so schwer.«

Tick Tick Tick

Am Nachmittag, einer Zeit, in der absolute Stille herrschte, schlenderte ich in die Bibliothek und rollte mich in der kühlen Burg unter Oupas Arbeitsplatz zusammen. Die Schreibtischuhr über meinem Kopf schob den Tag mit träger, ratternder Langsamkeit voran.
Das war schon immer der schlimmste Teil vom Weihnachtstag gewesen – die Zeit, wenn man mit allen Geschenken gespielt hatte, das Essen vorbei war und alle Knallfrösche hochgegangen waren. Lähmende Hitze legte sich dann auf die Bäuche, die prall gefüllt waren von dem Festessen am hellichten Tag.
Aber dieser Nachmittag war anders. Er hatte nichts von der schläfrigen Übersättigung nach dem großen Höhepunkt des Tages. Diesmal schien mein Körper gegen sich selbst zu rebellieren. Mein Magen schrie und verlangte nach dem rituellen Essen, das ich ausgelassen hatte, während meine Gedärme bei dem Gedanken an mein Weihnachtshaustier rumorten – mein Haustier, von dem nur noch abgenagte

Knochen übrig waren. Und ich war auf der Hut. Sogar die winzigen zuckerbeladenen Ameisen nahm ich war, die aus der Fußleiste zu dem klebrigen Fleck auf dem Holzboden trappelten.

Tick Tick Tick

Auf den Knien hatte ich *King Solomon's Mines* liegen, meine Zuflucht hier auf der Farm während dieser weihnachtlichen Zeit. Und an diesem Weihnachtstag, der zunächst begonnen hatte wie jeder andere und nun ein wenig aus den Fugen geriet. Irgend etwas schien nicht ganz in Ordnung, schürte die Beklommenheit in meiner Kehle und jagte mir dieses Kribbeln in den Haaransatz.
Seit Ewigkeiten, erfüllt von gewaltigem Ticken, hatte ich keine Seite mehr umgeblättert. Ich wollte meine Gedanken keine Sekunde aus diesem Haus schweifen lassen, als könne ich durch meine Wachsamkeit – die sowieso viel zu spät kam – die lauernden Dämonen und das dumpfe Flattern der namenlosen Dunkelheit kontrollieren.
Ich mußte hier im lautlosen Haus verweilen, meine vortastenden Sinne schärfen und stets darauf achten, daß nichts außer der Stille und der Uhr wahrzunehmen war. Ab und zu gackerten ein paar Hühner in der schläfrigen Mittagshitze, und irgendwo in der Ferne – vielleicht in den Hütten der Boys – hörte ich Kindersingen. Gelegentlich konnte ich auch das unheilvolle Schleifen des Generators aufschnappen. Unaufhörlich tastete ich mit meinen Sinnen die Umgebung ab und versuchte zu erspüren, was außerhalb meines kleinen verschlossenen Zufluchtsortes vor sich ging.
Aus dem Schlafzimmer meiner Eltern drang das laute Schnarchen meines Vaters und erschütterte die Stille. Dann war es wieder ruhig.

Dora und die Boys waren nach dem Mittagessen zu ihren Familien gegangen. Ich hatte mich noch nie am Nachmittag des Weihnachtstages zu ihren Hütten gewagt, wo sich ihr fernes Leben abspielte. Das redselige Biertrinken und ihre Art, lauthals lachend Weihnachten zu feiern, machten mir angst. Ich war gewohnt, daß sich alles im Leben, die glücklichen und die traurigen Momente, viel gedämpfter abspielten. Ich war eine gewisse Zurückhaltung gewöhnt, die alles verschleierte und verhüllte – die Art, wie wir uns benahmen, und das, was wir taten.

Tick Tick Tick

Allan Quatermain nahm den Nachmittag in die Hand, ein unbeholfener Versuch, denn schon bald entglitt er mir wieder und wanderte aus meinen Gedanken. Es kostete mich immer mehr Energie, ihn in mein Bewußtsein zurückzuholen und zu zwingen, seine Reise fortzusetzen. Ich seufzte und richtete den Blick wieder auf die Seite …

Was hatte mich plötzlich hochschrecken lassen?

Was hatte mich jäh in die Gegenwart und an diesen Ort zurückgeholt? Das Haus schien eine Spannung aufzubauen – die Ziegelsteine knarrten unter der angespannten Wachsamkeit, der Boden streckte sich in gestraffter Starre. Aus den Schlafzimmern war kein Laut zu hören, aber in diesem Augenblick hatte ich das Gefühl, daß alle wach lagen. Es kam mir vor, als würden wir alle warten – auf das Unausweichliche, das Vorbestimmte. Auf Gottes Vollendung dessen, was er mit uns an diesem Tag, in diesen Ferien begonnen hatte.

Wind war aufgekommen, einer von diesen stürmischen Ostkap-Winden, die plötzlich übers Land wehen und schlagartig die Hitze des Morgens aus dem Nachmittag vertreiben.

Ich hörte ihn in den Bäumen rascheln und am Dach rütteln, das unter der groben Gewalt der Bö knarrte. Ein schmutziger Wind wahrscheinlich, der einem den Staub in die Augen treibt und das Haar mit Steinchen spickt. Ein Fenster knallte zu – es muß in unserem Zimmer gewesen sein. Die Fliegengittertür, die mit einem langgezogenen *qie-ietsch* aufgedrückt wurde, schlug mit einem kräftigen *quie-ietsch-päng* in die Angeln.

Ich glaube, in diesem Augenblick begriff ich, jedenfalls kam es mir so vor. Ich begriff, daß Gott an diesem Weihnachtsfest sein Spiel mit uns trieb. Und ich hatte das Gefühl, daß wir es alle wußten, daß wir alle darauf warteten, welchen Schritt er zu tun gedachte. Hatten wir irgend etwas, irgendwo im hintersten Winkel unserer unbewußten Wahrnehmung gehört? Oder war es Gott, der jedem von uns – ängstlich, daß wir seine Machenschaften durchschaut hatten – etwas eingeflüstert hatte?

Und dann hörte ich tatsächlich etwas. Atemlose Schritte, schwere Laufschritte, die auf unserer Veranda widerhallten. Ich hörte das stoßweise Keuchen, als er an unsere Tür hämmerte. Immer weiter hämmerte, während ich geduckt unter dem Tisch kauerte.

»*Miesies, Miesies!*« Er schrie und hielt dann einen Moment lang inne, um keuchend zu Atem zu kommen. »Kommen Sie, Miesies. Kommen Sie schnell. *Iets het gebeur, Miesies.*«

Jetzt hörte ich die Familie, Betten knarrten, Stimmen murmelten und Füße polterten dumpf auf dem Holzboden. Ich hörte, wie Oumas Kleiderschrank schrill in den Angeln quietschte.

»*Ek kom! Magtig, wat is dit nou?* Einen Moment noch. Ich komme.«

Und dann tappte sie durchs Haus, zog sich noch den

Reißverschluß ihres Kleides hoch und ging auf ihren wunden Füßen in Strümpfen an mir vorbei. *»Is dit jy, John?«* rief sie und öffnete die Tür. *»Wat doen jy hier?«*
Er war es, Williams Sohn. Es war ein Schock, ihn dort, an der Haustür, zu sehen. Ich hörte, wie meine Mutter nach Luft schnappte, als sie mit zerzaustem Haar zum Eingang kam. »Was ist los, John?« Ihr Stimme war fast ein Flüstern. »Wieso kommst du hier zum Haus rein? Gibt's Ärger?«
Williams Sohn keuchte, um zu Atem zu kommen. Während ich unter ihnen kauerte, konnte ich am Schreibtischstuhl vorbei nach oben schielen. Ich sah, wie sich seine Lippen verzweifelt bewegten und er versuchte, die Worte aus der atemlosen Brust und der zugeschnürten Kehle zu pressen.
»Rede, John!« befahl Ouma. »Was ist passiert? Ist jemand krank? Sind's die politischen Machenschaften? Sind sie hier angekommen? Sind diese politischen Eingeborenen hier auf der Farm?«
»Miesies«, brachte er unter Schluchzen hervor. »Es gibt Riesenärger, Miesies. Bitte, Miesies.«
»Was ist denn los, mein Junge?« Es war mein Vater, seine Stimme kam irgendwo von der Innentür in der Bibliothek. »Wir können dir nicht helfen, wenn du's uns nicht sagst.« Warme, ruhige Worte. Ich war sicher, daß er helfen konnte. Er konnte die meisten Dinge wieder in Ordnung bringen.
»Master, es ist die *ou Miesies,* auf der anderen Farm.«
»Ja, mein Junge? Ist die alte Lady krank? Ist sie verletzt?« Es war wieder mein Vater. Sicherlich fand er heraus, was nicht in Ordnung war, und tat dann genau das Richtige. Ich hatte keine Zweifel, daß er die Sache wieder einrenken konnte.
»Ja, Master. Sie ist verletzt, Master. Sie ... es war Johannes, Master. Er wollt's nicht tun, Master.« Der junge Mann – groß, stolz und wütend, wie ich ihn kannte – fiel in sich zusammen. Zurück blieb der Junge, der in ihm steckte.

Seine Hände nestelten nervös im Gesicht. Seine Augen mit dem leuchtenden Weiß in dem dunklen, sorgenverhangenen Gesicht huschten gehetzt von einer Wand zur anderen. Plötzlich brach das Schluchzen aus ihm heraus.

»O my magtig«, brachte Ouma hervor und legte im Zeitlupentempo die Hände an den Mund. »Und ich hab ihn geschickt. Er hat meine Boys übernommen, weil ich ihn gebeten hab. *O my magtig. Wat het hy gedoen, John?«*

»Er hat getrunken, Miesies. Er hat uns nach dem Mittagessen einen *dop* gegeben, Miesies. Der *Baas* hat uns zu Weihnachten einen ganz starken *dop* gegeben. Und Johannes – der hat mehr getrunken als alle anderen. Es war der Schnaps, Miesies. Er war noch sehr wütend wegen gestern, aber es war nur der Schnaps, der ihn dazu getrieben hat.«

Niemand sagte etwas. Alle warteten, daß sich sein gequälter Atem wieder beruhigte und sein trockenes Schluchzen verebbte.

»Sie hat ihn wütend gemacht, Miesies. Die *ou Miesies* hat gestern gesagt, er hat die neuen Blumen ausgerissen. Sie hat ihn einen dummen *kaffier* genannt. Und das vor Mary, Miesies. Sein Mädchen, Mary, arbeitet im Haus.«

Wieder schnappte er erst mal nach Luft, um mit seinem galoppierenden Bericht Schritt zu halten. Immer noch sagte keiner ein Wort.

»Also die *ou Miesies,* sie hat ihn gezwungen, sich ins Gras zu knien und die Blumen ins Gesicht zu halten. Damit er sie beim nächsten Mal unterscheiden kann, hat sie gesagt. Und dann hat sie den *Baas* gerufen, Miesies, und ihm gesagt, er soll's Johannes mit dem *sjambok* geben, während er die Blumen festhält. Ich hab Johannes gesehen, Miesies. Ich hab gesehen, wie er die ganze Zeit Mary angestarrt hat, als man ihn ausgepeitscht hat. Die Tränen sind ihm in die

Augen gestiegen. Ich kenne ihn, Miesies. Ich weiß, daß irgendwas in Johannes zerbrochen ist.«
»Was hat er getan, John?« Meine Mutter flüsterte nur, stand aber direkt hinter meinem Stuhl. »Was hat er getan, nachdem er getrunken hat? Du mußt es uns sagen. Sonst können wir nicht helfen.«
»Er hat die *ou Miesies* genommen ... Er hat sie genommen, als sie nachmittags zur Molkerei gegangen ist. Sie wollte Sahne holen, für den Tee. Er muß ihr nachgegangen sein, Master. Der Schnaps hat ihn beduselt. Sie sagen ... der *Baas* sagt, er hat sie auf den Boden gedrückt und benutzt, Miesies.«
»Du meinst vergewaltigt, John? Er hat sie vergewaltigt? Willst du das sagen?« Die Stimme meiner Mutter bebte in willenloser Hysterie.
Plötzlich spürte ich die schwarzen Bestien, wie sie bellend und flatternd über uns hereinbrachen, und ihre feuchtdumpfe Modrigkeit war mitten unter uns. Jetzt hatten wir sie also hereingelassen. Lange Zeit hatten sie hinterhältig im Umkreis der Farm und unseres Lebens gekauert. Aber jetzt gingen sie auf uns los. Unmöglich, die Ereignisse und das, was noch kommen sollte, aufzuhalten. Wir mußten uns von ihnen forttragen lassen, es blieb uns keine andere Wahl, als mit ihnen zu fliegen, mit diesen klammen, geschuppten Kreaturen, die den Geruch des Todes verströmten.
Dieses Wort, das Wort, das meine Mutter benutzt hatte, kannte ich nicht. Aber ich spürte, wie es im Zimmer widerhallte, und ich spürte den Ekel, mit dem sie es aussprach, ein Ekel, der immer noch ihren Mund verzerrte. Ich spürte, wie alles zerbrach, nachdem es gesagt worden war, und meine Kindheit dahinschwand. Nun, da die Sache einen Namen hatte, ein Name, der hier genannt worden war, fiel meine heile Welt in sich zusammen.

Quietsch-päng. Der Knall der Fliegengittertür erfüllte das Haus schlagartig mit weinenden Frauen. Doras langgezogener, klagender Schrei schleppte sich aus der Küche hierher, rieselte mir als Gänsehaut den Rücken hinunter und fuhr mir in die Eingeweide, die sich unter Übelkeit zu winden schienen. Mein Haar sträubte sich und jagte mir ein Prickeln wie von winzigen Nadelstichen in die Kopfhaut.

»*Ja,* Miesies.« Williams Sohn hatte sich etwas beruhigt. »Er hat sie vergewaltigt. Er ist brutal mit ihr umgegangen, Miesies. Die *ou Miesies* ist verletzt. Ihr Bein ... ich glaub die Hüfte, die ist wohl gebrochen.«

»Oh, mein Gott!« Es war meine Mutter. Niemand tadelte sie für den unchristlichen Ausruf. Niemand sagte etwas. Schließlich ergriff meine Ouma das Wort. Ihre Stimme klang dumpf.

»Du mußt zu deiner Mutter gehen, John, und zu Johannes' Mutter. Wir tun, was getan werden muß. Hat der *Baas* sie ins Krankenhaus gebracht?«

»*Ja,* Miesies, aber ich hab Angst, was passiert, wenn er wiederkommt, Miesies. Er ist völlig außer sich, Miesies. Rasend vor Wut. Und ... und auch, weil er so viel vom Weihnachtsschnaps getrunken hat, Miesies.«

»Es ist sowieso das beste, wenn du mit den Müttern hierbleibst, John. Geh jetzt ... Und, John? ... Du weißt, daß das böse war, was er getan hat, *nê?* Es ist sein gutes Recht, wenn der *Baas* wütend und voller Kummer ist. Seine eigene Mutter, John! Du bist mit Johannes aufgewachsen, er ist wie dein Bruder – du leidest natürlich mit ihm. Aber du weißt ja, John, daß er dafür ins Gefängnis kommt, wenn sie ihn kriegen, *nê?* Daß er vielleicht sogar gehängt wird?«

»*Ja,* Miesies.« Er wandte sich ab – all der Stolz war von ihm abgefallen, all die pulsierende Jugend aus seinen gebeugten Schultern und kummervollen Augen gewichen.

Ich kauerte immer noch unbemerkt unterm Tisch, sah, wie Michael, gegen die Wand der Bibliothek gelehnt, die dünnen, verletzlichen Beine verdrehte, und spürte, daß niemand etwas zu sagen vermochte. Das Entsetzen lähmte sie. Schließlich redete Ouma, nachdem sie sich geräuspert, ein Taschentuch aus dem Ärmel gezogen und sich die Nase abgetupft hatte. Ouma würde schon mit der Situation zurechtkommen, das war mir klar. Indem sie einfach, wie immer, die Organisation übernahm.

»Jim, ich glaube, du gehst am besten mal rüber und schaust, wie du helfen kannst, besonders wenn Mr. Van Rensburg zurückkommt. Er will vielleicht einen Suchtrupp aufstellen oder so. Elaine, du und ich müssen uns um unsere Leute kümmern. Wir müssen die Frauen beruhigen, bevor Chaos ausbricht. Johnnie ...« Sie streckte die Hand aus und drückte Oupas Schulter – ich glaube, eher um für sich selbst Trost zu suchen, als ihn zu beruhigen. »... Johnnie, du kannst auf der anderen Farm nicht viel tun. Überlaß das *maar* den jungen Männern. Ich glaub, am besten kannst du helfen, wenn du hier bei den Kindern bleibst. Und ans Telefon gehst.«

Alle fügten sich ihren Anweisungen und gingen los. Aber sie bewegten sich wie benommen, gefangen in dem Netz aus verschleiertem Ekel, das sich klebrig über die Wände gelegt hatte.

»Soll ich mitkommen, Dad?« fragte Neil, als er durch die Bibliothek zurückkam und die Autoschlüssel in seiner Hand klimperten. Dad hielt inne, überlegte, was am besten sei, und sah Neil, der unmittelbar vor ihm stand, breitschultrig und ein Stück größer als er, aufmerksam an.

»Nein, mein Sohn ... besser nicht. Ist wohl keine gute Idee. Die Familie braucht jetzt einen Mann im Haus. Einen jungen Mann. Ich will, daß du auf sie aufpaßt, okay?«

»Also gut, Dad … Und Dad? Sei vorsichtig, okay?«
Als sie weg waren, kroch ich schließlich aus meinem Versteck. Nur noch Michael lehnte am Rahmen der Innentür, als sei er dort festgewachsen, verdrehte die Beine und ließ sich schließlich, ohne sich vom Rahmen abzustoßen, in eine kauernde Haltung zu Boden gleiten. Ich sah zu, wie er nacheinander die Ameisen zerquetschte, die das klebrige, körnige Zeug zurück in die Fußleiste trugen. Unbeirrt kletterten die Ameisen über ihre gefallenen Kameraden. Ein paar machten sich daran, die Leichen fortzuschleppen – eben waren's noch Freunde, jetzt nur noch Futter.
»Hast du das alles kapiert, Kitty? Weißt du, was er gemacht hat?«
»Nicht so richtig«, flüsterte ich und hockte mich neben ihn. Nach einiger Zeit, die mir wie eine Ewigkeit erschien, kam Neil, blieb im Flur vor der Tür stehen und rieb sich das Kinn. Er versuchte wohl herauszufinden, was in uns vorgeht, schoß mir damals durch den Kopf, er wollte sich ein Bild davon machen, wieviel wir verstanden hatten und ob wir's verkraften würden.
»Was heißt ›vergewaltigen‹, Neil?« fragte Michael plötzlich, während sein Kopf nach oben schnellte und er den Blick aus riesigen dunklen Augen auf seinen älteren Bruder richtete.
»Nichts, was ihr schon wissen solltet. Etwas Furchtbares – kein Mann darf zulassen, daß es seiner Frau passiert. Aber es kommt alles wieder in Ordnung, es wird alles seinen richtigen Gang nehmen. Am besten vergeßt ihr beide, was passiert ist.«
Wir starrten noch eine Zeitlang auf die Ameisen und hörten, wie Oupa im Wohnzimmer mit Neil redete.
»Meinst du, wir soll'n mal gucken, was da vor sich geht?« fragte Michael, ohne den Blick von der Blockade aus Lei-

chen abzuwenden, die er errichtet hatte, um den Ameisenstrom zu zerstreuen.
»Weiß nicht. Ich hab ein bißchen Angst.«
»Ja, ist doch klar. Aber ich finde, wir sollten trotzdem mal nachsehen, was da vor sich geht. Komm schon, ich paß auf dich auf.«
Heimlich huschten wir aus dem Haus und schlichen übers *veld,* begleitet vom Wind und mit der Lautlosigkeit von staubigen Füßen auf staubigem Grund. Als wir die Stelle am Zaun erreichten, die unmittelbar am Haus der Van Rensburgs lag, war bereits der späte Nachmittag angebrochen. Dunkelheit machte sich in allen Mulden und Vertiefungen breit, die die Sonne nicht mehr zu erreichen vermochte. Der wahnsinnige Schrei der Hadedas durchschnitt den Wind.
»Mr. Van Rensburg ist wieder zu Hause. Da steht sein *bakkie«,* sagte Michael, schlang die Arme über den obersten Rand des Zaunes und blinzelte mit verzerrtem Gesicht, um sich gegen den beißenden Staub in der Luft zu schützen. »Dad ist auch da. Da hinten ist sein Wagen, siehst du?«
Wir kauerten am Zaun und beobachteten, wie die Dunkelheit rasend schnell Besitz von der öden Landschaft ergriff. Schließlich besiegte sie das gleißende, gesprenkelte Sonnenlicht und das blockähnliche Haus, das bereits von innerer Finsternis heimgesucht war.
Als die *bakkies* näher kamen, schmutzbespritzte, röhrende Ungeheuer, die sich über die Wurzeln und ausgewaschenen Furchen der Farmstraße kämpften, hatten sich die Schatten längst über den Hof geschoben. Ein *bakkie* nach dem anderen rollte fauchend und quietschend auf den Hof, scheinbar wutentbrannt unter dem Heulen und Qualmen der Motoren.
Die Männer stellten sich auf dem Hof in kleinen Gruppen

zusammen, stemmten die Hände in weiße Hüften oder umklammerten Schrotflinten, die in den Himmel zeigten. Es waren schwitzende Männer mit roten Gesichtern. Ihre Lautlosigkeit verriet grenzenlose Wut, und ihr tatenloses Herumstehen hatte etwas Gewalttätiges.

Flüsternd unterhielten sie sich miteinander, und wir hörten das Klicken der Waffen, als sie geöffnet und geladen wurden. Aus dem Sumpf matten Lichts im Hauseingang trat Mr. Van Rensburg in die Schatten, die den Hof überlagerten. Die herumstehenden Männer verschluckten ihn mit ihrem Murmeln, und im selben Augenblick verstummte der Wind. Ganz plötzlich – wie so oft am Ostkap, wenn die Sonne untergeht. Gespenstische Stille legte sich auf Haus und Hof, während die Männer auseinanderliefen. Entschlossen schritten sie zurück zu ihren *bakkies,* die Grausamkeit in ihren gespannten Körpern schien plötzlich ein bestimmtes Ziel zu haben.

»Schau mal, Kitty, da ist Dad.«

Zum allerersten Mal schien mein Dad verunsichert. Er verharrte am Rand des gelblichen Lichtkegels, der aus dem Eingang fiel, wandte sich halb um und schien etwas im Inneren des Hauses zu suchen. Dann ging er einen Schritt nach vorn, auf die *bakkies* und die Männer zu, aber sein Blick war noch immer ins Hausinnere gerichtet. Er wirkte beunruhigt.

Während ich ihn beobachtete, kroch aus kalter Erde das Grauen meine Beine hinauf. Das war nicht mein Dad, nicht der Dad, den ich kannte und dem mein blindes Vertrauen galt. Dieser Mann war nicht stark, das sah ich nun, im Scheinwerfer meiner Angst. Mein Dad ... es waren seine Stärke und seine absolute Sicherheit, die ihn zu einem Dad machten. Meine Mutter zeigte Unruhe, Besorgnis und Unsicherheit. Er beschwichtigte, tröstete und brachte alles wieder in Ordnung. Aber an diesem späten Nachmittag, als die Dunkelheit langsam die Sonne verhüllte, wurde mir dieser letzte Halt in meinem Leben entrissen. Nun war auch diese Zuflucht nicht mehr sicher – die letzte kleine Zuflucht vor dem Schrecken, der sich über meine Farm ausbreitete, und vor dem Bösen, das uns überwältigte. Mein sicherer Hafen bröckelte und wankte, drohte jeden Moment in sich zusammenzubrechen.

»Komm schon, Jim« rief Mr. Van Rensburg durch das offene Fenster seines *bakkie.* *»Jy behoort met die manne te kom.* Du mußt nicht bei den Frauen bleiben.«

Er hatte seine Entscheidung getroffen, trat in die dunklen Schatten und stieg zu Mr. Van Rensburg in den aufheulenden *bakkie.*

Wir warteten lange, während die Dunkelheit langsam übers Land fiel. Und wir schwiegen die ganze Zeit über, Michael und ich, taten nichts, außer am Zaun auf und ab zu schlendern, Steine zu kicken und mit Stöcken am Drahtmaschenzaun entlangzuklappern. Mit Spaß hatte das nichts zu tun, diesmal war's ein ernster Akt, mit einem Ast über den Zaun zu rattern – wir wollten spüren, daß sich unsere Körper noch bewegten und unsere Kinderseelen noch lebendig waren.

Ich wüßte gern, wie lange wir wirklich dort gewartet haben, an diesem Abend. Die Zeit schien sich endlos in die Länge zu ziehen. Irgendwann stimmten die Grillen ihren Chor an und zirpten in einträchtiger Freude, während unsere kleinen Gestalten unaufhörlich am Zaun entlangtigerten, auf und ab, auf und ab. Ich kann mich nicht erinnern, ob wir uns Gedanken darüber machten, daß uns die anderen womöglich vermißten. Da Ouma und Mom bei unseren Leuten waren, hatte wahrscheinlich niemand unser Fehlen bemerkt. Aber ich bin mir nicht sicher, ob uns das überhaupt in den Sinn kam, und ich weiß nicht, ob es mich in diesem Augenblick interessiert hätte.

Wir gingen auf und ab, bis Michael ruckartig stehenblieb, erbebte und schnuppernd die Luft erkundete. Und dann sah ich sie auch, dort, auf der anderen Seite des Farmgeländes. Jagende Scheinwerfer wirbelten Staub auf und schleuderten Benzinschwaden in die reglose Luft. Michael rannte los, Verzweiflung straffte die Muskeln an den dünnen Beinen, die Gerten glichen. Ich lief hinterher, Adrenalin trug mich blitzschnell übers Land, und ich spürte kaum, wie sich kleine Steine und Dornen in meine ziellos hastenden Füße gruben. Völlig außer Atem schwangen wir uns über den Zaun, nur noch ein Ziel vor Augen, rannten auf die *bakkies* zu, die einen Kreis bildeten und mit ihren Scheinwerfern die dichte Wand aus Staub in ihrer Mitte erleuchteten.

Jetzt kommt der schwerste Teil. All die Jahre schien meine Zunge wie festgeklebt, damit ich es ja nicht erzähle, damit ich das Unsägliche nicht in Worte fassen kann und ihm erneut Macht über mein Leben verleihe. Und doch hat dieser Weihnachtstag in gewisser Weise mein gesamtes Leben bestimmt, mich beherrscht, wie ein Wahn verfolgt und zu einem anderen Menschen gemacht. Das, was damals geschah, hat alle Lebensgeister aus mir gesaugt und mich als leere Hülle zurückgelassen, nicht tot, nicht lebendig, ein Mensch, dem jede Kraft genommen ist. Ich hatte immer Angst, darüber zu reden. Bei dem Gedanken, die Dämonen zu entfesseln und in diese Welt zu entlassen, hat mich Panik überfallen. Verstehst du, ich durfte doch nicht zulassen, daß es wieder passierte. Ich mußte die Dunkelheit in mir einsperren und dafür sorgen, daß sie nicht aus mir herausbricht und die Menschen vernichtet, die mir nahestehen. Sie hat mir das Leben vergällt, diese absolute Unfähigkeit zu reden, und mir für immer meine Kindheit entrissen.

Zusammen mit meinen Schuldgefühlen natürlich. Es war meine Schuld, daß ich es nicht vorausgesehen und die Arme ausgestreckt hatte, um die Menschen zu beschützen, die ich liebte. Daß ich zugelassen hatte, was damals geschah, und sogar schwieg, statt die anderen an ihrem Tun zu hindern. Es war nicht nur das, was dort geschah, an diesem Abend und an diesem Ort, den ich mehr liebte als jeden anderen. Es war auch all das andere: Jede Kleinigkeit, die sich in diesem Jahr auf der Farm zugetragen hatte, schien unausweichlich auf das eine hinzuführen – auf die plötzliche, gewaltsame Begegnung mit der Brutalität und das unbestimmte Bewußtsein von der Grausamkeit des Menschen. Von der Grausamkeit eines Gottes, der solche Dinge geschehen ließ und solchen Menschen das Leben geschenkt hatte.

Es fällt mir immer noch schwer, all dies in Worte zu fassen. Aber ich sollte es wenigstens versuchen.

Wir liefen zu der Rückseite der beiden aneinandergrenzenden Gebäude, der Molkerei und der Lagerbaracke, und kletterten so lautlos wie möglich die Wände hinauf. Zitternd vor Angst krochen wir über das Flachdach bis zum äußersten Rand, magisch angezogen vom Grauen. Während wir der Länge nach ausgestreckt dalagen, hatten wir einen freien Blick auf die Prügelbande. Im ersten Augenblick konnte ich nicht erkennen, was sich dort unten in der aufwirbelnden braunen Wolke abspielte. Einen Moment lang dachte ich voller Erleichterung, sie hätten ihn doch nicht geschnappt. Die Männer holten eine Lampe aus der Lagerbaracke und hängten sie an die Stange hinter Mr. Van Rensburgs Fahrerkabine – und ich zuckte jäh zusammen, als ich ihn in der aufblitzenden Helligkeit ausmachte. Johannes kauerte auf der Ladefläche, ein verwundetes Tier, das sich ängstlich duckte. Der nackte Kampf ums Überleben hatte die flammende Wut in ihm erlöscht. Er saß dort wie gebannt, unfähig, sich zu bewegen, überwältigt von der Angst einer Antilope, die einem Löwen in die Augen sieht. Doch es waren keine Löwen, diese Männer. In diesem Augenblick schoben sie sich wie Hyänen aus den dunklen Schatten, Hyänen, denen es gelungen ist, ein geschwächtes Tier zu überwältigen. Sie weideten sich an seiner Qual.

Michael mußte das Zittern gespürt haben, das meinen Körper ergriff, als ich Dad am Rande der Gruppe entdeckte. Lautlos hob mein Bruder die kleine Hand und hielt mir den Mund zu.

Die anderen Männer hatten die verzerrten Züge von Jägern. Ich sah die kalte Grausamkeit in ihren Augen, eine Grausamkeit, die im grellen Scheinwerferlicht fast rot zu schimmern schien. Ihr Kreis verengte sich. Das Böse kam näher, umklammerte den Ort und schlug zu, während die Männer Schritt für Schritt auf die Ladefläche des *bakkie* zugingen. Mein Dad blieb stehen, und jede ruckartige Bewegung von Kopf und Armen verriet seine Unentschlossenheit. Er rührte sich nicht von der Stelle, stand einfach dort am Rande der Gruppe und sagte kein Wort.

Ich zuckte zusammen, als eine Schrotflinte mit lautem Knall zuschlug und die Grillen augenblicklich in ihrem weihnachtlichen Gesang verstummten. Die Waffe war nun auf Johannes' vibrierende Schläfe gerichtet. Niemand berührte ihn, was mir besonders angst machte. Selbst in meiner Ahnungslosigkeit begriff ich, daß es besser um Johannes gestanden hätte, wenn sie ihn geschlagen, angeschrien und beschimpft hätten. Ich erinnere mich genau an die Szene. Oh, wie sehr ich versucht habe, sie aus meinem Gedächtnis zu verdrängen. In schweißnassen, durchwachten Nächten kann ich manchmal nichts anderes sehen als diesen Kreis aufgebrachter Männer, deren Atem stoßweise geht. Ihre

Züge verraten Haß und einen unstillbaren Hunger nach Grausamkeit.

»Opstaan, kaffier!« Mr. Van Rensburgs Befehl kam wie aus der Pistole geschossen, und mein Körper fuhr zusammen wie unter einem Stromstoß. Michaels Hand auf meinem Mund drückte fester zu, während wir Johannes' Versuch beobachteten, sich aufzuraffen. Seine Glieder, taub vor Angst, gehorchten ihm nicht, und er brach zusammen. Schließlich hievte er sich auf die schmerzenden Hände und Knie, versuchte es noch einmal und schaffte es, sich taumelnd zu erheben. Die wutentbrannte Spannung blieb – niemand berührte ihn.

»Trek uit jou broek!« Die Stimme des Farmers klang nun tief und gepreßt. Zitternd nestelte Johannes am Hosenschlitz, schließlich ließ er die Hände kraftlos herunterhängen. Er stöhnte auf, ein schmerzerfülltes, schauriges Klagen.

»*Ag,* bitte, *Baas.* Bringen Sie mich zur Polizei, *Baas.* Bitte.«

»Trek uit jou broek!« wiederholte er, ein wenig leiser als zuvor, und preßte die Waffe fester an Johannes' Schläfe. Mein Blick wanderte zu Dad – sein Mund und seine blinzelnden Augen spiegelten die innere Qual. Und dann sah er weg, übers *veld,* wo der Mond am fernen Horizont eine einzelne Antilope in sein Licht tauchte und die Grillen immer noch sangen. Als ich die Augen wieder auf Johannes richtete, hatte er die Hose geöffnet und auf den Boden gleiten lassen. Immer noch waren die Männer in eisiges, grausames Schweigen gehüllt. Ich wollte nicht mehr hinsehen. Was sich dort abspielte, bohrte sich in meine Augen und zerfraß mir das Herz. Ehrlich, ich wollte nicht hinsehen. Aber es war mir unmöglich, den Blick abzuwenden.

»Weißt du, was das ist?« fragte Mr. Van Rensburg, immer noch in Afrikaans. Ich konnte nicht erkennen, was es war.

Es schimmerte im Licht und spiegelte die Roheit der Männer. Ich spürte, wie Michael scharf die Luft einsog, wie unter Schmerzen. Schließlich nahm mein Bruder die Hand von meinem Mund, preßte sie zwischen die Beine und rollte sich ängstlich zusammen.

Auch Johannes preßte die Hände zwischen die Beine und schluchzte – er sah Verstümmelung und Tod direkt ins Auge.

»Das hast du doch schon mit den Schweinen gemacht«, sagte Mr. Van Rensburg. »Jetzt machst du's bei dir, weil du auch ein Schwein bist, *'n kaffier vark.«* Er spuckte in den *bakkie.*

Der Farmer drückte das Kastriermesser in die kraftlose, schweißnasse Hand, die ihn anflehte. Ein lautes Klirren war zu hören, als Johannes das Messer fallen ließ und die zitternden Hände wie zum Gebet faltete.

»Die Polizei, *Baas.* Bitte, die Polizei. Nein, *Baas,* nein.«

Ich versuchte, nicht hinzusehen. Ich fühlte mich verdammt, wie er auch. Ich fühlte mich verdammt zuzusehen, wie das Messer in mein Innerstes vordrang und das Leben aus mir herausschnitt. Ich versuchte den Blick wie mein Dad in die Ferne zu richten, auf den hoffnungsvollen Horizont. Wer das Messer aufhob und wieder Johannes in die Hand legte, habe ich nicht mitbekommen.

Ich hörte das Klicken der Waffe, die an seine Schläfe gepreßt war, und seinen Aufschrei.

»Okay.« Johannes' Stimme überschlug sich vor Panik. »Okay.«

Und dann sah ich wieder hin, mein Blick wie gebannt von den feucht schimmernden Augen der Männer, die die hilflose Kreatur umringten. Ich sah zu, wie Johannes mit zitternden Händen den Penis zur Seite schob und in die Hoden schnitt. Lautlos arbeitete er an sich, einsam in sei-

nem grenzenlosen Schmerz. Ich hörte, wie Michaels heißer Atem in stoßweise, leise Schluchzer überging.
Als Johannes fertig war, hob Mr. Van Rensburg einen Stock vom Boden auf und schleuderte die beiden kleinen Objekte auf dem *bakkie*-Boden voller Verachtung fort. Ich sah noch, wie sie in den Staub fielen.

Es waren die letzten Ferien, die wir auf der Farm verbrachten. Im darauffolgenden Jahr fuhren wir nach Kapstadt und verbrachten das Weihnachtsfest in einem Hotel. Kurze Zeit später zogen Oupa und Ouma in eine Wohnung nach Grahamstown. Sie seien nun einfach zu alt, um noch eine Farm zu führen, erklärten sie damals.
Von dem Augenblick an, als meine Ouma in eine Wohnung gezogen war, schien sie der Geist zu verlassen und immer wieder hinaus ins Land zu tragen, das sie mehr als alles andere liebte. Als sie starb, nicht mal fähig, sich an Oupas Namen zu erinnern, zerbrach auch etwas in meinem Oupa. Auch er starb bald.
Es ist seltsam, aber ich kann mich an nichts anderes an diesem Abend erinnern. Ich weiß nicht mehr, wie wir nach Hause kamen oder ob noch irgend jemand mit uns redete. Lange Zeit schien es, als seien meine Augen und mein Verstand für immer an zwei Objekte gefesselt, die in den Staub gefallen waren.
Der nächste Tag, der zweite Weihnachtsfeiertag, war unser letzter auf der Farm. Ich erinnere mich, daß ich am Rande mitbekam, daß die Männer Johannes zur Polizei gebracht und ihn ausgehändigt hatten. Ich könnte aber nicht mehr sagen, wer mir das erzählt hat. Wenn mich mein Gedächtnis nicht täuscht, hat mich Ouma wissen lassen, daß er mit dem Leben davonkommt – und wahrscheinlich ins Gefängnis wandert.
Auch Mr. Van Rensburg kam hinter Gitter. Er wurde der vorsätzlichen Körperverletzung angeklagt und für schuldig erklärt. Neil war bei der Verhandlung am Obersten Gericht

in Grahamstown dabeigewesen und erzählte mir später, daß alle *manne* aus dem Distrikt mit ihren *bakkies* vorgefahren waren. Sie hatten Geld gesammelt, um die Geldbuße zu zahlen, die ihrer Meinung nach als Bestrafung angemessen war. Als man ihn dann ohne Bewährung ins Gefängnis steckte, nahmen sie das Geld – so wie Neil es mitbekommen hatte –, um ihren Kummer in den Cathcart Arms zu ersäufen. Irgendwie mußte er mir angesehen haben, was mir auf dem Herzen lag, denn er erzählte mir unaufgefordert, daß Johannes auch dagewesen sei, um als Zeuge auszusagen. Zehn Jahre habe er abzusitzen, und es schien ihm gutzugehen. Neil erwähnte, daß er dick geworden sei im Gefängnis. Meine Mutter ließ mich wissen, daß sich die alte Mrs. Van Rensburg von dem »häßlichen Vorfall« erholt habe – jedenfalls körperlich.

Es ist seltsam, aber ein Mensch kann innerlich schrumpfen und absterben, und trotzdem tun, was von ihm verlangt wird – Tochter sein, die Schulbank drücken und Prüfungen bestehen. Ich ging danach allerdings auf ein Internat – ich müsse mich abnabeln, erklärte ich ihnen. Die Schule habe ich nicht gewechselt, ich zog lediglich von zu Hause aus. Jedes zweite Wochenende verbrachte ich zu Hause. Mein Vater und ich haben nie über das geredet, was passiert ist. Aber er wußte, daß ich alles mitbekommen hatte. Ich litt unter Schuldgefühlen und wagte deshalb nie, ihm Vorwürfe zu machen, aber nach diesem Ereignis war er nie mehr in der Lage, mich zu bestrafen oder mir zu sagen, was ich zu tun habe.

Ich bin mir sicher, daß er Alpträume hatte. Wenn ich an jedem zweiten Wochenende zu Hause war, hörte ich oft, wie sein Schnarchen in einen unterdrückten Schrei umschlug und meine Mutter ihn flüsternd beruhigte. Ich frage mich, ob er sich auch oft verfolgt fühlte, ob er manchmal – sobald

er die Augen schloß – nur diese kleinen Objekte im Staub sehen konnte.
So schnell wie möglich zog ich vom Ostkap fort. Und ich bin nie zurückgekehrt ... bis heute jedenfalls.
Ich habe es gehaßt, obwohl ich in all den Jahren die verderbte Nabelschnur spürte, die mich an die Gegend band. Ich haßte die Roheit und die Extreme des Landes. Und ich haßte die Menschen dort und ihre starre Art zu leben.
Nach diesem zweiten Weihnachtsfeiertag bin ich nie wieder auf die Farm zurückgekehrt. Mir war klar, daß ich den Anblick der Farm, so wie sie danach aussah, nicht ertragen konnte. Es konnte nie wieder so sein wie vorher. Aber manchmal, in meinen Träumen, sehe ich das orangefarbene Flattern eines Wiedehopfs oder das weiße, omenhafte Vorbeihuschen einer wilden Katze. Manchmal fällt mir wieder ein, wie ein *soatkoekie* schmeckt, wenn man ihn in Kaffee mit Kondensmilch tunkt. Und ich kann niemals die brennende Sonne auf meiner Haut spüren oder das Summen einer trägen Fliege hören, ohne daß mir das *quietsch-päng* der Fliegengittertür in den Sinn käme – das *quietsch-päng* aus dem Paradies meiner Kindheit. So, wie es wirklich war. So, wie es immer hätte sein sollen!